“十二五”普通高等教育本科国家级规划教材
全国统计教材编审委员会“十二五”规划教材

抽样调查理论与方法

第二版

冯士雍 倪加勋 邹国华 编著

中国统计出版社
China Statistics Press

(京)新登字 041 号

图书在版编目(CIP)数据

抽样调查理论与方法 / 冯士雍，倪加勋，邹国华编著. —2 版. — 北京：中国统计出版社，2012.8(2024.1 重印)

全国统计教材编审委员会"十二五"规划教材

ISBN 978－7－5037－6592－6

Ⅰ. ①抽… Ⅱ. ①冯… ②倪… ③邹… Ⅲ. ①抽样调查统计—高等学校—教材 Ⅳ. ①C811

中国版本图书馆 CIP 数据核字(2012)第 167116 号

抽样调查理论与方法(第二版)

作　　者/冯士雍　倪加勋　邹国华
责任编辑/杨映霜　梁　超
封面设计/上智博文
出版发行/中国统计出版社
通信地址/北京市西城区月坛南街 57 号　邮政编码/100826
办公地址/北京市丰台区西三环南路甲 6 号
网　　址/http://csp.stats.gov.cn
电　　话/邮购(010)63376907　书店(010)68783172
印　　刷/三河双峰印刷装订有限公司
经　　销/新华书店
开　　本/710×1000mm　1/16
字　　数/380 千字
印　　张/24.5
印　　数/21001—23000 册
版　　别/2012 年 9 月第 1 版
版　　次/2024 年 1 月第 8 次印刷
书　　号/ISBN 978－7－5037－6592－6/C.2676
定　　价/48.00 元

出版说明

“十二五”时期，是我国全面实施素质教育，全面提高高等教育质量，深化教育体制改革，推动教育事业科学发展，提高教育现代化水平的时期。“十二五”伊始，统计学迎来了历史性的重大变革和飞跃。2011年2月，在国务院学位委员会第28次会议通过的新的《学位授予和人才培养学科目录(2011)》(以下简称“学科目录”)中，统计学从数学和经济学中独立出来，成为一级学科。这一变革和飞跃将对中国统计教育事业产生巨大而深远的影响，中国统计教育事业将在“十二五”时期发生积极变化。

正是在这一背景下，全国统计教材编审委员会制定了《“十二五”全国统计教材建设规划》(以下简称“规划”)。根据“学科目录”在统计学下设有数理统计学，社会经济统计学，生物卫生统计学，金融统计、风险管理与精算学，应用统计5个二级学科的构架，“规划”对“十二五”全国统计规划教材建设作了全面部署，具有以下特点：

第一，打破以往统计规划教材出版学科单一的格局。全面发展数理统计学，社会经济统计学，生物卫生统计学，金融统计、风险管理与精算学，应用统计5个二级学科规划教材的出版，使“十二五”全国统计规划教材涵盖5个二级学科，形成学科全面并平衡发展的出版局面。

第二，打破以往统计规划教材出版层次单一的格局。在编写出版好各学科本科生教材的基础上，对研究生教材出版进行深入研究，出版一批高水平高层次的研究生教材，为我国研究生教育、尤其是应用统计研究生教育提供教学服务。同时，积极重视统计专科教材出版，联合各专科院校，组织编写和出版适应统计专科教学和学习的优秀教材。

第三，打破以往统计规划教材出版品种单一的格局。鼓励内容创新，联系统计实践，具有教学内容和教学方法特色的、各高校自编的相同内容选题的精品教材出版，促进统计教学向创新性、创造性和多样性发展。

第四，重视非统计专业的统计教材出版。探讨对非统计专业学生的统计教学问题，为非统计专业学生组织编写和出版概念准确、叙述简练、深入浅出、表达方式活泼、练习题贴近社会生活的统计教材，使统计思想和统计理念深入非统计专业学生，以达到统计教学的最大效果。

第五，重视配合教师教学使用的电子课件和辅助学生学习使用的电子产品的配套出版，促进高校统计教学电子化建设，以期最后能形成系统，提高统计教育现代化水平。

第六，重视对已经出版的统计规划教材的培育和提高，本着去粗存精、去旧加新、与时俱进的原则，继续优化已经出版的统计教材的内容和写作，强化配套课件和习题解答，使它们成为精品，最后锤炼成为经典。

"十二五"期间，编审委员会将本着"重质量，求创新，出精品，育经典"的宗旨，组织我国统计教育界专家学者，编写和编辑出版好本轮教材。本轮教材出版后，将能够形成学科齐全、层次分明、品种多样、配套系统的高质量立体式结构，使我国统计规划教材建设再上新台阶，这将对推动我国统计教育和统计教材改革，推动我国统计教育事业科学发展，提高我国统计教育现代化水平产生积极意义。

让教师的教学和学生的学习事半功倍，并使学生在毕业之后能够学以致用的统计教材，是本轮教材的追求。编审委员会将努力使本轮教材好教、好学、好用，尽力使它们在内容上和形式上都向国外先进统计教材看齐。限于水平和经验，在教材的编写和编辑出版过程中仍会有不足，恳请广大师生和社会读者提出批评和建议，我们将虚心接受，并诚挚感谢！

全国统计教材编审委员会

2012 年 7 月

第二版前言

近年来，抽样调查已成为所有统计学专业的一门核心课程。不同背景的统计学专业的本科生、硕士研究生、博士研究生都将抽样调查作为一门必修课，也有越来越多的管理科学、社会学、传媒学以及许多从事自然科学及人文科学的，特别是一些实验科学专业的学生也选修了这门课程。

本书第一版自1998年出版以来受到了各方面的关注和欢迎，共进行了四次印刷，许多院校将本书作为教材使用。考虑到十几年来抽样调查的理论与应用的发展以及不同学校对这门课程教学安排的实际情况，有必要对本书进行修订，以更好地满足各方面的需要。

本书的第二版对第一版作了全面的修订及增补，主要变化有：

1）前十二章的内容沿用了原有的体例。除改正文字、计算及印刷错误外，增加了对一些结果的统计思想的解释，改进或简化了某些公式的推导。

2）在第一章概论中补充了抽样调查理论及应用的历史特别是近年来的发展；原第六章二重抽样中增加了为PPS抽样的二重抽样等内容，第七章不等概率抽样中增加了泊松抽样，同时对调了两章的顺序；在第十一章中增加了数量化特征敏感性问题的随机化回答技术等内容。

3）新增加的第十三章“抽样调查的推断框架及小域估计”介绍了抽样调查的三种基本推断框架，这既总结了经典抽样调查推断即基于设计的推断，也引进了基于模型的推断及模型辅助推断，后两种推断是现代抽样调查理论及方法研究的重要手段；同时也介绍了在应用中非常重要的小域估计方法。这一章对那些想了解这门学科研究与应用前沿的学生是十分有用的。

4）新增加的第十四章“案例分析”是根据编著者参与的三个全国性的实际抽样调查项目的技术文件改写的。每个案例都交代了项目的背景，针对项目具体要求，着重讨论了所采用的抽样设计（包括相应的数据处理方法），并进行了简短的讨论。目的是使读者对实际项目的抽样设计的各个重要环节有较为系统的了解。

5)增加了“部分习题答案与提示”,供学生和任教老师参考。

为使本教程能尽可能满足各方面的需要,我们既强调概念及方法的统计意义和思想,又兼顾科学的严谨性及实际操作的可行性。在介绍具体抽样方法时,对每种方法的适用条件及实施程序都作了详尽的说明,对不同方法进行了比较;对重要的结果给出了严格的数学证明;同时精心选编了数值例子,其中相当部分选自我们实际接触到的案例。不过需要指出的是,正因为这些例子大多是有实际背景的,随着时间的推延,具体数值有些已与当前情况有一定的差距,但相信这不会给学生的理解带来实质影响。

由于本教材包含的内容较多,难度相差也较大,在实际使用时应根据教学对象及教学计划作适当安排。总的说来,前十一章的内容(打“*”号的节除外)适合大部分本科生的教学,不过对那些数学要求不很强的院校,可以略去某些较困难的数学推导;第十二章、第十三章适合于研究生教学;第十四章则更可以根据不同读者需要选用。

本书的修订最早在2007年就启动,倪加勋教授提供了7.3节“为PPS抽样的二重抽样”的初稿及部分习题的参考答案;第二版的其余修订工作主要是我们两人完成的,所以我们对本书中可能存在的问题与错误负责。

在修订过程中,得到了曾采用本书为教材的许多院校老师的帮助,他们指出了第一版存在的错误,提出了许多宝贵的修改建议。借此机会,向他们表示诚挚的谢意。我们特别感谢如下为本书的修订付出辛勤劳动的老师和学生:李莉莉、丁文兴、涂玉娟、杨军、李锋、邓国华等提出了相当具体的建议;李锋还将第一版的内容输入成电子稿;王海鹰、朱荣对习题答案作了全面的核对并给出了部分证明的提示;陈心洁审读了第二版的大部分初稿。另外在修订过程中得到了中国统计出版社严建辉社长、陈悟朝主任等同志的热情鼓励,本书的责任编辑杨映霜、梁超等细致、出色的工作也为保证本书的质量作出了贡献,特此表示衷心的感谢!

冯士雍　邹国华

于中国科学院数学与系统科学研究院

2012年7月

第一版前言

抽样调查是统计学的一门重要分支学科。随着我国经济体制从计划经济体制向社会主义市场经济体制的转变，抽样调查的作用显得日益重要。我国统计调查方法改革目标模式已明确我国统计调查“以经常性抽样调查为主体”，并列入修改后的《统计法》。在国际上，抽样调查早已成为世界各国普遍采用的一种统计调查方法。它的理论和方法研究发展很快。但是在我国统计学专业中. 长期以来还缺少一本适合社会发展需要，建立在严格科学基础上的抽样调查教材。本书是根据 1993 年 6 月全国教材编审委员会讨论通过的《抽样调查理沦与方法》教学大纲编写，作为高等院校统计学专业规划教材之一出版的。

根据大纲要求，本课程的教学目的是使学生能系统正确地掌握抽样调查的理论基础，掌握几种基本的抽样方法，培养学生初步具有能结合实际情况对具体项目进行抽样设计和对所获得数据进行处理和分析的能力。为此，在教学中要特别讲清各种概念和方法的统计思想，使学生牢固地掌握基本抽样技术的实施和分析方法，并通过基本训练有进- 步学习文献、扩大知识面的能力。

本书共分十二章。第一章为概论，简述抽样调查的意义与作用，它的发展简史与主要应用。第二章是有关抽样的基本概念，为以后各章的学习打好基础。第三章至第十章是本课程的主体，逐章介绍简单随机抽样、分层随机抽样、比估计与回归估计、二重抽样、不等概率抽样、整群抽样、二阶与多阶抽样及系统抽样。详细介绍这些具体抽样方法的适用场合与实施方法、对总体目标量的估计、估计量的方差与方差估计。第十一章介绍非抽样误差。这些都是大纲规定的内容(某些超出大纲要求的节或小节以“*”号表示)。原大纲的第十二章是“案例分析”，但考虑到案例分析要占大量篇幅，在实际教学中也应根据教师与学生的不同需要而定，不宜作硬性统一规定，因此全国统计教材编审委员会考虑这方面内容以后另行编写出版。由于复杂抽样方差估计在现代抽样理论与实际应用的重要性，我们在最后一章中增加了这方面的内容。但这并非大纲所要求的，只作为补充教材使用。

本书的第二、三、四、五、七、八、九诸章由中国科学院系统科学所冯士雍研究员执笔并任主编；第一、六、十、十一诸章由中国人民大学统计学系倪加勋教授提出初稿并经冯士雍研究员增删与改写；第十二章则由中国科学院系统科学所邹国华博士执笔。全书习题主要由倪加勋教授提供并经邹国华博士补充。书中的大多数例子都是经编著者精选的有实际背景的数值例子，个别例子（包括部分习题）选自所列参考书目，未一一注明，特向有关作者和出版社表示感谢。需要说明的是，由于篇幅所限有相当部分的数值例子的样本量都较小，这对实际应用是不够的。这些例子只能作为说明性的示例，请读者务必不要照搬。

北京大学概率统计系孙山泽教授对全书的手稿进行了仔细的审阅并提出许多宝贵意见，为本书增色不少。国家统计局统计教育中心与中国统计出版社的有关同志对本书的编写与出版给予了大力支持、鼓励与帮助，在此一并表示深深的感谢。

本书在编写过程中尽管对内容与结构经过反复的斟酌与多次修改，曾几易其稿，但由于我们学术水平与教学经验所限，书中错误及选材结构安排不当之处在所难免，恳请各方面专家及使用本教材的老师与同学们不吝批评指正，以便在再版时修改与完善。

编著者

1997 年 8 月

目 录

第一章 概 论

1.1 抽样调查的意义与作用

1.1.1 什么是抽样调查

统计学的真谛是科学而有效地获取、分析与解释数据，其中数据的获取是前提。调查就是使用明确的概念、方法和程序，以有组织、有条理的方式，从总体的部分或所有单元中收集感兴趣的指标信息，并将这些信息综合编辑成有用的简要形式的所有活动。统计调查是统计学的一个重要分支，而作为实践活动，统计调查又是统计工作的一个有机组成部分，是统计工作的基础环节。

统计调查有两种最基本的形式：全面调查与非全面调查。全面调查是对调查对象总体中的全部对象进行调查。普查(census)是全面调查的一种形式；我国在计划经济时代采用全面报表制度获得统计资料也是全面调查的一种形式。非全面调查是只对调查对象总体中的部分对象进行调查，包括抽样调查和典型调查等。

抽样调查(survey sampling)也称样本调查(sample survey)，是非全面调查中最重要、应用最广泛的一种方法。抽样调查是按一定程序从所研究对象的全体(总体)中抽取一部分(样本)进行调查或观测，获取数据，并以此对总体的一定目标量(未知参数)作出推断(例如估计)。

从方法论而言，抽样调查包括"抽样"与"调查"两个方面，其中"抽样"的理论与方法既包括前述的"按一定程序从所研究对象的全体中抽取一部分"，即样本的抽取，也包括根据调查获取的样本，"对总体的目标量作出推断"；而"调查"则是指对样本"进行调查或观测，从而获取数据"的过程。

在日常生活中，人们经常自觉或不自觉地应用抽样方法。例如到市场上去买花生、瓜子，总要先抓几粒看看是否饱满、干燥；在厨房做菜，在炒菜过程中往往要取一点尝尝菜的咸淡如何。在人们的生产活动与社会活动中，抽样的例子更多。例如，工厂在生产过程中以及商家在进货验收过程中常抽取一定数量的产品，检验其质量并以此判定整批产品质量的优劣。再如从全中国1370536875人口(2010年第六次人口普查数据)中，抽取一定数量的人进行调查是一种抽样；从某地所有固定电话和移动电话用户中，采用随机拨号方法拨打电话也是一种抽样。

调查的实施即数据收集的形式，通常是通过问卷或专门的统计表(调查表)来进行的。问卷就是为从被调查者那里获取某个主题的信息而设计的一组或一系列问题。问卷在数据收集过程中处于核心地位,它们对获取数据的质量有重大影响。设计一份高质量的问卷,需要设计者对调查主题的正确理解和丰富的实际经验。传统的问卷是用纸质作媒介的,在调查时,被调查者的回答记录在印刷好的问卷上。现在越来越多的调查采用计算机辅助形式,调查时问卷在计算机屏幕上显示,回答也将直接输入计算机,如计算机辅助电话调查(CATI)及直接进行网上调查等。也有一些其他的数据收集方法,例如直接观测、电子数据记录以及采用行政数据等。

本教程的重点在于抽样调查中有关"抽样"的理论与方法,正如前述,它又包括"样本抽取"与"对总体推断"两方面的内容。

1.1.2 非概率抽样

根据样本抽取方法的不同,抽样可分为概率抽样和非概率抽样两类。

非概率抽样(non-probability sampling)是相对于概率抽样而言的。非概率抽样的一个共同特点是样本的抽选(selection)不是按科学的原则进行的,而是有很大的主观性和随意性。

常见的非概率抽样有:

1. 随意抽样

随意抽样(haphazard sampling)是指无目的、无意识的或仅根据方便的原则进行的抽样。典型的例子是"街头拦截"调查,即在马路、商场、车站等公共场所对碰巧遇到的调查对象进行调查,这样抽取的样本有很大的随意性,故称为随意抽样。由于在这种情况,抽样者确定样本的最主要原则是便利,故也称为便利抽样。

2. 目的抽样

目的抽样(purposive sampling)与随意抽样不同,是指抽样者根据调查需要,有目的、有意识地挑选所"需要"的样本。例如若某种产品不容许有任何不合格品,在产品抽样检验时,质检部门经常采用这种抽样,专门对那些质量被怀疑有问题的地方进行抽样。

3. 判断抽样

判断抽样(judgment sampling)也称经验抽样,是抽样者根据自身的经验和判断,选择被认为对总体有代表性的样本。判断抽样效果的好坏在很大程度上依赖于抽样者的主观判断能力和经验。如果所抽取的样本对总体有较好的代表性,效果就好;否则,效果就差。

4. 志愿者抽样

志愿者抽样(volunteer sampling)的被调查者都是志愿者。例如,出于道德上的考虑，可能不得不请部分患有某种特殊疾病的人以及健康的人自愿参加一项医疗实验。另一种常见的情况是样本由广播、电视节目参与互动的受众，或将登在报刊上的意见表寄回的读者组成。这种情形下，由于只有那些对所讨论问题感兴趣的人才会响应，从而进入样本，因此志愿者抽样一般会导致较大的抽选偏差。

非概率抽样最显著的优点是快速、便利且节省费用。非概率抽样能在调查的早期就提供非常有价值的信息，因此常用在探索性或诊断性研究中，或用在正式调查前的试调查阶段。有时，非概率抽样是唯一可行的选择，如前面提到的医学试验。

非概率抽样的缺点是不能从样本对总体进行推断。从一个样本对总体目标量进行估计，必须假定该样本对总体具有代表性，而对非概率样本，这样做有很大的风险。除非抽样者对抽样总体非常了解，有丰富的经验，采用判断抽样(经验抽样)或许会有不错的效果；在大多数情形，非概率抽样并不能保证所抽取的样本具有代表性。在非概率抽样中，抽样者经常或多或少会主观地决定哪些单元入样，如自然地倾向于选择那些最容易接触到且愿意合作的单元，结果使总体中很大一部分单元完全没有被抽中的机会。由于那些难以接触的单元与易于接触的单元之间可能有系统差异，从而造成抽选偏差。非概率抽样的另一个缺点是不能根据样本计算抽样误差，因而不能从概率意义上控制误差并以此来描述估计的准确性。

1.1.3 概率抽样

概率抽样(probability sampling)也称随机抽样(random sampling)，虽然后者较前者更为通俗，使用更为广泛，但有时会引起概念上的歧义。概率抽样是严格地按照给定的概率来抽取样本。具体地说，概率抽样具有以下特点：

1. 按一定概率以随机原则抽取样本

所谓随机原则就是在抽选样本时完全排除主观地、有意识地抽选某些调查单元，使每个单元都有一定机会被抽中。这里有几点需要加以说明：一是随机不是“随意”，随机是有严格的科学含义的，可用概率来描述；而“随意”正如前面所说明的，带有人为的或主观的因素，不是一个科学的概念。其次，随机并不等同于等概率，有些教科书把随机抽样简单地解释为“使总体中每一个单元都有相同的概率被抽中的抽样”，这并不十分确切。等概率抽样是一种随机抽样，但随机抽样并不限定必须是等概率抽样，所以随机原则不等同于等概率原则。最后需要指出的是随机原则一般要求总体中每个单元均有一个非零的概率被抽中。若主观上要求某一单元一定被选入样本，则可规定其入样概率为 1；但若要求某一单元一定不被选入样本，就要采用某些特殊的方法。

2. 用概率抽样抽取样本单元，需要按照给定的入样概率并通过一定的随机化程序来实现。

3. 当用样本来估计总体目标量时，要考虑到该样本（或每个样本单元）被抽中的概率。这就是说，估计量不仅与每个样本观测值有关，也与其入样概率有关。

概率抽样的后两个特点将在本书随后的章节中作详细的阐述。

概率抽样的主要优点是能得到总体未知目标量的可靠估计，并能估计抽样误差，因而能对总体进行推断。实际上，采用概率抽样方法，由于样本的抽选是随机的，无倾向性的，从而一般来说是无偏的。另外，理论与实践都证明，通常用一个相对小的样本，就能对一个大的总体进行比较满意的推断。

概率抽样的主要缺点是，与非概率抽样相比，概率抽样比较复杂，更费时费力，通常费用也更高。譬如说，由于概率样本在总体中的地理分布通常比非概率样本广，故数据收集的费用比非概率样本高，且更难实施。尽管有这些缺点，但单从概率样本能对总体进行推断这一点而言，概率抽样的利也远大于弊。鉴于此，以后我们在讨论抽样方法时，一般都是指概率抽样。

1.1.4 抽样调查的作用

相对于全面调查，抽样调查的作用可归纳为以下几点：

1. 对那些不可能进行全面观测或普查而又需要了解全面情况的客观对象，只能采用抽样。这里又有两种情况：一种是所研究的总体是无限的，不可能对其进行全面观测，例如若要测量某地大气（或水质）的污染程度，我们面对的总体（该地的大气或水源）是无限的，要测定其污染情况，不进行抽样是不可能的；另一种情况是观测（或测试）是破坏性的，如测定一批显像管的寿命、一批棉纱的拉力、一批种子的发芽率等，对这类调查只能用抽样的方法。

2. 抽样调查适用于大规模的社会经济调查和民意测验等。在这类调查中，总体虽然是有限的，理论上可以进行普查，但实际操作起来有种种困难。例如居民收入或消费情况调查、市场调查、电视收视率调查等，均适合采用抽样的方法。

3. 抽样调查能较大程度地节约调查的人力、物力和财力，从而大大降低调查的费用。统计调查也有一个经济效益问题，由于抽样调查通常只调查总体中的很小一部分，因此与普查相比可大大地节约花在调查、数据整理及汇总方面的人力和费用。

4. 抽样调查周期短、时效性强。许多调查具有很强的时效性，要求在较短的时间内完成调查。全面调查由于耗时多、不能快速地提供调查结果而影响及时作出决策。因此对于那些时效性要求比较高的调查，例如新闻舆论调查、大多数市场及消费行为调查以及季节性农作物产量调查等，普遍采用抽样调查方法。

5. 抽样调查能提高调查的质量。许多人都有一种错觉，认为作为一种非全面调查,抽样调查一定不如全面调查准确。其实这是一种误解。虽然由于抽样调查只调查总体中的一小部分,用局部来推断总体,必然存在抽样误差,但这只是问题的一个方面。事实上,一项调查的误差来源于多个方面。任何一项调查,无论是全面调查还是非全面调查,都存在观测或计量误差,全面调查还可能发生遗漏或重复,因此调查的实施过程及所获得的数据质量显得更为重要,调查规模并不是越大越好。事实上,一个错误的数据比没有更糟。在普查中如果不注意调查的质量,不注意调查员的培训,测试手段落后或被调查者心存顾虑而不予合作,均会大大影响调查质量。与此相反,抽样调查由于调查总规模小,调查员比较精干,可以得到严格的培训或有条件采用更可靠的调查或测试手段,现场调查可以得到更严格的监督和质量保证,被调查的单位或个人的心理负担较轻等种种原因,抽样调查获得的数据质量常比同样的普查数据质量更高,从而使调查的总误差更小。因此我们的结论是:一项经科学设计并严格实施的抽样调查完全有可能获得比全面调查更为准确更为可靠的结果。

1.1.5 抽样调查与普查的关系

上面列举了作为非全面调查中最重要的形式——抽样调查相对于全面调查的优势与作用,但这并不表明抽样调查可以替代全面调查。下面我们进一步阐述抽样调查与全面调查中最重要的形式——普查之间的关系。

抽样调查与普查不是对立的,它们各有其特殊的作用。抽样调查也有其局限性。一般地说,抽样调查只提供对总体目标量的估计而较难提供划分过细的子总体,即小域的估计。例如一项全国性的抽样调查主要提供全国目标量的估计,如果以省为层也能同时提供省的有关资料,但它一般很难再提供县级及以下各级的资料。如果要求提供各级的详尽资料就必须采用一些特殊的方法,借助可靠的辅助信息及适当的模型。因此,对实际项目,应根据不同的目的与可能,选择不同的方法。我国现行的统计法就明确地规定:统计调查应当以周期性普查为基础,以经常性抽样调查为主体,以必要的统计报表、重点调查、综合分析等为补充,搜集、整理基本统计资料。因此,作为统计调查的两种最重要方法,抽样调查与普查的关系是一种相互补充、相辅相成的关系,为此我们再作进一步的说明:

1. 抽样调查作为普查的补充。例如在人口调查中,我国现时每 10 年进行一次全国性人口普查,这对摸清我国人口数量与基本状况是完全必要的,但人口普查所需的人力物力都极为浩大,不可能经常进行。从 1983 年起我国每年进行一次人口变动量的抽样调查,对当年人口的出生、死亡及迁移情况进行调查,结合普查或上一年数据,给出当年人口状况的数据。

2. 抽样调查可以用来评价和修正包括普查在内的全面统计资料。如在一项普查后为确保调查数据的可靠，通常抽取一部分进行仔细审核以便发现错误、找出原因并加以修正。仍以人口普查为例，影响人口数据质量的最重要原因是人口计数时的遗漏或重复，为此可以通过抽查的方法计算误差率，从而对全面调查的数据加以修正。

3. 在普查基础上进行抽样以作深层次的分析或提前获得总体某些主要目标量的估计。由于普查的面很广，调查项目不可能太多，因此为对某些问题作深层次的分析，可在普查的基础上进一步抽样。如我国人口普查的调查表分短表与长表两种，短表用于每个家庭、每个人；而长表用于通过抽样抽出的十分之一家庭。另外由于普查工作量大，数据浩繁，汇总计算需要很长时间，为尽快得到有关总体的某些特征数据，也往往采用按一定比例抽样的方法提前获得反映总体特征的数据。

4. 抽样调查可以用来作为普查的试点以便及时发现问题，并在展开正式普查前进行修正和补充。不过这种试调查一般不需要严格的概率抽样。

5. 普查或其他全面调查的资料可以为抽样调查提供反映总体全部单元的抽样框（见第二章），或提供辅助信息以提高抽样效率，并为样本轮换等方法的实施提供基础资料。

1.2 抽样调查的发展历史

1.2.1 国际抽样调查的发展

作为一种现代统计调查方法，抽样调查已有一百多年的历史。不过抽样调查的开端、发展与完善是一个复杂的过程，我们从多个方面追溯其起源和发展历史。

抽样调查是从统计调查的实践中提出的。随着社会的发展，很多领域需要搜集资料，开始都是在一定范围内进行全面调查，但由于全面调查规模大、费时、费力，因而促使抽样方法的提出和抽样理论的发展。另一方面，抽样调查理论与方法的发展又是建立在概率论与其他统计理论基础上的，因此它的发展与概率论及统计推断理论的发展是分不开的。由于抽样调查的应用范围很广，理论来源于实践，使抽样调查发展成为应用统计的一个重要分支。纵观抽样调查的发展过程，大致可以分成以下几个主要阶段。

第一阶段是只在个别场合使用抽样，抽样调查尚未成为一种方法。一个比较完整的早期抽样调查的例子是由法国著名数学家拉普拉斯（P. S. Laplace）受法国政府的委托所进行的对人口的估计与推算。当时由于宗教洗礼等原因法国已有人口的出生登记，但没有完整的人口总数资料。拉普拉斯的方法是先按不同的自然条件抽选 30 个行政区，在抽中的行政区中又抽一些小区。当时选择小区的方法并没有采取随机的方式，而是为了便于开展工作，以热心于这项工作和有知识的区长作为抽选标准。最后他利用了样本中人口总数与出生人口数之间的比率来推断法国的总人口数，他调查的时点是 1802 年 9 月 22 日，那时样本区的总人口数为 2037615 人。为了消除个别年份中的偶然差异，他用前三年出生人口总数 215599 人除以 3 作为样本区的年出生人口数，从而求得样本区总人口与出生人口之比为 28.352845，即出生率为 35.27‰。由此推算出全法国当时的人口总数。用今天的术语说，拉普拉斯采用的是二阶抽样方法，并在估计中使用了比估计量。拉普拉斯主要是一位数学家，他并没有专门从事统计调查工作，他的方法当时也没有得到推广，这个工作只是一个个例。实际上，在 19 世纪的大部分时期内，有关大规模的社会、经济和人口调查主要采用的还是全面调查方法。

第二阶段是抽样调查作为一种方法被正式提出、推广与逐步普及。竭力提出并推广抽样调查的先驱者是挪威的统计学家凯尔（A. N. Kiaer），他是挪威中央统计局的第一任局长。当时统计局的主要任务是每十年进行一次的人口普查和农业及其他方面的大规模调查。凯尔感到普查项目不可能很细，于是提出了所谓代表性（representativeness）样本调查。他将代表性样本调查定义为“根据抽样设计，从总体的正常‘代表’中合理地收集数据”，他强调所调查的样本应是总体的一个“代表”。他领导的第一个代表性样本调查是 1894 年进行的关于挪威退休金和疾病保险金的调查。这个调查包含 60 多个项目，调查的人数达 8 万人。这是第一次独立于普查，从总体中抽取部分有代表性的单元进行调查，并用来说明总体的尝试，取得了较好的效果。1895 年他又组织了一次成年男子收入按职业、年龄和社会地位分组的代表性调查。他把这些结果发表在国际统计机构的出版物上，引起了其他国家统计学家的关注。在 1895 年瑞士伯尔尼召开的国际统计学会（International Statistical Institute，简称 ISI）第五次大会上，凯尔正式提出使用代表性样本调查方法来代替全面调查的建议，因此有许多学者将 1895 年作为抽样调查发展历史的开端。不过在当时，凯尔的建议并没有被多数统计学家所接受，而且还遭到激烈反对。经过 1897 年和 1901 年的两次 ISI 大会的激烈争论，ISI 授命成立一个专门委员会来研究这个问题。在 1903 年 ISI 第九次大会上，凯尔的主张才得到与会的多数统计学家的承认。研究这一方法的委员会在该次大会上提出了下列建议：“委员会建议采用代表性方法，但在公布结果时，应对选择观测单位的条件加以详细说明。”此后，代表性调查方法的应用日益普及。

第三阶段，概率抽样在抽样调查中逐渐占主导地位。自 1903 年以后用样本来说明总体的思想已逐渐被接受，但在如何选择样本的问题上产生了随机抽选和有目的抽选两种方法的争论。英国统计学家鲍莱（A. L. Bowley）对采用随机抽样作出了重要贡献，他受到爱奇渥斯（F. Y. Edgeworth）理论的启示，在 1906 年的一篇论文中用实际的数字论证了简单随机抽样情况下统计量遵从中心极限定理,在大样本时近似服从正态分布,并指出样本均值的方差与所抽样的总体大小无关(他当时没有考虑到有限总体修正系数)。在同一篇文章中他还指出把概率抽样应用到统计调查的必要性。他在 1909 年出版的《统计学基础教程》一书中首次增加了"抽样法"一章,介绍抽样法在商业、采矿业和工业中的应用。1912 年他对英国雷亭(Reading)地区贫困状况的研究中就采用了系统抽样方法。后来鲍莱进一步认识到系统抽样和简单随机抽样的差别,指出实际调查结果比公式给出的误差要小,因为系统抽样样本在总体中的分布是比较均匀的,而公式是按随机抽样计算的,因而给出的误差限是一个安全的界限。鲍莱还把抽样的结果与官方已知的总体的数值进行比较,发现有两处差别比较大,经进一步检查,发现是官方的统计有误。鲍莱还是国际统计学会 1924 年指定的"抽样方法应用研究委员会"的成员之一。1925 年该委员会在罗马召开的国际统计学会大会上报告了他们的研究结果,认为随机抽样和目的抽样都是可行的。丹麦统计学家詹森(A. Jensen)提出了一篇支持凯尔观点的论文,题目是"实践中的代表性方法",鲍莱则对概率抽样从理论上加以阐述,提出"抽样精度的测定"的报告,为抽样调查奠定了理论基础。鲍莱还曾在他的研究报告中提出了分层抽样中按比例分配样本量的思想,因此迄今也有人将这种分配称为鲍莱分配。

第四阶段,现代抽样调查理论的发展和完善。奈曼(J. S. Neyman)在 1934 年提出的分层抽样中的最优分配、比估计及回归估计是对抽样调查的一个重要贡献。许多学者认为这是抽样调查发展史中的一个里程碑。奈曼论文的意义有两个方面:一是在理论上说明了为什么随机抽样比目的抽样更加合理,这个问题虽然已由鲍莱提出,但并没有完全解决;二是奈曼打破了要求每个单元都是等概率抽选、样本必须是按比例代表总体的传统思想。奈曼的最优分配理论证明了分层抽样不等比例分配的样本也同样可以得到有效的估计。这里需要指出的是,俄国统计学家楚波罗(A. A. Tschuprow)早于奈曼在 1923 年就给出了分层抽样的最优分配理论,但由于种种原因,他这个结果的影响没有奈曼的大。

对抽样理论做出重要贡献的另一位统计学家是英国的统计大师费歇尔(R. A. Fisher)。1919 年至 1933 年他在罗萨姆斯特德(Rothemsted)实验站工作期间,创立并发展了近代试验设计和方差分析的理论与方法。费歇尔在试验设计理论中提出随机化、重复及区组三个重要原则。这三个原则也同样对抽样理论的发展提供了基础:随机化是获得无偏估计的基础;采用重复技术使得方差估计能够在样本数据基础上得以进行;而区组的划分用于抽样即是分层,目的都是为了减少随机误差。费歇尔及其同事们还采用了多阶抽样从而提高了抽样效率。

理论与实践的结合是推动抽样调查发展的基础。美国是在实践中应用抽样调查较早的国家之一。1933 年罗斯福总统开始推行“新政”，在此背景下成立了政府统计与信息服务委员会，旨在提供更多更新的统计资料，并提高原有统计机构的效率。当然，在实践中也曾出现过不少问题，正是通过解决这些问题使抽样的理论得到了不断完善。在这方面做出贡献的有戴明(W. E. Deming)，他于 1937 年邀请奈曼到华盛顿作抽样的系列报告，在他主持下的美国农业部研究生院从 1939 年开始讲授统计和抽样课程，对象主要是政府工作人员。他们卓有成效的教学工作培养了一批政府统计工作人员，为以后美国在抽样调查理论与应用方面的发展奠定了良好的基础。从 20 世纪 40 年代开始使概率抽样方法成为美国政府调查的主要手段则不能不归功于汉森(M. H. Hansen)和赫维茨(W. N. Hurwitz)。从 1942 年开始他们在联邦普查局(Bureau of Census)做了大量的实际和研究工作，宣传抽样调查的优越性，对抽样理论的发展做出了杰出的贡献，如证明了整群抽样的方差取决于群内相关系数的大小，发展了不等概率抽样特别是与单元大小成比例的 *PPS* 抽样。他们在 1943 年设计的美国劳动力月报抽样调查，后来发展为现时人口调查(CPS)，成为现今美国最重要的一项调查。1953 年他们与麦多(W. G. Madow)合著的《抽样调查方法与理论》(主要参考书目[21])，一直是论述抽样理论与方法的重要经典著作之一。其他重要著作还有戴明的《商业研究中的样本设计》(主要参考书目[18])，科克伦(W. G. Cochran)的《抽样技术》(主要参考书目[17])，基什(L. Kish)的《抽样调查》(主要参考书目[24])等。在抽样调查实践和理论两方面都有建树的重要人物中，印度统计学家马哈拉诺比斯(P. C. Mahalanobis)的贡献值得重视。他于 1931 年创建印度统计学院并长期担任该院院长，该院专门接受印度政府委托的统计调查任务，在利用抽样调查方法与社会经济研究方面可与美国媲美。马哈拉诺比斯提出的“费用函数”和“方差函数”的概念用于设计合理、经济的抽样方案，他的另一个重要贡献是利用“交叉子样本”对复杂样本进行方差估计。另一位印度统计学家苏卡特梅(B. V. Sukhatme)对分层抽样及非抽样误差估计等也作出了重要的贡献。

在第二次世界大战以后，联合国对抽样调查的发展和推广也起了积极作用。联合国统计司(Statistical Office of the United Nations)在 1947 年成立了以费歇尔为顾问、马哈拉诺比斯为主席的抽样分委员会，发表了一系列指导性文件，为其成员国特别是第三世界国家抽样调查的应用与推广、改进这些国家统计数据的质量起了极大的作用。

建立在有限总体抽样基础上的经典抽样调查理论在 20 世纪中期就发展得较为成熟，以后的工作主要集中在对不放回 *PPS* 抽样(即 πPS 抽样)设计、复杂样本的方差估计的研究及相应的软件开发上。布鲁尔(K. R. W. Brewer)与哈尼夫(M. Hanif)在 1983 年出版的专著《不等概率抽样》(主要参考书目[15])中总结了

50 多种不等概率抽样方法;沃尔特(K. M. Wolter)的《方差估计引论》(主要参考书目[32])系统地总结了包括随机组方法、平衡半样本方法、刀切法与自助法等再抽样方法及泰勒级数(Taylor series)法即线性近似方法等复杂样本的方差估计方法。泰勒线性化和再抽样技术在复杂调查的数据分析中起到了显著作用。复杂样本的方差估计是许多抽样调查软件的主要内容,如利用线性近似方法开发的 SUDAAN 和 PC CARP,利用再抽样技术开发的 WESVAR 和 VPLXT 等。

第五阶段是从 20 世纪 60 年代开始至今,抽样调查的研究比较着重在模型化推断、模型辅助推断、小域估计以及对非抽样误差的分析与处理等新方向方面。

传统抽样调查是以抽样设计为基础随机化抽选样本,应用样本数据进行对总体的推断,这种推断称为随机化推断。模型化推断是将有限总体的研究指标值看作是某个随机模型(即超总体)的一个具体实现,推断建立在模型的基础上。模型辅助推断则是这两种推断的结合,它综合利用抽样设计和模型信息进行统计推断。布鲁尔在 1963 年首先提出基于模型的推断方法,而罗亚尔(R. M. Royall)在 1970 年发表的文献是基于模型推断理论初步形成体系的标志。凯瑟尔(C. M. Cassel)等的著作《抽样调查的推断基础》(主要参考书目[16])是基于模型推断的一本系统的专著;而萨伦达尔(C. -E. Särndal)等《模型辅助的抽样调查》(主要参考书目[28])则是有关模型辅助推断的一本系统的著作。

现代抽样调查推断理论在实际中的最直接的应用充分体现在小域估计这一领域。小域(small area)是指需要推断但不作为层处理的子总体,对小域估计的研究,是当今国际抽样调查理论研究的热门问题之一。拉奥(J. N. K. Rao)、辛(M. P. Singh)、高希(M. Ghosh)等人为小域估计方法的理论发展做出了很大贡献。拉奥的《小域估计理论》(主要参考书目[27])是一本较新的全面系统介绍小域估计理论的专著。

非抽样误差分析及其处理包括对它的来源、影响分析及其处理技术,是近 30 年来抽样调查研究的另一个热门课题。非抽样误差不仅在抽样调查中存在,而且在全面调查中也普遍存在,所以受到实际工作者的广泛关注。莱斯勒(J. T. Lessler)等的《调查中的非抽样误差》(主要参考书目[25])是这方面的一本系统著作。

1.2.2 我国抽样调查的发展

在我国,解放前统计工作相当薄弱,无论是统计教学还是统计实践主要受英美的影响。抗战期间清华大学陈达教授主持的国情普查研究所曾在 1940 年进行过云南呈贡县人口普查,具体工作由戴世光主持,调查后曾用抽样方法抽取部分人口进行核对比较,并在这基础上撰写了《人口普查选择研究》一文,载于 1941 年清华大学学报。这是我国较早的有关抽样调查工作的尝试。解放后,我国统计工作主要是照搬前苏联的体制,根据计划经济的特点建立了定期统计报表制度,以全面统计为主。由于我国地域辽阔、人口众多,面对不同的调查内容,也提出了需要应用多种调查方法,其中也包括抽样调查。例如,1955 年开始进行的农民家计抽样调查,1956 年开始进行的职工家计调查。1963 年国家统计局建立了农产量调查队。然而,抽样调查工作在十年动乱期间均告停顿,抽样调查队伍被解散。因此新中国建国以后的前 30 年,除了一些零星的应用外,我国抽样调查工作是十分落后的。与此相对应地,这个期间我国抽样调查的理论研究也几乎是空白。值得一提的是,国际知名统计学家、我国统计界的前辈许宝騄先生早就看到抽样调查的重要性。1960 年前后,他在北京大学主持了一个有关抽样调查的讨论班(主要参考书目[13]即是根据他当时留下的材料整理出版的)。但终因当时政治、经济各方面的大气候尚未形成,我国在这方面的理论研究未能形成一支队伍。

党的十一届三中全会以来,我国实行了改革开放政策,社会主义市场经济逐渐取代了过去单一的计划经济,统计调查的对象日趋庞杂,过去以全面统计报表为主的统计调查体系已完全不能适应国家宏观决策与调控以及部门、企业和社会公众对统计信息的需要。于是抽样调查作为一种科学的非全面调查,越来越受到人们的重视。20 世纪 90 年代以来,我国抽样调查的应用与研究迎来了一个全面发展的新时期。

为了适应形势的需要,1981 年国家统计局在给国务院的"加强和改革统计工作报告"中,提出筹建农村抽样调查队和城市抽样调查队的建议,得到国务院批准。国家统计局的这两支抽样调查队在 1984 年正式成立,1996 年又成立了企业调查队。这些调查队分别承担了经常性的有关城市、农村及企业的各种社会经济情况抽样调查。2005 年开始,为保证统计数据科学、准确、及时和提高整个统计工作权威性的需要,国家统计局对上述三个调查队的管理体制进行了重大改革:成立了城市社会经济调查司、农村社会经济调查司与服务业调查中心;撤销原直属的各级农调队、城调队、企调队;在原省市县农调队、城调队、企调队基础上重新组建了 31 个国家统计局省级调查总队,15 个国家统计局副省级城市调查队,318 个国家统计局市级调查队,887 个国家统计局县级调查队。国家统计局现有的各级调查队是国家统计局的派出机构,由国家统计局实施垂直管理。国家统计局授权省级调查总队管理省以下各级调查队。各级调查队除承接原有的农调队、城调队、企调队全部职能外,相应增加国家宏观调控和国民经济核算所需的重要统计信息的调查任务,负责实施统计快速反应制度。同时也接受地方各级政府及有关部门的委托,进行统计调查和数据加工。

与此同时,一些主管部门和学术研究机构为各种需要也进行了为数众多、规模不一的专题抽样调查,同时成立了许多官方的、半官方的以至民间的调查机构、咨询服务和市场调查研究公司,这些机构都以抽样调查为其主要的业务项目。

正是因为社会需要,近 30 年来我国抽样调查理论与方法研究也日益受到重视,有了良好的开端。根据中央提出的"九五"时期我国国民经济和社会发展的奋斗目标以及经济体制和经济增长方式的根本转变对我国统计工作的要求,1994 年国务院批转了国家统计局关于改革统计调查体系的请示。经国务院批转同意实施的我国统计调查方法改革的目标模式是:建立以必要的周期性普查为基础,以经常性的抽样调查为主体,同时辅之以重点调查、科学推算等多种方法综合运用的统计调查方法体系。正如前已指出的那样,上述内容已列入修订后的统计法,这些都为我国抽样调查的应用与理论研究创造了非常重要的条件。

为进一步提高我国抽样调查技能水平,国家统计局和加拿大统计局在 1998 年启动了调查技能培训合作项目,由加拿大统计局根据自己多年来从事抽样调查的实践经验,结合中国统计工作的需要编写了《调查技能》的培训教材(主要参考书目[4]);国家统计局根据教材的内容和中国开展抽样调查的实际,拍摄了一部电视教学片,对统计系统数万名业务骨干进行了调查技能培训。此项计划的实施对促进我国统计调查方法体系的改革,对全面、正确地推广以抽样调查为主的各种统计调查方法起到了良好的作用。

1.3 抽样调查的主要应用

近几十年来,抽样调查的实践和理论都有了迅速的发展。在实践方面,抽样调查的应用范围越来越广泛,成为许多国家获取统计信息的重要手段。随着对实践中提出的问题进行研究并加以解决,抽样的理论也不断地得到发展和完善,它反过来又在实践中受到检验并推动实践的发展。这种理论和实践的结合使抽样调查成为统计学中一个重要的、相当活跃的分支。

抽样调查的应用,主要有以下一些领域:

1. 人口调查

人口调查是抽样调查最早应用的领域,目前世界各国在开展定期人口普查的同时,都经常性地开展有关人口的抽样调查。我国在两次人口普查中间,在尾数为 5 的年份(如 1995 年、2005 年)进行一次 1%人口抽样调查,在其他年份均进行一次规模约为 1‰的人口变动量抽样调查。近年来,还增加了劳动力调查的内容。美国在两次普查期间的人口资料是通过现时人口调查的经常性的抽样调查逐月提供有关人口、劳动就业与失业情况的基础数据。世界生育力调查(WFS)及联合国儿童基金会(UNICEF)也经常与一些国家联合就妇女生育力及儿童死亡率进行调查。我国也多次开展过这类调查。

2. 经济调查

抽样调查可应用于经济的各种领域，包括各种产业、农业、畜牧业、交通、贸易等。以农业为例，多数国家对主要农作物的播种面积和产量都采用抽样调查方法，例如印度次大陆的黄麻种植与产量调查等。我国早在1963年起，就采用多阶抽样估计农产量。目前在农村调查中，除了进行农产量调查外，还进行农民家计调查和农村经济调查，内容包括生产、收入、分配、积累、消费以及精神文化等各个方面。

对城市居民的住户调查，在世界各国也普遍采用抽样方法。我国最初是进行职工家计调查，后来也发展为城市住户调查，调查内容包括居民家庭收支、居住条件、健康卫生以及食品与营养等。从1982年4月起又开展了物价抽样调查，因为随着改革开放和市场经济的发展，市场的购销渠道增加，物价的种类繁多，因此改用抽样的方法来编制各种物价指数。

另外，我国现时对小型及个体工、商业企业的调查都采取抽样调查的方法。例如对限额以下批发、零售贸易业(从业人数在20人以下或销售额在2000万元以下的从事批发贸易的单位或个人，从业人数在60人以下或销售额在500万元以下的从事零售业的单位或个人)的销售额采用抽样调查。对公路与内陆水路的交通运输量(客、货运量及周转量)也进行抽样调查。上述调查的目标是定期(逐季或逐月)提供相关数据。

除了上面的官方调查外，经济调查中另一个重要方面是由生产与流通各部门进行的对各种产品(商品)的市场调查和对消费者消费行为的抽样调查。

3. 社会调查

这方面的调查主要是由一些主管部门和研究机构进行的有关社会各个方面的专题调查，包括公众和民意调查。以下列举我国近年来开展的部分调查项目：1985年国家体改委组织的公众对物价改革的社会心理反应调查，1987年国家科委主持的全国专业技术人员状况调查，1987年与1992年国家统计局进行的中国儿童情况调查，1990年、2000年与2010年全国妇联组织的中国妇女社会地位调查，1990年起全国科协组织的中国公众科学素养调查，2000年教育部与国家语言文字工作委员会组织的中国语言文字使用情况调查，以及由国家统计局等组织的各类经济运行景气调查等。

国外这方面的调查通常都是通过各种调查机构进行的，其中最著名的有美国盖洛普(Gallup)、AC尼尔森(AC Nielsen)等调查公司，它们在许多国家包括中国都有分支机构。

值得指出的是，随着各类传媒行业及广告业的迅速发展，有关电视频道覆盖与收视、广播电台的收听、报刊发行与阅读及互联网使用情况的抽样调查，日益受到重视，在运作中也已形成专门的产业。

在调查方法方面，这类调查在发达国家通常都是通过电话进行的。在国内，目前许多调查仍采用入户调查的传统方法，不过随着入户成本和拒访率的持续增加，近年来计算机辅助电话调查(CATI)的应用越来越多。

4. 卫生调查

卫生调查也是抽样调查应用中的一个十分重要的领域，在我国也有较长的历史。卫生调查内容包括公共卫生情况、预防接种覆盖情况、流行病调查等。在我国进行过多次诸如高血压流行病学、结核病流行病学、糖尿病流行病学及老年痴呆、青少年发育、儿童龋齿等抽样调查。1993 年、1998 年和 2003 年卫生部连续进行了三次国家卫生服务总调查，调查的基本目的是提供人群健康状况、卫生服务需求量、卫生服务资源配置及其利用效率的资料。

5. 环境资源调查

这方面包括耕地、森林、草原、能源、动物与害虫的估计以及对大气、水质、粮食与食品污染情况的监测与调查等。与前面列举的主要是以人为对象的调查不同，这类调查在抽样方法及数据收集方法方面，都有许多特殊之处。

习　题

1.1　结合以下所列情况，讨论哪些适合用全面调查，哪些适合用抽样调查，并说明理由：

1) 研究居住在某城市所有居民的消费食品结构；

2) 调查一个县各村的粮食播种面积和全县生猪的存栏头数；

3) 调查一所小学中，学生患砂眼的人数；

4) 调查一个地区结核病的发病率；

5) 估计一个水库中草鱼的数量；

6) 了解某企业的产品在市场的占有率；

7) 调查一个县中，中小学教师的月平均工资。

1.2　结合习题 1.1 的讨论，你能否概括在什么场合适合做全面调查，什么场合适合做抽样调查？

1.3　讨论以下所列情况是否属于概率抽样，并说明理由：

1) 从一个包含有 100 只兔子的实验室大笼子里抓 10 只兔子作试验。研究人员不经任何挑选抓到哪一只就算哪一只，抓满 10 只为止；

2) 将笼中的 100 只兔子编上 1～100 的号码，任意列出 10 个不重复的数字(皆为 1～100 之间的整数)，以相应的兔子作为试验样本；

3) 将笼中的 100 只兔子编上 1～100 的号码，从钱包中随便抽出一张纸币，凡兔子号码末位数与纸币编号的末位数相同者即作为试验样本。

1.4 某刊物对其读者进行调查，调查表随刊物送到读者手中，对寄回的调查表进行分析。试问这是不是一项抽样调查？样本抽取是不是概率抽样？为什么？

1.5 结合习题 1.3 与 1.4 的讨论，根据你的理解，什么是概率抽样？什么是非概率抽样？它们各有什么优缺点？

1.6 列举你所了解的或被接受过的一些抽样调查。

第二章 基本概念

2.1 总体与样本

2.1.1 目标总体与抽样总体

在概论中，我们已给抽样调查下了这样的定义：抽样调查是按一定程序从研究对象的全体（总体）中抽取一部分（样本）进行调查或观察，获取数据，并以此对总体的一定目标量作出推断（例如估计）。这里涉及统计学中的两个重要概念——总体与样本。由于抽样调查中所涉及的总体与样本的概念有其自身的特点，因此有必要作进一步解释。

总体（population）就是我们研究也即进行调查对象的全体。例如全国每年进行的人口变动情况抽样调查，调查的标准时点是 11 月 1 日 0 时，全国在该时点生存的每一个人都是调查对象，于是全国在该时点生存的所有人就构成此次调查的总体。再如某地进行企业调查，调查对象是各行业、各种所有制及各种规模的企业，那么在该地所有国有的、集体的及个体的，包括工业、商业及交通运输业等所有行业在内的、不同规模的企业构成一个总体。与数理统计研究的通常是抽象的总体不同，抽样调查中的总体一般都是具体、明确的。

在抽样调查的实际中，有必要区分两种总体。上面所描述的总体称为目标总体（target population）。如上所述，目标总体是所感兴趣的所有调查对象的集合。根据调查的目的和性质，调查对象可以是个人、家庭、学校、医院、农场、公司等。目标总体只是概念性的，并不一定需要一个实际存在的名录。

实际抽样调查所覆盖的总体，称为抽样总体（sampling population）。它可能与目标总体不完全一致。目标总体和抽样总体之间的差别是由很多原因造成的。例如在一项某省城镇居民收入及消费调查中，目标总体是该省 2006 年 12 月 31 日的非农业城镇人口。若将抽样总体定义为户籍在省内所有地级以上城市的市辖区及在县（县级市）政府所在的城关镇家庭户中非农业常住人口，则抽样总体没有包含登记在集体户的常住人口，也不包括在非城关镇居住的常住人口。将这些人员排除在外的理由有：所调查问题不适合调查那些住在集体户中的人员；城关镇以外的其他乡镇调查较为困难且费用较高等。

理想状态下，目标总体与抽样总体应该完全一致，但实际上这很难做到。我们能做到的是使二者尽可能接近。需要特别指出的是，依据调查的结果所得出的结论仅适用于抽样总体。

2.1.2　抽样单元与抽样框

总体是由个体(individual,item)组成的。在人口变动情况调查中,在标准时点生存的每个人就是一个个体;在企业调查中,每个独立的企业也是一个个体。总体可以是有限的,即由有限个个体组成;也可以是无限的,即总体中所包含的个体数量有无限多个。但从抽样理论而言,我们总可以将总体看成是有限的,因为此时总可以将总体划分成互不重叠又穷尽的有限多个部分。每个这样的部分称为抽样单元(sampling unit)。每个抽样单元都由或多或少的个体组成,当然也可以只包含一个个体。将总体划分成抽样单元是出于对抽样的便利。例如在粮食农药污染调查中,调查对象是粮食,而粮食是一种颗粒状的散料,若按颗粒计,它的数量极大,可以看成是无限的。但如果将一批粮食按其储藏或运输中的形式,分成各个包装(例如麻袋),甚至仓库,那么每个包装或每个仓库就可以看成是一个抽样单元。每粒粮食必定属于而且只属于一个包装或储存于一个仓库中,而包装或仓库的数量只能是有限的。

上面的例子还说明抽样单元的划分可大可小。事实上,抽样单元常可以分级。总体先分成若干个较大规模的抽样单元,称为初级(抽样)单元或一级(抽样)单元(primary sampling unit);每个初级单元又可包含若干个规模较小的单元,称为次级单元或二级单元(secondary sampling unit)。同样可以定义三级单元、四级单元等等。例如在粮食农药污染调查中,仓库可以看成是初级单元,而仓库中的每一包装的麻袋则是次级单元。单元可以是人为划分的,也可以是自然形成的。在社会经济调查中,各级行政单位常可以用来作为各级抽样单元。例如一项全省的调查,可以将区、县作为一级单元;将街道、乡、镇作为二级单元;将居民委员会或村民委员会作为三级单元;而更小的单元又可以是住户或个人。在一项调查中,单元分成几级不是一成不变的。在前例中,可以不考虑街道、乡、镇,而将居(村)民委员会作为二级单元,不考虑居(村)民小组而直接将每个住户作为三级单元。当然也可以考虑别的分级方法。最小一级抽样单元也称为基本抽样单元。

为了实施概率抽样,需要将抽样总体中的每个单元进行编号,或至少对单元进行排序。一份包含所有抽样单元的名单或清册能达到这个目的,一份包含所有感兴趣的区域并对其组成部分有明确分界的地图也能达到这个目的。这样的名录或地图称为抽样框(sampling frame),前一类称为名录框,后一类称为区域框或地域框。抽样框实际上是抽样总体的一种表现形式,是有关所有抽样单元的一组信息,我们把抽样框作为直接或间接地从抽样总体中抽取单元并与之接触的工具。

一个好的抽样框应该具有以下特征:抽样单元不应有重复或遗漏;有关单元的

信息准确;使用方便;编制与更新的费用低廉。

2.1.3 总体指标的类型

每项调查都有其特定的内容和目的。通常调查的目标量是由总体的某些指标来表示的。例如在儿童情况调查中,全国或某个地区 0～14 岁儿童总数、儿童在总人口中所占的比例、某个年龄组儿童的平均身高和平均体重、婴儿或 5 岁以下儿童的死亡率、用母乳喂养的婴儿在全体婴儿中的比例、学龄儿童的在校率、儿童患有龋齿的比例等上百项指标均属于调查目标量,它们都是描述总体特征的指标。

为了讨论的方便,可以将实际总体指标分为以下几种基本的类型:

1. 总体总量(population total),也称总体总和。例如 0～14 岁儿童总数、某市商业零售总额、某地区粮食产量和牲畜存栏总数等。

2. 总体均值(population mean)。例如家庭平均每年用于食品消费的费用、户平均居住面积、儿童平均患龋齿的牙数等。

3. 总体具有某种特征的个体在全体中的比例(proportion)。例如儿童在总人口中的比例、患某种疾病的人在总人群中的比例即患病率、全体选民中对某个候选人或某个提案的支持率等。这些比例常用百分率来表示。

4. 总体两个指标的总量或均值之比值(ratio)。例如用于食品消费的金额在家庭总消费额中所占的比重,这里涉及食品消费金额与总消费额两个调查指标。再如学龄儿童在校率涉及在校儿童总数与学龄儿童总数两个总体指标。

上述 3 与 4 虽然都有比例的形式,有些类似,但在表达与处理上(当 N 已知时)有实质性差别。

设$\mathcal{Y}$,$\mathcal{X}$是总体的两项指标,总体包含 N 个(抽样)单元,其中 N 已知。记每个单元$\mathcal{Y}$的指标值为 $Y_1,Y_2,\cdots,Y_N$;$\mathcal{X}$的指标值为 $X_1,X_2,\cdots,X_N$,则

$$Y=\sum_{i=1}^{N}Y_i\,,\quad X=\sum_{i=1}^{N}X_i \tag{2.1}$$

分别表示$\mathcal{Y}$与$\mathcal{X}$的总体总量(总和),而

$$\bar{Y}=\frac{1}{N}\sum_{i=1}^{N}Y_i\,,\quad \bar{X}=\frac{1}{N}\sum_{i=1}^{N}X_i \tag{2.2}$$

分别是$\mathcal{Y}$与$\mathcal{X}$的总体均值。若$\mathcal{Y}$是表示一个单元是否具有某个特定特征的指标,则可令

$$Y_i=\begin{cases}1, & \text{若第 } i \text{ 个单元具有某个特定的特征}\\ 0, & \text{否则}\end{cases} \tag{2.3}$$

显然,总体中具有这种特征的单元总数为:

$$A\triangleq Y=\sum_{i=1}^{N}Y_i \tag{2.4}$$

而具有这种特性的单元在总单元数 N 中的比例 P 即是

$$P=\frac{A}{N}=\frac{Y}{N}=\bar{Y} \tag{2.5}$$

从上面的表达式中可以看出，前两类指标只相差一个已知常数 N，而第三类指标又可化为前两类，因而这三类指标的统计处理基本上相同。与此成对照的是，总体两个指标总和或均值之比值：

$$R=\frac{Y}{X}=\frac{\bar{Y}}{\bar{X}} \tag{2.6}$$

与前三类的指标不同，是两个统计量 X（或 $\bar{X}$）与 Y（或 $\bar{Y}$）的商，它的处理要稍微复杂一些。

2.1.4 样本、样本量与抽样比

样本(sample)是总体的一部分，它由从总体中按一定程序抽得的那部分个体或抽样单元组成。因此与总体一样，样本也是一个集合。每个被抽中进入样本的单元称为入样单元。样本中包含的抽样单元数 n 称为样本量(sample size)。在多阶抽样和整群抽样中，若不特别指明，样本量通常指的是样本中所包含的基本抽样单元的个数。样本量 n 对总体总单元数 N 的比称为抽样比(sampling fraction)：

$$f=\frac{n}{N}$$

从总体中抽取样本有许多不同的形式，从而构成许多不同的抽样方法。样本中的 n 个单元可以从总体中逐个抽取，也可以一次抽取，前者称为逐个抽取法，后者称为全样本抽取法。在逐个抽取中，每次被抽中的单元，即入样单元可以放回总体中去，也可以不放回总体中去，前者称为放回抽样(sampling with replacement)，后者称为不放回抽样(sampling without replacement)。在放回抽样中，一个单元有可能被抽到两次或两次以上，故也称为重复抽样。而在不放回抽样中，一个单元至多只能被抽到一次，不可能重复被抽到。全样本抽样也是一种不放回抽样。在样本抽取过程中，总体中的每个单元被抽中的概率即入样概率可能相等，也可能不相等，前者称为等概率抽样(sampling with equal probabilities)，后者称为不等概率抽样(sampling with unequal probabilities)。

对样本的调查获得样本数据，然后构造适当的统计量作为总体目标量的估计既是抽样调查的一个必要的工作内容，也是数理统计的精髓所在。与一般数理统计所不同的是，在抽样调查中，获取的样本是复杂样本，不是独立同分布的“简单样本”，因此处理时不能照搬那些基于独立同分布的“简单样本”所得出的结果，这点请读者务必予以注意。

*2.1.5 固定总体模型与超总体模型

在描述作为总体目标量估计的样本统计量的性质时，有两种考虑方法。一种是如我们前面所述的，将有限总体看成是实际存在的具体总体。就某个总体指标 $\mathcal{Y}$ 而言，一个总体就意味着 $Y_1, Y_2, \cdots, Y_N$ 这样 N 个值。当然对某个 Y_i，若它入样，其数值是已知的；若不入样则是未知的。这样的模型称为固定总体模型(fixed population model)。另一种思考方式是将上述 N 个 Y_i 值看作是从一个假想的总体 $\mathcal{Y}$ 中抽取的样本量为 N 的随机样本。这个假想的总体称为超总体(superpopulation)。为推断需要，对这个超总体需要有一定的假设条件。记超总体中的期望运算为 $\mathcal{E}$，最简单的假定是：

$$\mathcal{E}(Y_i)=\mu, \quad \mathcal{E}[(Y_i-\mu)(Y_j-\mu)]=\begin{cases}0, & i\neq j\\ \sigma^2, & i=j\end{cases} \tag{2.7}$$

这里的 μ 与 σ^2 是超总体的均值与方差，且两个不同单元的指标值不相关。

两种不同模型在概念及处理方法上有很大不同。对于固定总体模型，期望是指对于所有可能的样本取平均，在本书中记为 E。同样一个概念，例如估计量的无偏性(估计量的期望值等于被估计的总体参数，详见 2.3.2)，如果是关于固定总体成立(即期望是以 E 取的)，称为是设计无偏的；而如果是关于超总体模型成立(即期望是以 $\mathcal{E}$ 取的)，则称为是模型无偏的。本书绝大多数情形都是在固定总体模型下讨论的。

2.2 几种基本的抽样方法

样本抽取方法，即抽样方法，是抽样调查理论与方法的核心。在概率抽样中，用样本统计量估计总体参数的方法以及这种估计的精度都与所涉及的抽样方法有关。在本节中我们概要介绍几种基本的抽样方法，实际调查所用的方法常是这些基本抽样方法的组合。

2.2.1 简单随机抽样

简单随机抽样(simple random sampling)也称为单纯随机抽样。从总体 N 个单元中抽取 n 个单元作为样本，抽取方法是从总体中逐个不放回地抽取，每次都是在所有未入样的单元中等概率地抽取。简单随机样本也可以一次同时从总体中抽得，只要保证全部可能的样本每个被抽中的概率都相等。

简单随机抽样是其他抽样方法的基础，因为它在理论上最容易处理，若 N 不太大，实施起来并不困难。但在实际问题中，若 N 相当大，简单随机抽样就不是很容易就能办到的。首先它要求有一个包含全部 N 个单元的抽样框，其次用这种抽样得到的样本单元较为分散，调查不容易实施。因此在实际中，直接采用简单随机抽样的并不多。

简单随机抽样中的估计方法，通常是采用样本平均数作为总体均值的估计，用样本比例作为总体比例的估计，这就是简单估计。有时为了提高精度，在有其他辅助变量存在的情况下，也可以用比估计和回归估计等方法。

2.2.2 分层抽样

将总体按一定的原则分成若干个子总体，每个子总体称为层，在每个层内进行抽样，不同层的抽样相互独立，这样的抽样称为分层抽样(stratified sampling)。特别地，如果每层的抽样都是简单随机抽样，就称为分层随机抽样。在分层抽样中，先根据层样本对层的参数进行估计，然后将这些层估计加权平均或取总和作为总体均值或总量的估计。

分层抽样特别适用于既要对总体参数进行估计也要对各子总体(层)参数进行估计的情形。分层抽样的组织实施方便，样本散布比较均匀，这些都是分层抽样的优点。分层抽样更重要的一个优点是它的精度一般较高，另外其数据处理也相对简单。因此分层技术是实际应用最为普遍的抽样技术之一。

2.2.3 整群抽样

简单随机抽样有样本分散不便于调查、N 大时抽样框不易编制等缺点。整群抽样恰好克服了这些缺点。整群抽样 (cluster sampling) 是先将总体中的各个单元归并成数量较少而规模较大的单元，称为群，抽样仅对群进行，对抽中的群调查其中的每一个小单元，对没有被抽中的群则不进行调查。因此整群抽样中的样本(小)单元是以整群形式出现的，故称整群抽样，在有些中文文献中也称集团抽样。事实上这里的群即是 2.1.2 中所讨论过的初级单元，而小单元即是其中的次级单元。在整群抽样中并不要求提供关于次级单元的抽样框，只需要关于初级单元的抽样框即可。另外由于群通常是由那些地理位置邻近的单元构成的，整群进行调查费用较低，因此整群抽样常受到实际工作者的欢迎。整群抽样的主要缺点是在样本量相同条件下一般精度较差，效率不高。这是因为同一群内的单元或多或少相似，对抽中的群的每个小单元进行全面调查不可避免地会造成浪费。

2.2.4 多阶抽样

为提高整群抽样的效率，对每个被抽中的一级单元中的二级单元再进行抽样，仅调查其中一部分,这样的抽样称为二阶抽样。如果每个二级单元又由若干个三级单元组成,对每个被抽中的二级单元中的三级单元再抽样,仅调查其中一部分三级单元,这样的抽样即是三阶抽样。同样可定义四阶甚至更高阶的抽样。多阶抽样(multi-stage sampling)也称多阶段抽样或多级抽样,在大规模调查中常被采用。例如在一项全国性调查中,若并不需要对每个省进行调查,则可先对省进行第一阶抽样,然后对抽中的省进行对区、县的第二阶抽样,再对每个抽中的区、县进行对街道、乡或镇的第三阶抽样……多阶抽样既保留了整群抽样样本相对集中、调查费用较低、不需要关于所有(小)单元的抽样框等优点,而且由于实行了再抽样,又有效率较高的优点,因此也常为实际工作者所采用。

2.2.5 系统抽样

系统抽样(systematic sampling)也称机械抽样。若总体中的单元都按一定顺序排列,在规定的范围内随机地抽取一个单元作为初始单元,然后按照一套事先确定好了的规则确定其他样本单元,这种抽样方法称为系统抽样。最简单的系统抽样是在取得一个初始单元后,按相等的间隔抽取样本单元,这就是所谓的等距抽样。系统抽样最主要的优点是实施简单,因为只有一个(或一组)初始单元需要随机抽取,而不像简单随机抽样那样每个样本单元都需要随机抽取。有时系统抽样甚至不需要一个完整的抽样框,它只需要总体单元的一个确定的排列顺序。另外,如果对总体单元指标的变化周期有所了解并加以正确利用的话,系统抽样也能达到相当高的精度。系统抽样最主要的缺点是估计量的精度估计比较困难,事实上许多行之有效的系统抽样并不是严格的概率抽样。

2.2.6 不等概率抽样

样本抽取不一定必须是等概率的,有时采用不等概率抽样 (sampling with unequal probabilities) 的效果更好。事实上,当单元大小不相等时,在整群抽样或多阶抽样中常采用不等概率抽样。最常用的不等概率抽样是按与单元大小(规模)成比例的概率进行的抽样,这种抽样精度较高,数据处理也不一定复杂。

以上是对几种基本抽样方法的简要介绍。正如已经指出的那样,在实际问题中,很少单独采用某一种抽样方法,常常是将几种抽样方法有机地结合使用。最常见的抽样方法通常是先将总体分层,层内采用二阶或多阶抽样,其中前几阶抽样是不等概率抽样,最后一阶抽样是简单随机抽样、系统抽样或整群抽样。因此实际采用的抽样方法都是比较复杂的,我们将在以后各章中详尽地讨论各种基本抽样方法,掌握了这些基本方法就可在实际中灵活地加以运用。

2.3 误差与精度的表示方法

2.3.1 抽样调查中的误差来源

凡是调查就一定有误差，误差或大或小总是存在的，不可能完全避免。在抽样调查中，误差可分成非抽样误差及抽样误差两大类。

非抽样误差(non-sampling error)不是由于抽样引起的，它主要包括计量误差、抽样框误差与无回答误差三类。这些误差在全面调查中都是存在的。

计量误差也称响应误差，是调查所得的数据与(样本)单元的真值不一致所造成的误差。造成这种误差的原因很多，有测量手段(或仪器)本身的误差，有被调查者由于记忆失误或不愿意回答真实情况从而造成的误差。抽样框误差是由于抽样框不完善或其中的信息有误引起的误差，主要是因为抽样框中有重复或遗漏：遗漏的单元不可能被抽到样本中来，而重复的单元被抽到样本中的概率显然比其他单元大，从而破坏了随机性。无回答误差也称为无响应误差，它是指抽中的样本单元或者找不到，或者拒绝回答问题，或因其他原因造成样本单元调查信息的全部或部分缺失。如果放弃这部分样本资料或用其他单元来替代都会造成误差。此外在调查过程或数据预处理的各个环节，例如调查表的填写、数据的编码、审核与录入等处理过程中的任何差错也是非抽样误差的一部分。

上述的非抽样误差不能通过多抽样，即加大样本量得到控制。事实上，只有在调查的各个环节中规定并实施各种质量保证措施，才能使非抽样误差控制在一个比较理想的水平。

抽样误差(sampling error)是由于抽样造成的误差，确切地说抽样误差是由于样本的随机性引起的误差。任何一种抽样方案，可能的样本有很多，而实际抽到的只是一个样本，因此抽到哪一个样本完全是随机的、偶然的。如果抽到的是另一个样本，对总体的估计就会不同。这就是抽样误差产生的根本原因。只要是抽样调查，这个误差是不可避免的。但与非抽样误差不同的是，抽样误差是能够计量的，即可用各种量值来表示，而且它可以得到控制，人们可以将抽样误差控制在任意小的范围内。不过这里的前提是抽样是概率抽样，这是人们乐意采用概率抽样的最重要的原因。控制抽样误差可以通过样本量来达到，因为样本量越大，抽样误差就越小。实际上，抽样误差与样本量的平方根大致成反比，如图 2.1 所示。

2.3.2 均方误差、方差与偏倚

设总体某个待估的参数(总体目标量)为 θ，用统计量(样本的函数) $\hat{\theta}$ 作为 θ

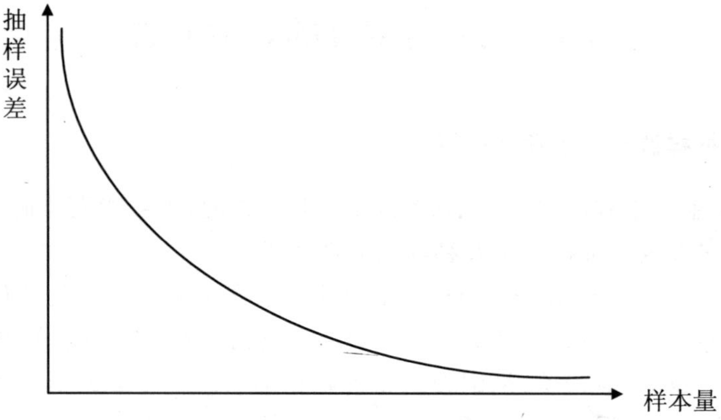

图 2.1 抽样误差与样本量的关系

的估计，$\hat{\theta}$ 称为 θ 的一个估计量(estimator)；对一个具体的样本，$\hat{\theta}$ 的值称为估计值(estimate)。用 $\hat{\theta}$ 估计 θ 的实际误差是 $\hat{\theta}-\theta$，由于 θ 未知，$\hat{\theta}-\theta$ 也未知。这说明对于一个样本，实际误差是不可知的。现在我们考虑按一种抽样方法所能得到的所有可能样本，对每个样本计算一个估计值 $\hat{\theta}$，计算这些估计值的平均实际误差，也即实际误差 $\hat{\theta}-\theta$ 的均值 $E(\hat{\theta}-\theta)$，但由于误差有正负抵消作用不能很好地反映误差的大小，因此转而考虑平均平方误差，即实际误差平方的均值：

$$MSE(\hat{\theta})=E(\hat{\theta}-\theta)^2 \tag{2.8}$$

$MSE(\hat{\theta})$ 称为均方误差(mean squared error)。由于 θ 未知，在通常情况下，它仍然是未知的。均方误差可以分解成以下两个部分：

$$\begin{aligned} MSE(\hat{\theta}) &= E[(\hat{\theta}-E(\hat{\theta}))+(E(\hat{\theta})-\theta)]^2 \\ &= E[\hat{\theta}-E(\hat{\theta})]^2+[E(\hat{\theta})-\theta]^2+2E[\hat{\theta}-E(\hat{\theta})][E(\hat{\theta})-\theta] \\ &= E[\hat{\theta}-E(\hat{\theta})]^2+[E(\hat{\theta})-\theta]^2 \end{aligned} \tag{2.9}$$

式中的第一项

$$V(\hat{\theta}) \triangleq E[\hat{\theta}-E(\hat{\theta})]^2 \tag{2.10}$$

是 $\hat{\theta}$ 的方差(variance)，而第二项

$$B^2(\hat{\theta}) \triangleq [E(\hat{\theta})-\theta]^2 \tag{2.11}$$

是 $\hat{\theta}$ 的偏倚(bias) $E(\hat{\theta})-\theta$ 的平方。

偏倚为零的估计量，也即满足

$$E(\hat{\theta})=\theta \tag{2.12}$$

的估计量，称为无偏估计量(根据 2.1.5，这种无偏是指设计无偏)。对于无偏估计量，均方误差等于方差。

均方误差与方差的量纲均是所取指标值量纲的平方，为更直观起见常用它们的平方根来表示相应的数值，方差的算术平方根称为标准差(standard deviation)

$$S(\hat{\theta}) \triangleq \sqrt{V(\hat{\theta})} \tag{2.13}$$

估计量的标准差也称为标准误差或标准误(standard error)。

均方误差的平方根 $\sqrt{MSE(\hat{\theta})}$ ，标准差 $S(\hat{\theta})$ 与偏倚 $B(\hat{\theta})$ 的量纲都与调查指标值单位量纲一致，它们有图 2.2 所表示的关系。

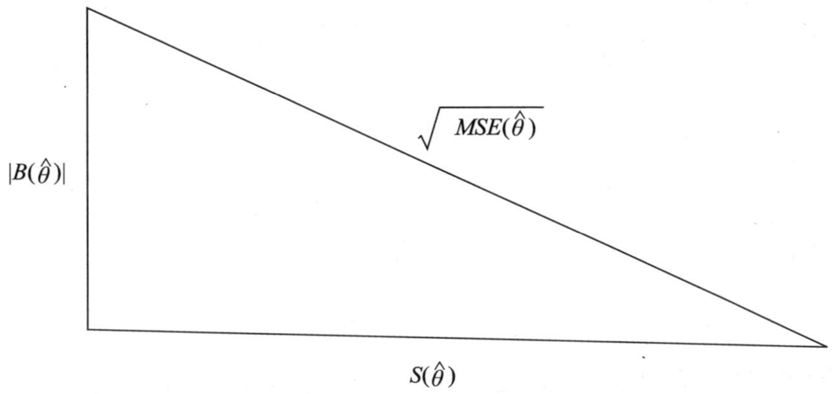

图 2.2　$\sqrt{MSE(\hat{\theta})}$，$S(\hat{\theta})$ 及 $B(\hat{\theta})$ 的关系

有时我们也用相对均方误差 $MSE(\hat{\theta})/\theta^2$ 或相对方差 $V(\hat{\theta})/\theta^2$ 来表示 $\hat{\theta}$ 的误差大小。正如我们在 2.3.1 中已指出过的，抽样误差通常与样本量有关。样本量越大，抽样误差就越小。我们完全有理由希望，作为样本量 n 的函数的估计量，不妨记为 $\hat{\theta}_n$ ，当 $n \to \infty$ 时，应在某种意义下趋于 θ ，具有这种性质的估计量称为相合估计量。如果我们进一步假设，在 $n \to \infty$ 时一个估计量的偏倚趋于 0 的速度比其均方误差的平方根趋于 0 的速度更快，则称估计量是可用的。对可用的估计量，只要 n 足够大，$\hat{\theta}$ 的精度就主要取决于它的方差 $V(\hat{\theta})$ 或其平方根即标准差 $S(\hat{\theta})$ 。在有些文献中，也称 $V(\hat{\theta})$ 为抽样方差。

2.3.3　误差限与置信度

估计量的精度还可用误差限来表示。误差限是在某种概率意义下的最大绝对误差或相对误差，这里的概率称为置信度或置信水平(confidence level)。确切地说，置信度为 γ 的绝对误差限(absolute error limit) d 满足：

$$\Pr(|\hat{\theta} - \theta| \leqslant d) = \gamma \tag{2.14}$$

而置信度为 γ 的相对误差限(relative error limit) r 满足：

$$\Pr\left(\frac{|\hat{\theta}-\theta|}{\theta}\leqslant r\right)=\gamma \tag{2.15}$$

通常置信度 $\gamma \triangleq 1-\alpha$ 是某个接近于 1 的数值，例如取 99%（$\alpha=1\%$），95%（$\alpha=5\%$）或 90%（$\alpha=10\%$）等。

误差限与估计量的标准差之间有一定的关系。这种关系与估计量的分布有关。在抽样调查中，由于总体（特指固定总体模型）是明确的，因此对它的分布通常不作具体假定，加上所得的样本又常是复杂的，故抽样调查中所采用的估计量，其精确的抽样分布通常是不可知的。但是大量模拟研究及一些理论研究表明，抽样调查中常用的估计量在大样本时是渐近正态的。因此只要 n 充分大，估计量 $\hat{\theta}$ 的分布是近似正态分布，即

$$\frac{\hat{\theta}-E(\hat{\theta})}{S(\hat{\theta})}\sim N(0,1) \tag{2.16}$$

由于可用估计量必定是近似无偏的，因此当 n 充分大时，

$$\frac{\hat{\theta}-\theta}{S(\hat{\theta})}\sim N(0,1) \tag{2.17}$$

于是根据正态分布的性质，若 u_α 是标准正态分布的双侧分位数，则

$$\Pr\left(\frac{|\hat{\theta}-\theta|}{S(\hat{\theta})}\leqslant u_\alpha\right)=1-\alpha=\gamma \tag{2.18}$$

比较(2.18)式与(2.14)式，我们有

$$d=u_\alpha S(\hat{\theta}) \tag{2.19}$$

同理我们有

$$r=u_\alpha S(\hat{\theta})/\theta \tag{2.20}$$

如果 $\hat{\theta}$ 无偏，$S(\hat{\theta})/\theta=S(\hat{\theta})/E(\hat{\theta})$ 即为 $\hat{\theta}$ 的变异系数（coefficient of variation）$Cv(\hat{\theta})$。在实际问题中，为方便起见，常以 $\hat{\theta}$ 代替(2.20)式中的 θ，因此相对误差限 r 近似为 $u_\alpha S(\hat{\theta})/\hat{\theta}$。有时也称 $S(\hat{\theta})/\hat{\theta}$ 为相对标准差。

(2.19)式与(2.20)式建立了误差限与标准差或变异系数之间的关系，系数值都为 u_α，而 u_α 又与所取的置信度 $\gamma=1-\alpha$ 有关，γ 越大（α 越小）则相应的误差限就越大。因此误差限与置信度是成对出现的，只给出误差限，不给出置信度或只给出置信度不给出误差限都是没有意义的。

根据(2.18)式，可给出 θ 的置信度为 $\gamma=1-\alpha$ 的一个近似置信区间：

$$[\hat{\theta}-u_\alpha S(\hat{\theta}),\quad \hat{\theta}+u_\alpha S(\hat{\theta})] \tag{2.21}$$

例如对 $\gamma=95\%$，$u_\alpha=1.96$，因此 $[\hat{\theta}-1.96S(\hat{\theta}),\ \hat{\theta}+1.96S(\hat{\theta})]$ 是 θ 的一个

置信度为 95%的近似置信区间。

2.3.4 精度与费用

从上面的讨论我们知道，抽样调查的精度取决于误差的大小。撇开不易计量的非抽样误差不谈，精度取决于抽样误差的大小。而对可用估计量，在样本量大的情况下，抽样误差又取决于估计量方差（或标准差）的大小。估计量方差或标准差越小，精度越高；反之，则精度越低。因此在抽样调查中，精度的估计主要是估计量的方差估计。估计量的方差既与抽样设计有关，也与具体的估计方法，也即所采用的估计量有关。一个抽样设计连同一个特定的估计方法，称为一个抽样策略（sampling strategy）。

对特定总体的抽样策略，影响抽样方差的最重要因素是样本量，样本量越大，方差越小。而样本量又直接与费用有关。样本量越大，费用就越高。一个好的抽样策略必须同时考虑到精度与费用两个因素：对于一个具体的抽样策略，应尽量做到在固定费用限制下使精度最高，或在要求达到精度的条件下，使调查的总费用最省。称这样的抽样策略为最优抽样策略，最优抽样策略的效率最高。这里的效率有两个概念，在比较两个抽样策略的效率时，通常是指在样本量相同的情况下抽样方差（或均方误差）之比，有时候也指在费用相同的情况下，两个方案策略的方差之比，后者也称费用效率。

习 题

2.1 试说明以下术语或概念之间的关系与区别：

1）总体、样本与个体；

2）总体与抽样框；

3）个体、抽样单元与抽样框。

2.2 试说明以下术语或概念之间的关系与区别：

1）估计量的均方误差、方差与偏倚；

2）估计量的方差、标准差与标准误差；

3）无偏估计量、相合估计量与可用估计量；

4）绝对误差限、置信区间（置信限）与置信度。

2.3 从某个总体抽取一个 $n=50$ 的独立同分布样本，样本数据如下：

567	601	665	732	366	937	462	619	279	287
690	520	502	312	452	562	557	574	350	875

834	203	593	980	172	287	753	259	276	876
692	371	887	641	399	442	927	442	918	11
178	416	405	210	58	797	746	153	644	476

1) 计算样本均值 $\bar{y}$ 与样本方差 s^2；

2) 若用 $\bar{y}$ 估计总体均值 μ ，按数理统计结果，$\bar{y}$ 是否无偏？写出它的方差表达式；

3) 根据上述样本数据，如何估计 $\bar{y}$ 的方差？

4) 给出总体均值 μ 的置信度分别为 90%，95%与 99%的近似置信区间。

第三章　简单随机抽样

3.1　概述

3.1.1　什么是简单随机抽样

简单随机抽样(simple random sampling)也称单纯随机抽样。考虑一个包含 N 个单元的总体,从中抽取 n 个单元作为样本。如果抽样是不放回的,同一个单元不能在样本中重复出现,那么总共有 $\binom{N}{n}$ 种不同的取法,也就是说共有 $\binom{N}{n}$ 个可能的不同样本。

例 3.1　考虑从一个 $N=6$ 的总体中抽取 $n=3$ 的样本。设这 6 个单元的值分别为 $Y_1=21, Y_2=12, Y_3=15, Y_4=24, Y_5=6, Y_6=18$,则总共可能有 $\binom{6}{3}=20$ 个样本,每个样本所包含的单元号及其数值见表 3.1。

表 3.1 的 20 个样本中,在抽样前并不能预测到究竟哪一个样本被抽中。很自然地,我们要求这 20 个可能的样本每个被抽到的概率都相等,即都等于 1/20。按这个规则进行的抽样即是(不放回)简单随机抽样。

一般地,对于一个大小为 N 的总体,抽取一个样本量为 n 的样本。若全部可能的 $\binom{N}{n}$ 个样本每个被抽中的概率都相等,即都等于 $1\Big/\binom{N}{n}$,则这种抽样称为不放回的简单随机抽样(simple random sampling without replacement),所得的样本称为不放回的简单随机样本。

表 3.1　从一个 $N=6$ 的总体中抽 $n=3$ 的全部可能样本(Ⅰ)

样本序号	样本单元号	样本数值	样本均值 $\bar{y}$	$\bar{y}-\bar{Y}$	样本方差 s^2
1	1,2,3	21,12,15	16	0	21
2	1,2,4	21,12,24	19	3	39
3	1,2,5	21,12, 6	13	−3	57
4	1,2,6	21,12,18	17	1	21

续表

样本序号	样本单元号	样本数值	样本均值 $\bar{y}$	$\bar{y}-\bar{Y}$	样本方差 s^2
5	1,3,4	21,15,24	20	4	21
6	1,3,5	21,15, 6	14	−2	57
7	1,3,6	21,15,18	18	2	9
8	1,4,5	21,24, 6	17	1	93
9	1,4,6	21,24,18	21	5	9
10	1,5,6	21, 6,18	15	−1	63
11	2,3,4	12,15,24	17	1	39
12	2,3,5	12,15, 6	11	−5	21
13	2,3,6	12,15,18	15	−1	9
14	2,4,5	12,24, 6	14	−2	84
15	2,4,6	12,24,18	18	2	36
16	2,5,6	12, 6,18	12	−4	36
17	3,4,5	15,24, 6	15	−1	81
18	3,4,6	15,24,18	19	3	21
19	3,5,6	15, 6,18	13	−3	39
20	4,5,6	24, 6,18	16	0	84
平　均			16	0	42

简单随机抽样也可以考虑放回情形，此时样本中的单元有可能重复出现，而全部可能的样本数为 N^n（考虑样本单元的顺序），如果每个被抽中的概率也相等，则称为放回简单随机抽样(simple random sampling with replacement)。不过通常我们将简单随机抽样局限于不放回的情形。在本书中，除了 3.5 节专门讨论放回简单随机抽样或特别注明的外，所指的简单随机抽样都是不放回的。

3.1.2 简单随机抽样的实施方法

按上一小节定义的简单随机样本可以按以下方法抽出：做 N 个签，依次编上 1 至 N 的号码，并均匀混合，同时抽取其中 n 个签，则这 n 个签上的号码即为入样的单元号码。事实上这是一种全样本抽取方法。这种方法对不太大的 N（从而 n 也不会大）是可行的，但对较大的 N，这种方法不太方便，此时可采用下述的逐个抽取法。

在总体 N 个单元中，随机抽取（即等概率抽取）一个单元，不放回，然后再在其余 $N-1$ 个单元中随机抽取一个单元，也不放回；继续上述步骤，每次都在尚未入样的单元中随机抽取一个单元且不放回，直至抽足 n 个单元为止。可以证明按这种方法抽到的 n 个单元的样本，若不计抽取时的顺序，每个被抽到的概率皆等于 $1\Big/\binom{N}{n}$，从而是一个不放回简单随机样本。因此简单随机抽样可以通过逐个不放回的等概率抽样得以实施。在上述"抽签法"中，每次等概率抽一个签，不放回，再抽一个签，直至抽足 n 个签为止，这种抽样方法实际上与一次抽 n 个签是完全等价的。

在实际问题中，随机抽取是通过抽取随机数（random number）来实现的。在 1 至 N 范围内随机抽取一个整数（即随机数），记为 r_1，则第 r_1 个单元入样；再在同一范围内随机抽取另一随机数，记为 r_2，若 $r_2 \neq r_1$，则第 r_2 个单元入样，若 $r_2 = r_1$，则舍弃重抽；直至抽中 n 个不同的随机数，则编号为这些随机数的 n 个单元组成一个简单随机样本。

随机数的产生可使用随机数骰子或随机数表。我们知道，通常的骰子（例如麻将游戏中使用的）是个正方体即正六面体，它只能产生 1，2，3，4，5，6 共六个随机数字。这种骰子不能用来产生任意范围的随机数。随机数骰子是由均匀材料制成的正 20 面体（每个面都是正三角形），其中两个面标了数字 0，两个面标了数字 1，…，两个面标了数字 9，如图 3.1 所示。

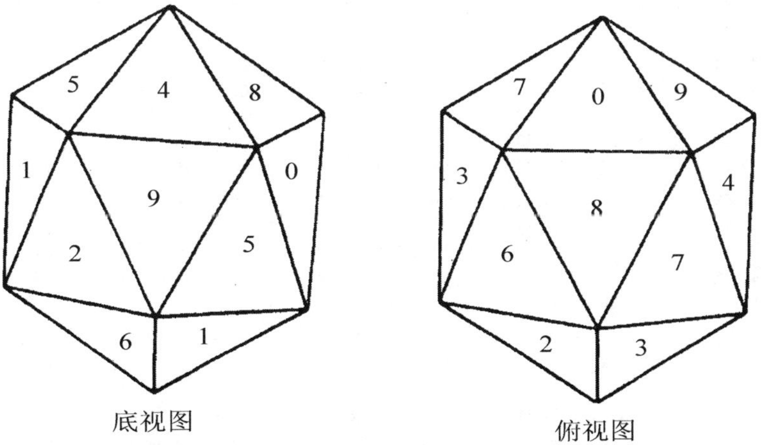

图 3.1 随机数骰子

使用随机数骰子可以像普通骰子那样采用掷的方法，也可以将一个或几个骰子

表 3.2 随机数表

10 27 53 96 23	71 50 54 36 23	54 31 04 82 98	04 14 12 15 09	26 78 25 47 47
28 41 50 61 88	64 85 27 20 18	83 36 36 05 56	39 71 65 09 62	94 76 62 11 89
34 21 42 57 02	59 19 18 97 48	80 30 03 30 98	05 24 67 70 07	84 97 50 87 46
61 81 77 23 23	82 82 11 54 08	53 28 70 58 96	44 07 39 55 43	42 34 43 39 28
61 15 18 13 54	16 86 20 26 88	90 74 80 55 09	14 53 90 51 17	52 01 63 01 59
91 76 21 64 64	44 91 13 32 97	75 31 62 66 54	84 80 32 75 77	56 08 25 70 29
00 97 79 08 06	37 30 28 59 85	53 56 68 53 50	01 74 39 59 73	30 19 99 85 48
36 46 18 34 94	75 20 80 27 77	78 91 69 16 00	08 43 18 73 68	67 69 61 34 25
88 98 99 60 50	35 95 79 42 94	93 62 40 89 96	43 56 47 71 66	46 76 29 67 02
04 37 59 87 21	05 02 03 24 17	47 97 81 56 51	92 34 86 01 82	55 51 33 12 91
63 62 06 34 41	94 21 78 55 09	72 76 45 16 94	29 95 81 83 83	79 88 01 97 30
78 47 23 53 90	34 41 92 45 71	09 23 70 70 07	12 38 92 79 43	14 85 11 47 23
87 68 62 15 43	53 14 36 59 25	54 47 33 70 15	59 34 48 40 35	50 03 42 99 36
47 60 92 10 77	88 59 53 11 52	66 25 69 07 04	48 68 64 71 06	61 65 70 22 12
56 88 87 59 41	65 28 04 67 53	95 79 88 37 31	50 41 06 94 76	81 83 17 16 33
02 57 45 86 67	73 43 07 34 48	44 26 87 93 29	77 09 61 67 84	06 69 44 77 75
31 54 14 13 17	48 62 11 90 60	68 12 93 64 28	46 24 79 16 76	14 60 25 51 01
28 50 16 43 36	28 97 85 58 99	67 22 52 76 23	24 70 36 54 54	59 28 61 71 96
63 29 62 66 50	02 63 45 52 39	67 63 47 54 75	83 24 78 43 20	92 63 13 47 48
45 65 58 26 51	76 96 59 38 72	86 57 45 71 46	44 67 76 14 55	44 88 01 62 12
39 65 36 63 70	77 45 85 50 51	74 13 39 35 22	30 53 36 02 95	49 34 88 73 61
73 71 98 16 04	29 18 94 51 23	76 51 97 84 86	79 93 96 38 63	08 58 25 58 94
72 20 56 20 11	72 65 71 08 86	79 57 95 13 91	97 48 72 66 48	09 71 17 24 89
75 17 26 99 76	89 37 20 70 01	77 31 61 95 46	26 97 05 73 51	53 33 18 72 87
37 48 60 82 29	81 30 15 39 14	48 38 75 93 29	06 87 37 78 48	45 56 00 84 47
68 08 02 80 72	83 71 46 30 49	89 17 95 88 29	02 39 56 03 46	97 74 06 56 17
14 23 98 61 67	70 52 85 01 50	01 84 02 78 43	10 62 98 19 41	18 83 99 47 99
49 08 94 21 44	25 27 99 41 28	07 41 08 34 66	19 42 74 39 91	41 96 53 78 72
78 37 06 08 43	63 61 62 42 29	39 68 95 10 96	09 24 23 00 62	56 12 80 73 16
37 21 34 17 68	68 96 83 23 56	32 84 60 15 31	44 73 67 34 77	91 15 79 74 58
14 29 09 34 04	87 83 07 55 07	76 58 30 83 64	87 29 25 58 84	86 50 60 00 25
58 43 28 06 36	49 52 83 51 14	47 56 91 29 34	05 87 31 06 95	12 45 57 09 09
10 43 67 29 70	80 62 80 03 42	10 80 21 38 84	90 56 35 03 09	43 12 74 49 14
44 38 88 39 54	86 97 37 44 22	00 95 01 31 76	17 16 29 56 63	38 78 94 49 81
90 69 59 19 51	85 39 52 85 13	07 28 37 07 61	11 16 36 27 03	78 86 72 04 95
41 47 10 25 62	97 05 31 03 61	20 26 36 31 62	68 69 86 95 44	84 95 48 46 45
91 94 14 63 19	75 89 11 47 11	31 56 34 19 09	79 57 92 36 59	14 93 87 81 40
80 06 54 18 66	09 18 94 06 19	98 40 07 17 81	22 45 44 84 11	24 62 20 42 31
67 72 77 63 48	84 08 31 55 58	24 33 45 77 58	80 45 67 93 82	75 70 16 08 24
59 40 24 13 27	79 26 88 86 30	01 31 60 10 39	53 58 47 70 93	85 81 56 39 38
05 90 35 89 95	01 61 16 96 94	50 78 13 69 36	37 68 53 37 31	71 26 35 03 71
44 43 80 69 98	46 68 05 14 82	90 78 50 05 62	77 79 13 57 44	59 60 10 39 66
61 81 31 96 82	00 57 25 60 59	46 72 60 18 77	55 66 13 62 11	08 99 55 64 57
42 88 07 10 05	24 98 65 63 21	47 21 61 88 32	27 80 30 21 60	10 92 35 36 12
77 94 30 05 39	28 10 99 00 27	12 73 73 99 12	49 99 59 94 82	96 88 57 17 91
78 83 19 76 16	94 11 68 84 26	23 54 20 86 85	23 86 66 99 07	36 37 34 92 09
87 76 59 61 81	43 63 64 61 61	65 76 36 95 90	18 48 27 45 68	27 23 65 30 72
91 42 05 96 47	55 78 99 95 24	37 55 85 78 78	01 48 41 19 10	35 19 54 07 73
84 97 77 72 73	09 62 06 65 72	87 12 49 03 60	41 15 20 76 27	50 47 02 29 16
87 41 60 76 83	44 88 96 07 80	83 05 83 38 96	73 70 66 81 90	30 56 10 48 59

放在特定的盒中进行摇动。每一个骰子一次产生一个 0～9 范围内的随机数，m 个不同颜色的骰子(事先指定每种颜色的骰子所代表的位数)一次可产生一个 m 位的随机数。当然一个 m 位的随机数也可以用一个骰子连续掷 m 次产生。特别约定，若 m 个数字均为 0 时，代表 10^m。

随机数表则是一张由 0～9 的随机数字组成的表，排列的顺序也是随机的。表 3.2 即是一张随机数表，由 50 行 50 列共 2500 个随机数字组成。我们可以将随机数表看成是不断掷一个随机数骰子产生的。

利用随机数骰子或随机数表进行简单随机抽样的方法是类似的。下面以随机数表为例说明它们的使用方法。

例 3.2 设 $N=872$，$n=10$，利用随机数表抽取一个简单随机样本。

解：随机地在表中指出 2 位数字(例如闭上眼睛用笔随便指一点，读取其最接近的两位数)设是第 12 行 37 列与 38 列的数：79，再向右读两位数即 43。

以第 29 行(由于表 3.2 只有 50 行，故以 79－50＝29 行代替)，43 列的数为起点，连续读取三位数，即 128，然后继续向右，每 3 位为一个随机数(到末列则转下一行)，或与 128 同三列的以下每行组成的三位数，共取 10 组，结果是：

128，157，506，455，127，789，867，954，938，622

其中 954，938 均超过 $N=872$，将它们舍弃不取。继续读取下两个，得 701，815(若有重复也应弃去再补)，于是以下 10 个随机数：

128，157，506，455，127，789，867，622，701，815

即为入样单元的号码。

注意用这种方法，当 N 的最高位数(例 3.2 中是 8)较小时(例如 1，2，3 或 4)，由于读取到的随机数被舍弃不用的比例较大，故效率较差。此时可以选用一个大于 N 的适当整数 M，如果从随机数表(或随机数骰子)读取的随机数 $R_0>N$，则取 R_0 除以 M 的余数 R (设 $R<N$)为抽中的单元号码，若 $R_0<N$，则直接采用。一般 M 取为 $2\times10^{m-1}$，$2.5\times10^{m-1}$，$3\times10^{m-1}$ 或 $5\times10^{m-1}$。

例 3.3 在 $m=4$ 的情形，若 $N\leqslant2000$，可取 $M=2000$；

若 $2000<N\leqslant2500$，则可取 $M=2500$；

若 $2500<N\leqslant3000$，则可取 $M=3000$(但在此情形，若 $R_0>9000=3000\times3$，则一律舍弃不用)；

若 $3000<N\leqslant5000$，则取 $M=5000$。

随机数也可以用计算机产生，不过这样产生的随机数不是真正的随机数，称为伪随机数。一般任何一种计算机现成的软件或语言都带有随机数发生器，通过它可产生随机数。通常产生的是 [0，1] 范围内均匀分布的随机数，通过它进而产生 1～N 范围的随机(整)数。但需注意，这些附带的程序所产生的随机数，其随机性往往并不理想，因此我们更推荐使用随机数骰子或随机数表的方法。

3.1.3 简单随机抽样在抽样理论中的地位与作用

简单随机抽样在抽样理论中占有重要地位，因为它是其他抽样方法的基础，其理论也最为成熟。许多其他抽样方法都是在简单随机抽样的基础上发展起来的，简单随机抽样的效率一般也是高的，即在相同的样本量下，简单随机抽样的精度比许多实际抽样要高。

但简单随机抽样也有很大的局限性。首先从简单随机抽样的实施过程可以看出，它有一个前提，即要求总体中的每个单元都有一个号码，这意味着必须有包含所有单元的一个完整的抽样框。当 N 很大时，这样的抽样框往往没有现成可用的，而编制这样的抽样框要么很费事，要么根本做不到。其次用简单随机抽样抽得的样本单元常很分散，要找到每个样本单元并实施调查在实际中会遇到很多困难。例如对全国进行人口抽样调查，以人计的总体单元数超过 13 亿，要对全国每个人都编上号，编制一个完整的抽样框实际上是不可能的。即使可能，一个简单随机样本被抽到后，要接触到每个被抽中的人进行调查，实际中也是很难的。在这种情形就必须考虑采用其他抽样方法。最后需要指出的是，简单随机抽样不需要、也没有用到总体单元的任何信息，因而它的效率比起使用总体单元辅助信息的那些抽样方法要低一些。

3.2 总体均值与总量的简单估计

3.2.1 简单估计量及其无偏性

在本书中，有关总体的量用大写英文字母表示，而有关样本的量用小写英文字母表示。记总体 N 个单元的指标值为 $Y_1, Y_2, \cdots, Y_N$；记一个简单随机样本的指标值为 $y_1, y_2, \cdots, y_n$，注意这种记法只是为了方便，样本中的 n 个单元当然不必是总体中的前 n 个单元。我们欲用这 n 个样本数值构造适当的估计量来估计总体均值

$$\bar{Y}=\sum_{i=1}^{N} Y_i / N$$

或总体总量

$$Y=N\bar{Y}=\sum_{i=1}^{N} Y_i$$

非常自然地，我们想到用样本均值

$$\bar{y}=\frac{1}{n}\sum_{i=1}^{n}y_i \tag{3.1}$$

估计总体均值 $\bar{Y}$，而用

$$\hat{Y}=N\bar{y}=\frac{N}{n}\sum_{i=1}^{n}y_i \tag{3.2}$$

估计总体总量 Y。$\bar{y}$，$\hat{Y}$ 都是样本观测值 y_i 的简单线性函数，故称这种估计为简单估计。

为了研究简单估计量 $\bar{y}$ 与 $\hat{Y}$ 的性质，我们仔细分析例 3.1。表 3.1 是从一个 $N=6$ 的总体中抽取的 $n=3$ 的全部可能的简单随机样本。对每个样本，计算了样本均值 $\bar{y}$。随着样本的不同，$\bar{y}$ 的值也不同，因此用它来估计 $\bar{Y}$（在此说明性的例子中，$\bar{Y}=16$ 是已知的），或多或少总会有误差。对每个样本还列出了实际误差 $\bar{y}-\bar{Y}$，它或为正，或为负，也可能碰巧为 0。但是正如表 3.1 中最后一行所表示的那样，对所有可能的样本取平均，也即取期望值，则必有 $E(\bar{y}-\bar{Y})=0$。这不是偶然的，事实上，简单随机样本的简单估计量 $\bar{y}$ 是无偏的，即：

$$E(\bar{y})=\bar{Y} \tag{3.3}$$

有多种方法可以证明上述结论，这些方法各具特点，都有一定启发性，下面列出常见的三种。

方法 I：对于固定的有限总体，估计量的期望或均值的含义即是对所有可能的样本求平均，因而 $E(\bar{y})$ 可以写成：

$$E(\bar{y})=\frac{\sum\bar{y}}{\binom{N}{n}}$$

其中求和是对全部可能的 $\binom{N}{n}$ 个不同样本求的。注意在所有 $\binom{N}{n}$ 个样本中，包含特定单元 Y_i 的样本数为 $\binom{N-1}{n-1}$（在例 3.1 中皆为 $\binom{5}{2}=10$）。这就是说，在 $\binom{N}{n}$ 个样本中，有 $\binom{N-1}{n-1}$ 个样本含有单元 Y_i，当然也有同样多样本含有任何其他单元，因此

$$\begin{aligned}\sum\bar{y}&=\frac{1}{n}\sum(y_1+y_2+\cdots+y_n)\\&=\frac{1}{n}\binom{N-1}{n-1}\sum_{i=1}^{N}Y_i\end{aligned}$$

于是

$$E(\bar{y})=\frac{\binom{N-1}{n-1}\sum_{i=1}^{N}Y_i}{n\binom{N}{n}}=\frac{1}{N}\sum_{i=1}^{N}Y_i=\bar{Y}$$

方法Ⅱ:由于总体中每个单元出现在全部可能样本的次数都相等,因此 $E(\sum_{i=1}^{n}y_i)$ 作为对所有可能的样本求平均,必定是 $\sum_{i=1}^{N}Y_i$ 的倍数,按求和中的单元个数计算,这个倍数恰为 n/N。因而

$$E(\bar{y})=\frac{1}{n}\cdot\frac{n}{N}\sum_{i=1}^{N}Y_i=\frac{1}{N}\sum_{i=1}^{N}Y_i=\bar{Y}$$

这种证明方法称为对称性论证法(argument of symmetry)。用这种方法证明简单随机抽样的性质十分方便。

方法Ⅲ:引进 N 个随机变量:

$$a_i=\begin{cases}1, & \text{若第 } i \text{ 个单元入样}\\ 0, & \text{否则}\end{cases}\qquad i=1,2,\cdots,N \tag{3.4}$$

容易看出,a_i 都服从二点分布,它的均值即是第 i 个单元的入样概率,后者应是包含该单元的样本数 $\binom{N-1}{n-1}$ 与样本总数 $\binom{N}{n}$ 之比,即

$$\binom{N-1}{n-1}\Big/\binom{N}{n}=\frac{n}{N}\triangleq f$$

称 $f=\frac{n}{N}$ 为抽样比(sampling fraction)。于是

$$E(a_i)=\frac{n}{N}=f \tag{3.5}$$

借助 a_i,样本均值 $\bar{y}$ 可以表示成:

$$\bar{y}=\frac{1}{n}\sum_{i=1}^{N}a_iY_i \tag{3.6}$$

在上式中,Y_i 都是常数,因此

$$E(\bar{y})=\frac{1}{n}\sum_{i=1}^{N}E(a_i)Y_i=\frac{1}{n}\frac{n}{N}\sum_{i=1}^{N}Y_i=\bar{Y}$$

从而 $\bar{y}$ 是无偏的。

根据 $\bar{y}$ 的无偏性,可以推出作为 Y 的简单估计量 $\hat{Y}=N\bar{y}$ 也是无偏的,即:

$$E(N\bar{y})=Y \tag{3.7}$$

3.2.2　估计量的方差

为求简单估计量 $\bar{y}$ 的方差 $V(\bar{y})$，我们先定义总体方差。有限总体方差的一般定义为：

$$\sigma^2 = E(Y_i - \bar{Y})^2 = \frac{1}{N}\sum_{i=1}^{N}(Y_i - \bar{Y})^2 \tag{3.8}$$

但为使在大多数情形下公式表达更为简练，在本书中定义

$$S^2 = \frac{1}{N-1}\sum_{i=1}^{N}(Y_i - \bar{Y})^2 \tag{3.9}$$

为总体方差。当 N 大时，S^2 与 σ^2 相差很小。在例 3.1 中，可以验证 $S^2 = 42$。

对简单随机抽样，$\bar{y}$ 的方差为：

$$V(\bar{y}) = \frac{N-n}{nN}S^2 = \frac{1-f}{n}S^2 \tag{3.10}$$

我们用两种方法证明(3.10)式。

方法Ⅰ：(对称性论证法)

$$\begin{aligned} V(\bar{y}) &= E(\bar{y} - \bar{Y})^2 \\ &= \frac{1}{n^2}E[n(\bar{y} - \bar{Y})]^2 \\ &= \frac{1}{n^2}E[\sum_{i=1}^{n}(y_i - \bar{Y})]^2 \\ &= \frac{1}{n^2}\left\{E[\sum_{i=1}^{n}(y_i - \bar{Y})^2] + 2E[\sum_{i<j}^{n}(y_i - \bar{Y})(y_j - \bar{Y})]\right\} \end{aligned} \tag{3.11}$$

根据对称性论证法，我们有

$$E[\sum_{i=1}^{n}(y_i - \bar{Y})^2] = \frac{n}{N}\sum_{i=1}^{N}(Y_i - \bar{Y})^2 \tag{3.12}$$

$$E[\sum_{i<j}^{n}(y_i - \bar{Y})(y_j - \bar{Y})] = \frac{n(n-1)}{N(N-1)}\sum_{i<j}^{N}(Y_i - \bar{Y})(Y_j - \bar{Y}) \tag{3.13}$$

(3.13)式成立是因为总体中任意两个不同单元 Y_i，Y_j，同时在一个样本中出现的概率为：

$$\binom{N-2}{n-2}\bigg/\binom{N}{n} = \frac{n(n-1)}{N(N-1)} \tag{3.14}$$

将(3.12)式与(3.13)式两式代入(3.11)式，即有

$$\begin{aligned} V(\bar{y}) &= \frac{1}{nN}\left[\sum_{i=1}^{N}(Y_i - \bar{Y})^2 + 2\,\frac{n-1}{N-1}\sum_{i<j}^{N}(Y_i - \bar{Y})(Y_j - \bar{Y})\right] \\ &= \frac{1}{nN}\left\{\left(1 - \frac{n-1}{N-1}\right)\sum_{i=1}^{N}(Y_i - \bar{Y})^2 + \frac{n-1}{N-1}\left[\sum_{i=1}^{N}(Y_i - \bar{Y})\right]^2\right\} \end{aligned}$$

$$=\frac{1}{n}\cdot\frac{N-n}{N}\cdot\frac{1}{N-1}\sum_{i=1}^{N}(Y_i-\bar{Y})^2$$
$$=\frac{1-f}{n}S^2$$

方法Ⅱ:仍引进随机变量 a_i :

$$a_i=\begin{cases}1, & 若第\ i\ 个单元入样\\ 0, & 否则\end{cases}\qquad i=1,2,\cdots,N$$

则

$$V(a_i)=\frac{n}{N}\left(1-\frac{n}{N}\right)=f(1-f)$$

而对 $i\neq j$,

$$Cov(a_i,a_j)=E(a_ia_j)-E(a_i)E(a_j)$$
$$=\frac{n(n-1)}{N(N-1)}-\left(\frac{n}{N}\right)^2$$
$$=-\frac{f(1-f)}{N-1}$$

于是

$$V(\bar{y})=V\left(\frac{1}{n}\sum_{i=1}^{N}a_iY_i\right)$$
$$=\frac{1}{n^2}\left[\sum_{i=1}^{N}Y_i^2V(a_i)+2\sum_{i<j}^{N}Y_iY_jCov(a_i,a_j)\right]$$
$$=\frac{1-f}{nN}\left[\frac{N}{N-1}\sum_{i=1}^{N}Y_i^2-\frac{1}{N-1}\left(\sum_{i=1}^{N}Y_i\right)^2\right]$$
$$=\frac{1-f}{n(N-1)}\sum_{i=1}^{N}(Y_i-\bar{Y})^2$$
$$=\frac{1-f}{n}S^2$$

$V(\bar{y})$ 表达式的直观意义是很明显的。我们先不考虑 $1-f=\frac{N-n}{N}$ 的影响(当 $f\approx 0$ 时,$1-f\approx 1$)。首先,$V(\bar{y})$ 与样本量 n 成反比,即 n 越大,$V(\bar{y})$ 越小,这与上章中的叙述是一致的,意味着精度随着 n 的增大而提高。其次,抽样比 f 对 $V(\bar{y})$ 影响不大。当总体方差不变,也即总体变异程度不变时,若 N 很大,则抽样精度基本上取决于样本量 n ,而与抽样比几乎无关。这一点与初学者的想象正好相反,许多不懂统计的人往往认为,为得到相同的精度,需要相同的抽样比,这是错误的。因此一项调查,例如全国人口抽样调查,如果要求每个省的结果都达到同样的精度,那么不管省人口多少,都需要几乎相同的样本量。而抽样比则可能相差很大。因此若按相同的抽样比进行抽样，则必然导致或小省精度不够，或大省由于抽样过多而造成浪费。最后，$V(\bar{y})$ 与总体方差 S^2，也即总体变异程度成正比。这也是很自然的，若总体单元值相差不大，那么只需较小的样本量即可满足精度要求，否则需要较大的样本量。

例 3.4 在例 3.1 的总体中若改变其中两个单元的值：$Y_1=3$，$Y_5=36$，则可以验证总体方差 $S^2=126$，比原来的 $S^2=42$ 大很多。从表 3.3 可以看出，抽样误差也比原来的大(可比较 $|\bar{y}-\bar{Y}|$ 的值)。

表 3.3 从一个 $N=6$ 的总体抽 $n=3$ 的全部可能样本（Ⅱ）

样本序号	样本单元号	样本数值	样本均值 $\bar{y}$	$\bar{y}-\bar{Y}$	样本方差 s^2
1	1,2,3	3,12,15	10	−8	39
2	1,2,4	3,12,24	13	−5	111
3	1,2,5	3,12,36	17	−1	291
4	1,2,6	3,12,18	11	−7	57
5	1,3,4	3,15,24	14	−4	111
6	1,3,5	3,15,36	18	0	279
7	1,3,6	3,15,18	12	−6	63
8	1,4,5	3,24,36	21	3	279
9	1,4,6	3,24,18	15	−3	117
10	1,5,6	3,36,18	19	1	273
11	2,3,4	12,15,24	17	−1	39
12	2,3,5	12,15,36	21	3	171
13	2,3,6	12,15,18	15	−3	9
14	2,4,5	12,24,36	24	6	144
15	2,4,6	12,24,18	18	0	36
16	2,5,6	12,36,18	22	4	156
17	3,4,5	15,24,36	25	7	111
18	3,4,6	15,24,18	19	1	21
19	3,5,6	15,36,18	23	5	129
20	4,5,6	24,36,18	26	8	84
平 均			18	0	126

上述有关总体均值的简单估计的性质与数理统计中熟知的样本均值的性质是

吻合的。我们知道一个抽自某个总体的独立同分布的样本(一般数理统计教科书中称为简单样本或随机样本),其均值是总体均值的无偏估计,且它的方差为总体方差 σ^2 的 $1/n$ 倍。如果我们忽略 σ^2 与 S^2 的微小差异(当 N 大时),那么从有限总体中抽取的(不放回)简单随机样本均值的方差比从无限总体(或有限总体中放回抽样,参见 3.5 节)抽取的简单样本均值的方差小,倍数为 $1-f$ 。因此 $1-f$ 称为有限总体修正系数(finite population correction),简记为 fpc。

从 $\bar{y}$ 的方差公式,容易推出 Y 的估计量 $\hat{Y}=N\bar{y}$ 的方差:

$$V(\hat{Y})=\frac{N(N-n)}{n}S^2 \tag{3.15}$$

3.2.3 估计量的方差估计

简单随机样本的简单估计量 $\bar{y}$ 和 $N\bar{y}$ 的方差均与总体方差 S^2 有关,而 S^2 通常是未知的,因此为了估计 $V(\bar{y})$,必须先对 S^2 作估计。

在表 3.1 和表 3.3 中,对每个可能的样本都计算了样本方差:

$$\begin{aligned}s^2&=\frac{1}{n-1}\sum_{i=1}^{n}(y_i-\bar{y})^2\\&=\frac{1}{n-1}\left(\sum_{i=1}^{n}y_i^2-n\bar{y}^2\right)\end{aligned} \tag{3.16}$$

我们发现对所有样本,s^2 的平均恰好等于总体方差 S^2。事实上,这也不是偶然的,因为对于简单随机抽样,必有:

$$E(s^2)=S^2 \tag{3.17}$$

即样本方差 s^2 是总体方差 S^2 的无偏估计。

为证明这个结论,将 s^2 改写成:

$$\begin{aligned}s^2&=\frac{1}{n-1}\sum_{i=1}^{n}[(y_i-\bar{Y})-(\bar{y}-\bar{Y})]^2\\&=\frac{1}{n-1}\left[\sum_{i=1}^{n}(y_i-\bar{Y})^2-n(\bar{y}-\bar{Y})^2\right]\end{aligned}$$

根据对称性论证与 S^2 及 $V(\bar{y})$ 的表达式,我们有:

$$E\left[\sum_{i=1}^{n}(y_i-\bar{Y})^2\right]=\frac{n}{N}\sum_{i=1}^{N}(Y_i-\bar{Y})^2=\frac{n(N-1)}{N}S^2$$

$$E[n(\bar{y}-\bar{Y})^2]=nV(\bar{y})=\frac{N-n}{N}S^2$$

故

$$E(s^2)=\frac{S^2}{(n-1)N}[n(N-1)-(N-n)]=S^2$$

由于可用 s^2 估计 S^2，因此可以分别得到 $V(\bar{y})$ 及 $V(N\bar{y})$ 的无偏估计 $v(\bar{y})$ 及 $v(N\bar{y})$ 如下：

$$v(\bar{y})=\frac{1-f}{n}s^2 \tag{3.18}$$

$$v(N\bar{y})=\frac{N(N-n)}{n}s^2 \tag{3.19}$$

在对估计量的方差进行估计后，即可根据 2.3.3 中的方法，获得被估计参数 $\bar{Y}$ 或 $Y=N\bar{Y}$ 的近似置信区间。例如 $\bar{Y}$ 的置信度为 $1-\alpha$ 的近似置信区间为：

$$\left[\bar{y}-u_\alpha\sqrt{\frac{1-f}{n}}\cdot s,\ \bar{y}+u_\alpha\sqrt{\frac{1-f}{n}}\cdot s\right] \tag{3.20}$$

例 3.5 为调查某城镇成年居民的年服装消费水平，在全体 $N=5443$ 个成年人中，用简单随机抽样抽得一个 $n=36$ 的样本。对每个抽中的成年人调查上一年中购买成衣的件数 x_i 与支出金额 y_i，如表 3.4 所示。试估计该城镇成年居民成衣平均消费水平及消费总额。

表 3.4 36 个成年人年成衣消费量的样本数据

序号 i	x_i	y_i	序号 i	x_i	y_i
1	7	670	19	3	170
2	4	450	20	2	250
3	5	370	21	6	830
4	2	130	22	1	80
5	0	0	23	4	320
6	4	250	24	8	1450
7	6	1230	25	3	280
8	6	900	26	4	750
9	15	1240	27	10	800
10	0	0	28	0	0
11	8	1450	29	12	980
12	6	540	30	11	1500
13	3	280	31	2	140
14	10	1750	32	8	2100
15	6	420	33	5	720
16	2	160	34	12	1200
17	1	120	35	4	130
18	4	840	36	14	890

解：根据表 3.4 中的样本数据，可计算

$$\sum x_i = 198, \qquad \bar{x} = 198/36 = 5.5(\text{件})$$

$$\sum x_i^2 = 1642, \qquad s_x^2 = (1642 - 36 \times 5.5^2)/35 = 15.8$$

$$\sum y_i = 23390, \qquad \bar{y} = 23390/36 = 649.722(\text{元})$$

$$\sum y_i^2 = 25865100, \qquad s_y^2 = (25865100 - 23390^2/36)/35 = 304803$$

$$\frac{1-f}{n} = \frac{5443 - 36}{36 \times 5443} = 0.027594$$

$$v(\bar{x}) = \frac{1-f}{n} s_x^2 = 0.027594 \times 15.8 = 0.435985$$

$$s(\bar{x}) = \sqrt{v(\bar{x})} = 0.66(\text{件})$$

$$v(\bar{y}) = \frac{1-f}{n} s_y^2 = 0.027594 \times 304803 = 8410.73$$

$$s(\bar{y}) = \sqrt{v(\bar{y})} = 91.71(\text{元})$$

于是该城镇成人平均年成衣消费 5.5 件，95%置信度的近似置信区间为(5.5 ±1.96×0.66)，即[4.21 件，6.79 件]；而人均用于成衣消费支出的金额为 649.72 元，置信度为 95%的近似置信区间为 [469.97 元，829.47 元]。

该城镇所有成年人成衣消费总量的估计只要将上述结果乘以全城镇成年人总数 $N = 5443$，方差估计则是原有平均数方差估计的 N^2 倍，而标准差估计则仍是 N 倍。据此可得成衣总消费量估计是 29937 件，95%置信度的近似置信区间为 [22915 件，36958 件]；消费总额的估计为 353.6487 万元，95%置信度的近似置信区间为 [255.8047 万元，451.4805 万元]。

从置信区间的长度可看出估计的精度不够高。这主要是因为样本量仅是 36，还不够大的缘故。当然，总体变异程度较大也是原因之一。不过第二种原因是客观存在的，我们不能改变它。因而在此情形，提高精度的唯一的办法是增大样本量。这里的前提是不改变抽样和估计方法。如果允许采用其他方法，则另当别论。

3.3 总体比例的简单估计

3.3.1 对总体的描述

在 2.1.3 中我们提到过，需要估计的总体指标之一是总体中具有某种特定特征的单元在总体(总单元数)中所占的比例。例如在死亡率调查中，总体单元由所有在调查标准时点存活的人组成。设总数为 N，考虑这些人在一年内的死亡情况，若某人死亡，即表示该人具有“死亡”这个特定特征；而未死亡，则表示该人不具有“死亡”这个特征。于是需要估计的是死亡人数在全体人数中所占的比例，即死亡率。这样的例子可以列举很多，但最一般的例子是在问卷调查中对某个问题的回答为“是”或“否”的情况：若某个问题的选项只有两个，“是”或“否”，则选择“是”或“否”的比例即是需要估计的目标量。在多项选择问题中也可作类似理解，例如某个问题有5个选项A，B，C，D，E，每人可任意选择一项，那么对选项A而言，每个人的选择可以是“A”或“非A”，由此“选择A的比例”即是需要估计的总体比例。同理选择B，C，D及E的比例都是我们需要估计的总体比例。总体比例常用百分率来表示，有时也称为成数。

我们看到当讨论总体单元是否具有某种特定特性时，所面临的是一类特殊的总体。这个总体的单元指标只能取两个不同的数值，即0与1：

$$Y_i = \begin{cases} 1, & \text{若总体单元具有某种特征} \\ 0, & \text{若总体单元不具有这种特征} \end{cases} \tag{3.21}$$

记总体中具有所考虑特征的单元数为 A，显然 A 即是总体指标 Y_i 的总和：

$$Y = A \tag{3.22}$$

而总体中具有所考虑特征的单元在总体中所占的比例 P 即是 Y_i 的均值：

$$P = \frac{A}{N} = \frac{Y}{N} = \bar{Y} \tag{3.23}$$

因此对 P（或 A）的估计即是前一节讨论的对总体均值（或总体总量）的估计的特殊情形。

对于这种特殊的总体，总体方差 S^2 可用 P 来表达。根据定义

$$\begin{aligned} S^2 &= \frac{1}{N-1}\sum_{i=1}^{N}(Y_i - \bar{Y})^2 \\ &= \frac{1}{N-1}[A(1-P)^2 + (N-A)(0-P)^2] \\ &= \frac{1}{N-1}[NP(1-P)^2 + N(1-P)P^2] \\ &= \frac{N}{N-1}P(1-P) \triangleq \frac{N}{N-1}PQ \end{aligned} \tag{3.24}$$

其中

$$Q \triangleq 1 - P \tag{3.25}$$

3.3.2 估计量及其性质

从上述只有0，1两种指标值的总体中抽取一个样本量为 n 的简单随机样本，设 a 是样本中指标值为1（也即具有所考虑的特征）的单元数，则样本比例

$$p = \frac{a}{n} \tag{3.26}$$

即为样本平均数，而与(3.24)式完全类似地，样本方差为：

$$s^2 = \frac{1}{n-1}\sum_{i=1}^{n}(y_i - \bar{y})^2$$

$$= \frac{n}{n-1}pq \tag{3.27}$$

其中

$$q \triangleq 1 - p \tag{3.28}$$

根据3.2节总体均值和总体总值估计的结果及上面的说明，对于比例估计情形，可以用 p 估计 P，用 $\hat{A} = Np$ 估计 A，且 p 及 $\hat{A}$ 有如下性质：

$$E(p) = P, \quad E(Np) = A \tag{3.29}$$

$$V(p) = \frac{PQ}{n}\cdot\frac{N-n}{N-1}, \quad V(Np) = \frac{N^2 PQ}{n}\cdot\frac{N-n}{N-1} \tag{3.30}$$

而

$$v(p) = \frac{N-n}{N(n-1)}pq = \frac{1-f}{n-1}pq \tag{3.31}$$

$$v(Np) = \frac{N^2 pq}{n-1}\cdot\frac{N-n}{N} = \frac{N(N-n)}{n-1}pq \tag{3.31$'$}$$

分别是 $V(p)$ 及 $V(Np)$ 的无偏估计。

注意到 $a = np$ 服从超几何分布，由此可求得 A 与 P 的置信区间。但这样得到的置信区间比较复杂，我们仍采用前面提到的近似方法。与(3.20)式相对应的，当 n 大时有 P 及 A 的近似置信区间(置信度为 $1-\alpha$)：

$$\left[p - u_\alpha\sqrt{\frac{(1-f)pq}{n-1}}, \quad p + u_\alpha\sqrt{\frac{(1-f)pq}{n-1}}\right] \tag{3.32}$$

$$\left[Np - u_\alpha\sqrt{\frac{N(N-n)pq}{n-1}}, \quad Np + u_\alpha\sqrt{\frac{N(N-n)pq}{n-1}}\right] \tag{3.33}$$

上面两个式子相当于二项分布的正态近似，因为当 N 大时，a 近似服从二项分布；当 n 也大时 a 又近似服从正态分布。考虑到二项分布是个离散分布，而正态分布是个连续分布，因此可以考虑对其进行连续性修正。此时 P 与 A 的置信度为 $1-\alpha$ 的近似置信区间分别为：

$$\left[p - \left(u_\alpha\sqrt{\frac{(1-f)pq}{n-1}} + \frac{1}{2n}\right), \quad p + \left(u_\alpha\sqrt{\frac{(1-f)pq}{n-1}} + \frac{1}{2n}\right)\right] \tag{3.34}$$

$$\left[Np-\left(u_\alpha\sqrt{\frac{N(N-n)pq}{n-1}}+\frac{N}{2n}\right),\quad Np+\left(u_\alpha\sqrt{\frac{N(N-n)pq}{n-1}}+\frac{N}{2n}\right)\right] \tag{3.35}$$

例 3.6 对某问题进行调查,在总体中抽取一个 $n=200$ 的简单随机样本,若赞成、反对及不表态的人数分别为:$n_1=132$,$n_2=51$,$n_3=17$,试给出赞成、反对及不表态的比例 P_1、P_2 与 P_3 的 90%的近似置信区间。设 N 很大,fpc 可忽略。

解:$p_1=132/200=0.66=66\%$, $q_1=1-p_1=34\%$

$p_2=51/200=0.255=25.5\%$, $q_2=1-p_2=74.5\%$

$p_3=17/200=0.085=8.5\%$, $q_3=1-p_3=91.5\%$

$\alpha=10\%$, $u_\alpha=1.645$,

$1-f\approx 1$

则 P_i 的置信度为 90%的近似置信区间的长度的 1/2 为:

$$1.645\sqrt{\frac{p_iq_i}{200-1}}+\frac{1}{2\times 200}$$

将 p_iq_i 的数值代入得:

P_1 的 90%近似置信区间为 [60.23%,71.77%];

P_2 的 90%近似置信区间为 [20.17%,30.83%];

P_3 的 90%近似置信区间为 [5.00%,12.00%]。

3.4 样本量的确定

3.4.1 确定样本量的原则与主要考虑因素

样本量的确定是抽样设计中的一个重要内容。我们已经知道,对于一种确定的抽样方法,样本量越大,抽样误差就越小,估计量的精度就越高。但样本量并不是越大越好,因为它还受费用的限制。抽样越多,费用也就越大。因此正如在第二章中已指出的那样,样本量的确定需要在精度与费用两者之间进行权衡。

对于简单随机抽样而言,费用的考虑比较简单,总费用 C_T 具有十分简单的形式:

$$C_T=c_0+cn \tag{3.36}$$

这里的 c_0 是与样本量无关的固定费用,包括组织、宣传、调查表的设计以及必要的设备等固定支出;c 是平均调查一个样本单元的费用,包括调查表的印刷、调查工作人员的工资及旅费以及调查(测试)本身的费用等。如果总费用 C_T 受到限制,c_0 与 c 给定,n 也就确定了。

样本量 n 与精度的关系也比较直接。在上章中,我们已建立估计量的绝对误差限 d 或相对误差限 r 与估计量的标准差 $S(\hat{\theta})$ 或变异系数 $Cv(\hat{\theta})$ 之间的关系:

$$d = u_\alpha S(\hat{\theta}) \tag{3.37}$$

$$r = u_\alpha Cv(\hat{\theta}) \tag{3.38}$$

而 $S(\hat{\theta})$ 与 $Cv(\hat{\theta})$ 均是 n 的函数,因此只要给出对精度的要求,无论是以 d 或 r 的形式,还是以标准差(方差)或变异系数的形式提出,均可求得所需的最低样本量。

3.4.2 估计总体均值或总量时样本量的确定方法

由于总体均值 $\bar{Y}$ 与总体总量 Y 只相差一个常数倍数 N,$\bar{Y}$ 的估计量 $\bar{y}$ 与 Y 的估计量 $N\bar{y}$ 也只相差一个同样的常数,因此我们只需对估计总体均值的情形进行讨论。

假设要求估计量 $\bar{y}$ 的方差上限为 V,则由(3.10)式有:

$$\frac{N-n}{nN}S^2 = V$$

$$(N-n)S^2 = nNV$$

$$n = \frac{NS^2}{NV+S^2} = \frac{S^2/V}{1+S^2/NV} \tag{3.39}$$

若令

$$n_0 = \frac{S^2}{V} \tag{3.40}$$

则

$$n = \frac{n_0}{1+n_0/N} \tag{3.41}$$

如果事先给定的精度要求是对绝对误差限 d 提的,则由(3.37)式,将

$$V = \left(\frac{d}{u_\alpha}\right)^2 \tag{3.42}$$

代入(3.39)式,即有:

$$n = \frac{(u_\alpha S/d)^2}{1+(u_\alpha S/d)^2/N} \tag{3.43}$$

若令

$$n_0 = \left(\frac{u_\alpha S}{d}\right)^2 \tag{3.44}$$

则(3.41)式同样成立。

通常都是由(3.40)式或(3.44)式计算出 n 的近似值 n_0。若 $n_0 \ll N$,则可取 $n \approx n_0$,否则按(3.41)式进行修正。

如果精度的要求是以相对误差限 r 的形式提出的，比较(2.15)和(2.16)两式可知 d 与 r 只相差一个倍数，这个倍数即是待估总体参数，在这里就是 $\bar{Y}$，因此只要将

$$d = r\bar{Y}$$

代入(3.44)式，即可得到：

$$n_0 = \left(\frac{u_\alpha S}{r\bar{Y}}\right)^2 \tag{3.45}$$

注意到 r 与估计量变异系数上限 C 的关系，即(3.38)式，若精度要求是以 C 形式提出的，则

$$n_0 = \frac{1}{C^2} \cdot \left(\frac{S}{\bar{Y}}\right)^2 \tag{3.46}$$

(3.45)与(3.46)两式中的 $S / \bar{Y}$ 即是总体变异系数。当 n_0 / N 不太小时，也应对 n_0 进行修正，修正公式也用(3.41)式。

注意由于总体标准差 S 及变异系数 $S/\bar{Y}$ 未知，因此在利用上述公式确定样本量时，必须对 S 或 $S/\bar{Y}$ 事先作出估计，一般可以根据历史经验数据或通过试调查获得。

例 3.7　在例 3.5 中若要求成衣人均消费件数 $\bar{X}$ 的估计的绝对误差限为 0.2 件，而人均消费成衣支出金额 $\bar{Y}$ 的估计的相对误差限为 5%，求需要的样本量 n 。其中置信度仍取为 95%，设总体成衣消费件数的标准差估计为 4，总体成衣支出金额的变异系数估计为 0.9(均根据例 3.4 中的样本数据估计)。

解：对人均成衣消费件数的估计：

$$d = 0.2, \quad u_\alpha \approx 2, \quad S_x = 4$$

故根据(3.44)式：

$$n_{0x} = \left(\frac{2 \times 4}{0.2}\right)^2 = 1600$$

对人均消费成衣支出金额的估计：

$$r = 5\%, \quad u_\alpha \approx 2, \quad S_y / \bar{Y} = 0.9$$

故根据(3.45)式，有：

$$n_{0y} = \left(\frac{2 \times 0.9}{0.05}\right)^2 = 1296$$

为同时满足两个指标的精度要求，取

$$n_0 = \max(n_{0x}, n_{0y}) = 1600$$

由于 n_0 与 $N = 5443$ 相比不能忽略，于是根据(3.41)式，有：

$$n=\frac{n_0}{1+n_0/N}=\frac{1600}{1+1600/5443}=1237$$

故至少需要抽 1237 人才能满足精度要求。

3.4.3 估计总体比例时样本量的确定方法

若估计的总体参数是总体比例 P，则用样本比例 p 作为估计量。设 d 是 p 的绝对误差限(置信度为 $1-\alpha$)，则根据(3.30)式与(3.37)式有：

$$d^2=u_\alpha^2\frac{PQ}{n}\frac{N-n}{N-1}$$

$$n(N-1)d^2=u_\alpha^2PQN-u_\alpha^2PQn$$

$$n=\frac{u_\alpha^2PQN}{u_\alpha^2PQ+(N-1)d^2}$$

$$=\frac{\dfrac{u_\alpha^2PQ}{d^2}}{1+\dfrac{1}{N}\left(\dfrac{u_\alpha^2PQ}{d^2}-1\right)} \tag{3.47}$$

若令

$$n_0=\frac{u_\alpha^2PQ}{d^2} \tag{3.48}$$

则

$$n=\frac{n_0}{1+(n_0-1)/N} \tag{3.49}$$

若精度是以 p 的相对误差限 r 的形式提出的(此时 r 也是 $\hat{A}=Np$ 的相对误差限)，则将 $d=Pr$ 代入(3.48)式，即有：

$$n_0=\frac{u_\alpha^2Q}{r^2P} \tag{3.50}$$

而当 n_0/N 不能忽略时，(3.49)式的形式不变。

类似地，若给定 p 的方差上限 V 或变异系数上限 C，则分别有

$$n_0=\frac{PQ}{V} \tag{3.51}$$

$$n_0=\frac{Q}{C^2P} \tag{3.52}$$

在上述诸式中，由于 P (Q)未知，因此在实际计算时必须事先对 P 进行估计。设 P 的一个估计为 p_0，则将 p_0 及 $q_0=1-p_0$ 代入相应的公式，即可求得 n 的近似估计 n_0。若 $n_0<<N$，则就取 $n=n_0$，否则用(3.49)式修正 n_0。

p_0 一般也是从历史数据或试调查数据得到。但在给定绝对误差限或方差上限的情形，由于 n_0 与 PQ 成正比，而除非 P（Q）很接近于 0 或 1，PQ 值的变化甚小，例如当 $0.3 \leqslant P \leqslant 0.7$ 时，$0.21 \leqslant PQ \leqslant 0.25$，其中 0.25 是 $P=0.5$ 时的取值，也是 PQ 能取到的最大值，因此当 P 不太大或不太小时，可以取 $p_0=0.5$，从而得到 n_0 的一个保守的估计。

例 3.8　在某省人口变动情况调查中，出生率是一个十分重要的指标。根据以前调查的数据，出生率的初步估计为 18‰，若置信度为 95%，问对 P 估计的绝对误差限不超过 0.5‰和相对误差限不超过 5%时各需要多大的样本量?

解：$1-\alpha=95\%$，$u_\alpha=1.96$，$p_0=0.018$，$q_0=0.982$

对给定的 $d=0.0005$，由(3.48)式

$$n_0=\frac{u_\alpha^2PQ}{d^2}=\frac{1.96^2\times 0.018\times 0.982}{0.0005^2}=271616$$

对给定的 $r=0.05$，由(3.50)式

$$n_0=\frac{u_\alpha^2Q}{r^2P}=\frac{1.96^2\times 0.982}{0.05^2\times 0.018}=83832$$

由于上述数字均比该省实际人口小很多，故可以不考虑修正。在实际问题中，为了保险起见，有时实际调查的 n 比 n_0 更大，譬如说加上 5%或 10%的余量。例如在本例中，对 $d=0.5‰$，实际可抽 30 万人，当然如果抽样比已很大，或者平均单位调查费用相当可观，则还是需要精确计算的，以免造成不必要的浪费。

*3.4.4　逆抽样方法

当 P 很小，即总体中具有所考虑特征的单元数很小且又没有较好的方法获得 P 的可靠估计时，n 就不容易确定，因为根据(3.50)式或(3.52)式，n_0 与 P 近似成反比。例如对艾滋病毒感染率进行调查，阳性率 P 是万分之一、十万分之一、还是更小? 不同的 P 的估计计算出来的样本量可相差十倍或数十倍。为此，霍尔丹(J. B. S. Haldane)在 1945 年提出了一种称为逆抽样(inverse sampling)的方法，专门用于此类小比例的抽样，其方法如下。

事先确定一个整数 m（$m>1$），进行逐个随机抽样，直到抽中 m 个所考虑特征的单元为止，此时实际样本量是一个随机变量，它服从负二项分布，其恰为 n 的概率为：

$$\binom{n-1}{m-1}P^m(1-P)^{n-m}\triangleq\binom{n-1}{m-1}P^mQ^{n-m}\quad(n\geqslant m)\qquad(3.53)$$

上式可以这样理解：第 n 次抽样恰好是抽到第 m 个具有所考虑特征的单元，必须是前 $n-1$ 次抽样中抽到 $m-1$ 个这样的单元，而第 n 次抽样时又抽到这种单

元;前者的概率正是一个二项概率,后者的概率为 P ,于是(3.53)式成立。

现在我们求 n 的期望值 $E(n)$ 。注意作为概率函数,(3.53)式对 n 的所有可能值求和等于1,即:

$$\sum_{n=m}^{\infty}\binom{n-1}{m-1}P^{m}Q^{n-m}=1$$

于是

$$\begin{aligned}E(n)&=\sum_{n=m}^{\infty}n\binom{n-1}{m-1}P^{m}Q^{n-m}\\&=\sum_{n=m}^{\infty}\frac{n!}{m!\ (n-m)!}P^{m+1}Q^{n-m}\ \frac{m}{P}\\&=\sum_{n=m}^{\infty}\frac{(n+1-1)!}{(m+1-1)!\ [(n+1)-(m+1)]!}P^{m+1}Q^{(n+1)-(m+1)}\ \frac{m}{P}\\&=\frac{m}{P}\sum_{n'=m'}^{\infty}\binom{n'-1}{m'-1}P^{m'}Q^{n'-m'}\\&=\frac{m}{P}\end{aligned}\tag{3.54}$$

为求 P 的一个无偏估计,我们注意到当 $m>1$ 时,有:

$$\begin{aligned}E\left(\frac{m-1}{n-1}\right)&=\sum_{n=m}^{\infty}\frac{m-1}{n-1}\ \frac{(n-1)!}{(m-1)!\ (n-m)!}P^{m}Q^{n-m}\\&=\sum_{n=m}^{\infty}\frac{(n-2)!}{(m-2)!\ (n-m)!}P^{m-1}Q^{n-m}P\\&=\sum_{n-1=m-1}^{\infty}\binom{n-2}{m-2}P^{m-1}Q^{n-m}P\\&=P\end{aligned}$$

因此,当 N 很大(从而每次抽样的 P 都不变)时

$$p'=\frac{m-1}{n-1}\tag{3.55}$$

是 P 的一个无偏估计。类似地可以证明当 m 比较大,例如 $m\geqslant 10$ 时

$$V(p')\approx\frac{mP^{2}Q}{(m-1)^{2}}\tag{3.56}$$

从而

$$Cv(p')\approx\frac{\sqrt{mQ}}{m-1}<\frac{\sqrt{m}}{m-1}\tag{3.57}$$

由于 $Q\approx 1$,故上式中的 $\sqrt{m}/(m-1)$ 是 $Cv(p')$ 的一个相当接近的上界。因此对给定的 p' 的变异系数的数值上限 C ,即可求出 m 。

对这种罕见特征的抽样,为达到一定的精度,实际所需的样本量 n 很大。例如对 $C = 20\%$,需 $m \geqslant 27$;若进一步 $C = 10\%$,则 $m \geqslant 102$。考虑到 P 很小这个事实,n 就相当大了。事实上由于 $E(n)=\frac{m}{P}$,因此对 $C = 20\%$, $P \approx 0.0001$, n 的期望值约为 270000。

3.5　放回简单随机抽样

3.5.1　估计量及其性质

在某些特殊场合,抽样必须考虑放回,即从总体中抽中的单元每次都放回总体中去。例如为调查一个自然保护区内某种动物的患病情况,只有采用捕捉、释放、再捕捉的方法,这就是一种放回抽样。再如在城市中对行人、车辆的调查,对商店顾客、影剧院观众的调查等都有可能重复抽中某些单元,从而都是放回的。所谓放回简单随机抽样即是每次从总体中等概率地抽取一个单元,经过观测后放回总体中去,接着抽下一个,总共抽 n 次。由于抽样是放回的,每次抽样时,总体的结构不变,因此不同次的抽样是相互独立的,这是它与不放回简单随机抽样的主要不同之处。

设 $y_1, y_2, \cdots, y_n$ 是放回简单随机样本,仍记 $\bar{y}$ 为样本均值:

$$\bar{y}=\frac{1}{n}\sum_{i=1}^{n} y_i \tag{3.58}$$

将它作为总体均值 $\bar{Y}$ 的估计。

为证明 $\bar{y}$ 的性质,对每个 i ,记 t_i 为总体中第 i 个单元在样本中出现的次数,$t_i=0,1,2,\cdots, n$,则 t_i 是一个二项随机变量,且

$$E(t_i)=\frac{n}{N} \tag{3.59}$$

$$V(t_i)=\frac{n}{N}\left(1-\frac{1}{N}\right) \tag{3.60}$$

而($t_1, t_2, \cdots, t_N$)的联合分布为多项分布,故对 $i \neq j$,有:

$$\begin{aligned}
E(t_i t_j) &= \sum_{\substack{k\geqslant 0\\ l\geqslant 0\\ k+l\leqslant n}} kl\,\frac{n!}{k!\,l!\,(n-k-l)!}\left(\frac{1}{N}\right)^{k}\left(\frac{1}{N}\right)^{l}\left(1-\frac{2}{N}\right)^{n-k-l}\\
&=\frac{n(n-1)}{N^2}\sum_{\substack{k\geqslant 1\\ l\geqslant 1\\ k+l\leqslant n}}\frac{(n-2)!}{(k-1)!\,(l-1)!\,(n-k-l)!}\left(\frac{1}{N}\right)^{k-1}\left(\frac{1}{N}\right)^{l-1}\left(1-\frac{2}{N}\right)^{n-k-l}\\
&=\frac{n(n-1)}{N^2}\left[\frac{1}{N}+\frac{1}{N}+\left(1-\frac{2}{N}\right)\right]^{n-2}=\frac{n(n-1)}{N^2}
\end{aligned}$$

于是

$$
\begin{aligned}
Cov(t_i, t_j) &= E(t_i t_j) - E(t_i)E(t_j) \\
&= \frac{n(n-1)}{N^2} - \frac{n^2}{N^2} = -\frac{n}{N^2}
\end{aligned}
\tag{3.61}
$$

根据(3.59)式～(3.61)式,可求 $\bar{y}$ 的均值与方差。注意 $\bar{y}$ 可改写成

$$
\bar{y} = \frac{1}{n}\sum_{i=1}^{N} t_i Y_i
$$

其中 Y_i 都是常数,因此

$$
E(\bar{y}) = \frac{1}{n}\sum_{i=1}^{N} Y_i E(t_i) = \frac{1}{n}\frac{n}{N}\sum_{i=1}^{N} Y_i = \bar{Y} \tag{3.62}
$$

$$
\begin{aligned}
V(\bar{y}) &= \frac{1}{n^2}\left[\sum_{i=1}^{N} Y_i^2 V(t_i) + 2\sum_{i<j}^{N} Y_i Y_j Cov(t_i, t_j)\right] \\
&= \frac{1}{n^2}\left[\frac{n(N-1)}{N^2}\sum_{i=1}^{N} Y_i^2 - \frac{2n}{N^2}\sum_{i<j}^{N} Y_i Y_j\right] \\
&= \frac{1}{nN}\left[\frac{N-1}{N}\sum_{i=1}^{N} Y_i^2 - \frac{2}{N}\sum_{i<j}^{N} Y_i Y_j\right] \\
&= \frac{1}{nN}\sum_{i=1}^{N}(Y_i - \bar{Y})^2 \\
&= \frac{N-1}{N}\frac{S^2}{n} = \frac{\sigma^2}{n}
\end{aligned}
\tag{3.63}
$$

其中

$$
\sigma^2 = \frac{1}{N}\sum_{i=1}^{N}(Y_i - \bar{Y})^2 = \frac{N-1}{N}S^2 \tag{3.64}
$$

是总体方差的另一种表示(参见 3.2.2)。

上述结论与数理统计中简单样本均值的性质是一致的。事实上每次抽样,由于总体中任意一个单元 Y_i 都有 $1/N$ 的概率被抽到,故对每次抽样的结果(此时可视为随机变量) y_i ,都有

$$
E(y_i) = \sum_{i=1}^{N}\frac{1}{N}Y_i = \bar{Y} \tag{3.65}
$$

$$
V(y_i) = \sum_{i=1}^{N}\frac{1}{N}(Y_i - \bar{Y})^2 = \sigma^2 \tag{3.66}
$$

因此

$$
E(\bar{y}) = \frac{1}{n}\sum_{i=1}^{n} E(y_i) = \bar{Y}
$$

而对于不同的 i , y_i 是相互独立的,故

$$V(\bar{y}) = \frac{1}{n^2}\sum_{i=1}^{n} V(y_i) = \frac{\sigma^2}{n}$$

为求 $V(\bar{y})$ 的估计量，注意到

$$\begin{aligned} E\left[\sum_{i=1}^{n}(y_i-\bar{y})^2\right] &= E\left(\sum_{i=1}^{n} y_i^2 - n\bar{y}^2\right) \\ &= \sum_{i=1}^{n}\left\{V(y_i)+[E(y_i)]^2\right\} - n\left\{V(\bar{y})+[E(\bar{y})]^2\right\} \\ &= n(\sigma^2+\bar{Y}^2) - n\left(\frac{\sigma^2}{n}+\bar{Y}^2\right) \\ &= (n-1)\sigma^2 \end{aligned}$$

因此样本方差

$$s^2 = \frac{1}{n-1}\sum_{i=1}^{n}(y_i-\bar{y})^2 \tag{3.67}$$

是 σ^2 的无偏估计，而不是 S^2 的无偏估计：

$$E(s^2) = \sigma^2 \tag{3.68}$$

由此可得对放回简单随机抽样，方差 $V(\bar{y})$ 的一个无偏估计是：

$$v(\bar{y}) = \frac{s^2}{n} \tag{3.69}$$

3.5.2　设计效应与样本量的确定

将放回简单随机抽样与不放回简单随机抽样的估计量的方差进行比较：

放回简单随机抽样：　$V_{srswr} = \frac{N-1}{N}\frac{S^2}{n}$

不放回简单随机抽样：　$V_{srswor} = \frac{N-n}{N}\frac{S^2}{n}$

显然放回简单随机抽样的方差比不放回简单随机抽样的大，其比值：

$$\frac{V_{srswr}}{V_{srswor}} = \frac{N-1}{N-n} > 1$$

直观上，这个结论不难解释，因为放回抽样有可能重复抽到同一个单元，而对一个单元的重复观测并不能提供额外的信息，因此在同样样本量时，放回抽样提供的信息要比不放回抽样的少，因而前者的效率比后者低。

为比较不同抽样策略或抽样设计的效率，基什(L. Kish)提出了一个称为设计效应的量。设计效应(design effect)，简记为 deff，是指一个特定的抽样策略(包括抽样方法以及对总体目标量的估计方法)估计量的方差对相同样本量下(不放回)简单随机抽样的(简单)估计量的方差之比，即

$$\text{deff}=\frac{\text{所考虑抽样策略估计量的方差}}{\text{相同样本量下简单随机抽样估计量的方差}} \tag{3.70}$$

设计效应值越大,表明对应的抽样策略的效率越低。若 deff>1,表明所考虑的抽样策略的效率不如简单随机抽样;若 deff<1,则表明该抽样策略的效率比简单随机抽样高。根据此定义,放回简单随机抽样的设计效应为:

$$\text{deff}=\frac{N-1}{N-n} \tag{3.71}$$

当 N 比较大时,$\text{deff}\approx\frac{1}{1-f}$。

设计效应在实际中还有一个十分重要的作用,即用来确定样本量。根据(3.70)式的定义,一种设计要达到与(不放回)简单随机抽样同样的精度,它的样本量应是简单随机抽样的 deff 倍。而简单随机抽样样本量的计算在 3.4 节中已作过较为详细的讨论,因此在实际问题中,若所考虑的抽样策略较为复杂,不易直接估计样本量,则可先计算在给定精度下所需要的简单随机抽样的样本量,然后乘上 deff 即可得到这种策略下所需要的样本量。

下面仍以放回的简单随机抽样为例。为达到同样的精度,放回简单随机抽样的样本量应是不放回情形的 $\frac{N-1}{N-n}\approx\frac{1}{1-f}$ 倍。读者自己可以验明 3.4 节中的 n_0 实际上是在给定精度下放回简单随机抽样所需要的样本量(对一般的总体而言,由于 N 很大,它对样本量的影响可忽略)。

*3.6 子总体的估计

3.6.1 问题的提出

前几节讨论的问题都是对总体参数(均值、总量或比例)进行估计。由于总体由若干个部分组成,总体中的每个单元按某个分类特征又分别属于其中一个部分。例如单元按地域位置分;人按性别、年龄及职业分;企业按行业、所有制性质以及规模大小分等。总体中这种所感兴趣的类或部分称为子总体(subpopulation),也称为研究域(domain of study),简称为域。本节我们讨论对子总体参数(均值或总量)的估计问题。

对这类问题有多种处理方法。如果每个子总体在编制抽样框时就可分开,那么抽样可以在每个子总体内进行,这就是分层抽样,这里的层即是子总体。关于分层抽样,将在下一章中进行讨论。

如果抽样时事先不能将各个子总体分清楚,那么从总体中抽取一个简单随机样本(不放回,下同)后,可对样本单元按其特征进行区分。这里又有两种情况,一种是子总体的大小 N_j 已知,另一种是 N_j 未知。在 N_j 已知的情形,可以通过对样本的事后分层进行估计,这也将在下一章进行讨论。因此在本节中我们讨论 N_j 未知的一般情形。

3.6.2　子总体均值的估计

设 N_j 是第 j 个子总体的大小,且未知,从总体中抽取一个样本量为 n 的简单随机样本,记样本中属于第 j 个子总体的单元数为 n_j 。显然 n_j 随样本而定,并不是固定的。可以证明(见习题 3.15),在 n_j 固定的条件下,这 n_j 个单元是从大小为 N_j 的总体中抽取的一个简单随机(子)样本。

记第 j 个子总体的单元值为 $Y_i^{(j)}$,样本值为 $y_i^{(j)}$,则样本均值

$$\bar{y}^{(j)}=\frac{1}{n_j}\sum_{i=1}^{n_j}y_i^{(j)} \tag{3.72}$$

是子总体均值

$$\bar{Y}^{(j)}=\frac{1}{N_j}\sum_{i=1}^{N_j}Y_i^{(j)} \tag{3.73}$$

的无偏估计,而对固定的 n_j ,它的方差为:

$$V(\bar{y}^{(j)})=\frac{1-f_j}{n_j}S_j^2=\left(1-\frac{n_j}{N_j}\right)\frac{S_j^2}{n_j} \tag{3.74}$$

其中子总体的方差 S_j^2 可用样本方差

$$\frac{1}{n_j-1}\sum_{i=1}^{n_j}(y_i^{(j)}-\bar{y}^{(j)})^2 \tag{3.75}$$

来估计。

若将单元是否属于第 j 个子总体看作是总体单元的一个特征,那么 N_j/N 即是总体比例,它可以用样本比例 n_j/n 作估计,因为

$$E\left(\frac{n_j}{n}\right)=\frac{N_j}{N} \tag{3.76}$$

上式可改写成

$$E\left(\frac{n_j}{N_j}\right)=\frac{n}{N}=f \tag{3.77}$$

因此可用 f 来估计 $f_j=n_j/N_j$ 。综合上面所述,$V(\bar{y}^{(j)})$ 可用下式估计:

$$v(\bar{y}^{(j)})=\frac{1-f}{n_j}\frac{1}{n_j-1}\sum_{i=1}^{n_j}(y_i^{(j)}-\bar{y}^{(j)})^2 \tag{3.78}$$

3.6.3　子总体总量的估计

由于 N_j 未知,因此获得子总体的均值估计并不意味着立即可获得总量的估计。本小节介绍一种估计子总体总量的方法。

对总体中的每个单元，定义新的指标值 U_i 如下：

$$U_i=\begin{cases}Y_i, & \text{若第 } i \text{ 个单元属于所考虑的第 } j \text{ 个子总体}\\ 0, & \text{否则}\end{cases} \tag{3.79}$$

记

$$P_j=\frac{N_j}{N},\quad Q_j=1-P_j \tag{3.80}$$

它们可以分别用

$$p_j=\frac{n_j}{n},\quad q_j=1-p_j \tag{3.81}$$

进行估计，于是

$$\bar{U}=\frac{1}{N}\sum_{i=1}^{N}U_i=\frac{1}{N}\sum_{i=1}^{N_j}Y_i^{(j)}=\frac{N_j}{N}\frac{1}{N_j}\sum_{i=1}^{N_j}Y_i^{(j)}=P_j\bar{Y}^{(j)} \tag{3.82}$$

$$\begin{aligned}S_u^2&=\frac{1}{N-1}\left(\sum_{i=1}^{N}U_i^2-N\bar{U}^2\right)\\&=\frac{1}{N-1}\left[\sum_{i=1}^{N_j}(Y_i^{(j)})^2-NP_j^2(\bar{Y}^{(j)})^2\right]\\&=\frac{1}{N-1}\left[\sum_{i=1}^{N_j}(Y_i^{(j)}-\bar{Y}^{(j)})^2+N_j(\bar{Y}^{(j)})^2-NP_j^2(\bar{Y}^{(j)})^2\right]\\&=\frac{1}{N-1}\left[(N_j-1)S_j^2+N(\bar{Y}^{(j)})^2\left(\frac{N_j}{N}-P_j^2\right)\right]\\&=\frac{N_j-1}{N-1}S_j^2+\frac{N}{N-1}P_jQ_j(\bar{Y}^{(j)})^2\end{aligned} \tag{3.83}$$

根据上面的关系，总体总量 U（也是子总体总量 $Y^{(j)}$）的一个无偏估计为：

$$\hat{Y}^{(j)}=N\bar{u}=\frac{N}{n}\sum_{i=1}^{n}u_i=\frac{N}{n}\sum_{i=1}^{n_j}y_i^{(j)} \tag{3.84}$$

而它的方差为：

$$\begin{aligned}V(\hat{Y}^{(j)})&=N^2V(\bar{u})=\frac{N^2(1-f)}{n}S_u^2\\&=\frac{N^2(1-f)}{n}\left[\frac{N_j-1}{N-1}S_j^2+\frac{N}{N-1}P_jQ_j(\bar{Y}^{(j)})^2\right]\end{aligned} \tag{3.85}$$

另一方面，总体方差 S_u^2 又可用样本方差 $s_u^2=\frac{1}{n-1}\sum_{i=1}^{n}(u_i-\bar{u})^2$ 估计。由与(3.83)式类似的推理知

$$s_u^2=\frac{1}{n-1}\sum_{i=1}^{n}(u_i-\bar{u})^2$$

$$=\frac{1}{n-1}[(n_j-1)s_j^2+np_jq_j(\bar{y}^{(j)})^2]$$

$$=\frac{1}{n-1}\left[\sum_{i=1}^{n_j}(y_i^{(j)}-\bar{y}^{(j)})^2+np_jq_j(\bar{y}^{(j)})^2\right] \tag{3.86}$$

因此 $V(\hat{Y}^{(j)})$ 的一个无偏估计为：

$$v(\hat{Y}^{(j)})=\frac{N^2(1-f)}{n(n-1)}\left[\sum_{i=1}^{n_j}(y_i^{(j)}-\bar{y}^{(j)})^2+np_jq_j(\bar{y}^{(j)})^2\right] \tag{3.87}$$

例 3.9 在汽车运量调查中，从总体为 167500 辆载货汽车中抽取一个 $n=1250$ 的简单随机样本，记录每辆样本车的月运量 y_i 以及车辆归属的部门，其中车辆归属部门分三种：交通部门所属车辆、非交通部门单位所属车辆及个体联营车辆，主要结果见表 3.5。试按部门估计月总运量，并给出相应的标准差估计。

表 3.5 汽车运量调查数据(按不同部门统计)

部门类别 j	样本车辆数 n_j	平均运量 $\bar{y}^{(j)}$（吨）	运量标准差 s_j（吨）
1. 交通部门	410	345.5	47.4
2. 非交通部门	725	81.2	61.6
3. 个体联营	115	438.0	30.7

解：$n=1250$

$n_1=410$，　$p_1=\frac{410}{1250}=0.328$，　$q_1=1-p_1=0.672$

$n_2=725$，　$p_2=\frac{725}{1250}=0.580$，　$q_2=1-p_2=0.420$

$n_3=115$，　$p_3=\frac{115}{1250}=0.092$，　$q_3=1-p_3=0.908$

于是根据(3.84)式：

$$\hat{Y}^{(1)}=\frac{167500}{1250}\times 345.5\times 410=1898.177(\text{万吨})$$

$$\hat{Y}^{(2)}=\frac{167500}{1250}\times 81.2\times 725=788.858(\text{万吨})$$

$$\hat{Y}^{(3)}=\frac{167500}{1250}\times 438.0\times 115=674.958(\text{万吨})$$

为计算 $\hat{Y}^{(j)}$ 的标准差估计 $s(\hat{Y}^{(j)})$，根据(3.87)式

$$s(\hat{Y}^{(j)})=N\sqrt{\frac{1-f}{n(n-1)}}\sqrt{(n_j-1)s_j^2+np_jq_j(\bar{y}^{(j)})^2}$$

而

$$N\sqrt{\frac{1-f}{n(n-1)}}=133.5525$$

$$\sqrt{(n_1-1)s_1^2+np_1q_1(\bar{y}^{(1)})^2}=5814.449$$

$$\sqrt{(n_2-1)s_2^2+np_2q_2(\bar{y}^{(2)})^2}=2158.588$$

$$\sqrt{(n_3-1)s_3^2+np_3q_3(\bar{y}^{(3)})^2}=4487.738$$

因而

$$s(\hat{Y}^{(1)}) = 133.5525\times5814.449=77.6534\text{(万吨)}$$

$$s(\hat{Y}^{(2)}) = 133.5525\times2180.588=29.1223\text{(万吨)}$$

$$s(\hat{Y}^{(3)}) = 133.5525\times4487.738=59.9349\text{(万吨)}$$

习 题

3.1 如何使用一颗普通的正方体(正六面体)的骰子进行入样概率为1/2,1/3,1/4与1/5的随机抽样?

3.2 讨论下列从由指定范围的正整数组成的总体中抽得的样本数的过程是否为等概率抽样?

1) 总体(1～112)。抽法:从数1～56中随机抽取一个数r,再从数1,2中随机抽取一个数,以决定样本数为r或$56+r$;

2) 总体(1～112)。抽法:首先从1,2中随机抽选一个数以决定抽两个群1～99或100～112中的哪一个,再从抽中的群中随机抽选两个样本数r;

3) 总体(1～1109)。抽法:从0000～9999中抽选一个随机数r,若千位数是偶数,则后三位数为抽中的样本数(若后三位数为000,样本数为1000);若千位数是奇数,当后三位数在001～109之间时,将它加上1000即为样本数,若后三位数在110～999就抛弃,重新抽选r;

4) 总体(67084～68192)。抽法:从1～1109中随机抽选一个数r,然后用$r+67083$作为被抽选的样本数;

5) 总体(67084～68192)。抽法:从1～2000中随机抽选一个数r,若r是在0084～1192之间,加67000为样本数,否则就抛弃,重抽r;

6) 总体有1109个数分布在61000～68000之间。抽法:随机抽选四位数r加60000。如果该数有相应的数就算被抽中的样本数,无相应数则抛弃重选;

7) 总体(1～17)。抽法:在1～100中抽选r,再除以20,若余数在1～17之间,就抽中相应的数,否则抛弃重选;

8）总体（1～17）。抽法：在 1～100 中随机抽选一个数除以 17，以余数作为抽中的数。

3.3 $\bar{y}$ 是简单随机样本的平均数，$\bar{Y}$ 是总体均值，下面的推导正确吗？为什么？

$$E(\bar{y})=E\left(\frac{1}{n}\sum_{i=1}^{n}y_i\right)=\frac{1}{n}\sum_{i=1}^{n}E(y_i)=\frac{1}{n}\sum_{i=1}^{n}\bar{Y}=\bar{Y}$$

3.4 设总体 $N=5$，其指标值为{3,5,6,7,9}。

1）计算总体方差 σ^2 和 S^2；

2）从中抽取 $n=2$ 的简单随机样本，分别计算放回抽样和不放回抽样的方差；

3）按放回抽样和不放回抽样分别列出所有可能的样本并计算 $\bar{y}$，验证 $E(\bar{y})=\bar{Y}$；

4）按放回抽样和不放回抽样的所有可能的样本，计算其方差 $V(\bar{y})$，并与公式计算的结果进行比较；

5）对所有的可能样本计算样本方差 s^2，验证在放回抽样的情况下 $E(s^2)=\sigma^2$；在不放回的情况下 $E(s^2)=S^2$。

3.5 某林场共有 1000 公顷林地，随机布设了 50 块面积为 0.06 公顷的方形样地，测得这 50 块样本地的平均木材蓄积量为 9m^3，标准差为 1.63m^3。试以 95% 的置信度估计该林场的木材蓄积量。

3.6 某居民区共有 10000 户，现用抽样调查估计该区居民的用水量。采用简单随机抽样抽选了 100 户，得 $\bar{y}=12.5$，$s^2=1252$。估计该居民区的总用水量 95% 的置信区间。若要求估计的相对误差不超过 20%，试问应抽多少户作样本？

3.7 某工厂欲制订工作定额，估计某项作业所需平均操作时间，从全厂 98 名从事该项作业的工人中随机抽选 8 人，其操作时间（单位：分钟）分别为：

4.2，5.1，7.9，3.8，5.3，4.6，5.1，4.1

试以 95% 的置信度给出该项作业平均所需时间的置信区间（假定有限总体修正系数可忽略）。

3.8 从某百货商店的 3000 张发货票中随机抽取 300 张来估计家用电器销售额，发现其中有 200 张是销售家用电器的，这 200 张发货票的总金额是 48956 元，其离差平方和为 12698499。若置信度是 95%，给出这 3000 张发货票中家电销售额的置信区间。

3.9 某总体有 10 个单元，分为 A、B、C 三类，其中 A 类有 2 个单元，B 类和 C 类各有 4 个单元。若采用不放回抽样抽取一样本量为 4 的简单随机样本来估计 B 类单元在 B、C 两类单元中的比例，试计算估计量的标准误。

3.10 某县采用简单随机抽样估计粮食、棉花、大豆的播种面积，抽样单元为农户。根据以往资料其变量的变异系数为：

名称	粮食	棉花	大豆
变异系数	0.38	0.39	0.44

若要求以上各个项目的置信度为95%，相对误差不超过4%，需要抽取多少户？若用这一样本来估计粮食的播种面积，其精度是多少？

3.11 从一叠单据中用简单随机抽样方法抽取了250张，发现其中有50张单据出现错误，试以95%的置信度估计这批单据中有错误的比例。若已知这批单据共1000张，你的结论有何变化？若要求估计的绝对误差不超过1%，则至少应抽取多少张单据作样本？

3.12 欲调查两种疾病的发病率，疾病A的发病率较高，预期为50%；疾病B的发病率预期为1%。若要得到相同的标准差0.5%，采用简单随机抽样各需要多大的样本量？若要得到相同的变异系数0.05，又各需要多大的样本量？试对上述不同的结果加以适当的说明。

3.13 假设总体中每个单元有两个指标 Y_i 和 X_i ，$i=1,\cdots,N$ ，记 $\bar{y}$ ，$\bar{x}$ 为相应的简单随机样本的均值。试证样本协方差

$$s_{yx}=\frac{1}{n-1}\sum_{i=1}^{n}(y_i-\bar{y})(x_i-\bar{x})$$

是总体协方差

$$S_{yx}=\frac{1}{N-1}\sum_{i=1}^{N}(Y_i-\bar{Y})(X_i-\bar{X})$$

的无偏估计。

3.14 设 $\bar{y}$ 是从总体 $\{Y_1,\cdots,Y_N\}$ 中抽取的样本量为 n 的简单随机样本均值，$\bar{y}_{n_1}$ 是从该样本中抽取的样本量为 n_1 的简单随机子样本均值，$\bar{y}_{n_2}$ 是剩余的样本单元的均值。试证：

$$Cov(\bar{y}_{n_1},\bar{y}_{n_2})=-\frac{S_y^2}{N}$$

3.15 设某个总体由 L 个子总体构成，今从该总体中抽取一个大小为 n 的简单随机样本，且设属于第 j 个子总体的单元数为 n_j 。试证：在 n_j 固定的条件下，这 n_j 个单元可看成是从第 j 个子总体中抽取的一个简单随机样本。

第四章　分层随机抽样

4.1　概述

4.1.1　什么是分层抽样和分层随机抽样

如果总体可以分成互不重叠且穷尽的若干个子总体：每个单元必属于且仅属于一个子总体，称这样的子总体为层(stratum)。考虑这样一种抽样：抽样在每一层中独立进行，总样本由各层样本组成，根据各层样本汇总对总体参数作出估计。这种抽样称为分层抽样(stratified sampling)，所得的样本称为分层样本。如果每层中的抽样都是按简单随机抽样进行的，那么这种抽样称为分层随机抽样(stratified random sampling)，所得的样本称为分层随机样本。

为使分层抽样得以实施，其先决条件是编制好关于层的抽样框。分层是按单元的某个特征或标识进行的。例如一项全国性调查，可按调查对象所在的省(自治区或直辖市)分层，也可按省份所在地域(如将全国分成沿海、内地及边远三个地区)分层，或按城市和农村分层等。若调查对象是人，可按性别、年龄、职业、婚姻状况、文化程度及收入水平分层；若调查对象是企事业或行政单位，可按部门、行业、所有制性质以及规模大小分层等。所有单元均按其中一个(或几个)标识分成不同类型归属相应的层。在社会经济统计中，分层抽样有时也称为类型抽样。

举例说，某省为开展公路运输量抽样调查，全体产生运输量的车辆构成调查的总体。它们可按车辆种类(客车、货车、拖拉机及其他机动车)分类，从而形成不同的子总体(也即层)，对每类车辆又可按所属地市分成人层，在每个地市内又可按车辆的吨(客)位细分成小层，还可按是否运营分为营业性和非营业性等不同的层。这些分层有些是现成的，并不需要增加额外的工作量，例如按车辆种类及地市分；有些则需要根据车辆台账人工进行划分或根据计算机数据库进行分类，这就需要增加额外的工作量。为分层增加的工作量，有时是相当费时的。

4.1.2　分层抽样的特点和适用场合

分层技术是实际中最常采用的抽样技术之一，这是因为它具有许多其他抽样所没有的特点。

首先，由于分层抽样是在各层中进行的，因此各层样本除汇总后可用于总体参数的估计外，还可用来对层的参数进行估计。例如一项全国性抽样调查，若以省为层，那么调查以后既可得到有关全国的数据，也可同时获得有关省的数据。这一点受到各级政府官员的欢迎，也便于部门统计。

其次，分层抽样实施起来灵活方便、便于组织，且由于抽样是在各层独立进行的，允许根据不同层的具体情况采用不同的抽样方法。按地区或系统分层的抽样可由各地区或系统分头实施调查中的各个步骤，组织管理比较方便。此外，分层抽样的数据处理也不复杂：各层的处理可以单独进行，而层间汇总方式又非常简单，对估计量而言仅是对均值估计的加权平均或是对总量估计的简单相加，相应的方差估计也不复杂。

再次，分层样本分别抽自各层，与简单随机样本比较，分层样本在总体中的分布一般更为均匀，不大会发生过于偏于某一部分的不平衡情况，这也是分层抽样受到实际工作者欢迎的原因之一。

最后，也是最重要的一点是，分层抽样一般都能较大程度地提高调查的精度。在4.5节中我们会看到分层抽样的精度（估计量的方差）仅取决于各层内的方差，而与层间的差异无关。因此如果层内的差异比较小（这正是大多数分层抽样的情况），分层抽样的精度将比简单随机抽样高。实际上，人们正是利用这一特性，事先将性质类似的单元归成一类（层），使层内的方差尽可能地小，层间方差尽可能大。由于层间方差并不进入估计量的方差，因而可大大减少估计量的最终方差，提高抽样的精度。正是因为这个原因，在一项调查中，分层技术可能多次反复被采用。例如在多阶抽样中，只要有可能，前几阶抽样都适宜采用分层技术。

4.1.3 记号

为讨论问题及公式表述的方便，我们采用以下的约定和记号：

设总体分为 L 层，以 h 表示层的编号，$h=1,2,\cdots,L$；

第 h 层的单元数为 N_h，它是已知的，且 $\sum_{h=1}^{L} N_h = N$；

$W_h = \frac{N_h}{N}$ 称为层权，它也是已知的；

以 Y_{hi}, y_{hi} 分别表示第 h 层总体和样本中的第 i 个单元的指标值；

$$\bar{Y}_h = \frac{1}{N_h}\sum_{i=1}^{N_h} Y_{hi}, \qquad \bar{y}_h = \frac{1}{n_h}\sum_{i=1}^{n_h} y_{hi}$$

分别表示第 h 层（总体）均值与第 h 层样本均值（其中 n_h 是第 h 层的样本量）；

$$Y_h = N_h \bar{Y}_h = \sum_{i=1}^{N_h} Y_{hi}, \qquad y_h = n_h \bar{y}_h = \sum_{i=1}^{n_h} y_{hi}$$

分别表示第 h 层总量及第 h 层的样本总量；

$$S_h^2 = \frac{1}{N_h - 1}\sum_{i=1}^{N_h}(Y_{hi} - \bar{Y}_h)^2, \quad s_h^2 = \frac{1}{n_h - 1}\sum_{i=1}^{n_h}(y_{hi} - \bar{y}_h)^2$$

分别表示第 h 层方差及第 h 层样本方差；

$$f_h = \frac{n_h}{N_h}$$

表示第 h 层的抽样比。

4.2　简单估计量及其性质

4.2.1　对总体均值或总量的估计

在分层抽样中，根据各层的样本，先给出层均值 $\bar{Y}_h$ 及层总量 Y_h 的某个适当的估计，然后将总体均值 $\bar{Y}$ 的估计取为层估计关于层权 W_h 的加权平均：

$$\hat{\bar{Y}}_{st} = \sum_{h=1}^{L} W_h \hat{\bar{Y}}_h \tag{4.1}$$

而总体总量 Y 的估计直接采用各层总量估计的总和：

$$\hat{Y}_{st} = \sum_{h=1}^{L} \hat{Y}_h \tag{4.2}$$

如果每个 $\hat{Y}_h = N_h \hat{\bar{Y}}_h$ ，则

$$\hat{Y}_{st} = N\hat{\bar{Y}}_{st} \tag{4.3}$$

特别对于分层随机抽样，$\hat{\bar{Y}}_h$ 一般均取为简单估计，即层样本均值 $\bar{y}_h$ ，因此 $\bar{Y}$ 的简单估计为：

$$\bar{y}_{st} = \sum_{h=1}^{L} W_h \bar{y}_h \tag{4.4}$$

而总体总量 Y 的简单估计为：

$$\hat{Y}_{st} = N\bar{y}_{st} = \sum_{h=1}^{L} N_h \bar{y}_h \tag{4.5}$$

根据(4.1)式～(4.3)式，对于一般的分层抽样，若 $\hat{\bar{Y}}_h$ 是 $\bar{Y}_h$ 的无偏估计，则 $\hat{\bar{Y}}_{st}$ ($\hat{Y}_{st}$)也是 $\bar{Y}$ (Y)的无偏估计：

$$E(\hat{\bar{Y}}_{st}) = \sum_{h=1}^{L} W_h E(\hat{\bar{Y}}_h) = \bar{Y} \tag{4.6}$$

$$E(\hat{Y}_{st}) = NE(\hat{\bar{Y}}_{st}) = N\bar{Y} = Y \tag{4.7}$$

且由于各层的抽样是相互独立的，故有

$$V(\hat{\bar{Y}}_{st})=V(\sum_{h=1}^{L}W_h\hat{\bar{Y}}_h)=\sum_{h=1}^{L}W_h^2V(\hat{\bar{Y}}_h) \tag{4.8}$$

$$V(\hat{Y}_{st})=\sum_{h=1}^{L}V(\hat{Y}_h) \tag{4.9}$$

由简单随机抽样简单估计量的性质，不难得到分层随机抽样简单估计的性质：

$$E(\bar{y}_{st})=\bar{Y} \tag{4.10}$$

$$V(\bar{y}_{st})=\sum_{h=1}^{L}W_h^2\frac{1-f_h}{n_h}S_h^2 \tag{4.11}$$

$$=\sum_{h=1}^{L}W_h^2\left(\frac{1}{n_h}-\frac{1}{N_h}\right)S_h^2 \tag{4.12}$$

$$=\sum_{h=1}^{L}\frac{W_h^2S_h^2}{n_h}-\sum_{h=1}^{L}\frac{W_hS_h^2}{N} \tag{4.13}$$

其中(4.13)式中的第二项：

$$\sum_{h=1}^{L}\frac{W_hS_h^2}{N}=\sum_{h=1}^{L}\frac{W_h^2S_h^2}{N_h}$$

表示由于抽样是不放回的，由有限总体修正系数引起的方差减少。

在(4.11)式～(4.13)式中，S_h^2 可用样本方差

$$s_h^2=\frac{1}{n_h-1}\sum_{i=1}^{n_h}(y_{hi}-\bar{y}_h)^2 \tag{4.14}$$

进行估计，且由于它们是无偏的，从而可得到 $V(\bar{y}_{st})$ 的无偏估计：

$$v(\bar{y}_{st})=\sum_{h=1}^{L}\frac{W_h^2s_h^2}{n_h}(1-f_h) \tag{4.15}$$

$$=\sum_{h=1}^{L}\frac{W_h^2s_h^2}{n_h}-\sum_{h=1}^{L}\frac{W_hs_h^2}{N} \tag{4.16}$$

由上述结果可立即推得分层随机抽样有关总体总量的简单估计 $\hat{Y}_{st}$ 有如下性质：

$$E(\hat{Y}_{st})=Y \tag{4.17}$$

$$V(\hat{Y}_{st})=\sum_{h=1}^{L}N_h(N_h-n_h)\frac{S_h^2}{n_h} \tag{4.18}$$

$$v(\hat{Y}_{st})=\sum_{h=1}^{L}N_h(N_h-n_h)\frac{s_h^2}{n_h} \tag{4.19}$$

注意到根据(4.14)式，对于方差估计，要求每层的样本量 n_h 不小于2。若 $n_h=1$，估计量本身仍可按公式求得，方差公式也成立，但对方差的估计就不能按上面的公式求，必须用另外的方法。

例 4.1　某市进行家庭收入调查，分城镇居民及农村居民两部分抽样。在全部城镇 23560 户中抽取 300 户，在全部农村 148420 户中抽取 250 户，抽样均按简单随机抽样进行。调查结果是城镇年平均户收入为 15180 元，标准差为 3972 元；农村年平均收入为 9856 元，标准差为 2546 元。求全市年户均收入的估计及其 90％的置信区间。

解：

$$N_1 = 23560, \quad N_2 = 148420, \quad N = N_1 + N_2 = 171980$$

$$W_1 = 23560/171980 = 0.137, \quad W_2 = 148420/171980 = 0.863$$

故

$$\begin{aligned}\bar{y}_{st} &= W_1\bar{y}_1 + W_2\bar{y}_2 \\ &= 0.137 \times 15180 + 0.863 \times 9856 \\ &= 10585.39\end{aligned}$$

为求 $\bar{y}_{st}$ 的方差估计，先计算

$$\begin{aligned}\sum_{h=1}^{2}\frac{W_h^2 s_h^2}{n_h} &= \frac{0.137^2 \times 3972^2}{300} + \frac{0.863^2 \times 2546^2}{250} \\ &= 987.05 + 19310.72 = 20297.77\end{aligned}$$

而由有限总体修正系数引起的方差减少量为：

$$\begin{aligned}\sum_{h=1}^{2}\frac{W_h s_h^2}{N} &= (0.137 \times 3972^2 + 0.863 \times 2546^2)/171980 \\ &= 45.10\end{aligned}$$

故

$$v(\bar{y}_{st}) = 20297.77 - 45.10 = 20252.67$$

$$s(\bar{y}_{st}) = \sqrt{v(\bar{y}_{st})} = 142.312$$

全市年户均收入 $\bar{Y}$ 的 90％置信区间为：

10585.39±1.645×142.312，即 [10351.29 元，10819.49 元]。

注意由于城镇居民与农村居民的收入水平的差异（城镇居民户均收入高于农村居民）以及城镇与农村抽样比的不同（城镇居民的抽样比也高于农村居民的抽样比），若用样本（不分层）平均数

$$\bar{y} = (15180 \times 300 + 9856 \times 250)/550 = 12760$$

作为全市年户均收入 $\bar{Y}$ 的估计，则高出许多，这显然是不合理的。

4.2.2　对总体比例的估计

将 3.3 节的内容用于分层随机抽样对于总体具有特定特征的单元比例 P 或总数 A 的估计，即可得以下的结果。

记层比例为 $P_h = \dfrac{A_h}{N_h}$，$Q_h = 1 - P_h$，层样本比例 $p_h = \dfrac{a_h}{n_h}$，$q_h = 1 - p_h$，其中

A_h 与 a_h 分别是第 h 层总体及样本中具有所考虑特征的单元数，则

$$p_{st}=\sum_{h=1}^{L}W_h p_h \tag{4.20}$$

是 P 的无偏估计，且

$$V(p_{st})=\sum_{h=1}^{L}W_h^2V(p_h)=\frac{1}{N^2}\sum_{h=1}^{L}\frac{N_h^2(N_h-n_h)}{N_h-1}\frac{P_hQ_h}{n_h} \tag{4.21}$$

由于通常 N_h 很大，$N_h\approx N_h-1$，故

$$V(p_{st})\approx\sum_{h=1}^{L}\frac{W_h^2P_hQ_h}{n_h}(1-f_h) \tag{4.22}$$

而它的一个无偏估计为

$$v(p_{st})=\sum_{h=1}^{L}\frac{W_h^2p_hq_h}{n_h-1}(1-f_h) \tag{4.23}$$

$$=\frac{1}{N^2}\sum_{h=1}^{L}\frac{N_h(N_h-n_h)}{n_h-1}\cdot p_hq_h \tag{4.24}$$

总体中具有所考虑特征的单元总数 A 的估计为：

$$\hat{A}_{st}=Np_{st}=\sum_{h=1}^{L}N_hp_h \tag{4.25}$$

它的方差 $V(\hat{A}_{st})$ 及方差估计 $v(\hat{A}_{st})$ 分别为：

$$V(\hat{A}_{st})=\sum_{h=1}^{L}\frac{N_h^2(N_h-n_h)}{N_h-1}\cdot\frac{P_hQ_h}{n_h} \tag{4.26}$$

$$v(\hat{A}_{st})=\sum_{h=1}^{L}\frac{N_h(N_h-n_h)}{n_h-1}p_hq_h \tag{4.27}$$

例 4.2 为调查某个高血压高发病地区青少年与成年人高血压的患病率，对 14 岁以上的人分 4 个年龄组进行分层随机抽样，调查结果如表 4.1 所示。求总体高血压患病率 P 的估计及其标准差的估计。

表 4.1 高血压患病率调查数据

年龄组 h	层权 W_h	层样本量 n_h	p_h	q_h
14～25 岁	0.281	400	0.083	0.917
26～40 岁	0.322	650	0.174	0.826
41～60 岁	0.213	600	0.310	0.690
61 岁以上	0.184	350	0.464	0.536

解：根据分层随机抽样公式，P 的估计量为：

$$p_{st}=\sum_{h=1}^{4}W_hp_h=0.281\times0.083+0.322\times0.174$$
$$+0.213\times0.310+0.184\times0.464$$
$$=0.2308=23.08\%$$

为求 p_{st} 的方差估计，取 $1-f_h\approx1$，$n_h-1\approx n_h$，则 $v(p_{st})$ 的近似公式为

$$v(p_{st})=\sum_{h=1}^{L}\frac{W_h^2p_hq_h}{n_h}$$

根据表 4.1 的数据可求得

$$v(p_{st})=(0.281)^2\times0.083\times0.917/400+(0.322)^2\times0.174\times0.826/650$$
$$+(0.213)^2\times0.310\times0.690/600+(0.184)^2\times0.464\times0.536/350$$
$$=0.00007818$$

故 p_{st} 的标准差的估计为

$$s(p_{st})=\sqrt{v(p_{st})}=0.00884=0.884\%$$

4.3　各层样本量的分配

4.3.1　样本量分配对精度的影响

在分层随机抽样中，若总样本量 n 固定，则它在各层的不同分配（取不同的 n_h），将对估计量的精度（即方差）产生影响，这首先是因为各层大小或权重不同，其次是因为各层的标准差有差异。

例 4.3　某总体分为 3 层，其层权 W_h 及层标准差 S_h 见表 4.2。设总样本量为 300，考虑四种不同的样本量分配，并计算出每种分配下，总体均值估计量的方差（见表 4.2 的相应各列）。

表 4.2　样本量的不同分配对方差的影响

h	W_h	S_h	常数分配	与 S_h^2 成正比	与 W_h 成正比	与 W_hS_h 成正比
1	0.2	20	100	49	60	40
2	0.3	30	100	110	90	90
3	0.5	34	100	141	150	170
$V(\bar{y}_{st})+\sum_{h=1}^{L}\frac{W_hS_h^2}{N}$			3.86	3.11	3.09	3.00

第 1 种分配是常数分配，即将总样本量平均分配到各层中去，如果各层的 W_h 与 S_h 都相差不大，当然是比较自然的。但在一般情况下，这种既不考虑 W_h，也不

考虑 S_h 的分配方法，效果较差。

第 2 种分配是使各层样本量 n_h 与层方差 S_h^2 成正比。这种分配形式将使每层的估计量达到同样的精度(若不考虑 $1-f_h$ 的影响)，因而这种分配是有一定道理的。

第 3 种分配是使 n_h 与 W_h 成正比，从而也与层大小 N_h 成正比，这种分配称为比例分配。这是一种自然的分配形式，而且在通常情况下效果也不错。从下一小节的讨论中我们还可以看出，这种分配下的估计量有比较简单的形式。

第 4 种分配是使 n_h 与 W_hS_h 成正比，从表 4.2 中可看出，这种分配下估计量的方差最小。这种使估计量的方差达到最小的分配是最优分配的一种形式。不过这里我们没有考虑费用的影响，如果每层抽样的费用有较大的差异，可以避免在费用高的层中抽过多的样本单元，而在费用相对较低的层中抽较多的样本单元。

4.3.2 比例分配

在分层抽样中，若每层样本量 n_h 都与层的大小 N_h 成比例，即 $n_h \propto N_h$，则称这种分配为比例分配(proportional allocation)。不难证明这个比例常数即是总抽样比 $f=\frac{n}{N}$，即：

$$\frac{n}{N}=\frac{n_h}{N_h}=f_h, \qquad h=1,2,\cdots,L \tag{4.28}$$

或

$$f_h=f, \qquad h=1,2,\cdots,L \tag{4.29}$$

(4.28)式也可改写成：

$$\frac{N_h}{N}=\frac{n_h}{n}=W_h \tag{4.30}$$

因此比例分配时，n_h 也与层权 W_h 成比例。

由于(4.29)式，当比例分配时，无论哪一层，总体单元被抽中的概率皆为 f，所以比例分配的分层随机抽样是一种等概率抽样，此时总体均值 $\bar{Y}$ 的估计为：

$$\bar{y}_{prop}=\sum_{h=1}^{L}W_h\bar{y}_h=\sum_{h=1}^{L}W_h\frac{1}{n_h}\sum_{i=1}^{n_h}y_{hi}=\frac{1}{n}\sum_{h=1}^{L}\sum_{i=1}^{n_h}y_{hi}=\bar{y} \tag{4.31}$$

这说明比例分配的分层估计即是样本均值，这是一种十分简单的情形。而当各层样本量不按比例分配时，$\bar{y}_{st}\neq\bar{y}$。比例分配时总体总量 Y 的估计也很简单：

$$\hat{Y}_{prop}=N\bar{y}_{prop}=\frac{N}{n}\sum_{h=1}^{L}\sum_{i=1}^{n_h}y_{hi}=\frac{1}{f}y$$

其中 $y=\sum_{h=1}^{L}\sum_{i=1}^{n_h}y_{hi}$ 是样本观测值的总和。

若总体总量(或均值)的一个估计量可以表达为样本观测值的总和(或平均数)的常数倍,则称这种估计(或相应的样本)是自加权(self-weighting)的。所以比例分配分层随机抽样的简单估计是自加权的。另外我们可以看到对简单随机抽样(无论是不放回情形还是放回情形),其简单估计量也是自加权的。由于自加权样本的表达形式特别简单,因此常为实际工作者所采用。

比例分配分层随机抽样估计量的方差也有比较简单的形式。根据(4.11)式及(4.30)式,可得:

$$V_{prop}(\bar{y}_{st}) \triangleq V(\bar{y}_{prop}) = \frac{1-f}{n}\sum_{h=1}^{L} W_h S_h^2 \tag{4.32}$$

上式中的 $\sum_{h=1}^{L} W_h S_h^2$ 是各层方差按层权的加权平均,若记为 S_w^2 ,则

$$V_{prop}(\bar{y}_{st}) = \frac{1-f}{n} S_w^2 \tag{4.33}$$

若抽样估计的是总体中具有某种特征单元的比例 P ,则对于比例分配的分层随机抽样,估计量为:

$$p_{prop} = p = \frac{1}{n}\sum_{h=1}^{L} a_h \tag{4.34}$$

其中 a_h 是第 h 层样本中具有所考虑特征的单元数。

$$V(p_{prop}) = \frac{1-f}{nN}\sum_{h=1}^{L} \frac{N_h^2 P_h Q_h}{N_h - 1} \tag{4.35}$$

$$\approx \frac{1-f}{n}\sum_{h=1}^{L} W_h P_h Q_h \tag{4.36}$$

而它的一个近似无偏估计是:

$$v(p_{prop}) = \frac{1-f}{n}\sum_{h=1}^{L} \frac{W_h n_h p_h q_h}{n_h - 1} \tag{4.37}$$

$$\approx \frac{1-f}{n}\sum_{h=1}^{L} W_h p_h q_h \text{(当 } n_h \text{ 比较大时)} \tag{4.38}$$

4.3.3 最优分配

在分层随机抽样中,对给定的费用使估计量的方差 $V(\bar{y}_{st})$ 达到最小,或对给定的估计量方差使总费用最小的各层样本量的分配称为最优分配(optimum allocation)。

我们主要考虑简单线性费用函数:

$$C_T = c_0 + \sum_{h=1}^{L} c_h n_h \tag{4.39}$$

式中 C_T 是总费用, c_0 是与样本量无关的固定费用,而 c_h 是在第 h 层中抽取一个单

元的平均费用。

对于给定的 n_h，估计量的方差为：

$$V=\sum_{h=1}^{L}\frac{W_h^2S_h^2}{n_h}-\sum_{h=1}^{L}\frac{W_hS_h^2}{N} \tag{4.40}$$

其中第二项也与样本量无关。考虑

$$C'=C_T-c_0=\sum_{h=1}^{L}c_hn_h$$

$$V'=V+\sum_{h=1}^{L}\frac{W_hS_h^2}{N}=\sum_{h=1}^{L}\frac{W_h^2S_h^2}{n_h}$$

则在给定总费用 C_T 下最小化 $\bar{y}_{st}$ 的方差 V 与在给定 V 下最小化 C_T，两者都等价于最小化：

$$\begin{aligned}V'C'&=\left(\sum_{h=1}^{L}\frac{W_h^2S_h^2}{n_h}\right)\left(\sum_{h=1}^{L}c_hn_h\right)\\&=\left[\sum_{h=1}^{L}\left(\frac{W_hS_h}{\sqrt{n_h}}\right)^2\right]\left[\sum_{h=1}^{L}\left(\sqrt{c_hn_h}\right)^2\right]\end{aligned} \tag{4.41}$$

根据柯西一许瓦兹(Cauchy-Schwarz)不等式，有

$$V'C'\geqslant\left(\sum_{h=1}^{L}W_hS_h\sqrt{c_h}\right)^2$$

其中等号仅在以下情形时才成立：

$$\frac{\sqrt{c_hn_h}}{W_hS_h/\sqrt{n_h}}=\frac{n_h\sqrt{c_h}}{W_hS_h}=K \qquad (K\text{ 为常数})$$

上式意味着

$$n_h=K\frac{W_hS_h}{\sqrt{c_h}},\quad h=1,2,\cdots,L \tag{4.42}$$

对所有的 h 求和，即有

$$n=\sum_h n_h=K\sum_h W_hS_h/\sqrt{c_h}$$

解出 K 再代入(4.42)式，最后得到使 $V'C'$ 最小化的最优分配为：

$$\frac{n_h}{n}=\frac{W_hS_h/\sqrt{c_h}}{\sum_h W_hS_h/\sqrt{c_h}}=\frac{N_hS_h/\sqrt{c_h}}{\sum_h N_hS_h/\sqrt{c_h}} \tag{4.43}$$

(4.43)式表明最优分配的 n_h 与 W_hS_h 或 N_hS_h 成正比，与 $\sqrt{c_h}$ 成反比。这就是说，层越大、层内变异越大、该层平均每个单元的抽样费用越小，则在该层中的抽样应越多。

在最优分配中，若每层单位抽样费用 c_h 都相等，则(4.43)式就简化为：

$$\frac{n_h}{n}=\frac{W_hS_h}{\sum_h W_hS_h}=\frac{N_hS_h}{\sum_h N_hS_h} \tag{4.44}$$

这个结果最早被俄国学者楚波罗(A. A. Tschuprow)得到，但很长一段时期内未被人注意到，直到1934年由奈曼(J. Neyman)重新给出，故在文献中这种形式的最优分配常被称为奈曼分配。

将(4.44)式中的 n_h 代入(4.40)式，即可得到奈曼分配下的方差最小值为：

$$V_{\min}(\bar{y}_{st})=\frac{1}{n}\left(\sum_h W_hS_h\right)^2-\frac{1}{N}\sum_h W_hS_h^2 \tag{4.45}$$

在估计总体比例 P 的情形，一般的最优分配为：

$$n_h \propto N_h\sqrt{\frac{N_h}{N_h-1}}\sqrt{\frac{P_hQ_h}{c_h}}\approx N_h\sqrt{P_hQ_h/c_h} \tag{4.46}$$

故

$$n_h \approx n\frac{N_h\sqrt{P_hQ_h/c_h}}{\sum_h N_h\sqrt{P_hQ_h/c_h}}=n\frac{W_h\sqrt{P_hQ_h/c_h}}{\sum_h W_h\sqrt{P_hQ_h/c_h}} \tag{4.47}$$

而奈曼分配是：

$$n_h \approx n\frac{N_h\sqrt{P_hQ_h}}{\sum_h N_h\sqrt{P_hQ_h}}=n\frac{W_h\sqrt{P_hQ_h}}{\sum_h W_h\sqrt{P_hQ_h}} \tag{4.48}$$

例 4.4　在例 4.1 中，若固定 $n=550$ 不变，城镇居民与农村居民年收入的标准差估计分别为 $S_1=3000$ 元，$S_2=2500$ 元，对城镇居民与农村居民平均每户的抽样费用比为 1∶2，试求城镇与农村两层比例分配与最优分配的样本量。若不考虑费用因素，那么最优分配的结果又有何变化？

解：将有关数值以及计算所需的各中间值列表于表 4.3。

表 4.3　城镇与农村居民年收入调查样本量分配的计算

h	N_h	W_h	S_h	c_h	W_hS_h	$W_hS_h/\sqrt{c_h}$
1	23560	0.137	3000	1	411.0	411.0
2	148420	0.863	2500	2	2157.5	1525.6
$\sum$	171980				2568.5	1936.6

(1) 比例分配：

$n_1=0.137\times550=75.35\approx75$

$n_2=0.863\times550=474.65\approx475$

(2) 最优分配：

$$n_1=\frac{411.0}{1936.6}\times 550=116.73\approx 117$$

$$n_2=\frac{1525.6}{1936.6}\times 550=433.27\approx 433$$

(3) 奈曼分配：

$$n_1=\frac{411.0}{2568.5}\times 550=88.01\approx 88$$

$$n_2=\frac{2157.5}{2568.5}\times 550=461.99\approx 462$$

可以看出，不考虑费用的奈曼分配在农村的样本量比考虑费用的最优分配在农村的样本量更大，这是因为农村调查费用较高。此时最优原则是应适当增加城镇样本量，减少农村样本量。另外，我们注意到在计算最优分配的各层样本量时，需要涉及的各层单位费用只是费用的比值，并不一定需要费用的绝对数额。

根据(4.45)式还可以计算出估计量的最小方差(在奈曼分配情形)，这个方差也可以将实际最优分配样本量代入(4.40)式得到，两者的值是相等的。不过应注意，若在计算最优分配样本量时，最后取整时舍入较多，那么用(4.40)式计算得到的实际最小方差要比根据(4.45)式计算得到的理论最小方差稍大一点。

例 4.5 在例 4.2 高血压患病率调查中，若干年后需要再一次调查，试问对样本量分配可建议作何种变动(假设总样本量 n 不变，且 W_h 的数值也不变)？

解：可以将上次调查的 p_h，q_h 作为下一次调查 P_h 与 Q_h 的近似值，$n=2000$。根据(4.48)式，

$$n_h\approx n\frac{W_h\sqrt{p_hq_h}}{\sum_h W_h\sqrt{p_hq_h}}$$

计算结果列于表 4.4 中。

表 4.4 高血压患病率调查样本量的最优分配

h	W_h	p_h	q_h	$W_h\sqrt{p_hq_h}$	n_h
1	0.281	0.083	0.917	0.0775	398
2	0.322	0.174	0.826	0.1221	626
3	0.213	0.310	0.690	0.0985	505
4	0.184	0.464	0.536	0.0918	471
$\sum$				0.3899	2000

*4.3.4 某些层需要超过 100%抽样时的修正

在某些特殊情形，例如某些层的标准差 S_h 特别大，而层大小 N_h 相对指定的

总样本量 n 又小很多，若再加上对这些层抽样的平均单位费用 c_h 又很低，则按上面的最优分配计算，这些层有可能需要超过100%的抽样，也即计算出来的 n_h 可能超过 N_h 。此时可以证明实际的最优分配是对这些层进行100%抽样，然后将剩下的待分配的样本量再按最优分配公式在其余层内分配。以不考虑费用的奈曼分配为例，实际操作步骤如下(证明留作练习)：

按奈曼分配公式，若有某层(不妨记为第1层)的最优分配样本量 $n_1 > N_1$，则令实际抽样量 $\tilde{n}_1 = N_1$，对其余各层计算

$$\tilde{n}_h = (n - N_1)\frac{W_h S_h}{\sum_{h=2}^{L} W_h S_h},\quad h \geqslant 2 \tag{4.49}$$

若所有的 $\tilde{n}_h \leqslant N_h$，$h \geqslant 2$，则分配合理；若仍有 $\tilde{n}_h$ 超过 N_h，不妨设 $\tilde{n}_2 > N_2$，则令 $\tilde{n}'_1 = N_1$，$\tilde{n}'_2 = N_2$，再计算

$$\tilde{n}'_h = (n - N_1 - N_2)\frac{W_h S_h}{\sum_{h=3}^{L} W_h S_h},\quad h \geqslant 3 \tag{4.50}$$

若所有的 $\tilde{n}'_h \leqslant N_h$，$h \geqslant 3$，则分配合理，实际样本量按 $\tilde{n}'_h$ 分配；否则再重复上述过程，直至所有分配的样本量都不超过 N_h 为止。

此时，最优分配达到的最小方差公式(4.45)需作相应的修改。对于那些全部调查的层，不产生抽样误差，因此方差只来自实际抽样的层，因而

$$V'_{\min}(\bar{y}_{st}) = \frac{1}{n'}\Big(\sum_h W_h S_h\Big)^2 - \frac{1}{N}\sum_h W_h S_h^2 \tag{4.51}$$

其中 $\sum_h$ 为仅对最后实际分配的样本量小于 N_h 的层求和，n' 是这些层中抽样的样本量总和。

例 4.6　某个模拟的总体分为4层，N_h 及 S_h 的值列于表4.5中，设 $n=80$，问如何进行最优(奈曼)分配？

表 4.5　一个模拟总体的分层情况

h	N_h	S_h	$N_h S_h$	n_h(计算值)
1	5	400	2000	9.41
2	10	500	5000	23.53
3	200	10	2000	9.41
4	400	20	8000	37.65
$\sum$	615		17000	80

解:按通常的奈曼分配公式计算的最优分配 n_h 列于表 4.5 的最右列,其中第 1、2 层均超过各自的层中所包含的单元数 N_h ,必须进行修正。正规的步骤是在计算出 $n_1=9.41>N_1$ 后,令 $\tilde{n}_1=N_1=5$,然后将剩下待分配的样本量 $n-N_1=75$ 仍按奈曼分配公式分配至 2～4 各层,结果是:

$$\tilde{n}_2=75\times\frac{5000}{15000}=25>N_2$$

再令 $\tilde{n}'_2=N_2=10$,将其余 65 个样本单元仍按奈曼分配公式分配至第 3、4 层,结果是:

$$\tilde{n}'_3=65\times\frac{2000}{10000}=13<N_3$$

$$\tilde{n}'_4=65\times\frac{8000}{10000}=52<N_4$$

因此最终结果是 $\tilde{n}'_1=5$, $\tilde{n}'_2=10$, $\tilde{n}'_3=13$, $\tilde{n}'_4=52$。根据(4.51)式,此时对总体均值 $\bar{Y}$ 的估计量 $\bar{y}_{st}$ 的方差达到最小值:

$$\begin{aligned}V'_{\min}&=\frac{1}{65}\left(\frac{200}{615}\times10+\frac{400}{615}\times20\right)^2-\frac{1}{615}\left(\frac{200}{615}\times10^2+\frac{400}{615}\times20^2\right)\\&=4.0676-0.4759=3.5917\end{aligned}$$

从本例实际操作中可以看出,在一次分配中,若有两个或两个以上的层分配的样本量超过其层大小,则这些层实际上都需要 100%抽样;另一方面,若计算得到的 n_h 虽小于,但相当接近 N_h ,则在重新调整需分配的样本量后,这样的层也有可能需要 100%抽样。正确的做法是逐步逐层计算,一旦发现计算出来的 $n_h>N_h$,即令 $n_h=N_h$,然后调整剩下的样本量并开始下一轮的最优分配。

4.4 样本总量的确定

4.4.1 影响样本总量的因素

与简单随机抽样一样,分层随机抽样样本总量 n 既取决于对估计量精度的要求,也受总费用的限制,其中估计量的精度要求又可分为对总体参数估计的精度要求以及对各层参数估计的精度要求。在对层的估计有精度要求时,必须先对每层确定样本量(由于层内皆为简单随机抽样,故可直接应用 3.4 节的结果),然后计算出所需要的样本总量,故本节讨论的精度都是对总体参数的估计量而言的。至于费用,既要考虑总费用,又要考虑不同层中平均抽取一个单元的费用。

由于估计量的精度实际上取决于每层样本量的大小,因此在总样本量给定的情况,对层样本量的分配不同,其精度也不同。反之对同一精度要求,对不同的样本量分配形式，计算得到的总样本量也有差异。因此在确定总样本量时，要求先确定样本量的分配形式。

4.4.2　估计总体均值的情形

在调查的目标是总体均值 $\bar{Y}$ 时，若 V 是给定的估计量 $\bar{y}_{st}$ 方差的上限(或 d 是在置信度 $1-\alpha$ 下的绝对误差限，$d^2=u_\alpha^2V$)，则有

$$V=\sum_h \frac{W_h^2S_h^2}{n_h}-\sum_h \frac{W_hS_h^2}{N}$$

对某种确定的样本量分配：

$$n_h=nw_h\ ,\quad h=1,2,\cdots,L \tag{4.52}$$

有

$$V=\frac{1}{n}\sum_h \frac{W_h^2S_h^2}{w_h}-\sum_h \frac{W_hS_h^2}{N}$$

从而可解出：

$$n=\frac{\sum_h W_h^2S_h^2/w_h}{V+\frac{1}{N}\sum_h W_hS_h^2} \tag{4.53}$$

若令

$$n_0=\frac{1}{V}\sum_h \frac{W_h^2S_h^2}{w_h} \tag{4.54}$$

作为 n 的近似值，当 n_0/N 不能忽略时，进一步计算

$$n=\frac{n_0}{1+\frac{1}{NV}\sum_h W_hS_h^2} \tag{4.55}$$

特别，对于比例分配，$w_h=W_h$ ，将它代入(4.54)式，有

$$n_0=\frac{1}{V}\sum_h W_hS_h^2 \tag{4.56}$$

$$n=\frac{n_0}{1+n_0/N} \tag{4.57}$$

对奈曼分配，将 $w_h=\dfrac{W_hS_h}{\sum_h W_hS_h}$ 代入(4.54)式，有

$$n_0=\frac{1}{V}\left(\sum_h W_hS_h\right)^2 \tag{4.58}$$

$$n=\frac{\left(\sum_h W_hS_h\right)^2}{V+\frac{1}{N}\sum_h W_hS_h^2} \tag{4.59}$$

而对线性简单费用函数下的一般最优分配，有

$$w_h = \frac{W_h S_h / \sqrt{c_h}}{\sum_h W_h S_h / \sqrt{c_h}}$$

将它直接代入(4.53)式，有

$$n = \frac{\left(\sum_h W_h S_h \sqrt{c_h}\right)\left(\sum_h W_h S_h / \sqrt{c_h}\right)}{V + \frac{1}{N}\sum_h W_h S_h^2} \tag{4.60}$$

若精度是对 $\bar{y}_{st}$ 的绝对误差限 d（在给定置信度下）形式给出的，将 $V = d^2/u_\alpha^2$ 代入(4.53)式，即得：

$$n = \frac{\sum_h W_h^2 S_h^2 / w_h}{\frac{d^2}{u_\alpha^2} + \frac{1}{N}\sum_h W_h S_h^2} \tag{4.61}$$

若精度是对 $\bar{y}_{st}$ 的相对误差限 r（在给定置信度下）形式给出的，则将 $d = r\bar{Y}$ 代入(4.61)，即可得 n 的公式。此时为计算 n，不仅需要对 S_h 进行估计，而且需要对 $\bar{Y}$ 进行估计。

例 4.7 对例 4.1 与例 4.4，若要求 $\bar{y}_{st}$ 的 95%的绝对误差限 $d = 200$，求比例分配、奈曼最优分配及一般最优分配下所需要的总样本量，有关数据由表 4.3 给出。另外计算各种分配形式下的总费用(设 $c_0 = 0$，城镇每抽一户的平均费用为 1，农村每抽一户的平均费用为 2)。

解： $1-\alpha = 95\%$， $u_\alpha = 1.96$， $d = 200$， 故 $V = d^2/u_\alpha^2 \approx 10000$

(1) 比例分配：

$$n_0 = \frac{1}{V}\sum_h W_h S_h^2$$

$$= \frac{1}{10000}[0.137 \times (3000)^2 + 0.863 \times (2500)^2] = 663$$

$$n = \frac{n_0}{1 + n_0/N} = \frac{663}{1 + 663/171980} = 660$$

实际分配结果为：

$$n_1 = 660 \times 0.137 = 90.42 \approx 90$$

$$n_2 = 660 \times 0.863 = 569.58 \approx 570$$

总费用为

$$C_T = 90 \times 1 + 570 \times 2 = 1230$$

(2) 奈曼分配：

$$n_0=\frac{1}{V}(\sum_h W_hS_h)^2=\frac{1}{10000}\times(2568.5)^2=660$$

$$n=\frac{(\sum_h W_hS_h)^2}{V+\frac{1}{N}\sum_h W_hS_h^2}=\frac{2568.5^2}{10000+38.53}=657$$

实际分配结果为

$$n_1=657\times411.0/2568.5=105.13\approx105$$

$$n_2=657\times2157.5/2568.5=551.87\approx552$$

总费用为

$$C_T=105\times1+552\times2=1209$$

(3) 一般最优分配：

$$n=\frac{(\sum_h W_hS_h\sqrt{c_h})(\sum_h W_hS_h/\sqrt{c_h})}{V+\sum_h W_hS_h^2/N}$$

$$=\frac{3462.2\times1936.6}{10000+38.53}=668$$

实际分配结果为：

$$n_1=668\times411.0/1936.6=141.77\approx142$$

$$n_2=668\times1525.6/1936.6=526.23\approx526$$

总费用为：

$$C_T=142\times1+526\times2=1194$$

我们看到在达到给定的精度要求时，奈曼分配的费用较比例分配的小，而一般最优分配的总费用最小，这是合乎情理的。

4.4.3　估计总体总量的情形

当需要估计的总体参数是总体总量 Y 时，估计量 $Y_{st}=N\bar{y}_{st}$ 。设 $\tilde{V}$ 是给定的 $\hat{Y}_{st}$ 的方差上界，则将 $V=\tilde{V}/N^2$ 代入4.4.2中的相关公式即可求得总样本量。下面仅列出有关结果。

对给定的分配形式（$n_h=nw_h$）：

$$n=\frac{\sum_h N_h^2S_h^2/w_h}{\tilde{V}+\sum_h N_hS_h^2} \tag{4.62}$$

$$n_0=\frac{1}{\tilde{V}}\sum_h\frac{N_h^2S_h^2}{w_h},\qquad n=\frac{n_0}{1+\frac{1}{\tilde{V}}\sum_h N_hS_h^2} \tag{4.63}$$

比例分配：

$$n=\frac{N\sum_{h}N_{h}S_{h}^{2}}{\widetilde{V}+\sum_{h}N_{h}S_{h}^{2}} \tag{4.64}$$

$$n_{0}=\frac{N}{\widetilde{V}}\sum_{h}N_{h}S_{h}^{2},\qquad n=\frac{n_{0}}{1+n_{0}/N} \tag{4.65}$$

奈曼分配：

$$n=\frac{(\sum_{h}N_{h}S_{h})^{2}}{\widetilde{V}+\sum_{h}N_{h}S_{h}^{2}}$$

$$n_{0}=\frac{1}{\widetilde{V}}(\sum_{h}N_{h}S_{h})^{2},\qquad n=\frac{n_{0}}{1+\frac{1}{\widetilde{V}}\sum_{h}N_{h}S_{h}^{2}} \tag{4.67}$$

一般最优分配：

$$n=\frac{(\sum_{h}N_{h}S_{h}\sqrt{c_{h}})(\sum_{h}N_{h}S_{h}/\sqrt{c_{h}})}{\widetilde{V}+\sum_{h}N_{h}S_{h}^{2}} \tag{4.68}$$

当精度以其他形式(如绝对误差限或相对误差限)给出时,可以将上述公式通过适当变换得到。

4.4.4 估计总体比例的情形

在对总体比例 P 进行估计时,将 $S_{h}^{2}=\frac{N_{h}}{N_{h}-1}P_{h}Q_{h}\approx P_{h}Q_{h}$ 代入 4.4.2 中的有关公式,即可得到相应结果。设 V 是 P 的估计量 p_{st} 的给定方差上限,则对不同分配的结果如下。

1. 指定分配

设 $n_{h}=nw_{h}$,则

$$n=\frac{\sum_{h}W_{h}^{2}P_{h}Q_{h}/w_{h}}{V+\frac{1}{N}\sum_{h}W_{h}P_{h}Q_{h}} \tag{4.69}$$

若令

$$n_{0}=\frac{1}{V}\sum_{h}\frac{W_{h}^{2}P_{h}Q_{h}}{w_{h}} \tag{4.70}$$

则

$$n=\frac{n_0}{1+\frac{1}{NV}\sum_h W_h P_h Q_h} \tag{4.71}$$

2. 比例分配

$$n_0=\frac{1}{V}\sum_h W_h P_h Q_h \tag{4.72}$$

$$n=\frac{n_0}{1+n_0/N} \tag{4.73}$$

3. 奈曼分配

$$n_0=\frac{1}{V}\left(\sum_h W_h\sqrt{P_h Q_h}\right)^2 \tag{4.74}$$

$$n=\frac{n_0}{1+\frac{1}{NV}\sum_h W_h P_h Q_h} \tag{4.75}$$

4. 一般最优分配

$$n=\frac{\left(\sum_h W_h\sqrt{P_h Q_h c_h}\right)\left(\sum_h W_h\sqrt{P_h Q_h/c_h}\right)}{V+\sum_h W_h P_h Q_h/N} \tag{4.76}$$

例 4.8　在例 4.2 及例 4.5 高血压患病率调查中，若要求高血压患病率 P 的估计量 p_0 在 95% 置信度下的相对误差限 $r=5\%$，已知 P 的一个较粗的(相对于方差 PQ 来说又是保守的)估计 p_0 为 25%，求比例分配及奈曼分配下总样本量的估计(各年龄组层内 P_h 的估计取表 4.4 中给出的值)。

解： $1-\alpha=95\%$，　$u_\alpha=1.96$

$r=5\%$，　$d=rp_0=0.0125$，　$V=d^2/u_\alpha^2=0.00004067$

对比例分配：

$$n_0=\frac{1}{0.00004067}(0.281\times0.083\times0.917+0.322\times0.174\times0.826$$
$$+0.213\times0.310\times0.690+0.184\times0.464\times0.536)$$
$$=0.158988/0.00004067=3909$$

若忽略有限总体修正系数 fpc，则 $n\approx n_0$。

对奈曼分配：

$$n\approx n_0=(0.3899)^2/0.00004067=3738$$

4.4.5　给定总费用时样本量的确定方法

设分层随机抽样的费用函数是以下的简单线性函数

$$C_T = c_0 + \sum_h c_h n_h$$

其中 C_T, c_0, c_h 已知。根据最优分配的结果

$$n_h = KW_h S_h / \sqrt{c_h} \tag{4.77}$$

$$C_T - c_0 = \sum_h c_h n_h = K \sum_h W_h S_h \sqrt{c_h}$$

故

$$K = \frac{C_T - c_0}{\sum_h W_h S_h \sqrt{c_h}}$$

将它代入(4.77)式并对所有 h 求和得：

$$n = (C_T - c_0) \frac{\sum_h W_h S_h / \sqrt{c_h}}{\sum_h W_h S_h \sqrt{c_h}} \tag{4.78}$$

4.5 分层随机抽样效果分析

4.5.1 分层随机抽样与简单随机抽样的比较

在概述中提到分层抽样的一个重要特点是它的精度比较高。这一小节我们从理论上将分层随机抽样与简单随机抽样进行效果的比较，也即在相同的样本量下，比较估计量方差的大小。不过要注意：根据 4.3 节的讨论，分层随机抽样的精度还取决于样本量在各层中的分配形式，那些明显不合理的分配是没有什么意义的。事实上对于任何一个总体和固定的样本总量，都很容易找到比简单随机抽样效果还要差的分层随机抽样的分配形式。因此为比较分层随机抽样与简单随机抽样的精度，我们都是在样本量为比例分配的形式下讨论的，也就是说将比例分配的分层随机抽样作为分层随机抽样的一个代表。

记简单随机抽样(对均值的估计量)的方差为：

$$V_{srs} = \frac{1-f}{n} S^2 \tag{4.79}$$

比例分配的分层随机抽样相应估计量的方差为：

$$V_{prop} = \frac{1-f}{n} \sum_{h=1}^{L} W_h S_h^2 \tag{4.80}$$

因此只要比较总体方差 S^2 与层方差的加权平均即可。为此将总体单元指标的(离差)平方和进行分解：

$$(N-1)S^2 = \sum_{h=1}^{L} \sum_{i=1}^{N_h} (Y_{hi} - \bar{Y})^2$$

$$= \sum_{h=1}^{L} \sum_{i=1}^{N_h} (Y_{hi} - \bar{Y}_h)^2 + \sum_{h=1}^{L} N_h (\bar{Y}_h - \bar{Y})^2$$

$$= \sum_{h=1}^{L} (N_h - 1) S_h^2 + \sum_{h=1}^{L} N_h (\bar{Y}_h - \bar{Y})^2 \tag{4.81}$$

故

$$S^2 = \sum_{h=1}^{L} \frac{N_h - 1}{N - 1} S_h^2 + \sum_{h=1}^{L} \frac{N_h}{N - 1} (\bar{Y}_h - \bar{Y})^2 \tag{4.82}$$

若所有的 N_h 都比较大，则

$$\frac{N_h}{N-1} \approx \frac{N_h - 1}{N - 1} \approx \frac{N_h}{N} = W_h$$

从而

$$S^2 \approx \sum_{h=1}^{L} W_h S_h^2 + \sum_{h=1}^{L} W_h (\bar{Y}_h - \bar{Y})^2 \tag{4.83}$$

上式右边的第二项是层间平方和，它一定是非负的，因此有

$$V_{srs} \approx V_{prop} + \frac{1-f}{n} \sum_h W_h (\bar{Y}_h - \bar{Y})^2 \geqslant V_{prop} \tag{4.84}$$

上式意味着，当所有的 N_h 都比较大时，比例分配的分层随机抽样的方差小于简单随机抽样的方差，也就是说，比例分配分层随机抽样的精度比后者高，设计效应小于 1。方差的差值为：

$$\frac{1-f}{n} \sum_h W_h (\bar{Y}_h - \bar{Y})^2$$

这表明层平均数 $\bar{Y}_h$ 的差异越大，分层的效果就越好；若层平均数都相等，那么分层的效果与不分层的一样。事实上正因为层间的这种变异不进入分层随机抽样的方差，因此才有分层随机抽样的精度高于简单随机抽样的结果。

(4.84)式是近似式，若不忽略 $N_h - 1$ 与 N_h 的差异，则可能有分层抽样精度(即便在样本量最合理分配时)低于简单随机抽样的情形。先看下面的例子。

例 4.9　对表 4.6 中的一个模拟分层总体，经平方和分解后得到的方差分析表见表 4.7。

表 4.6　分层抽样效果比简单随机抽样效果差的模拟总体

h \ i	1	2	3	4	5	$\bar{Y}_h$	S_h^2
1	3	8	9	4	6	6	6.5
2	0	2	4	6	8	4	10
3	3	7	5	9	1	5	10

表 4.7 表 4.6 总体的方差分析

变差来源	离差平方和	自由度	方差	F
层间	$\sum_h N_h(\bar{Y}_h-\bar{Y})^2=10$	$L-1=2$	$S_b^2=5.00$	0.57
层内	$\sum_h\sum_i(Y_{hi}-\bar{Y}_h)^2=106$	$L(N_h-1)=12$	$S_w^2=8.83$	
总计	$\sum_h\sum_i(Y_{hi}-\bar{Y})^2=116$	$N-1=14$	$S^2=8.27$	

由于层内方差(加权平均值) S_w^2 已大于总体方差 S^2，因此比例分配的分层随机抽样精度不及简单随机抽样。事实上，在本例中只要对同样的 n，不论样本量如何分配，其效果均不及简单随机抽样。

一般地，可以证明，如果

$$\sum_h N_h(\bar{Y}_h-\bar{Y})^2<\frac{1}{N}\sum_h(N-N_h)S_h^2 \tag{4.85}$$

简单随机抽样的效果就优于比例分配的分层随机抽样。当然在实际中这种情形极少出现。

4.5.2 最优分配在精度上的改进

按定义，最优分配的精度应高于相同样本量的任何其他分配，当然也高于比例分配，但最优分配在精度上的改进究竟有多大？何种情况下考虑最优分配的得益最大？为此考虑比例分配方差 V_{prop} 与最优分配(奈曼情形)方差 V_{opt} 之差：

$$\begin{aligned}V_{prop}-V_{opt}&=\frac{1}{n}\left[\sum_h W_hS_h^2-\left(\sum_h W_hS_h\right)^2\right]\\&=\frac{1}{n}\sum_h W_h(S_h-\bar{S})^2\end{aligned} \tag{4.86}$$

其中

$$\bar{S}=\sum_h W_hS_h \tag{4.87}$$

是各层标准差 S_h 按层权的加权平均。

从(4.86)式可看出，最优分配在精度上的得益大小取决于各层标准差的差异，差异越大，考虑最优分配的效果就越好。反之若层标准差(或方差)的差异不大，则最优分配的效果就未必比比例分配的效果好很多。

由于最优分配时需对层标准差进行估计，而估计又不可能完全精确，加上实际采用的样本量必须取整数，因此理论上的最优分配的最小方差不一定能达到。在4.6.1 中我们还将指出，当实际分配偏离最优分配时，方差增加并不明显。考虑到比例分配样本自加权的简单特性，除非层标准差差异十分明显，一般情况下可以采用比例分配。

4.5.3 估计总体比例时分层和最优分配精度上的得益

将上两小节的结果用于0,1总体，即当估计的参数是总体中具有某种特征的单元比例 P 时，由于此时层平均数即为 P_h，而层标准差近似为 $\sqrt{P_hQ_h}$，因此分层及最优分配的得益完全由 P_h 以及 $\sqrt{P_hQ_h}$ 的差异来表达。如果层间的比例相差较大(例如例4.2中对高血压患病率的调查，不同年龄组的患病率相差较大)，则分层是值得的；但由于 $\sqrt{P_hQ_h}$ 值随 P_h 的变化较小，因此除非对特别接近于0或特别接近于1的 P_h，否则最优分配在精度上的得益不会很明显，所以最优分配对于估计总体比例情形较少使用。

4.5.4 从分层样本估计分层抽样的效果

前面的讨论是基于已知总体及各层方差等信息的基础上的，由此可将分层抽样估计量的方差与简单随机抽样估计量的方差进行比较，从而得到分层抽样精度上得益的定量估计。由此也可计算分层随机抽样的设计效应。但在实际问题中，有关总体和层的方差事先是未知的，必须通过样本进行估计。事实上，由于分层随机抽样估计量的方差估计 $v(\bar{y}_{st})$ 可以通过分层样本直接计算，因而关键问题是如何根据分层样本来估计简单随机抽样的方差。

拉奥(J. N. K. Rao)在1962年得出如下重要结果：根据分层随机样本，同样样本量的简单随机抽样对总体均值估计的方差 V_{srs} 的一个无偏估计为：

$$v_{srs}=\frac{N-n}{n(N-1)}\left[\frac{1}{N}\sum_{h=1}^{L}\frac{N_h}{n_h}\sum_{i=1}^{n_h}y_{hi}^2-\bar{y}_{st}^2+v(\bar{y}_{st})\right] \tag{4.88}$$

其中

$$v(\bar{y}_{st})=\sum_{h=1}^{L}\frac{W_h^2s_h^2}{n_h}-\sum_{h=1}^{L}\frac{W_hs_h^2}{N} \tag{4.89}$$

为证明(4.88)式，直接对其各项求均值。因为各层的抽样都是简单随机的，故

$$E\left(\sum_{h=1}^{L}\frac{N_h}{n_h}\sum_{i=1}^{n_h}y_{hi}^2\right)=\sum_{h=1}^{L}\sum_{i=1}^{N_h}Y_{hi}^2$$

而

$$E(\bar{y}_{st}^2)=V(\bar{y}_{st})+[E(\bar{y}_{st})]^2=V(\bar{y}_{st})+\bar{Y}^2$$

$$E[v(\bar{y}_{st})]=V(\bar{y}_{st})$$

于是

$$E(v_{srs})=\frac{N-n}{n(N-1)}\left(\frac{1}{N}\sum_{h=1}^{L}\sum_{i=1}^{N_h}Y_{hi}^2-\bar{Y}^2\right)$$
$$=\frac{N-n}{nN}\frac{1}{N-1}\sum_{h=1}^{L}\sum_{i=1}^{N_h}(Y_{hi}-\bar{Y})^2$$
$$=\frac{N-n}{nN}S^2=V_{srs}$$

由(4.88)式及(4.89)式即可估计一个分层随机抽样的设计效应：

$$\widehat{\text{deff}}=\frac{v(\bar{y}_{st})}{v_{srs}} \tag{4.90}$$

为计算方便，可将(4.88)式中的 $\sum_{i=1}^{n_h}y_{hi}^2$ 用

$$\sum_{i=1}^{n_h}(y_{hi}-\bar{y}_h)^2+n_h\bar{y}_h^2=(n_h-1)s_h^2+n_h\bar{y}_h^2$$

代入，经化简得到

$$v_{srs}=\frac{N-n}{n(N-1)}\left[\sum_h W_hs_h^2-\sum_h\frac{W_hs_h^2}{n_h}+\sum_h W_h\bar{y}_h^2-\bar{y}_{st}^2+v(\bar{y}_{st})\right] \tag{4.91}$$

在比例分配情形，上式还可简化为：

$$v_{srs}=\frac{N-n}{n(N-1)}\left[\frac{n-1}{n}s^2+v(\bar{y}_{st})\right] \tag{4.92}$$

其中 $(n-1)s^2=\sum_h\sum_i(y_{hi}-\bar{y})^2$ 即为样本离差平方和，而此时的 $\bar{y}_{st}=\bar{y}$ 。

若 n_h 都比较大(从而 n 更大)，$\sum_h\frac{W_hs_h^2}{n_h}$ 与 $v(\bar{y}_{st})$ 的值可以忽略，因而(4.91)式简化为

$$v_{srs}\approx\frac{N-n}{nN}\left(\sum_h W_hs_h^2+\sum_h W_h\bar{y}_h^2-\bar{y}_{st}^2\right) \tag{4.93}$$

而当比例分配时，只要 n 足够大，即有

$$v_{srs}\approx\frac{N-n}{nN}s^2=\frac{1-f}{n}s^2 \tag{4.94}$$

例 4.10 调查某市企业、机关与事业单位职工月平均奖金，将单位按性质分成 4 层进行分层随机抽样：全民所有制企业、集体所有制企业、中外合资企业及机关事业单位。总样本量为 600，按某种指定分配及比例分配至各层，层权及有关样本数据见表 4.8。试估计在这两种样本量分配下分层随机抽样的效率。

表 4.8　职工月平均奖金分层随机抽样的调查结果

h	W_h	指定分配			比例分配		
		n_h	$\bar{y}_h$	s_h^2	n_h	$\bar{y}_h$	s_h^2
全民企业	0.54164	300	25.5	196.70	325	28.10	180.78
集体企业	0.30996	200	35.4	379.16	186	34.20	453.20
合资企业	0.03025	50	48.5	1340.31	18	42.30	895.20
机关事业单位	0.11815	50	14.2	18.57	71	15.30	24.98

解:(1) 指定分配

$$\bar{y}_{st}=\sum_{h=1}^{4}W_h\bar{y}_h$$
$$=0.54164\times25.50+0.30996\times35.40+0.03025\times48.50+0.11815\times14.20$$
$$=27.9293$$

$$v(\bar{y}_{st})=\sum_h W_h^2\frac{s_h^2}{n_h}-\sum_h W_h^2\frac{s_h^2}{N_h}$$
$$=0.4042-0.0095=0.3947$$

$$v_{srs}=\frac{N-n}{n(N-1)}\left[\sum_h W_h s_h^2-\sum_h\frac{W_h s_h^2}{n_h}+\sum_h W_h\bar{y}_h^2-\bar{y}_{st}^2+v(\bar{y}_{st})\right]$$
$$=0.0016311\times(266.8034-0.4042+835.6102-780.0458+0.3947)$$
$$=0.0016311\times322.3583=0.5258$$

$$\hat{\text{deff}}=\frac{v(\bar{y}_{st})}{v_{srs}}=\frac{0.3947}{0.5258}=0.75$$

(2) 比例分配

$$\bar{y}_{st}=\sum_{h=1}^{4}W_h\bar{y}_h=28.9080$$

$$v(\bar{y}_{st})=\frac{1-f}{n}\sum_h W_h s_h^2=0.4378$$

$$v_{srs}=0.0016311(268.4227-2.6025+872.0097-835.6725+0.4378)$$
$$=0.0016311\times302.5952=0.4936$$

$$\hat{\text{deff}}=\frac{v(\bar{y}_{st})}{v_{srs}}=\frac{0.4378}{0.4936}=0.89$$

从计算中可看出(4.91)式括号中的第二项与最后一项的值很小,作为近似值可忽略。另外在本例中按指定分配的效果比按比例分配的效果还要好,这是因为这个指定分配已相当接近最优分配的缘故。

*4.5.5 分层标志的选择及最优分层

为了充分利用分层技术在精度上的得益，需要考虑如何来构造层。层的构造通常遵循两种原则。一种仅是为满足估计部分(即子总体)参数的需要或是为了组织实施的便利。此时就应以需估计的子总体为层或以单元自然构成的系统或类为层。另一种原则是尽可能提高抽样精度，减少总体目标量估计的方差。此时首先要选择适当的变量作为分层标志。当然最好直接以调查指标的数值分，但实际上这是不可能的，因为调查尚未进行，这些数值是未知的。于是我们通常选择一个与调查指标有较大相关性的辅助指标作为分层标志。这个标志可以是调查指标的前期值，也可以完全是另一个变量。

那么如何利用一个分层标志具体分层呢？实际上也就是如何确定各层的分界点。这有许多方法，下面介绍一种由戴伦纽斯(T. Dalenius)与霍捷斯(J. L. Hodges)提出的根据等分分层变量(标识)分布的累积平方根的最优分层方法，简称累积平方根法。

我们仍以 $\mathcal{Y}$ 作为分层标志(或取与 $\mathcal{Y}$ 密切相关的另一个变量 $\mathcal{X}$)，对于奈曼最优分配情形，目标是使估计量的方差最小化，也就是要使 $\sum_h W_h S_h$ 最小化。设 $\mathcal{Y}$ 的分布频率为 $f(y)$，在给定的层中，将 $f(y)$ 近似看作常数，即服从均匀分布。设分层的层数为 L，层分界点为 $y_1, y_2, \cdots, y_{L-1}$，则

$$W_h \approx f_h(y_h - y_{h-1})$$

$$S_h \approx \frac{1}{\sqrt{12}}(y_h - y_{h-1})$$

于是

$$\begin{aligned}\sqrt{12}\sum_{h=1}^{L} W_h S_h &\approx \sum_{h=1}^{L} f_h (y_h - y_{h-1})^2 \\ &\approx \sum_{h=1}^{L}(Z_h - Z_{h-1})^2 \end{aligned} \tag{4.95}$$

其中 Z_h 是直至 y_h 的 $\sqrt{f(y)}$ 的累积和：

$$Z_h = \int_{y_0}^{y_h} \sqrt{f(t)}\,dt \tag{4.96}$$

这里 y_0 是第一层的起点。可以证明当 $Z_h - Z_{h-1}$ 都相等时，(4.95)式达到最小。因此只要 $f(y)$ 已知，就可按 $\sqrt{f(y)}$ 的累积值来确定最优分层的分界点。下面举例说明之。

例 4.11 在交通运输量调查中，每辆车产生的运量及周转量与车辆吨位密切

相关。表 4.9 前两列是某市全部货车的吨位分布(表中 f 与 $f(y)$ 相差一常数分母)。

表 4.9　某市载货汽车吨位分布及其最优分层

吨位范围	频数 f	$\sqrt{f}$	累计 $\sqrt{f}$ *
0.0～0.5	741	27.221	27.221
0.5～1.0	501	22.383	49.604
1.0～1.5	3204	56.604	106.208
1.5～2.0	851	29.172	135.380
2.0～2.5	355	18.841	154.221
2.5～3.0	2250	47.434	201.655
3.0～3.5	29	5.385	207.040
3.5～4.0	284	16.852	223.892
4.0～4.5	1246	35.299	259.191
4.5～5.0	6162	78.498	337.689
5.0～5.5	115	10.724	348.413
5.5～6.0	266	16.310	364.723
6.0～6.5	15	3.873	368.596
6.5～7.0	308	17.550	386.146
7.0～7.5	41	6.403	392.549
7.5～8.0	803	28.337	420.886
8.0～8.5	85	9.220	430.106
8.5～9.0	229	15.133	445.239
9.0～9.5	19	4.359	449.598
9.5～10	2695	51.913	501.511
10～11	6	2.449	504.974
11～12	78	8.832	517.465
12～13	17	4.123	523.296
13～14	0	0	523.296
14～15	199	14.107	543.246
15～16	72	8.485	555.246
16～17	0	0	555.246
17～18	1	1	556.660
18～19	2	1.414	558.660
19～20	85	9.220	571.698

续表

吨位范围	频数 f	$\sqrt{f}$	累计 $\sqrt{f}$ *
20～25	7	2.646	580.066
25～30	15	3.873	592.313
30～35	2	1.414	596.785
35～40	40	6.325	616.786
40～45	1	1	619.949
45～50	8	2.828	628.891
>50	16	4	641.541

为将车辆按其吨位大小分层，将频数 f 开平方，计算累计 $\sqrt{f}$ 。注意表 4.9 中吨位区间不是等长的：在 10 吨以下是以 0.5 吨为间距，在 10～20 吨是以 1 吨为间距，而在 20 吨以上则更以 5 吨为间距。因此在计算 $\sqrt{f}$ 的累积值时，前 20 组（10 吨以下）按 $\sqrt{f}$ 累计，10～20 吨各组按 $\sqrt{2f}$ 累计，而 20 吨以上各组则按 $\sqrt{10f}$ 累计，累计 $\sqrt{f}$ 值列在表 4.9 的最右列。

最终 $\sqrt{f}$ 累计结果是 641.5405，若取层数 $L=5$，则应平均每间隔 641.5405/5 ＝128.3 分一层，因而 4 个分点应是使累计 $\sqrt{f}$ 值最接近以下值：128.31，256.62，384.92 及 513.23。最后得到较合理的分层应是：吨位 $x \leqslant 2$，$2 < x \leqslant 4.5$，$4.5 < x \leqslant 7$，$7 < x \leqslant 12$，$x > 12$。

*4.5.6 层数的确定

分层抽样中层数的确定是由多种因素决定的。若层是由自然的子总体或单元不同类别组成的，那么层数也就自然确定。若样本量 n 已确定，由于每层至少必须抽取一个样本单元，因此最大层数为 n 。若考虑到要求对估计量的方差作无偏估计，每层的 n_h 至少为 2，故层数不超过 $n/2$ 。

现在讨论对于直接取 $\mathcal{Y}$ 为分层标志时，L 取多大合适。考虑一个非常简单的模型。设 $\mathcal{Y}$ 在一个长度为 d 的区间上均匀分布，总体方差为 $d^2/12$，简单随机抽样估计量的方差为 $V(\bar{y})=d^2/12n$ ，将区间等分成 L 层作比例分配的分层随机抽样，则 $V_L(\bar{y}_{st})=\dfrac{d^2}{12nL^2}=V(\bar{y})/L^2$，因而 $V_L(\bar{y}_{st})$ 与 L^2 成反比。看起来这是很有吸引力的，层分得越多越好。但考虑到通常用的分层变量是与 $\mathcal{Y}$ 相关的另一变量 $\mathcal{X}$，而 $\mathcal{Y}$ 对 $\mathcal{X}$ 的残差方差部分不会因分层而减少，当 L 大到一定程度后 $V(\bar{y}_{st})$ 不会显著减小。研究表明，除非 $\mathcal{Y}$ 与 $\mathcal{X}$ 的相关系数 ρ 超过 95%，否则在 $L>6$ 时方差的减少速度将大为减缓。

层数的确定还受总费用的限制，因为分层也需要费用。当总费用固定时，层数的增加必定以少抽样为代价，这就抵消了由于增加层数所获得的精度上的好处。一些理论与实际研究也表明对于一个分层变量，$L=6$ 就足够了。

*4.6　若干进一步问题

4.6.1　偏离最优分配时对方差的影响

最优分配因考虑了层标准差 S_h 的差异而使估计量的方差（在固定总样本量的条件下）达到最小。但在实践中，由于种种原因，例如 S_h 未知需要估计，按公式计算的最优分层样本量需要取整等等，都会使实际分配偏离最优分配。在这一小节中，我们来分析一下由于这种偏离，会对估计量的方差造成多大的影响？为讨论问题方便，这里不考虑各层每个单元平均抽样费用的差异，即仅考虑奈曼分配情形。

令 n'_h 是理论最优分配的样本量，而实际分配为 $\hat{n}_h$，当然 $\sum_h n'_h=\sum_h \hat{n}_h=n$。根据(4.16)式及(4.45)式，指定分配及最优分配时，估计量 $\bar{y}_{st}$ 的方差分别为：

$$V(\bar{y}_{st})=\sum_h \frac{W_h^2S_h^2}{\hat{n}_h}-\sum_h \frac{W_hS_h^2}{N}$$

$$V_{\min}(\bar{y}_{st})=\frac{1}{n}\Big(\sum_h W_hS_h\Big)^2-\sum_h \frac{W_hS_h^2}{N}$$

因此由于实际分配 $\hat{n}_h$ 偏离了理论最优分配 n'_h 而引起的方差增加为

$$V(\bar{y}_{st})-V_{\min}(\bar{y}_{st})=\sum_h \frac{W_h^2S_h^2}{\hat{n}_h}-\frac{1}{n}\Big(\sum_h W_hS_h\Big)^2 \tag{4.97}$$

根据最优（奈曼）分配公式可解得：

$$W_hS_h=\frac{n'_h}{n}\Big(\sum_h W_hS_h\Big)$$

将它代入(4.97)式，即有

$$\begin{aligned}
&V(\bar{y}_{st})-V_{\min}(\bar{y}_{st})\\
&=\sum_h \frac{n_h'^2\Big(\sum_h W_hS_h\Big)^2}{n^2\hat{n}_h}-\frac{1}{n}\Big(\sum_h W_hS_h\Big)^2\\
&=\frac{1}{n^2}\Big(\sum_h W_hS_h\Big)^2\left(\sum_h \frac{n_h'^2}{\hat{n}_h}-2n+n\right)\\
&=\frac{1}{n^2}\Big(\sum_h W_hS_h\Big)^2\sum_h\left(\frac{n_h'^2}{\hat{n}_h}-2n'_h+\hat{n}_h\right)
\end{aligned}$$

$$=\frac{1}{n^2}\left(\sum_h W_h S_h\right)^2 \sum_h \frac{(\hat{n}_h - n'_h)^2}{\hat{n}_h}$$

$$\triangleq \frac{1}{n^2}\left(\sum_h W_h S_h\right)^2 \sum_h \hat{n}_h {g_h}^2 \tag{4.98}$$

其中

$$g_h = \frac{|\hat{n}_h - n'_h|}{\hat{n}_h} \tag{4.99}$$

是第 h 层实际样本量与最优分配样本量的相对偏离。如果忽略有限总体修正系数 fpc，

$$V_{\min}(\bar{y}_{st}) \approx \frac{1}{n}\left(\sum_h W_h S_h\right)^2$$

因此，估计量方差的相对增加为

$$\frac{V(\bar{y}_{st}) - V_{\min}(\bar{y}_{st})}{V_{\min}(\bar{y}_{st})} \approx \sum_h \frac{\hat{n}_h}{n} g_h^2 \leqslant \max_h (g_h^2) \tag{4.100}$$

由于 $\sum_h \hat{n}_h / n = 1$，因此上式"$\approx$"右边即是 g_h^2 的加权平均，它的上限是最大相对偏离值的平方。如果最大相对偏离 $g = 50\%$，则方差最多增加 25%；若最大相对偏离 $g = 20\%$，则方差最多增加 4%。由此可见在一般情形，由于偏离最优分配而引起的方差增大是相当有限的。

4.6.2 多指标情形样本量的分配

许多调查都是多指标的，每个指标都有其固有的层标准差，因此对于一个指标的最优分配一般不会同时是另一个指标的最优分配，甚至可能会有相互矛盾的情形发生。对此最简单的处理方法是将样本量按比例分配，因为它不涉及具体指标，而且由于此时的样本是自加权的，估计量及其他数据处理都有比较简单的形式。在多数情形比例分配是令人满意的。

本小节仍从最优分配角度来考虑多指标情形样本量的分配，本质上这些方法都是对不同指标最优分配结果的某种折中。

1. 最优分配平均法

在所考虑的所有指标中，选取最重要的 k 个，对每个指标 j，计算最优分配的层样本量 n'_{jh}，然后求它们的平均值：

$$n_h = \frac{1}{k}\sum_{j=1}^{k} n'_{jh}, \quad h = 1, 2, \cdots, L \tag{4.101}$$

将 n_h 作为实际分配的样本量。通常 n_h 能满足要求。

2. 查特吉(S. Chatterjee)法

考虑实际分配的样本量 n_h 对每个指标偏离其最优分配 n'_{jh} 引起的方差相对增加 RV_j，根据(4.99)式与(4.100)式，

$$RV_j \triangleq \frac{V_j(\bar{y}_{st})-V_{j,\min}(\bar{y}_{st})}{V_{j,\min}(\bar{y}_{st})} \approx \frac{1}{n}\sum_h \frac{(n_h-n'_{jh})^2}{n_h}, \quad j=1,2,\cdots,k \tag{4.102}$$

取最小化 RV_j 的平均值

$$\frac{1}{k}\sum_{j=1}^{k} RV_j \tag{4.103}$$

的 n_h，结果为

$$n_h = n\frac{\sqrt{\sum_j n'^2_{jh}}}{\sum_h \sqrt{\sum_j n'^2_{jh}}} \tag{4.104}$$

查特吉法的计算结果与平均法相当接近。

3. 耶茨(F. Yates)法

将每个指标估计量的方差看作为损失，考虑总的损失函数：

$$\begin{aligned} L_T &= \sum_{j=1}^{k} a_j V(\bar{y}_{j,st}) = \sum_{j=1}^{k} a_j \sum_h W_h^2 S_{jh}^2 \left(\frac{1}{n_h}-\frac{1}{N_h}\right) \\ &= \sum_h \frac{W_h^2}{n_h}\left(\sum_j a_j S_{jh}^2\right) - \frac{1}{N}\sum_h W_h\left(\sum_j a_j S_{jh}^2\right) \\ &\triangleq \sum_h \frac{W_h^2}{n_h}\left(\sum_j a_j S_{jh}^2\right) - L_0 \end{aligned} \tag{4.105}$$

其中 L_0 与 n_h 无关。若费用函数仍是简单的线性形式

$$C_T = c_0 + \sum_h c_h n_h \tag{4.106}$$

耶茨法的目标是最小化

$$(C_T - c_0)(L_T + L_0) = \left(\sum_h c_h n_h\right)\left(\sum_h \frac{W_h^2}{n_h}\sum_j a_j S_{jh}^2\right) \tag{4.107}$$

根据柯西—许瓦兹不等式，最小值当且仅当

$$\frac{\sqrt{c_h n_h}}{\frac{W_h}{\sqrt{n_h}}\sqrt{\sum_j a_j S_{jh}^2}} = \frac{\sqrt{c_h}\,n_h}{W_h\sqrt{\sum_j a_j S_{jh}^2}} = K(\text{常数}) \tag{4.108}$$

时达到。若令

$$A_h = \sqrt{\sum_j a_j S_{jh}^2} \tag{4.109}$$

则最优分配为：

$$n_h \propto W_h A_h / \sqrt{c_h} \tag{4.110}$$

从而

$$n_h = \frac{n W_h A_h / \sqrt{c_h}}{\sum_h W_h A_h / \sqrt{c_h}} \tag{4.111}$$

4.6.3 层权误差对估计量的影响

在分层抽样中,我们总是假定层权 W_h（或每层的大小 N_h）是已知的。如果 W_h 未知且不能精确地确定时,将对估计量带来十分严重的影响。

设确定的权重为 W_h',则实际采用的对总体均值的估计是:

$$\bar{y}_{st}' = \sum_h W_h' \bar{y}_h \tag{4.112}$$

对于分层随机抽样,$\bar{y}_h$ 仍是 $\bar{Y}_h$ 的无偏估计,但

$$E(\bar{y}_{st}') = \sum_h W_h' \bar{Y}_h \neq \sum_h W_h \bar{Y}_h = \bar{Y} \tag{4.113}$$

因此 $\bar{y}_{st}'$ 不是 $\bar{Y}$ 的无偏估计,偏倚 B 为:

$$\sum_h (W_h' - W_h) \bar{Y}_h \tag{4.114}$$

注意这个偏倚只依赖于 W_h' 的偏差,而与样本量无关。考虑 $\bar{y}_{st}'$ 的均方误差

$$MSE(\bar{y}_{st}') = \sum_h \frac{1-f_h}{n_h} W_h'^2 S_h^2 + \left[\sum_h (W_h' - W_h) \bar{Y}_h\right]^2 \tag{4.115}$$

当 n 增加时,前一项虽然随着减小,但第二项保持不变,不随着 n 的增大而减小,因而 $\bar{y}_{st}'$ 不再是一个可用的估计量。当 n 超过一定量时,分层估计量 $\bar{y}_{st}'$ 的均方误差就可能超过简单随机抽样的方差。这就是说因分层获得的精度上的得益会完全丧失。

例 4.12 考虑一个只有两层的简单总体:$W_1=0.9, W_2=0.1, S^2=1, S_1^2=S_2^2=S_w^2$,又 N_h 都很大,从而 $N_h-1 \approx N_h$。于是根据(4.83)式

$$\begin{aligned}
S^2 &\approx \sum_h W_h S_h^2 + \sum_h W_h (\bar{Y}_h - \bar{Y})^2 \\
&= S_w^2 + W_1(\bar{Y}_1 - \bar{Y})^2 + W_2(\bar{Y}_2 - \bar{Y})^2 \\
&= S_w^2 + W_1(\bar{Y}_1 - W_1\bar{Y}_1 - W_2\bar{Y}_2)^2 + W_2(\bar{Y}_2 - W_1\bar{Y}_1 - W_2\bar{Y}_2)^2 \\
&= S_w^2 + W_1 W_2 (\bar{Y}_1 - \bar{Y}_2)^2
\end{aligned}$$

即

$$1 \approx S_w^2 + 0.09(\bar{Y}_1 - \bar{Y}_2)^2$$

若令 $\bar{Y}_1 - \bar{Y}_2 = 1$,则 $S_w^2 = 0.91$,因此当层权正确时,按比例分配的分层随机抽样的

方差比简单随机抽样减少了 9%；若令 $\bar{Y}_1-\bar{Y}_2=3$，则 $S_w^2=0.19$，分层随机抽样的方差比简单随机抽样的方差减少了 81%。这就是说第二种情况分层的效果高于第一种情况的分层效果。

现在考虑使用不正确的层权 W_1' 与 W_2'：

$$B=\sum_h(W_h'-W_h)\bar{Y}_h=(W_1'-W_1)\bar{Y}_1+(W_2'-W_2)\bar{Y}_2$$

$$=(W_1'-W_1)\bar{Y}_1-(W_1'-W_1)\bar{Y}_2$$

$$=(W_1'-W_1)(\bar{Y}_1-\bar{Y}_2)$$

设 $W_1'=0.92$，$W_2'=0.08$，则上述两种分层随机抽样与简单随机抽样的效果可作如下的比较：

分层随机抽样Ⅰ（低效）：$B=0.02$，$MSE=\dfrac{0.91}{n}+0.0004$

分层随机抽样Ⅱ（高效）：$B=0.06$，$MSE=\dfrac{0.19}{n}+0.0036$

简单随机抽样：$B=0$，$MSE=\dfrac{1}{n}$

对不同的 n ，均方误差的值见表 4.10。

表 4.10　层权不正确时分层随机抽样与简单随机抽样均方误差的比较

n	简单随机抽样	分层抽样Ⅰ(低效)	分层抽样Ⅱ(高效)
50	0.0200	0.0186	0.0074
200	0.0050	0.0049	0.0045
400	0.0025	0.0027	0.0041
1000	0.0010	0.0013	0.0038
∞	0	0.0004	0.0036

从表 4.10 可看出，对不正确的层权，n 越大，精度相对损失越大，且对高效的分层，损失更大。因此当使用不正确的层权时，需要特别小心。解决这个问题的一个方法是采用二重抽样。关于二重抽样将在第七章中加以讨论。

4.6.4　事后分层

实施分层抽样的一个前提是将总体每个单元先按某种准则分好层，准备好各层的抽样框，然后在每层内独立地进行抽样。有时候，事先分层有困难，缺乏层的抽样框，这时就不能进行分层抽样。如果仍想利用分层抽样在精度上的得益，且要得到每个子总体的估计，就可以采用事后分层(poststratification)技术。事后分层也称抽样后分层。采用事后分层的一个前提是层权可以通过某种途径获得，从而是已知的。

最简单的事后分层是用简单随机抽样方法从总体中抽取一个样本量为 n 的样本，对每个样本单元按分层原则进行分层。记属于第 h 层的单元数为 n_h（$\sum_h n_h = n$），指标值为 y_{hi}，则总体均值 $\bar{Y}$ 的事后分层估计为

$$\bar{y}_{pst} = \sum_{h=1}^{L} W_h \bar{y}_h = \sum_{h=1}^{L} W_h \frac{1}{n_h} \sum_{i=1}^{n_h} y_{hi} \tag{4.116}$$

可以证明，在 n_h 固定且都大于 0 的条件下，$\{ y_{h1}, \cdots, y_{hn_h} \}$，$h=1,2,\cdots,L$ 可以看作是独立地从各层中抽取的简单随机样本。下面我们证明当 n 充分大时

$$E(\bar{y}_{pst}) = \bar{Y} \tag{4.117}$$

$$E[V(\bar{y}_{pst})] \approx \frac{1-f}{n} \sum_h W_h S_h^2 + \frac{1}{n^2} \sum_h (1-W_h) S_h^2 \tag{4.118}$$

证：当 n 充分大时，可以保证 $n_h > 0$，$h=1,2,\cdots,L$。因为当 n_h 固定时，$\bar{y}_h$ 是 $\bar{Y}_h$ 的无偏估计，因而

$$\begin{aligned} E(\bar{y}_{pst}) &= \sum_h W_h E(\bar{y}_h) = \sum_h W_h E[E(\bar{y}_h \mid n_h > 0)] \\ &= E\left(\sum_h W_h \bar{Y}_h\right) = \bar{Y} \end{aligned}$$

而当 n_h 固定且都大于 0 时，又有

$$V(\bar{y}_{pst}) = \sum_h \frac{W_h^2 S_h^2}{n_h} - \frac{1}{N} \sum_h W_h S_h^2 \tag{4.119}$$

其中

$$S_h^2 = \frac{1}{N_h - 1} \sum_{i=1}^{N_h} (Y_{hi} - \bar{Y}_h)^2$$

由于 n_h 是随机的，因此 $V(\bar{y}_{pst})$ 也是随机的。为求它的均值，利用史蒂芬(F. Stephan)在 1945 年得到的以下结果：当 n 大时，

$$E\left(\frac{1}{n_h}\right) \approx \frac{1}{nW_h} + \frac{1-W_h}{n^2 W_h^2} \tag{4.120}$$

这样

$$\begin{aligned} E[V(\bar{y}_{pst})] &\approx \frac{1}{n} \sum_h W_h S_h^2 + \frac{1}{n^2} \sum_h (1-W_h) S_h^2 - \frac{1}{N} \sum_h W_h S_h^2 \\ &= \frac{1-f}{n} \sum_h W_h S_h^2 + \frac{1}{n^2} \sum_h (1-W_h) S_h^2 \\ &= V_{prop} + \frac{1}{n^2} \sum_h (1-W_h) S_h^2 \end{aligned}$$

故(4.118)式成立。

注意表达式(4.118)中的第一项是比例分配分层随机抽样的方差，因而事后分层估计量的方差(按均值含义)是在比例分配分层随机抽样方差的基础上另加上一项与 n^{-2} 同阶的附加项。

由(4.118)式，事后分层估计 $\bar{y}_{pst}$ 的方差可用下式进行估计：

$$v(\bar{y}_{pst})=\frac{1-f}{n}\sum_{h}W_h s_h^2+\frac{1}{n^2}\sum_{h}(1-W_h)s_h^2 \tag{4.121}$$

其中

$$s_h^2=\frac{1}{n_h-1}\sum_{i=1}^{n_h}(y_{hi}-\bar{y}_h)^2 \tag{4.122}$$

事后分层不仅可用于简单随机样本，而且可以用于按其他标识分层的分层随机样本，不过此时要求层样本量是严格比例分配的。

例 4.13　某市对载货汽车进行抽样调查，调查目标量是当月全市发生的总运量 Y_1 和总周转量 Y_2。在全市 $N=19730$ 辆货车中抽取一个 $n=178$ 的简单随机样本。由于单车运量与周转量都与车核定标识吨位密切线性相关，因此为提高精度可对样本车辆进行事后分层，分层指标值如表 4.11 所示。

表 4.11　货车按标识吨位分层情况

层号	标识吨位
1	$x<2$
2	$2\leqslant x<4.5$
3	$4.5\leqslant x<7$
4	$7\leqslant x<12$
5	$x\geqslant 12$

对 178 个样本数据按表 4.11 分层，分层的相关数据如表 4.12 所示。

表 4.12　货车简单随机抽样的事后分层数据

h	N_h	W_h	n_h	$\bar{y}_{1h}$	$\bar{y}_{2h}$	s_{1h}^2	s_{2h}^2 ($\times 10^6$)
1	5297	0.2685	45	102.2	2952.8	7976	3.978
2	4157	0.2107	37	235.5	9326.4	28787	46.936
3	6861	0.3477	69	315.4	12500.7	45450	92.163
4	2855	0.1447	23	480.7	19750.0	84518	144.869
5	560	0.0284	4	803.8	38768.6	116245	529.414
$\sum$	19730		178				

求运量 Y_1 与周转量 Y_2 的事后分层估计，包括估计量的标准误。

解：(1) 运量 Y_1 的估计：

$$\hat{Y}_1 = N\bar{y}_{pst} = \sum_{h=1}^{5} N_h \bar{y}_{1h}$$

$$= 5297 \times 102.2 + 4157 \times 235.5 + 6861 \times 315.4 + 2855 \times 480.7 + 560 \times 803.8$$

$$= 550.6813 (\text{万吨})$$

$$\frac{1-f}{n}\sum_h W_h s_h^2$$

$$= \frac{19730 - 178}{178 \times 19730} \times (0.2685 \times 7976 + 0.2107 \times 28787 + 0.3477 \times 45450 + 0.1447 \times 84518 + 0.0284 \times 116245)$$

$$= 5.5673 \times 10^{-3} \times 39541.055 = 220.1369$$

$$\frac{1}{n^2}\sum_h (1 - W_h) s_h^2$$

$$= \frac{1}{178^2}(0.7315 \times 7976 + 0.7893 \times 28787 + 0.6523 \times 45450 + 0.8553 \times 84518 + 0.9715 \times 116245)$$

$$= 243423.32/31684 = 7.6828$$

所以

$$v(\bar{y}_{pst}) = 220.1369 + 7.6828 = 227.8197$$

$$s(\hat{Y}_1) = 19730\sqrt{v(\bar{y}_{pst})} = 29.7798 (\text{万吨})$$

(2) 周转量 Y_2 的估计：

$$\hat{Y}_2 = N\bar{y}_{pst} = \sum_{h=1}^{5} N_h \bar{y}_{2h} = 21827.48 (\text{万吨公里})$$

$$v(\bar{y}_{pst}) = \frac{1-f}{n}\sum_h W_h s_h^2 + \frac{1}{n^2}\sum_h (1 - W_h) s_h^2$$

$$= 439819.4 + 23302.2 = 463121.6$$

$$s(\hat{Y}_2) = 19730\sqrt{463121.6} = 1342.69 (\text{万吨公里})$$

习　题

4.1　一公司希望估计某一个月内由于事故引起的工时损失。因工人、技术人员及行政管理人员的事故率不同，因而采用分层抽样。已知下列资料：

	工　人	技术人员	行政管理人员
人　数	132	92	27
方　差	36	25	9

若总样本量为 30，试用奈曼分配确定各层的样本量。

4.2 上题中若实际调查了 18 个工人，10 个技术人员，2 个行政人员，其损失的工时数如下：

工　人	技术人员	行政管理人员
8,24,0,0,16,32, 6,0,16,7,4,4, 9,5,8,18,2,0	4,5,0,24,8,12, 3,2,1,8	1,8

试估计总的工时损失数并给出它的置信度为 95% 的置信区间。

4.3 一工厂生产的机器供应全国 219 家用户，欲请用户对该厂机器进行评分。今将这些用户分成本地区、省内其他地区及外省三层，现有资料如下（其中 c_h 是调查一个用户的平均费用）：

本地区	省内其他地区	外省
$N_1=112$ $S_1^2=2.25$ $c_1=9$	$N_2=68$ $S_2^2=3.24$ $c_2=25$	$N_3=39$ $S_3^2=3.24$ $c_3=36$

若要求评分成绩均值估计的方差 $V(\bar{y}_{st})=0.1$ 并且费用最省（假定费用为线性形式），求样本量 n 及在各层的分配。

4.4 某林业局管辖 240 个林场，按面积大小分为 4 层，用等比例抽取 40 个林场，取得下列资料（单位：公顷）

第 1 层	第 2 层	第 3 层	第 4 层
$N_1=86$，$n_1=14$	$N_2=72$，$n_2=12$	$N_3=52$，$n_3=9$	$N_4=30$，$n_4=5$
97,67,42,125,25, 92,105,86,27,43, 45,59,53,52	125,155,67,96,256, 47,310,236,220,352, 142,190	142,256,310,440,495, 510,320,396,196	167,655,220,540,780

1) 试估计该林业局辖区总的植树面积及 95% 的置信区间；

2) 若要求估计最大误差不超过 5000 公顷并采用奈曼分配，求总样本量及各层的样本量。

4.5 一个心理学家测试一组弱智儿童对某一刺激引起反应的平均时间。已知性别之间有差异，故分为二层。测试的儿童共 96 人，其中男孩 43 人。根据以往资料，反应长短服从正态分布；男孩在 5～20 秒之间，女孩在 3～14 秒之间（均覆盖 90%的人群）。试用最优分配求男孩与女孩样本量大小的比值。

4.6 某工厂生产一种计算机零件，该厂共有 A、B 二条生产线，已知全部零件中 60%为 A 生产线生产，40%为 B 生产线生产。工人检验员从仓库中随机抽取 100 个零件进行检验，发现 36 个为 A 生产线生产，64 个为 B 生产线生产，其中的不合格品数分别为 6 和 10。

1) 用简单随机抽样的估计公式估计零件中不合格品的比例，并计算方差；

2) 用事后分层的公式估计零件中不合格品的比例，并计算方差。

若不考虑有限总体修正系数，你认为哪一种方法比较接近实际？

4.7 某城市共有 1111 个街区，可以划分成 4 层，变量 X_i 表示住户总数，变量 Y_i 表示出租住户数，在 $n=80$ 且各层相同样本量分配的基础上取得下列资料：

层	N_h	W_h	n_h	$\bar{x}_h$	$\bar{y}_h$	$V(\bar{x}_h)$	$V(\bar{y}_h)$
1	270	0.243	20	21	14	26	19
2	260	0.234	20	34	25	43	40
3	227	0.204	20	42	34	58	53
4	354	0.319	20	22	13	15	11
合　计	1111	1.000					

1) 若采用按比例分配的分层抽样，试计算 $v(\bar{x}_{st})$，$v(\bar{y}_{st})$；

2) 若第 1 层样本量 n_1 增加到 100，其他各行仍为 20，计算 $v(\bar{x}_{st})$，并与 $n_1=n_2=n_3=n_4=40$ 情形的 $v(\bar{x}_{st})$ 进行比较和分析；

3) 根据上表资料计算 $s(\bar{x}_2-\bar{x}_3)=\sqrt{v(\bar{x}_2-\bar{x}_3)}$，($n_2=n_3=20$)，在什么情况下这正好是最优分配。

4.8 对一个大的总体欲估计总体某个特征的比例，将它划分成 3 层，已知 $W_1=0.5$，$W_2=0.3$，$W_3=0.2$，各层总体比例的估计值为 $P_1=0.52$，$P_2=0.40$，$P_3=0.60$。如果采用按比例分配的分层抽样其估计量方差相当于 $n=600$ 时的简单随机抽样，样本量预期多大？

4.9 在估计比例问题时：

1) 假设 $P=0.5$，$W_1=W_2=0.5$，则 P_1 与 P_2 为何值时可以使按比例分配的分层抽样精度得益（提高）20%（即 $v(p_{prop})/v(p_{srs})=0.8$）；

2）若 $P=4\%$；$W_1=0.05$，$P_1=45\%$；$W_2=0.2$，$P_2=5\%$；$W_3=0.75$，$P_3=1\%$，采用按比例分配的分层抽样比简单随机抽样精度得益有多大？

4.10　调查某个地区的养牛头数，以村作为抽样单元。根据村的海拔高度和人口密度划分成4层，每层抽取10个村作调查，经过调查获得下列数据：

层	村总数	样本村养牛头数									
		1	2	3	4	5	6	7	8	9	10
1	1411	43	84	98	0	10	44	0	124	13	0
2	4750	50	147	62	87	84	158	170	104	56	160
3	2558	228	262	110	232	139	178	334	0	63	220
4	14997	17	34	25	34	36	0	25	7	15	31

要求：

1）估计该地区养牛总头数 Y 及其估计量的相对标准差 $s(\hat{Y})/\hat{Y}$；

2）分层抽样与不分层抽样比较，效率是否提高？

3）若样本量不变，采用奈曼分配，方差将降低多少？

4.11　用下面的工厂分组资料

规模分组(按员工人数)	工厂数	标准差
1～49	18260	80
50～99	4315	200
100～249	2233	600
250～999	1057	1900
1000以上	567	2500

若欲抽取3000个工厂作样本来估计产值，试比较下列各种分配的效率：

1）按工厂数比例分配样本量；

2）按最优(奈曼)分配样本量。

4.12　一个样本量为1000的简单随机样本，其结果可分为3层，相应的 $\bar{y}_h=10.2, 12.6, 17.1$，$s_h^2=10.82$(各层相同)，$s^2=17.66$，估计的层权是 $w_h=0.5, 0.3, 0.2$，已知这些权数有误差，但误差在5%以内。最不好的情况是 $W_h=0.525, 0.285, 0.190$ 或 $W_h=0.475, 0.315, 0.210$，你认为是否需要分层？

4.13　设费用函数具有形式 $C_T=c_0+\sum c_h\sqrt{n_h}$，其中 c_0，c_h 均已知。试证明当总费用固定时，为使 $V(\bar{y}_{st})$ 达到最小，n_h 应与 $\left(\dfrac{W_h^2S_h^2}{c_h}\right)^{\frac{2}{3}}$ 成比例。

4.14 假设总体包含大小相等的 L 层，且 N 相对于 L 和 n 来说很大。V_{ran} 表示简单随机样本均值的方差，V_{prop} 表示按比例分配的分层随机抽样时的方差。试证下列两式近似成立：

1) $nV_{ran}=\bar{S}_w^2+\dfrac{1}{L}\sum\limits_{h=1}^{L}(\bar{Y}_h-\bar{Y})^2$；

2) $nV_{prop}=\bar{S}_w^2$，

其中 $\bar{S}_w^2$ 表示层内的平均方差，即 $\bar{S}_w^2=\dfrac{1}{L}\sum\limits_{h=1}^{L}S_h^2$。

第五章　比估计与回归估计

5.1　概述

5.1.1　问题的提出

在第二章中曾提到，抽样调查中最常见的总体目标量有四类：总体总量（总体总和）Y、总体均值 $\bar{Y}$ 、总体比例 P 以及总体中两个指标的总量或均值之比值 R。在第三章与第四章中我们讨论了简单随机抽样和分层随机抽样，其中所估计的目标量都是前三类目标量。这三类目标量本质上都可化成总体均值一类，因而处理方法基本上是类似的，结果可以类推。上两章所用的估计量都是线性的简单估计，在简单随机抽样情形，即是用样本均值估计总体均值。

本章讨论的问题有两个。一个是比值 R 的估计，例如要估计家庭中用于食品的支出在总支出中所占的比重，在校学习的儿童对全体学龄儿童的比重等。这里都涉及总体中两个不同指标的总量或均值，比值中的分子与分母都需要从样本中估计，因此 R 的估计并不等同于总体中具有某种特征的单元在全体单元中的比例 P 的估计。P 表达式中的分母 N 是已知的，不需要进行估计。

本章讨论的第二个问题是前章中讨论的简单估计量的延伸。简单估计量只涉及所估计的指标本身，不需利用其他信息，而在实际中，调查常是多指标的，一个指标的估计常可利用其他指标的信息。称可以用来帮助主要指标估计的其他指标为辅助变量（auxiliary variable）。利用辅助变量可提高对主要指标的估计精度。例如在调查家庭用于食品支出的平均费用时，可利用家庭总收入或总支出作为辅助变量。实际问题中，辅助变量还常采用调查指标的前期资料，例如上一次普查资料。利用调查指标与辅助变量之间的相关关系，可以构造另一类估计量，即比估计量或回归估计量。例如先估计总体中家庭用于食品支出对总支出的比值，然后根据总体家庭平均总支出（如果此值已知的话）就可获得家庭平均用于食品支出费用的估计。这种估计仍是对总体总量或均值进行估计，但是它需要用到该指标对辅助变量的比例关系或线性回归关系，这种估计即是有别于简单估计的比估计与回归估计。鉴于对两个变量总量或均值的比值估计与一个变量总值或均值对于辅助变量的比估计之间存在着相当密切的内在联系，因此这两个问题都在这一章中加以讨论。

5.1.2 比估计与回归估计的作用与使用条件

与简单估计量比较，比估计量和回归估计量都是非线性的较为复杂的估计量，但是只要调查主要指标与辅助变量之间有良好的线性相关关系（通常是正相关关系，如果是负相关则必须使用另一类估计量，称为乘积估计量，参见 5.2.4），则比估计的精度比简单估计高，而回归估计一般（只要样本量比较大）总是优于简单估计，且在大多数情形也较比估计的精度高。这是使用比估计及回归估计的主要理由。比估计与回归估计不仅可以用于简单随机抽样，也可以用于分层随机抽样。分层比估计与分层回归估计通常也优于分层简单估计。不过比估计与回归估计使用效果的好坏取决于辅助变量的选择，也就是要尽可能选择与调查指标相关程度大的辅助变量。另外，比估计与回归估计的使用还有一个限制，即要求辅助变量的总体总量或均值是已知的，因为构造这两类估计量时需要使用这些量。当辅助变量的总量或均值未知又需要使用比估计与回归估计时，就需要进行二重抽样，这将在第七章中进行讨论。

5.2 比估计

5.2.1 定义及基本性质

对于简单随机抽样，若 $\bar{y}$，$\bar{x}$ 是两个指标的样本均值，则总体这两个指标总量或均值之比值

$$R=\frac{Y}{X}=\frac{\bar{Y}}{\bar{X}} \tag{5.1}$$

可用以下估计量

$$\hat{R}=\frac{\bar{y}}{\bar{x}} \tag{5.2}$$

进行估计，$\hat{R}$ 称为比值估计量。

如果调查指标仅是 $\mathcal{Y}$ 这一个指标，而将 $\mathcal{X}$ 作为辅助变量，$X=\sum_{i=1}^{N}X_i$ 或 $\bar{X}=X/N$ 已知，则 $\bar{Y}$ 及 Y 的比估计量（ratio estimator）分别定义为

$$\bar{y}_R=\frac{\bar{y}}{\bar{x}}\bar{X}=\hat{R}\bar{X} \tag{5.3}$$

$$\hat{Y}_R=\frac{\bar{y}}{\bar{x}}X=N\bar{y}_R=N\hat{R}\bar{X} \tag{5.4}$$

比估计量也称为比率估计量。注意上述两个比估计量与比值 R 的估计量 $\hat{R}$ 都只相差一个常数,故在研究它们的性质时,只要选择其中之一即可,通常就对 $\hat{R}$ 进行讨论。另外,除非特别说明,以后我们将这三个估计量统称为比估计量或比估计,但在使用的时候请注意它们的区别。

首先我们说明比估计是有偏的。为此我们先来研究从一个人为的小总体中抽取的全部可能样本的比估计及其偏倚。

例 5.1 表 5.1 是一个 $N=6$ 的人为总体,计算其全部可能的 $n=4$ 的简单随机样本的 $\bar{x}$,$\bar{y}$,$\hat{R}$ 及 $\bar{y}_R$,有关数值列于表 5.2 中。

表 5.1 一个 $N=6$ 的人为总体

i	1	2	3	4	5	6
X_i	2	3	5	5	7	8
Y_i	5	7	10	11	15	18

表 5.2 从表 5.1 总体中抽取的全部 $n=4$ 的简单随机样本的比估计

样本序号 j	样本包含单元号	$\bar{x}$	$\bar{y}$	$\hat{R}$	$\bar{y}_R$
1	(1, 2, 3, 4)	3.75	8.25	2.2000	11.0000
2	(1, 2, 3, 5)	4.25	9.25	2.1765	10.8824
3	(1, 2, 3, 6)	4.50	10.00	2.2222	11.1111
4	(1, 2, 4, 5)	4.25	9.50	2.2353	11.1765
5	(1, 2, 4, 6)	4.50	10.25	2.2778	11.3889
6	(1, 2, 5, 6)	5.00	11.25	2.2500	11.2500
7	(1, 3, 4, 5)	4.75	10.25	2.1579	10.7895
8	(1, 3, 4, 6)	5.00	11.00	2.2000	11.0000
9	(1, 3, 5, 6)	5.50	12.00	2.1818	10.9091
10	(1, 4, 5, 6)	5.50	12.25	2.2273	11.1364
11	(2, 3, 4, 5)	5.00	10.75	2.1500	10.7500
12	(2, 3, 4, 6)	5.25	11.50	2.1905	10.9524
13	(2, 3, 5, 6)	5.75	12.50	2.1739	10.8696
14	(2, 4, 5, 6)	5.75	12.75	2.2174	11.0870
15	(3, 4, 5, 6)	6.25	13.50	2.1600	10.8000
$\sum$		75.00	165.00	33.0206	165.1029

根据表 5.1 的总体单元指标值,我们有

$$X=\sum X_i=30, \quad \bar{X}=5;$$

$$Y = \sum Y_i = 66, \quad \bar{Y} = 11;$$

$$R = \frac{\bar{Y}}{\bar{X}} = \frac{11}{5} = 2.2$$

$n = 4$ 全部可能的简单随机样本有 $\binom{6}{4} = 15$ 个，对这些样本的 $\hat{R}$ 求均值即可计算 $\hat{R}$ 的偏倚：

$$E(\hat{R}) = \frac{1}{15}\sum_{j=1}^{15}\hat{R}_j = 33.0206/15 = 2.20137$$

$$B(\hat{R}) = E(\hat{R}) - R = 2.20137 - 2.2 = 0.00137$$

而 $\hat{R}$ 的均方误差为

$$\begin{aligned} MSE(\hat{R}) &= E(\hat{R} - R)^2 \\ &= \frac{1}{15}\left(\sum \hat{R}_j^2 - 2R\sum \hat{R}_j + 15R^2\right) \\ &= 0.0012575 \end{aligned}$$

故 $\hat{R}$ 的方差为

$$V(\hat{R}) = MSE(\hat{R}) - [B(\hat{R})]^2 = 0.0012556$$

至于比估计量 $\bar{y}_R$ 的偏倚、均方误差及方差可直接将有关 $\hat{R}$ 的相应值乘以 $\bar{X} = 5$ 或 $\bar{X}^2 = 25$ 得到：

$$B(\bar{y}_R) = B(\hat{R}) \times 5 = 0.00685$$

$$MSE(\bar{y}_R) = MSE(\hat{R}) \times 25 = 0.03144$$

$$V(\bar{y}_R) = V(\hat{R}) \times 25 = 0.03139$$

上述结果表明 $\hat{R}$ 及 $\bar{y}_R$ 都是有偏的，但偏倚不大，从而均方误差与方差的值相差甚小。事实上，我们有以下一般的结果。

对于简单随机抽样，当 n 大时

$$E(\hat{R}) \approx R \tag{5.5}$$

$$MSE(\hat{R}) \approx V(\hat{R}) \approx \frac{1-f}{n\bar{X}^2}\,\frac{\sum_{i=1}^{N}(Y_i - RX_i)^2}{N-1} \tag{5.6}$$

证明：

$$\hat{R} - R = \frac{\bar{y}}{\bar{x}} - R = \frac{\bar{y} - R\bar{x}}{\bar{x}}$$

当 n 大时，$\bar{x} \approx \bar{X}$，将它代入上式分母*，有

$$E(\hat{R}-R) \approx \frac{1}{\bar{X}}[E(\bar{y})-RE(\bar{x})]=\frac{1}{\bar{X}}(\bar{Y}-R\bar{X})=0$$

所以当 n 大时，$E(\hat{R}) \approx R$，而此时

$$V(\hat{R}) \approx MSE(\hat{R})=E(\hat{R}-R)^2 \approx \frac{1}{\bar{X}^2}E(\bar{y}-R\bar{x})^2$$

对每个总体单元，令

$$G_i=Y_i-RX_i, \quad i=1,2,\cdots,N \tag{5.7}$$

则

$$\bar{g}=\bar{y}-R\bar{x}, \quad \bar{G}=\bar{Y}-R\bar{X}=0 \tag{5.8}$$

因而

$$E(\bar{y}-R\bar{x})^2=E(\bar{g}^2)=V(\bar{g})$$

$$=\frac{1-f}{n}S_g^2=\frac{1-f}{n}\frac{\sum_{i=1}^{N}(Y_i-RX_i)^2}{N-1}$$

所以

$$V(\hat{R}) \approx MSE(\hat{R}) \approx \frac{1-f}{n\bar{X}^2}\frac{\sum_{i=1}^{N}(Y_i-RX_i)^2}{N-1}$$

注意上式中的 $\frac{1}{N-1}\sum_{i=1}^{N}(Y_i-RX_i)^2$ 可以表达成几种不同的形式：

$$\begin{aligned}
&\frac{1}{N-1}\sum_{i=1}^{N}(Y_i-RX_i)^2 \\
&=\frac{1}{N-1}\sum_{i=1}^{N}[(Y_i-\bar{Y})-R(X_i-\bar{X})]^2 \\
&=\frac{1}{N-1}\sum_{i=1}^{N}[(Y_i-\bar{Y})^2+R^2(X_i-\bar{X})^2-2R(Y_i-\bar{Y})(X_i-\bar{X})] \\
&=S_y^2+R^2S_x^2-2RS_{yx} \\
&=S_y^2+R^2S_x^2-2R\rho S_xS_y \\
&=\bar{Y}^2(C_y^2+C_x^2-2C_{yx})
\end{aligned} \tag{5.9}$$

其中

---

* 严格证明参见 5.5 节。

$$S_y^2=\frac{1}{N-1}\sum_{i=1}^{N}(Y_i-\bar{Y})^2,\quad S_x^2=\frac{1}{N-1}\sum_{i=1}^{N}(X_i-\bar{X})^2$$

是 Y_i 与 X_i 的总体方差，而

$$S_{yx}=\frac{1}{N-1}\sum_{i=1}^{N}(Y_i-\bar{Y})(X_i-\bar{X})=\rho S_xS_y \tag{5.10}$$

是 Y_i 与 X_i 的总体协方差，其中 ρ 是 Y_i 与 X_i 的总体相关系数：

$$\rho=\frac{S_{yx}}{S_yS_x}=\frac{\sum_{i=1}^{N}(Y_i-\bar{Y})(X_i-\bar{X})}{\sqrt{\sum_{i=1}^{N}(Y_i-\bar{Y})^2\cdot\sum_{i=1}^{N}(X_i-\bar{X})^2}} \tag{5.11}$$

进一步

$$C_y^2=\frac{S_y^2}{\bar{Y}^2},\quad C_x^2=\frac{S_x^2}{\bar{X}^2},\quad C_{yx}=\frac{S_{yx}}{\bar{Y}\bar{X}}=\rho\frac{S_yS_x}{\bar{Y}\bar{X}} \tag{5.12}$$

分别是 Y_i 与 X_i 的相对方差（变异系数的平方）和相对协方差。

将上述诸式代入(5.6)式，即得

$$V(\hat{R})\approx MSE(\hat{R})\approx\frac{1-f}{n\bar{X}^2}(S_y^2+R^2S_x^2-2RS_{yx}) \tag{5.13}$$

$$=\frac{1-f}{n\bar{X}^2}(S_y^2+R^2S_x^2-2R\rho S_xS_y) \tag{5.14}$$

$$=\frac{1-f}{n}R^2(C_y^2+C_x^2-2C_{yx}) \tag{5.15}$$

从(5.15)式立即可得 $\hat{R}$ 的相对方差

$$\frac{V(\hat{R})}{R^2}\approx\frac{1-f}{n}(C_y^2+C_x^2-2C_{yx}) \tag{5.16}$$

将上面的结果乘上适当的常数，即可获得关于 $\bar{y}_R$ 及 $\hat{Y}_R$ 的相应结果。对于简单随机抽样，当 n 大时，有

$$E(\bar{y}_R)\approx\bar{Y},\quad E(\hat{Y}_R)\approx Y \tag{5.17}$$

$$V(\bar{y}_R)\approx MSE(\bar{y}_R)\approx\frac{1-f}{n}\frac{\sum_{i=1}^{N}(Y_i-RX_i)^2}{N-1}$$

$$=\frac{1-f}{n}(S_y^2+R^2S_x^2-2RS_{yx})$$

$$=\frac{1-f}{n}(S_y^2+R^2S_x^2-2R\rho S_xS_y)$$

$$=\frac{1-f}{n}\bar{Y}^2(C_y^2+C_x^2-2C_{yx}) \tag{5.18}$$

$$V(\hat{Y}_R)\approx MSE(\hat{Y}_R)\approx\frac{N^2(1-f)}{n}\frac{\sum_{i=1}^{N}(Y_i-RX_i)^2}{N-1}$$
$$=\frac{N^2(1-f)}{n}(S_y^2+R^2S_x^2-2RS_{yx})$$
$$=\frac{N^2(1-f)}{n}(S_y^2+R^2S_x^2-2R\rho S_xS_y)$$
$$=\frac{1-f}{n}Y^2(C_y^2+C_x^2-2C_{yx}) \tag{5.19}$$

从(5.18)式与(5.19)式可知，$\bar{y}_R$ 和 $\hat{Y}_R$ 的相对方差与 $\hat{R}$ 的相对方差相等，我们都记为 $(cv)^2$，即

$$(cv)^2=\frac{V(\bar{y}_R)}{\bar{Y}^2}=\frac{V(\hat{Y}_R)}{Y^2}=\frac{V(\hat{R})}{R^2}$$
$$\approx\frac{1-f}{n}(C_y^2+C_x^2-2C_{yx}) \tag{5.20}$$

例 5.2 对例 5.1 的人为总体，计算得：

$S_y^2=23.6$， $S_x^2=5.2$， $S_{yx}=11.0$， $R=2.2$

$\frac{1-f}{n}=\frac{6-4}{6\times4}=\frac{1}{12}$， $\bar{X}^2=5^2=25$

故

$$\frac{1-f}{n\bar{X}^2}(S_y^2+R^2S_x^2-2RS_{yx})$$
$$=\frac{1}{12}\times\frac{1}{25}(23.6+2.2^2\times5.2-2\times2.2\times11.0)=0.012667$$

与例 5.1 中计算的实际值 $MSE(\hat{R})=0.0012575$，$V(\hat{R})=0.0012556$ 比较，差别不大。注意这里的 $n=4$ 并不太大。

5.2.2 方差估计及置信限

上面讨论的比估计量的方差近似公式都涉及总体的有关量，需要从样本估计。非常自然地，想到用

$$\frac{1}{n-1}\sum_{i=1}^{n}(y_i-\hat{R}x_i)^2 \tag{5.21}$$

作为 $\frac{1}{N-1}\sum_{i=1}^{N}(Y_i-RX_i)^2$ 的估计。这个估计也是有偏的，但当 n 大时偏倚也趋

于 0(见 5.5 节的讨论)。由此 $V(\hat{R})$ 的估计量可采用

$$\begin{aligned}v_1(\hat{R}) &= \frac{1-f}{n\bar{X}^2}\frac{1}{n-1}\sum_{i=1}^{n}(y_i-\hat{R}x_i)^2\\ &= \frac{1-f}{n(n-1)\bar{X}^2}\left(\sum_i y_i^2+\hat{R}^2\sum_i x_i^2-2\hat{R}\sum_i y_i x_i\right)\\ &= \frac{1-f}{n\bar{X}^2}(s_y^2+\hat{R}^2 s_x^2-2\hat{R}s_{yx})\end{aligned} \tag{5.22}$$

其中

$$s_y^2=\frac{1}{n-1}\sum_{i=1}^{n}(y_i-\bar{y})^2,\quad s_x^2=\frac{1}{n-1}\sum_{i=1}^{n}(x_i-\bar{x})^2 \tag{5.23}$$

$$s_{yx}=\frac{1}{n-1}\sum_{i=1}^{n}(y_i-\bar{y})(x_i-\bar{x}) \tag{5.24}$$

分别是 y_i 与 x_i 的样本方差及样本协方差。

注意 $v_1(\hat{R})$ 的分母中包含了总体均值 $\bar{X}$ 的平方,若用 $\bar{x}$ 代替 $\bar{X}$,则可得到 $V(\hat{R})$ 的另一个估计

$$\begin{aligned}v_2(\hat{R}) &= \frac{1-f}{n\bar{x}^2}\frac{1}{n-1}\sum_{i=1}^{n}(y_i-\hat{R}x_i)^2\\ &= \frac{1-f}{\bar{x}^2 n(n-1)}\left(\sum_i y_i^2+\hat{R}^2\sum_i x_i^2-2\hat{R}\sum_i y_i x_i\right)\\ &= \frac{1-f}{n\bar{x}^2}(s_y^2+\hat{R}^2 s_x^2-2\hat{R}s_{yx})\end{aligned} \tag{5.25}$$

$v_2(\hat{R})$ 也是 $V(\hat{R})$ 的一个有偏估计,但当 n 比较大时偏倚同样趋于 0。这两个方差估计很难比较,对不同总体有不同的结论。$v_2(\hat{R})$ 不见得比 $v_1(\hat{R})$ 差,相反地,许多时候 $v_2(\hat{R})$ 反而比 $v_1(\hat{R})$ 要好一些。

完全同样地可以得到 $\bar{y}_R$ 及 $\hat{Y}_R$ 的方差估计公式。与 $\hat{R}$ 的方差估计相对应,它们也分别有两个相似但并不相同的估计量。

有了方差估计,即可构造置信区间。不过由于比估计量分布的偏斜程度很大,因此在直接应用正态近似时需要有些限制。一般的只有当样本量 $n>30$,且 $cv(\bar{x})<0.1$,$cv(\bar{y})<0.1$ 等条件同时得到满足,才能直接用正态分布构造置信区间,如 $\hat{R}$ 的如下 $1-\alpha$ 的近似置信区间:

$$\left[\hat{R}-u_\alpha\sqrt{v(\hat{R})},\quad \hat{R}+u_\alpha\sqrt{v(\hat{R})}\right] \tag{5.26}$$

当上述条件不能满足时,可使用以下更精确的方法。注意到

$$E(\bar{y}-R\bar{x})=\bar{Y}-R\bar{X}=0$$

$$V(\bar{y}-R\bar{x})=\frac{1-f}{n}(S_y^2+R^2S_x^2-2RS_{yx})$$

$$\triangleq S_{\bar{y}}^2+R^2S_{\bar{x}}^2-2RS_{\bar{y}\bar{x}}$$

这里

$$S_{\bar{y}}^2=V(\bar{y}),\quad S_{\bar{x}}^2=V(\bar{x}),\quad S_{\bar{y}\bar{x}}=Cov(\bar{y},\bar{x})$$

由于当 n 足够大(例如 $n>30$)时，$\bar{y}$，$\bar{x}$ 都近似服从正态分布，$S_{\bar{y}}^2,S_{\bar{x}}^2,S_{\bar{y}\bar{x}}$ 也可分别用样本值 $s_{\bar{y}}^2,s_{\bar{x}}^2,s_{\bar{y}\bar{x}}$ 估计，因此

$$U=\frac{\bar{y}-R\bar{x}}{\sqrt{s_{\bar{y}}^2+R^2s_{\bar{x}}^2-2Rs_{\bar{y}\bar{x}}}}$$

近似服从 $N(0,1)$ 分布。对给定的置信度 $1-\alpha$，令 $U=\pm u_\alpha$，即得 R 的二次方程

$$(\bar{y}-R\bar{x})^2=u_\alpha^2(s_{\bar{y}}^2+R^2s_{\bar{x}}^2-2Rs_{\bar{y}\bar{x}})$$

解此方程，可得 R 的两个根

$$R=\frac{\hat{R}\left[(1-u_\alpha^2c_{\bar{y}\bar{x}})\pm u_\alpha\sqrt{(c_{\bar{y}}^2+c_{\bar{x}}^2-2c_{\bar{y}\bar{x}})-u_\alpha^2(c_{\bar{y}}^2c_{\bar{x}}^2-c_{\bar{y}\bar{x}}^2)}\right]}{1-u_\alpha^2c_{\bar{x}}^2} \tag{5.27}$$

其中

$$c_{\bar{y}}^2=\frac{s_{\bar{y}}^2}{\bar{y}^2}=\frac{1-f}{n}\frac{s_y^2}{\bar{y}^2},\quad c_{\bar{x}}^2=\frac{s_{\bar{x}}^2}{\bar{x}^2}=\frac{1-f}{n}\frac{s_x^2}{\bar{x}^2},\quad c_{\bar{y}\bar{x}}=\frac{s_{\bar{y}\bar{x}}}{\bar{y}\bar{x}}=\frac{1-f}{n}\frac{s_{yx}}{\bar{y}\bar{x}} \tag{5.28}$$

是样本均值的相对方差和相对协方差。

(5.27)式中的两个 R 值即是 R 的置信度为 $1-\alpha$ 的两个置信限。事实上，对更大的 n，$c_{\bar{y}}^2,c_{\bar{x}}^2$ 及 $c_{\bar{y}\bar{x}}^2$ 都很小，此时(5.27)式可简化为

$$R=\hat{R}\pm u_\alpha\hat{R}\sqrt{c_{\bar{y}}^2+c_{\bar{x}}^2-2c_{\bar{y}\bar{x}}} \tag{5.29}$$

这两个置信限实际上相当于置信区间(5.26)的两个置信限。

例 5.3　交通运输统计中有三个重要的指标：运量、周转量和平均运距，其中平均运距是总周转量除以运量所得的商。为估计公路载货汽车的平均运距，在总体中用简单随机抽样抽取 32 辆货车，记录每辆车在一个月内的运量 x_i(单位吨)与周转量 y_i(单位吨公里)，如表 5.3 所示，试估计平均运距 R 并给出它的 90%的置信区间。

表 5.3　载货汽车运输量调查样本数据

样本单元号 i	周转量 y_i	运量 x_i	样本单元号 i	周转量 y_i	运量 x_i
1	6230	125	17	9980	200
2	9165	198	18	7255	130
3	8625	196	19	14520	264

续表

样本单元号 i	周转量 y_i	运量 x_i	样本单元号 i	周转量 y_i	运量 x_i
4	11980	240	20	9245	187
5	3820	68	21	15425	322
6	9865	195	22	12640	250
7	12655	230	23	9855	195
8	7250	148	24	7650	154
9	10685	237	25	6650	154
10	9320	196	26	9980	210
11	1985	42	27	8325	168
12	13565	312	28	6980	152
13	8560	154	29	9325	190
14	13620	265	30	12150	243
15	9435	168	31	8265	164
16	8065	165	32	2430	52

解： $\sum_{i=1}^{32} y_i = 295500$，　$\sum_{i=1}^{32} x_i = 5974$

$$\bar{y} = \sum_{i=1}^{32} y_i/32 = 9234.3750,\qquad \bar{x} = \sum_{i=1}^{32} x_i/32 = 186.6875$$

故平均运距 R 的估计为

$$\hat{R} = \frac{\bar{y}}{\bar{x}} = 49.4643(\text{公里})$$

为求 $v(\hat{R})$，这里令 $1-f \approx 1$。y_i, x_i 的样本方差及协方差经计算分别为

$$s_y^2 = \frac{1}{n-1}\sum_{i=1}^{n}(y_i - \bar{y})^2 = 10029993$$

$$s_x^2 = \frac{1}{n-1}\sum_{i=1}^{n}(x_i - \bar{x})^2 = 4177.19$$

$$s_{yx} = \frac{1}{n-1}\sum_{i=1}^{n}(y_i - \bar{y})(x_i - \bar{x}) = 199726.1$$

$$\begin{aligned} v(\hat{R}) &= \frac{1-f}{n\bar{x}^2}(s_y^2 + \hat{R}^2 s_x^2 - 2\hat{R}s_{yx}) \\ &= \frac{1}{32 \times 186.6875^2}(10029993 + 49.4643^2 \times 4177.19 \\ &\quad - 2 \times 49.4643 \times 199726.1) \\ &= 0.440943 \end{aligned}$$

$$\sqrt{v(\hat{R})} = 0.664(\text{公里})$$

为求 R 的置信区间，我们用较精确的公式(5.27)，其中 $1-\alpha=90\%$，$u_\alpha=1.645$。因

$$c_{\bar{y}}^2=\frac{1}{32}\times\frac{10029993}{9234.375^2}=0.00367566$$

$$c_{\bar{x}}^2=\frac{1}{32}\times\frac{4177.19}{186.6875^2}=0.00374545$$

$$c_{\bar{y}\bar{x}}=\frac{1}{32}\times\frac{199726.1}{9234.375\times186.6875}=0.00362045$$

故

$$R=\frac{\hat{R}\left[(1-u_\alpha^2c_{\bar{y}\bar{x}})\pm u_\alpha\sqrt{(c_{\bar{y}}^2+c_{\bar{x}}^2-2c_{\bar{y}\bar{x}})-u_\alpha^2(c_{\bar{y}}^2c_{\bar{x}}^2-c_{\bar{y}\bar{x}}^2)}\right]}{1-u_\alpha^2c_{\bar{x}}^2}$$

$$=\frac{49.4643\times(0.990203\pm1.645\times0.0133566)}{0.989865}$$

由此得到 R 的90%的近似置信区间为[48.3833,50.5791]。注意若用 $\hat{R}\pm u_\alpha\sqrt{v(\hat{R})}$，则得到的近似置信区间为[48.3720,50.5566]。

例 5.4　某系统共有 $N=687$ 个单位，为预估当年全系统的工资总额，用简单随机抽样抽取一个 $n=26$ 的样本，表5.4是这些单位当年及上一年的工资总额。已知上一年全系统的工资总额为70523.16万元。试估计当年全系统的工资总额及估计的近似标准差。

表 5.4　某系统 26 个样本单位当年与上年工资总额

样本单元号 i	当年工资总额 y_i(万元)	上年工资总额 x_i(万元)	样本单元号 i	当年工资总额 y_i(万元)	上年工资总额 x_i(万元)
1	29.0495	26.1769	14	56.4891	54.6552
2	139.9255	125.3676	15	80.7615	73.5656
3	47.2185	41.9142	16	32.4696	29.0705
4	198.0972	183.7596	17	28.9558	27.7823
5	126.3799	119.2068	18	94.1935	85.0493
6	212.4932	197.2859	19	116.0222	108.1006
7	20.9364	19.0702	20	160.5326	142.1185
8	444.2654	414.7834	21	34.4977	32.0346
9	186.8868	168.2433	22	156.5069	147.1044
10	46.4005	44.1883	23	145.8097	135.0568
11	61.1413	60.0888	24	21.7273	20.6458
12	92.1404	86.1894	25	45.1746	41.5258
13	228.1358	212.1831	26	32.8473	29.9548

解：$N=687, n=26, 1-f=0.96215, X=70523.16$

$\bar{y}=109.19455, \bar{x}=100.96622$

$\hat{R}=1.08150$

$\hat{Y}_R=\hat{R}X=1.08150\times 70523.16=76270.80$(万元).

$s_y^2=8896.8663,\quad s_x^2=7673.0140$

$s_{yx}=8259.3624$

$$v(\hat{Y}_R)=\frac{N^2(1-f)}{n}(s_y^2+\hat{R}^2s_x^2-2\hat{R}s_{yx})$$

$$=\frac{687^2\times 0.96215}{26}(8896.8663+1.0815^2\times 7673.0140-2\times 1.0815\times 8259.3624)=114343.42$$

$s(\hat{Y}_R)=338.1470$(万元)

作为比较，Y 的简单估计为

$\hat{Y}=N\bar{y}=687\times 109.19455=75016.66$(万元)

$$v(\hat{Y})=\frac{N^2(1-f)}{n}s_y^2$$

$$=\frac{687^2\times 0.96215}{26}\times 8896.8663=15538889$$

$s(\hat{Y})=12465.51$(万元)

比估计 $\hat{Y}_R$ 的设计效应 deff 的估计为

$$\hat{\text{deff}}=\frac{v(\hat{Y}_R)}{v(\hat{Y})}=0.00736$$

可见，本例中比估计的效率相对于简单估计是相当高的。

5.2.3 比估计与简单估计的比较

根据(5.18)式，当 n 足够大时，比估计量 $\bar{y}_R$ 的方差近似为

$$V(\bar{y}_R)\approx\frac{1-f}{n}(S_y^2+R^2S_x^2-2R\rho S_yS_x)$$

而简单估计量 $\bar{y}$ 的方差为

$$V(\bar{y})=\frac{1-f}{n}S_y^2$$

因此比估计优于简单估计的条件是：

$$R^2S_x^2-2R\rho S_xS_y<0$$

即

$$\rho > \frac{RS_x}{2S_y} = \frac{1}{2}\frac{C_x}{C_y} \tag{5.30}$$

其中 $C_x = S_x/\bar{X}, C_y = S_y/\bar{Y}$ 分别是 X_i 及 Y_i 总体的变异系数。特别若 $C_x \approx C_y$，则当 $\rho > 1/2$ 时比估计即较相应的简单估计更为精确。

*5.2.4 乘积估计

如果辅助变量 X_i 与调查指标 Y_i 呈负相关关系，就不能用比估计，此时应该使用以下的乘积估计(product estimator)：

$$\bar{y}_p = \frac{\bar{x}\bar{y}}{\bar{X}}, \quad \hat{Y}_p = N\bar{y}_p = N\frac{\bar{x}\bar{y}}{\bar{X}} \tag{5.31}$$

乘积估计的性质与比估计相似。例如它也是有偏的，但当 n 大时其偏倚趋于0。与(5.20)式类似，当 n 大时，乘积估计的相对方差

$$(cv)^2 \approx \frac{1-f}{n}(C_y^2 + C_x^2 + 2C_{yx}) \tag{5.32}$$

且当

$$\rho < -\frac{1}{2}\frac{S_x/\bar{X}}{S_y/\bar{Y}} = -\frac{1}{2}\frac{C_x}{C_y} \tag{5.33}$$

时乘积估计优于简单估计。

在实际问题中，与调查指标呈负相关的辅助变量较为少见，因此乘积估计的实际应用比较有限。

5.3 回归估计

5.3.1 定义

有效应用比估计的一个前提是 Y_i 与辅助变量 X_i 基本上成(正)比例关系，也即 Y_i 对 X_i 的回归直线通过原点。若 Y_i 对 X_i 的回归直线不通过原点，为了进一步提高精度，则应使用回归估计。

对于简单随机抽样，总体均值 $\bar{Y}$ 与总量 Y 的(线性)回归估计(regression estimator)定义为

$$\bar{y}_{lr} = \bar{y} + \beta(\bar{X} - \bar{x}) = \bar{y} - \beta(\bar{x} - \bar{X}) \tag{5.34}$$

$$\hat{Y}_{lr} = N\bar{y}_{lr} \tag{5.35}$$

其中 $\bar{y}$，$\bar{x}$ 是样本均值，β 可以是事先设定的常数，也可以是从样本中计算得到的某一特定统计量，例如样本回归系数。

特别，$\beta=1$ 的回归估计量称为差估计量(difference estimateor)：

$$\bar{y}_d=\bar{y}+\bar{X}-\bar{x} \tag{5.36}$$

当 $\beta=0$ 时，$\bar{y}_{lr}=\bar{y}$ 即是简单估计量。若令 $\beta=\dfrac{\bar{y}}{\bar{x}}$，则 $\bar{y}_{lr}=\bar{y}+\dfrac{\bar{y}}{\bar{x}}(\bar{X}-\bar{x})=\bar{y}_R$，即是比估计量。因而简单估计与比估计都可看成是回归估计的特殊情况。

β 为一设定常数的回归估计量与 β 为某一统计量的回归估计量在性质上有很大不同，下面我们分别进行讨论。

5.3.2　β 为设定常数情形

β 事先给定时的回归估计量的性质比较简单。事实上，令 β_0 是设定常数，则回归估计量

$$\bar{y}_{lr}=\bar{y}+\beta_0(\bar{X}-\bar{x}) \tag{5.37}$$

是 $\bar{Y}$ 的无偏估计，这很容易直接验证。为求它的方差，注意到 $\bar{y}_{lr}$ 可看成是 $y_i+\beta_0(\bar{X}-x_i)$ 的样本均值，因而有

$$\begin{aligned}V(\bar{y}_{lr})&=\frac{1-f}{n}\frac{1}{N-1}\sum_{i=1}^{N}[Y_i+\beta_0(\bar{X}-X_i)-\bar{Y}]^2\\&=\frac{1-f}{n}\frac{1}{N-1}\sum_{i=1}^{N}[(Y_i-\bar{Y})-\beta_0(X_i-\bar{X})]^2\\&=\frac{1-f}{n}(S_y^2+\beta_0^2S_x^2-2\beta_0S_{yx})\end{aligned} \tag{5.38}$$

由于样本方差 s_y^2，s_x^2 及样本协方差 s_{yx} 分别是总体方差与协方差的无偏估计(参见习题 3.13)，因此 $V(\bar{y}_{lr})$ 的一个无偏估计是

$$v(\bar{y}_{lr})=\frac{1-f}{n}(s_y^2+\beta_0^2s_x^2-2\beta_0s_{yx}) \tag{5.39}$$

β_0 的不同取值当然会影响 $V(\bar{y}_{lr})$ 的值，β_0 取得合理，$V(\bar{y}_{lr})$ 就小；否则 $V(\bar{y}_{lr})$ 就大。事实上可以证明，当 β_0 取以下 $\mathcal{Y}$ 对 $\mathcal{X}$ 的总体(线性)回归系数

$$B=\frac{S_{yx}}{S_x^2}=\frac{\sum_{i=1}^{N}(Y_i-\bar{Y})(X_i-\bar{X})}{\sum_{i=1}^{N}(X_i-\bar{X})^2} \tag{5.40}$$

时，$V(\bar{y}_{lr})$ 达到最小值：

$$V_{\min}(\bar{y}_{lr})=\frac{1-f}{n}S_y^2(1-\rho^2) \tag{5.41}$$

上式中的 $S_y^2(1-\rho^2)$ 是总体残差方差。

5.3.3　β 为样本回归系数情形

由于 $\mathcal{Y}$ 对 $\mathcal{X}$ 的总体回归系数 B 一般是未知的，因此为了使回归估计量达到比较好的效果，也即有比较小的方差，一个合理的选择是取 β 为样本回归系数：

$$b=\frac{\sum_{i=1}^{n}(x_i-\bar{x})(y_i-\bar{y})}{\sum_{i=1}^{n}(x_i-\bar{x})^2} \tag{5.42}$$

此时总体均值 $\bar{Y}$ 的回归估计为：

$$\bar{y}_{lr}=\bar{y}+b(\bar{X}-\bar{x})=\bar{y}-b(\bar{x}-\bar{X}) \tag{5.43}$$

与 β 为设定常数情形不同的是，当 β 取样本回归系数时，回归估计量 $\bar{y}_{lr}$ 不再是无偏的了。

例 5.5（续例 5.1）　仍研究表 5.1 中 $N=6$ 的人为总体。对所有可能的 15 个 $n=4$ 的简单随机样本计算得到的样本回归系数 b 以及 $\bar{Y}$ 的回归估计 $\bar{y}_{lr}$ 的值列于表 5.5 中。

表 5.5　从表 5.1 总体中抽取的全部 $n=4$ 的简单随机样本的回归估计

样本号 j	样本包含的单元号	$\bar{x}$	$\bar{y}$	b	$\bar{y}_{lr}$
1	(1, 2, 3, 4)	3.75	8.25	1.8148	10.5185
2	(1, 2, 3, 5)	4.25	9.25	1.9492	10.7119
3	(1, 2, 3, 6)	4.50	10.00	2.1429	11.7014
4	(1, 2, 4, 5)	4.25	9.50	2.0000	11.0000
5	(1, 2, 4, 6)	4.50	10.25	2.1667	11.3333
6	(1, 2, 5, 6)	5.00	11.25	2.1154	11.2500
7	(1, 3, 4, 5)	4.75	10.25	1.9804	10.7451
8	(1, 3, 4, 6)	5.00	11.00	2.1667	11.0000
9	(1, 3, 5, 6)	5.50	12.00	2.1429	10.9286
10	(1, 4, 5, 6)	5.50	12.25	2.1196	11.1905
11	(2, 3, 4, 5)	5.00	10.75	2.0000	10.7500
12	(2, 3, 4, 6)	5.25	11.5	2.2353	10.9412
13	(2, 3, 5, 6)	5.75	12.5	2.2034	10.8475
14	(2, 4, 5, 6)	5.75	12.75	2.1525	11.1356
15	(3, 4, 5, 6)	6.25	13.50	2.4444	10.4445
$\sum$					163.8686

表 5.5 中的 15 个 $\bar{y}_{lr}$ 的平均值为

$$E(\bar{y}_{lr})=\frac{1}{15}(10.5185+10.7119+\cdots+10.4445)$$

$$=\frac{163.8681}{15}=10.9245$$

而 $\bar{Y}=11$，故 $\bar{y}_{lr}$ 的偏倚(的绝对值)为

$$|B(\bar{y}_{lr})|=|E(\bar{y}_{lr})-\bar{Y}|=|10.9245-11|=0.0755$$

于是 $\bar{y}_{lr}$ 的均方误差与方差分别为

$$MSE(\bar{y}_{lr})=E(\bar{y}_{lr}-\bar{Y})^2=0.06774$$

$$V(\bar{y}_{lr})=MSE(\bar{y}_{lr})-[B(\bar{y}_{lr})]^2=0.06204$$

将上述结果与例 5.1 的比估计相比，回归估计的均方误差及方差与比估计相差不多，而回归估计的偏倚则稍大一些。注意这里的样本量 n 并不很大。

对于回归估计量(5.43)，可以证明，当 n 大时，它是近似无偏的；而且当 n 趋于无穷时，偏倚趋于零的速度比均方误差的平方根趋于零的速度更快。换言之，回归估计量是可用估计量。对于大的 n，$\bar{y}_{lr}$ 的均方误差或方差近似为

$$MSE(\bar{y}_{lr})\approx V(\bar{y}_{lr})\approx\frac{1-f}{n}S_y^2(1-\rho^2) \tag{5.44}$$

也即接近理论上的最小值，式中的总体残差方差 $S_y^2(1-\rho^2)$ 可用以下的样本残差方差估计

$$s_e^2=\frac{1}{n-2}\sum_{i=1}^{n}[(y_i-\bar{y})-b(x_i-\bar{x})]^2$$

$$=\frac{1}{n-2}\left\{\sum_{i=1}^{n}(y_i-\bar{y})^2-\frac{\left[\sum_{i=1}^{n}(y_i-\bar{y})(x_i-\bar{x})\right]^2}{\sum_{i=1}^{n}(x_i-\bar{x})^2}\right\} \tag{5.45}$$

因此，当 n 大时，$\bar{y}_{lr}$ 的方差或均方误差的估计可取为：

$$v(\bar{y}_{lr})\approx\frac{1-f}{n}s_e^2 \tag{5.46}$$

例 5.6(续例 5.4)　为估计某系统的当年工资总额，对于列在表 5.4 中的一个 $n=26$ 的简单随机样本的原始数据及例 5.4 中的中间结果，可计算样本回归系数：

$$b=\frac{s_{yx}}{s_x^2}=\frac{8259.3624}{7673.0140}=1.076417$$

于是当年全系统工资总额 Y 的回归估计为：

$$\hat{Y}_{lr}=N\bar{y}_{lr}$$

$$=687\left[109.19455+1.076417\left(\frac{70523.16}{687}-100.96622\right)\right]$$

$$=687\times 111.01109=76264.62(\text{万元})$$

为求 $\hat{Y}_{lr}$ 的方差估计，先求样本残差方差：

$$s_e^2=\frac{n-1}{n-2}(s_y^2-bs_{yx})=6.6127$$

故 $\hat{Y}_{lr}$ 的方差及标准差估计为

$$v(\hat{Y}_{lr})=N^2v(\bar{y}_{lr})=687^2\times\frac{0.96215}{26}\times 6.6127=115494.61$$

$$s(\hat{Y}_{lr})=\sqrt{v(\hat{Y}_{lr})}=339.8450(\text{万元})$$

我们看到回归估计 $\hat{Y}_{lr}$ 的标准差估计与例 5.4 比估计的标准差估计 338.1470（万元）非常接近，而比简单估计的标准差小得多。

下面我们将回归估计（当 β 取样本回归系数 b 时）与比估计及简单估计的方差作大样本比较。我们已经知道，当样本量 n 大时，回归估计 $\bar{y}_{lr}$ 的方差为：

$$V(\bar{y}_{lr})\approx\frac{1-f}{n}S_y^2(1-\rho^2)$$

由于简单估计 $\bar{y}$ 的方差 $V(\bar{y})=\frac{1-f}{n}S_y^2$，而 $0\leqslant|\rho|\leqslant 1$，因此当样本量 n 大时，总有

$$V(\bar{y}_{lr})\leqslant V(\bar{y})$$

也就是说，在大样本下，回归估计总是优于简单估计，除非 $\rho=0$。在后者情形，两个估计量的效果一样。

对于比估计 $\bar{y}_R$，我们知道当 n 大时，它的方差近似为：

$$V(\bar{y}_R)\approx\frac{1-f}{n}(S_y^2+R^2S_x^2-2R\rho S_yS_x)$$

因此，回归估计量优于比估计量的条件为：

$$S_y^2(1-\rho^2)\leqslant S_y^2+R^2S_x^2-2R\rho S_yS_x$$

这相当于

$$(\rho S_y-RS_x)^2\geqslant 0$$

也即

$$(B-R)^2\geqslant 0$$

因此除非 $\mathcal{Y}$ 对 $\mathcal{X}$ 的总体回归系数 $B=R$，否则回归估计总是优于比估计，而在 $B=R$ 时两者等价。

注意上述结论是在大样本时得到的。当 n 不太大时，还要考虑回归估计及比

估计的偏倚。而许多对实际问题的模拟结果表明，在小样本时，回归估计的偏倚有可能大于比估计。因此就总的均方误差而言，并不总是回归估计的小。

5.4 分层比估计与分层回归估计

5.4.1 分别比估计与联合比估计

将比估计的思想与技术用于分层随机样本时，有两种可行的方法：一种是对每层样本考虑比估计，然后进行加权平均或相加，所得的估计量称为分别比估计；另一种是对两个指标先求总体均值或总量的分层估计，然后用它们构造比估计，所得的估计量称为联合比估计。

1.分别比估计(separate ratio estimator)

设 $\bar{y}_h$ ，$\bar{x}_h$ 是第 h 层的样本均值，$\bar{y}_{Rh}$ 与 $\hat{Y}_{Rh}$ 是第 h 层中 $\bar{Y}_h$ 及 Y_h 的比估计，$\bar{X}_h$ ，X_h 分别是第 h 层 $\mathcal{X}$ 的均值与总量，W_h 为层权，则

$$\bar{y}_{RS}=\sum_h W_h\bar{y}_{Rh}=\sum_h W_h\frac{\bar{y}_h}{\bar{x}_h}\bar{X}_h \tag{5.47}$$

$$\hat{Y}_{RS}=N\bar{y}_{RS}=\sum_h\frac{\bar{y}_h}{\bar{x}_h}X_h=\sum_h\hat{Y}_{Rh} \tag{5.48}$$

称为 $\bar{Y}$ 及 Y 的分别比估计。

由于当每一层的样本量 n_h 都比较大时，$\bar{y}_{Rh}$ 与 $\hat{Y}_{Rh}$ 都是近似无偏的，因此此时 $\bar{y}_{RS}$ 与 $\hat{Y}_{RS}$ 也是近似无偏的，且从每层比估计的近似均方误差或方差公式可得到：

$$\begin{aligned}MSE(\bar{y}_{RS})&\approx V(\bar{y}_{RS})\\&\approx\sum_h\frac{W_h^2(1-f_h)}{n_h}(S_{yh}^2+R_h^2S_{xh}^2-2R_h\rho_hS_{xh}S_{yh})\end{aligned} \tag{5.49}$$

$$\begin{aligned}MSE(\hat{Y}_{RS})&\approx V(\hat{Y}_{RS})\\&\approx\sum_h\frac{N_h^2(1-f_h)}{n_h}(S_{yh}^2+R_h^2S_{xh}^2-2R_h\rho_hS_{xh}S_{yh})\end{aligned} \tag{5.50}$$

其中 $f_h=\dfrac{n_h}{N_h}$ ，而 S_{yh}^2 ，S_{xh}^2 及 ρ_h 分别是第 h 层 $\mathcal{Y}$ 与 $\mathcal{X}$ 的方差及相关系数。

2.联合比估计(combined ratio estimator)

对于分层随机样本，总体均值 $\bar{Y}$ 与总量 Y 的联合比估计构造如下：

$$\bar{y}_{RC}=\frac{\bar{y}_{st}}{\bar{x}_{st}}\bar{X}\triangleq\hat{R}_C\bar{X} \tag{5.51}$$

$$\hat{Y}_{RC}=\frac{\bar{y}_{st}}{\bar{x}_{st}}X \triangleq \hat{R}_C X = N\bar{y}_{RC} \tag{5.52}$$

其中 $\bar{y}_{st}=\sum_h W_h\bar{y}_h$ ，$\bar{x}_{st}=\sum_h W_h\bar{x}_h$ 分别是 $\bar{Y}$ 与 $\bar{X}$ 的分层简单估计，而

$$\hat{R}_C=\frac{\bar{y}_{st}}{\bar{x}_{st}} \tag{5.53}$$

对于联合比估计 $\bar{y}_{RC}$ 及 $\hat{Y}_{RC}$ ，当总样本量 n 比较大时，可以证明它们是近似无偏的，且均方误差和方差的近似公式分别为：

$$\begin{aligned} MSE(\bar{y}_{RC}) &\approx V(\bar{y}_{RC}) \\ &\approx \sum_h \frac{W_h^2(1-f_h)}{n_h}(S_{yh}^2+R^2S_{xh}^2-2R\rho_h S_{xh}S_{yh}) \end{aligned} \tag{5.54}$$

$$\begin{aligned} MSE(\hat{Y}_{RC}) &\approx V(\hat{Y}_{RC}) \\ &\approx \sum_h \frac{N_h^2(1-f_h)}{n_h}(S_{yh}^2+R^2S_{xh}^2-2R\rho_h S_{xh}S_{yh}) \end{aligned} \tag{5.55}$$

注意上面两个式子中出现的是总体 R 而不是分别比估计相应公式中的层 R_h 。除此之外，(5.49)式与(5.54)式完全相同，(5.50)式与(5.55)式完全相同。为估计这些均方误差或方差，可以用样本方差、样本相关系数(或样本协方差)来代替相应的总体方差与相关系数(或协方差)。

5.4.2 分别回归估计与联合回归估计

与分层比估计情形一样，对于分层随机样本，也可以考虑两种形式的回归估计。一种是分别回归估计，它是先在每层中对层的均值或层总量作回归估计，然后加权平均或相加；另一种是对 $\bar{Y}$ 及 $\bar{X}$ 的分层简单估计作回归，得到联合回归估计。

1. 分别回归估计(separate regression estimator)

对分层随机样本，总体均值 $\bar{Y}$ 及总量 Y 的分别回归估计定义为：

$$\bar{y}_{lrs}=\sum_h W_h\bar{y}_{lrh}=\sum_h W_h[\bar{y}_h+\beta_h(\bar{X}_h-\bar{x}_h)] \tag{5.56}$$

$$\hat{Y}_{lrs}=N\bar{y}_{lrs}=\sum_h N_h[\bar{y}_h+\beta_h(\bar{X}_h-\bar{x}_h)] \tag{5.57}$$

当各层的 β_h 均事先设定时，上述两个估计量都是无偏的，且

$$V(\bar{y}_{lrs})=\sum_h \frac{W_h^2(1-f_h)}{n_h}(S_{yh}^2-2\beta_h S_{yxh}+\beta_h^2 S_{xh}^2) \tag{5.58}$$

它在

$$\beta_h=B_h \triangleq \frac{S_{yxh}}{S_{xh}^2},\quad h=1,2,\cdots,L \tag{5.59}$$

时达到最小值(L 为层数)：

$$V_{\min}(\bar{y}_{lrs})=\sum_h \frac{W_h^2(1-f_h)}{n_h}S_{yh}^2(1-\rho_h^2) \tag{5.60}$$

若 β_h 不能事先设定，则可用相应的样本回归系数估计：

$$b_h=\frac{s_{yxh}}{s_{xh}^2}=\frac{\sum_{i=1}^{n_h}(x_{hi}-\bar{x}_h)(y_{hi}-\bar{y}_h)}{\sum_{i=1}^{n_h}(x_{hi}-\bar{x}_h)^2} \tag{5.61}$$

此时回归估计是有偏的，但当 n_h 都比较大时偏倚很小。$\bar{y}_{lrs}$ 的方差近似为：

$$V(\bar{y}_{lrs})\approx\sum_h \frac{W_h^2(1-f_h)}{n_h}S_{yh}^2(1-\rho_h^2) \tag{5.62}$$

它可用下式估计：

$$\begin{aligned}v(\bar{y}_{lrs})&=\sum_h \frac{W_h^2(1-f_h)}{n_h}s_{eh}^2\\&=\sum_h \frac{W_h^2(1-f_h)}{n_h(n_h-2)}\left[\sum_{i=1}^{n_h}(y_{hi}-\bar{y}_h)^2-b_h^2\sum_{i=1}^{n_h}(x_{hi}-\bar{x}_h)^2\right]\\&=\sum_h \frac{W_h^2(1-f_h)}{n_h(n_h-2)}(n_h-1)s_{yh}^2(1-r_h^2)\end{aligned} \tag{5.63}$$

其中 s_{eh}^2 及 r_h^2 分别是第 h 层样本残差方差与样本相关系数的平方。

2. 联合回归估计(combined regression estimator)

联合回归估计是先对 $\bar{Y}$ 及 $\bar{X}$ 作分层简单估计：

$$\bar{y}_{st}=\sum_h W_h\bar{y}_h,\quad \bar{x}_{st}=\sum_h W_h\bar{x}_h,\quad \hat{Y}_{st}=N\bar{y}_{st},\quad \hat{X}_{st}=N\bar{x}_{st}$$

则 $\bar{Y}$ 与 Y 的联合回归估计定义为：

$$\bar{y}_{lrc}=\bar{y}_{st}+\beta(\bar{X}-\bar{x}_{st}) \tag{5.64}$$

$$\hat{Y}_{lrc}=N\bar{y}_{lrc}=\hat{Y}_{st}+\beta(X-\hat{X}_{st}) \tag{5.65}$$

当 β 事先设定时，它们都是无偏的，且

$$V(\bar{y}_{lrc})=\sum_h \frac{W_h^2(1-f_h)}{n_h}(S_{yh}^2-2\beta S_{yxh}+\beta^2S_{xh}^2) \tag{5.66}$$

它在 β 取下式时达到最小值：

$$B_c=\frac{\sum_h W_h^2(1-f_h)S_{yxh}/n_h}{\sum_h W_h^2(1-f_h)S_{xh}^2/n_h} \tag{5.67}$$

当 β 必须从样本估计时，我们用 s_{yxh} 估计 S_{yxh}，用 s_{xh}^2 估计 S_{xh}^2，从而 β 用以下 B_c 的估计量来估计：

$$b_c=\frac{\sum_h W_h^2(1-f_h)s_{yxh}/n_h}{\sum_h W_h^2(1-f_h)s_{xh}^2/n_h}$$

$$=\frac{\sum_h \frac{W_h^2(1-f_h)}{n_h(n_h-1)}\sum_{i=1}^{n_h}(y_{hi}-\bar{y}_h)(x_{hi}-\bar{x}_h)}{\sum_h \frac{W_h^2(1-f_h)}{n_h(n_h-1)}\sum_{i=1}^{n_h}(x_{hi}-\bar{x}_h)^2} \tag{5.68}$$

如果层样本量 n_h 是按比例分配的，又用 n_h 代替上式中的 n_h-1，则(5.68) 式可简化为：

$$b_c'=\frac{\sum_h\sum_{i=1}^{n_h}(y_{hi}-\bar{y}_h)(x_{hi}-\bar{x}_h)}{\sum_h\sum_{i=1}^{n_h}(x_{hi}-\bar{x}_h)^2} \tag{5.69}$$

b_c' 即是通常的联合最小二乘估计。

用 b_c 代替(5.64)式中的 β，所得联合回归估计 $\bar{y}_{lrc}$ 不再是无偏的，但当 n 大时仍是近似无偏的，它的近似方差为：

$$V(\bar{y}_{lrc})\approx\sum_h\frac{W_h^2(1-f_h)}{n_h}(S_{yh}^2-2B_cS_{yxh}+B_c^2S_{xh}^2) \tag{5.70}$$

方差估计为

$$v(\bar{y}_{lrc})=\sum_h\frac{W_h^2(1-f_h)}{n_h(n_h-1)}\sum_i[(y_{hi}-\bar{y}_h)-b_c(x_{hi}-\bar{x}_h)]^2$$

$$=\sum_h\frac{W_h^2(1-f_h)}{n_h}(s_{yh}^2-2b_cs_{yxh}+b_c^2s_{xh}^2) \tag{5.71}$$

5.4.3　各种估计量的比较与选择

对于分层随机抽样，在有辅助变量可以利用的情形，为提高估计的精度，有多种估计量可以采用：分别比估计、联合比估计、分别回归估计与联合回归估计，其中回归估计中的回归系数可以是事先设定的常数(例如作差估计时，β_h 或 β 都取常数1)，也可以是从样本估计的回归系数。通常它们都是有效的，特别是当 $\mathcal{Y}$ 与 $\mathcal{X}$ 高度相关时。但要全面地对这些估计量进行比较是困难的，下面我们只作定性的说明。

首先，对于两种形式的比估计以及两种回归系数都需要从样本估计的回归估计，估计量都是有偏的，只有在大样本的情况下才可以看作是近似无偏的。对于分别估计(无论是分别比估计还是分别回归估计)还要求每层样本量都比较大，因此如果某些层的样本量不够大，应当采用联合估计。由于回归估计(在回归系数需要从样本估计的情形)在小样本时偏倚有可能更大，因此在这种情形，采用比估计也许更保险些。

如果每层的样本量都比较大,同时每层的比估计或回归估计都比较有效(ρ_h 比较大),且每层的 β_h 或 R_h 相差较大,则分别估计比联合估计更为有效,估计量的方差更小。最后,若各层的回归系数都接近 1(例如当 $\mathcal{X}$ 是 $\mathcal{Y}$ 的前期数据),则可采用差估计。也许它的估计方差稍大,但由于它是无偏的,总的均方误差不一定大。

例 5.7 已知某市中央直属单位及市属单位 1986 年专业技术人员总数,欲通过抽样调查估计 1988 年底全市专业技术人员的总数 Y。抽样按中直单位与市属单位分层随机抽取,前者抽 $n_1=15$ 个单位,后者抽 $n_2=20$ 个单位,数据如表 5.6。已知中直单位 $N_1=135$ 个,1986 年底总人数为 $X_1=75650$ 人;市属单位 $N_2=1228$ 个,1986 年底总人数为 $X_2=315612$ 人。

表 5.6 专业技术人员数调查资料(y_i :1988 年底数, x_i :1986 年底数)

中直单位($h=1$)						市属单位($h=2$)					
i	x_i	y_i	i	x_i	y_i	i	x_i	y_i	i	x_i	y_i
1	215	224	11	2158	2220	1	87	94	11	390	429
2	1082	1110	12	318	334	2	123	132	12	97	104
3	675	714	13	457	461	3	59	62	13	103	107
4	382	393	14	234	248	4	14	17	14	284	290
5	180	189	15	465	472	5	657	702	15	125	125
6	632	677				6	83	88	16	674	714
7	56	61				7	208	227	17	357	385
8	812	828				8	42	45	18	218	234
9	98	101				9	38	42	19	819	868
10	217	228				10	148	165	20	146	162

我们对上述数据按分别比估计、联合比估计、分别回归估计与联合回归估计以及差估计方法对该市 1988 年专业技术人员总数 Y 作出估计,同时计算各估计量的精度。为此先就中直单位及市属单位两层的样本数据计算有关层的中间结果,如表 5.7 所示(包含某些已知量)。

表 5.7 计算专业技术人员总数估计量所用的层内数据

	$h=1$(中直单位)	$h=2$(市属单位)	总和
N_h	135	1228	$N=1363$
n_h	15	20	$n=35$
W_h	0.099046	0.900954	
$\frac{1-f_h}{n_h}$	0.059259	0.049186	

续表

	$h=1$（中直单位）	$h=2$（市属单位）	总 和
X_h	75650	315612	$X=391262$
$\bar{X}_h$	560.37037	257.01303	
$\bar{y}_h$	550.66667	249.60000	
$\bar{x}_h$	532.06667	233.60000	
s_{yh}^2	298594.238	61366.147	
s_{xh}^2	282927.781	54296.568	
s_{yxh}	290611.166	57708.411	
$\hat{R}_h$	1.034958	1.068493	
b_h	1.0271567	1.0628372	
r_h^2	0.999695133	0.999486648	

(1) 分别比估计

$$\hat{Y}_{RS}=\sum_h \frac{\bar{y}_h}{\bar{x}_h}X_h=\sum_h \hat{R}_h X_h$$

$$=1.034958\times 75650+1.068493\times 315612=415524$$

$$v(\hat{Y}_{RS})=\sum_h \frac{N_h^2(1-f_h)}{n_h}(s_{yh}^2+\hat{R}_h^2 s_{xh}^2-2\hat{R}_h s_{yxh})$$

$$=116910.2+2465413.8=2582324$$

$$\sqrt{v(\hat{Y}_{RS})}=1607$$

(2) 联合比估计

$$\hat{Y}_{st}=\sum_h N_h \bar{y}_h=380848.8$$

$$\hat{X}_{st}=\sum_h N_h \bar{x}_h=358689.8$$

$$\hat{R}_C=\frac{\hat{Y}_{st}}{\hat{X}_{st}}=1.0617776$$

$$\hat{Y}_{RC}=\frac{\hat{Y}_{st}}{\hat{X}_{st}}X=1.0617776\times 391262=415433$$

$$v(\hat{Y}_{RC})=\sum_h \frac{N_h^2(1-f_h)}{n_h}(s_{yh}^2+\hat{R}_C^2 s_{xh}^2-2\hat{R}_C s_{yxh})$$

$$=464561.06+2341109.41=2805670$$

$$\sqrt{v(\hat{Y}_{RC})}=1675$$

(3) 分别回归估计(当 β_h 采用样本回归系数 b_h 时)

$$\hat{Y}_{lrs}=\sum_h N_h\bar{y}_{lrs}=\sum_h N_h[\bar{y}_h+b_h(\bar{X}_h-\bar{x}_h)]$$
$$=78264.8+337066.6=415331$$

$$v(\hat{Y}_{lrs})=\sum_h \frac{N_h^2(1-f_h)}{n_h}s_{eh}^2$$
$$=\sum_h \frac{N_h^2(1-f_h)}{n_h}\frac{(n_h-1)}{(n_h-2)}s_{yh}^2(1-r_h^2)$$
$$=105876.3+2466398.6=2572275$$

$$\sqrt{v(\hat{Y}_{lrs})}=1604$$

(4) 联合回归估计(当 β 采用样本数据估计时)

$$b_c=\frac{\sum_h \frac{W_h^2(1-f_h)}{n_h}s_{yxh}}{\sum_h \frac{W_h^2(1-f_h)}{n_h}s_{xh}^2}=\frac{2472.9607}{2332.2757}=1.0603209$$

$$\hat{Y}_{lrc}=\hat{Y}_{st}+b_c(X-\hat{X}_{st})$$
$$=380848.8+1.0603209\times(391262-358689.8)$$
$$=415386$$

$$v(\hat{Y}_{lrc})=\sum_h \frac{N_h^2(1-f_h)}{n_h}(s_{yh}^2-2b_cs_{yxh}+b_c^2s_{xh}^2)$$
$$=434389+2362087=2796476$$

$$\sqrt{v(\hat{Y}_{lrc})}=1672$$

(5) 差估计

由于回归系数接近 1,故可用差估计,也即 β (或 β_h)设定为常数 1 的回归估计。注意此时分别估计与联合估计结果相同。

$$\hat{Y}_d=\sum_h[X_h+N_h(\bar{y}_h-\bar{x}_h)]=\hat{Y}_{st}+X-\hat{X}_{st}=413421$$

$$v(\hat{Y}_d)=\sum_h \frac{N_h^2(1-f_h)}{n_h}(s_{yh}^2+s_{xh}^2-2s_{yxh})$$
$$=323661+18238302=18561963$$

$$\sqrt{v(\hat{Y}_d)}=4308$$

为对以上五种估计及其精度作比较,将 Y 的估计值及相应的标准差的估计值列表如下:

表 5.8　专业技术人员总数各种估计值的比较

估计方法	估计值 $\hat{Y}$	$\hat{Y}$ 的标准差估计
分别比估计	415524	1607
联合比估计	415433	1675
分别回归估计	415331	1604
联合回归估计	415386	1672
差估计	413421	4308

从表面上的数值看，此例的比估计与回归估计效果一致，这是由于 $\hat{R}_C$ 与 b_c（$\hat{R}_h$ 与 b_h）数值相当接近的缘故，其中分别估计比联合估计效果稍好，因为 $\hat{R}_1$ 与 $\hat{R}_2$（b_1 与 b_2）的数值仍有一定差别。不过我们注意到比估计与回归估计（当回归系数用样本值时）都是有偏的，而且这里的样本量 n_h 都不大，因此用比估计，特别是联合比估计更保险些。基于同样的理由，差估计尽管标准差较大，但由于它是无偏的，因此仍有采用价值。

*5.5　比估计与回归估计及其方差估计的偏倚

5.5.1　有关简单随机样本中心矩阶的基本结果

从前面的讨论中，我们已知比估计与回归估计（在本节中我们仅限 β 是由样本回归系数确定的情形）都是有偏的，但其偏倚随着样本量 n 的增大而减小，或者说随着 $n\to\infty$，偏倚趋于 0。我们也提到过这些估计量的偏倚趋于 0 的速度比相应均方误差的平方根趋于 0 的速度更快。为了深入研究比估计与回归估计的偏倚、均方误差、方差以及它们的一些估计量在大样本时的性质，必须考察它们在 $n\to\infty$ 时趋于 0 的速度，这用它们的阶来表示。

为了研究比估计与其方差估计的偏倚，需要利用以下基本结果：

设 $\bar{y}$，$\bar{x}$ 分别是抽自某有限总体的简单随机样本的均值，则对非负整数 k 和 l，有

$$E|\bar{y}-\bar{Y}|^k=\begin{cases}O(n^{-\frac{k}{2}}), & 若 k 为偶数\\ O(n^{-\frac{k+1}{2}}), & 若 k 为奇数\end{cases} \tag{5.72}$$

$$E[|\bar{y}-\bar{Y}|^k|\bar{x}-\bar{X}|^l]=\begin{cases}O(n^{-\frac{k+l}{2}}), & 若 k+l 为偶数\\ O(n^{-\frac{k+l+1}{2}}), & 若 k+l 为奇数\end{cases} \tag{5.73}$$

上述结果的证明很复杂，下面只列出几种最简单的特例：

$$E(\bar{y}-\bar{Y})^2=V(\bar{y})=\frac{N-n}{nN}S_y^2<\frac{S_y^2}{n}=O\left(\frac{1}{n}\right)$$

$$E(\bar{y}-\bar{Y})(\bar{x}-\bar{X})=\frac{N-n}{nN}S_{yx}<\frac{S_{yx}}{n}=O\left(\frac{1}{n}\right)$$

$$E(\bar{y}-\bar{Y})(\bar{x}-\bar{X})^2=\frac{(N-n)(N-2n)}{n^2N(N-1)(N-2)}\sum_{i=1}^{N}(Y_i-\bar{Y})(X_i-\bar{X})^2=O\left(\frac{1}{n^2}\right) \tag{5.74}$$

$$E(\bar{y}-\bar{Y})^3=\frac{(N-n)(N-2n)}{n^2N(N-1)(N-2)}\sum_{i=1}^{N}(Y_i-\bar{Y})^3=O\left(\frac{1}{n^2}\right) \tag{5.75}$$

5.5.2 比估计及其方差估计的偏倚

对于比估计 $\hat{R}=\bar{y}/\bar{x}$ ，它的偏倚的阶为：

$$B(\hat{R})=E(\hat{R})-R=O\left(\frac{1}{n}\right) \tag{5.76}$$

为了证明这一结论，我们将 $\hat{R}-R$ 改写成下述形式：

$$\hat{R}-R=\frac{\bar{y}-R\bar{x}}{\bar{x}}=\frac{\bar{y}-R\bar{x}}{\bar{x}}\,\frac{\bar{x}-(\bar{x}-\bar{X})}{\bar{X}}$$

$$=\frac{\bar{y}-R\bar{x}}{\bar{X}}-\frac{(\bar{y}-R\bar{x})(\bar{x}-\bar{X})}{\bar{x}\bar{X}}$$

两边取期望

$$E(\hat{R}-R)=-E\left[\frac{(\bar{y}-R\bar{x})(\bar{x}-\bar{X})}{\bar{x}\bar{X}}\right]$$

若令 $Y_i-RX_i\triangleq U_i$ 作为单元 i 的一个指标值，则有 $\bar{U}=0$，$\bar{y}-R\bar{x}=\bar{u}$ 。又记 $X_*=\min\limits_{1\leqslant i\leqslant N}\{X_i\}$ ，则有：

$$|E(\hat{R}-R)|=\left|E\left[\frac{(\bar{y}-R\bar{x})(\bar{x}-\bar{X})}{\bar{x}\bar{X}}\right]\right|$$

$$=\left|E\left[\frac{(\bar{u}-\bar{U})(\bar{x}-\bar{X})}{\bar{x}\bar{X}}\right]\right|$$

$$\leqslant\frac{1}{X_*\bar{X}}E[|\bar{u}-\bar{U}|\cdot|\bar{x}-\bar{X}|]$$

$$\leqslant\frac{1}{X_*\bar{X}}\sqrt{E|\bar{u}-\bar{U}|^2\cdot E|\bar{x}-\bar{X}|^2}$$

$$=\frac{1}{X_*\bar{X}}\sqrt{O\left(\frac{1}{n}\right)\cdot O\left(\frac{1}{n}\right)}$$
$$=O\left(\frac{1}{n}\right)$$

这样就得到了(5.76)式。

下面我们求 $MSE(\hat{R})$ 的表达式。注意到

$$(\hat{R}-R)^2=\left(\frac{\bar{y}-R\bar{x}}{\bar{x}}\right)^2=\frac{(\bar{y}-R\bar{x})^2}{\bar{x}^2}\cdot\frac{\bar{x}^2-(\bar{x}^2-\bar{X}^2)}{\bar{X}^2}$$
$$=\frac{(\bar{y}-R\bar{x})^2}{\bar{X}^2}-\frac{\bar{x}^2-\bar{X}^2}{\bar{x}^2\bar{X}^2}(\bar{y}-R\bar{x})^2$$

若记 $X^*=\max\limits_{1\leqslant i\leqslant N}\{X_i\}$，则由(5.73)式得：

$$\left|E\left[\frac{\bar{x}^2-\bar{X}^2}{\bar{x}^2\bar{X}^2}(\bar{y}-R\bar{x})^2\right]\right|\leqslant\frac{X^*+\bar{X}}{X_*^2\bar{X}^2}E[|\bar{x}-\bar{X}||\bar{y}-R\bar{x}|^2]$$
$$=\frac{X^*+\bar{X}}{X_*^2\bar{X}^2}E[|\bar{x}-\bar{X}||\bar{u}-\bar{U}|^2]=O\left(\frac{1}{n^2}\right)$$

其中 U_i，X_* 的意义与前面一样。因而

$$E(\hat{R}-R)^2=\frac{1}{\bar{X}^2}E(\bar{y}-R\bar{x})^2-E\left[\frac{\bar{x}^2-\bar{X}^2}{\bar{x}^2\bar{X}^2}(\bar{y}-R\bar{x})^2\right]$$
$$=\frac{1}{\bar{X}^2}\frac{1-f}{n}\frac{1}{N-1}\sum_{i=1}^{N}(Y_i-RX_i)^2+O\left(\frac{1}{n^2}\right)\qquad(5.77)$$

由这个结果可以看出，均方误差 $MSE(\hat{R})$ 与偏倚 $B(\hat{R})$ 具有相同的阶 $O\left(\frac{1}{n}\right)$，也就是说它们趋于 0 的速度是 样快的。因此比估计的偏倚趋丁 0 的速度比相应的均方误差的平方根趋于 0 的速度更快。这就验证了前面的断言。

根据(5.76)和(5.77)两式知

$$V(\hat{R})=MSE(\hat{R})-[B(\hat{R})]^2$$
$$=\frac{1-f}{n\bar{X}^2}\frac{1}{N-1}\sum_{i=1}^{N}(Y_i-RX_i)^2+O\left(\frac{1}{n^2}\right)\qquad(5.78)$$

对于 $V(\hat{R})$，我们已经知道，有如下的两个常用的估计量：

$$v_1(\hat{R})=\frac{1-f}{n\bar{X}^2}\frac{1}{n-1}\sum_{i=1}^{n}(y_i-\hat{R}x_i)^2$$

$$v_2(\hat{R})=\frac{1-f}{n\bar{x}^2}\frac{1}{n-1}\sum_{i=1}^{n}(y_i-\hat{R}x_i)^2$$

用与上面类似的方法可以证明，$v_1(\hat{R})$、$v_2(\hat{R})$的偏倚的阶均为 $O\left(\frac{1}{n^2}\right)$。

5.5.3 比估计偏倚的消除或减少办法

由上一小节知，比估计的偏倚具有阶 $O\left(\frac{1}{n}\right)$。本小节我们对比估计进行修正，以便消除或减少这个偏倚。

1. 消除偏倚的方法

第一个修正估计量是哈特利—罗斯(H. O. Hartley-A. Ross)估计量。

考虑比值 $R=\frac{\bar{Y}}{\bar{X}}$ 的如下估计量

$$\bar{r}=\frac{1}{n}\sum_{i=1}^{n}r_i\triangleq\frac{1}{n}\sum_{i=1}^{n}\frac{y_i}{x_i} \tag{5.79}$$

注意到

$$E(\bar{r})=\frac{1}{N}\sum_{i=1}^{N}\frac{Y_i}{X_i}\triangleq\frac{1}{N}\sum_{i=1}^{N}R_i=\bar{R}$$

$$\frac{1}{N}\sum_{i=1}^{N}R_i(X_i-\bar{X})=\frac{1}{N}\sum_{i=1}^{N}Y_i-\bar{R}\bar{X}=\bar{X}(R-\bar{R})$$

故 $\bar{r}$ 的偏倚为

$$E(\bar{r})-R=\bar{R}-R=-\frac{1}{\bar{X}}\frac{1}{N}\sum_{i=1}^{N}R_i(X_i-\bar{X})$$

由习题 3.13 知

$$\frac{1}{n-1}\sum_{i=1}^{n}(r_i-\bar{r})(x_i-\bar{x})=\frac{1}{n-1}\sum_{i=1}^{n}r_i(x_i-\bar{x})=\frac{n}{n-1}(\bar{y}-\bar{r}\bar{x})$$

是

$$\frac{1}{N-1}\sum_{i=1}^{N}(R_i-\bar{R})(X_i-\bar{X})=\frac{1}{N-1}\sum_{i=1}^{N}R_i(X_i-\bar{X})$$

的无偏估计，于是有

$$E(\bar{r})-R=-\frac{N-1}{\bar{X}N}\mathrm{E}\left[\frac{n}{n-1}(\bar{y}-\bar{r}\bar{x})\right]$$

即

$$E\left[\bar{r}+\frac{n(N-1)}{(n-1)N\bar{X}}(\bar{y}-\bar{r}\bar{x})\right]=R$$

故估计量

$$\hat{R}_{HR}=\bar{r}+\frac{n(N-1)}{(n-1)N\bar{X}}(\bar{y}-\bar{r}\bar{x}) \tag{5.80}$$

是 R 的无偏估计。

另一个修正估计量是米基(M. R. Mickey)估计量,其构造与哈特利—罗斯估计量类似,但以 $\hat{R}_{-i}=\frac{\bar{y}_{-i}}{\bar{x}_{-i}}$ 代替上面的 r_i,其中 $\bar{y}_{-i}$,$\bar{x}_{-i}$ 表示在 n 个样本数据中去掉第 i 个后其余 $n-1$ 个 y_j 与 x_j 的平均值。以平均值

$$\hat{R}_{-}=\frac{1}{n}\sum_{i=1}^{n}\hat{R}_{-i}$$

代替(5.79)式中的 $\bar{r}$,即可得到如下的米基估计量:

$$\hat{R}_{M}=\hat{R}_{-}+\frac{n(N-n+1)}{N\bar{X}}(\bar{y}-\hat{R}_{-}\bar{x}) \tag{5.81}$$

它也是 R 的无偏估计。

还有一种消除比估计偏倚的办法,就是改变抽样方式,即不使用原来的简单随机抽样,而改用拉希里-水野(D. B. Lahiri-H. Midzuno)抽样方法。具体地说就是,按与 X_i 成比例的概率在总体中抽取一个单元入样,然后按简单随机抽样方式在剩下的 $N-1$ 个单元中抽取一个样本量为 $n-1$ 的样本。可以验证,按这种方式,一个样本 S 被抽中的概率与 $\sum_{i=1}^{n}x_i$ 成正比。这是因为若设 i 是 S 中第一个被抽中的单元,则抽中 S 的概率为

$$\frac{x_i}{X}\frac{1}{\binom{N-1}{n-1}}$$

由于 S 中的每个单元都可能在第一次被抽到,故抽中 S 的总概率为

$$\Pr(S)=\sum_{i=1}^{n}\frac{x_i}{X}\frac{1}{\binom{N-1}{n-1}}\propto\sum_{i=1}^{n}x_i \tag{5.82}$$

可以证明,这时通常的比估计 $\hat{R}$ 是无偏的(参见习题 5.10)。

2. 减少偏倚的方法

为了对时间序列分析中的估计量进行纠偏,昆纳乌利(M. H. Quenouille)提出了著名的刀切法(Jackknife method)。后来,德宾(J. Durbin))将该方法成功地应用于抽样调查中,将比估计偏倚的阶由 $O\left(\frac{1}{n}\right)$ 降低为 $O\left(\frac{1}{n^2}\right)$。下面就来介绍这种方法。为简单计,令抽样比 $f=n/N\approx0$。记

$$E(\hat{R})=R+\frac{b_1}{n}+\frac{b_2}{n^2}+O\left(\frac{1}{n^3}\right) \tag{5.83}$$

假定 $n=mg$。将样本随机地分为 g 组,每组的大小为 m,则

$$E(g\hat{R})=gR+\frac{b_1}{m}+\frac{b_2}{gm^2}+O\left(\frac{1}{n^2m}\right) \tag{5.84}$$

以 $\hat{R}_{-j}$ 表示在样本中舍弃第 j 组数据后所得的比估计,则因这时样本量为 $m(g-1)$,故有:

$$E(\hat{R}_{-j})=R+\frac{b_1}{(g-1)m}+\frac{b_2}{(g-1)^2m^2}+O\left(\frac{1}{n^2m(g-1)}\right)$$

从而

$$E[(g-1)\hat{R}_{-j}]=(g-1)R+\frac{b_1}{m}+\frac{b_2}{(g-1)m^2}+O\left(\frac{1}{n^2m}\right) \tag{5.85}$$

将(5.84)与(5.85)两式相减得:

$$E[g\hat{R}-(g-1)\hat{R}_{-j}]=R-\frac{b_2}{g(g-1)m^2}+O\left(\frac{1}{n^2m}\right)=R+O\left(\frac{1}{n^2}\right)$$

可以看出,估计量 $g\hat{R}-(g-1)\hat{R}_{-j}$ 的偏倚的阶已降至 $O\left(\frac{1}{n^2}\right)$。为避免舍弃某组数据时的偶然性对精度的影响,自然考虑 $g\hat{R}-(g-1)\hat{R}_{-j}$ 的平均值:

$$\hat{R}_J=g\hat{R}-(g-1)\frac{1}{g}\sum_{j=1}^{g}\hat{R}_{-j}\triangleq g\hat{R}-(g-1)\hat{R}_- \tag{5.86}$$

这即是刀切法估计。显然有

$$E(\hat{R}_J)=R+O\left(\frac{1}{n^2}\right) \tag{5.87}$$

另外两个可以降低偏倚的阶的修正估计量是比尔(E. M. L. Beale)估计量与廷(M. Tin)估计量:

$$\hat{R}_B=\frac{\bar{y}+\frac{1-f}{n}\frac{s_{yx}}{\bar{x}}}{\bar{x}+\frac{1-f}{n}\frac{s_x^2}{\bar{x}}}=\hat{R}\,\frac{1+\frac{1-f}{n}c_{yx}}{1+\frac{1-f}{n}c_x^2} \tag{5.88}$$

$$\hat{R}_T=\hat{R}\left[1-\frac{1-f}{n}\left(\frac{s_x^2}{\bar{x}^2}-\frac{s_{yx}}{\bar{y}\bar{x}}\right)\right]=\hat{R}\left[1-\frac{1-f}{n}(c_x^2-c_{yx})\right] \tag{5.89}$$

这两个估计量偏倚的阶均为 $O\left(\frac{1}{n^2}\right)$。

容易看出,$\hat{R}_B$ 与 $\hat{R}_T$ 其实是很接近的,至少在样本量 n 较大时如此,这是因为

$$\frac{1}{1+\frac{1-f}{n}c_x^2} \approx 1-\frac{1-f}{n}c_x^2$$

5.5.4　回归估计及其方差估计的偏倚

为了研究回归估计与其方差估计的偏倚，我们首先给出样本回归系数 b 作为总体回归系数 B 的估计时的性质：

(1) $E(b)-B=O\left(\frac{1}{\sqrt{n}}\right)$

(2) $E(b-B)^2=O\left(\frac{1}{n}\right)$

(3) $E(b-B)^4=O\left(\frac{1}{n^2}\right)$

由上述性质容易推出，回归估计量的偏倚为

$$B(\bar{y}_{lr})=E(\bar{y}_{lr})-\bar{Y}=O\left(\frac{1}{n}\right) \tag{5.90}$$

这是因为由性质(2)知

$$\begin{aligned}|B(\bar{y}_{lr})| &= |-E[b(\bar{x}-\bar{X})]| \\ &= |E[(b-B)(\bar{x}-\bar{X})]| \\ &\leqslant \sqrt{E(b-B)^2E(\bar{x}-\bar{X})^2} \\ &= \sqrt{O\left(\frac{1}{n}\right)\cdot O\left(\frac{1}{n}\right)}=O\left(\frac{1}{n}\right)\end{aligned}$$

而 $\bar{y}_{lr}$ 的均方误差为：

$$MSE(\bar{y}_{lr})=\frac{1-f}{n}S_y^2(1-\rho^2)+O\left(\frac{1}{n^{3/2}}\right) \tag{5.91}$$

事实上，若令 $\bar{y}'_{lr}=\bar{y}+B(\bar{X}-\bar{x})$，则由(5.41)式知

$$V(\bar{y}'_{lr})=\frac{1-f}{n}S_y^2(1-\rho^2)$$

于是，由性质(2)、(3)以及(5.72)式，并用柯西—许瓦兹不等式得

$$\begin{aligned}MSE(\bar{y}_{lr}) &= E(\bar{y}_{lr}-\bar{Y})^2 \\ &= E[(\bar{y}_{lr}-\bar{y}'_{lr})+(\bar{y}'_{lr}-\bar{Y})]^2 \\ &= E(\bar{y}_{lr}-\bar{y}'_{lr})^2+V(\bar{y}'_{lr})+2E[(\bar{y}_{lr}-\bar{y}'_{lr})(\bar{y}'_{lr}-\bar{Y})] \\ &= E[(b-B)^2(\bar{X}-\bar{x})^2]+V(\bar{y}'_{lr})+2E[(\bar{y}'_{lr}-\bar{Y})(b-B)(\bar{X}-\bar{x})]\end{aligned}$$

$$=O\left(\frac{1}{n^2}\right)+\frac{1-f}{n}S_y^2(1-\rho^2)+O\left(\frac{1}{n^{3/2}}\right)$$

$$=\frac{1-f}{n}S_y^2(1-\rho^2)+O\left(\frac{1}{n^{3/2}}\right)$$

由此可见

$$V(\bar{y}_{lr})=MSE(\bar{y}_{lr})-[B(\bar{y}_{lr})]^2$$
$$=\frac{1-f}{n}S_y^2(1-\rho^2)+O\left(\frac{1}{n^{3/2}}\right) \quad (5.92)$$

对于 $V(\bar{y}_{lr})$，我们知道它的一个估计量为

$$v(\bar{y}_{lr})=\frac{1-f}{n}\frac{1}{n-2}\sum_{i=1}^{n}[(y_i-\bar{y})-b(x_i-\bar{x})]^2 \triangleq \frac{1-f}{n}s_e^2$$

利用类似的方法可以证明，$v(\bar{y}_{lr})$的偏倚的阶为 $O\left(\frac{1}{n^{3/2}}\right)$。

习 题

5.1 对以下 $N=6$ 的假设总体：

	U_1	U_2	U_3	U_4	U_5	U_6
X_i	0	1	3	5	8	10
Y_i	1	3	11	18	29	46

1）用简单随机抽样抽取 $n=2$ 的样本，列出所有可能的样本，计算每个样本的 $\hat{R}$。$\hat{R}$ 是不是无偏的？若有偏，偏倚多大？

2）若用 $n=2$ 的简单样本去估计总体总量 Y，试比较比估计与简单估计的方差。

5.2 欲估计某小区居民的食品支出占总收入的比重，该地区共有 150 户，现用简单随机抽样抽取 14 户作为样本，经调查每户的食品支出 y_i 与总收入 x_i 的数据如下表：

样本户	总收入 x_i	食品支出 y_i
1	25100	3800
2	32200	5100
3	29600	4200
4	35000	6200
5	34400	5800

续表

样本户	总收入 x_i	食品支出 y_i
6	26500	4100
7	28700	3900
8	28200	3600
9	34600	3800
10	32700	4100
11	31500	4500
12	30600	5100
13	27700	4200
14	28500	4000

求食品支出占总收入比重的置信度为95%的置信区间。

5.3 某林地有 $N=250$ 棵树，随机砍伐了 $n=12$ 棵，每棵分别测量了根部横截面积和材积量，数据如下：

样本号	根部横截面积(平方尺)	材积量(立方尺)
1	0.3	6
2	0.5	9
3	0.4	7
4	0.9	19
5	0.7	15
6	0.2	5
7	0.6	12
8	0.5	9
9	0.8	20
10	0.4	9
11	0.8	18
12	0.6	13

设全部250棵树根部的横截面积之和为175平方尺。要求：

1）估计林地总材积量及其相对标准差；

2）比较比估计与简单估计的效率。

5.4 某县共有123个村，按简单随机抽样抽取13个村，取得资料如下：

样本村	上年产量(百斤)	当年产量(百斤)
1	550	610
2	720	780
3	1500	1600
4	1020	1030
5	620	600
6	980	1050
7	928	977
8	1200	1440
9	1350	1570
10	1750	2210
11	670	980
12	729	865
13	1530	1710

1) 若已知上年的小麦总产量为128200(百斤),采用比估计法估计当年的小麦总产量,并求置信度为95%的置信区间;

2) 估计每个村的平均小麦产量及估计的相对标准差。

5.5 设从销售某公司产品的452家企业中抽选了20家,分别调查了广告前与广告后的月销售量数据如下:

样本企业	广告前	广告后	样本企业	广告前	广告后
1	208	239	11	599	626
2	400	428	12	510	538
3	440	472	13	828	888
4	259	276	14	473	510
5	351	363	15	924	998
6	880	942	16	110	171
7	273	294	17	829	889
8	487	514	18	257	265
9	183	195	19	388	419
10	863	897	20	244	257

1) 若广告前的月总销售量为216256,估计广告后的月总销售量及其相对标准差;

2) 求广告后比广告前销售量增加百分比的置信度为95%的置信区间;

3) 若总销售量置信度为 95%下最大绝对误差为 $\Delta=3800$，应抽取多少企业作样本？

5.6 对习题 5.4 的资料采用差估计及用样本回归系数的回归估计法估计平均每村的小麦产量和小麦总产量。比较差估计、回归估计与比估计的效率。

5.7 某养兔专业户购进 100 只兔，平均重量为 3.1 磅，随机抽取了 10 只兔为样本，记录其重量，经过两个月的饲养，再次称重，其资料如下：

样本	原重(磅)	现重(磅)
1	3.2	4.1
2	3.0	4.0
3	2.9	4.1
4	2.8	3.9
5	2.8	3.7
6	3.1	4.1
7	3.0	4.2
8	3.2	4.1
9	2.9	3.9
10	2.8	3.8

要求：

1) 用回归估计法估计每只兔现有平均重量，并计算其方差的近似估计量；

2) 若每只兔的平均重量允许最大误差为 0.05 磅，置信度为 95%，应抽取多少只兔为样本？

5.8 在一水稻实割实测的试验研究中，以 $\mathcal{X}$ 表示稻草的重量，$\mathcal{Y}$ 表示稻谷的重量，通过随机地布设大量测框（方形的抽样单元）得到 $C_x^2=0.2$，$C_y^2=0.24$，$C_{yx}=0.14$，这里 C_x，C_y 分别为 $\mathcal{X}$ 和 $\mathcal{Y}$ 的变异系数，$C_{yx}=\rho C_x C_y$，ρ 是相关系数。当 $\mathcal{X}$ 的总量可以得到时，用比估计估计稻谷总产量，并求比估计对简单估计的效率。

5.9 某县欲调查某种农作物的产量，由于平原和山区的产量有差别，故拟划分为平原和山区两层采用分层抽样。全部 120 个平原村上年总产量为 24500(百斤)；全部 180 个山区村上年总产量为 21200(百斤)。现用简单随机抽样抽取 6 个平原村，9 个山区村，样本村上年及当年的产量如下：

平　原

样本	上年产量（百斤）	当年产量（百斤）
1	204	210
2	143	160
3	82	75
4	256	280
5	275	300
6	198	190

山　区

样本	上年产量（百斤）	当年产量（百斤）
1	137	150
2	189	200
3	119	125
4	63	60
5	103	110
6	107	100
7	159	180
8	63	75
9	87	90

试用分别比估计与联合比估计分别估计当年的总产量，给出估计量的标准误，并对上述两种结果进行比较和分析。

5.10　假设总体的每个单元有两个指标值 Y_i 和 X_i，$i=1,2,\cdots,N$。为了估计比值 $R=\dfrac{\bar{Y}}{\bar{X}}$，使用比估计 $\hat{R}=\dfrac{\bar{y}}{\bar{x}}$。试证：如果抽取样本的概率与 $\sum_{i=1}^{n}x_i$ 成正比，则 $\hat{R}$ 是 R 的无偏估计。

5.11　假设总体回归系数 B 已知。考虑如下的回归估计量：

$$\bar{y}_{lr}=\bar{y}+B(\bar{X}-\bar{x})$$

则 $\bar{y}_{lr}$ 优于 $\bar{y}$。今在上述估计量的右边用改进的估计量 $\bar{y}_{lr}$ 代替 $\bar{y}$，所得的估计量是否比 $\bar{y}_{lr}$ 更好？即 $\bar{y}'_{lr}=\bar{y}_{lr}+B(\bar{X}-\bar{x})$ 是否优于 $\bar{y}_{lr}$？

第六章　不等概率抽样

6.1　概述

6.1.1　不等概率抽样的必要性及优点

在概率抽样中,简单随机抽样的一个基本特点是总体中每一个单元的入样概率都相等,因此它是一种等概率抽样。由于分层随机抽样中每一层内的抽样也是按照简单随机抽样进行的,因此层内的抽样仍是等概率的。等概率抽样的基本出发点是将总体(或层)中的每一个单元看作是平等的,不"偏向"也不"疏远"某些特定的单元。如果总体单元的差异不是很大,这种处理方法既是简单的,也是合理的。但是如果总体单元相差较大,也即总体方差较大的情况,等概率抽样的效果就不一定好。例如为了估计一个城市的商业销售总额,对各商业网点进行调查。由于商业网点的规模差异极大,个别超大型商场年销售额可以超过亿元,甚至达到十几亿,而为数较多的大中型商场(商店)年销售额是在几十万到几千万之间;至于数量更多的小型商店(摊位)的年销售额每个仅数万元甚至不到一万元。在这种情况下,将大型、特大型的商场与一般中小型商商店平等对待显然是不合理的,因为一个城市中的大型商场数量虽少,但所占的市场份额则很高,对它们我们应该给予更多的关注,调查得细一些;而对数量虽大但所占市场份额并不很大的小型商店则可粗一些,不需要花很大精力做过多的调查。对此有几种处理方法:一种是将商业网点按规模(资金总额或员工总数等)大小分成若干类,以类为层进行分层抽样,大型商场的抽样比可以高些,小型商店的抽样比可以低些,绝少数特大型商场甚至可以100%抽样。这种对少数大单元进行全面调查而对大多数小单元进行抽样的方法就是所谓的目录抽样(list sampling);另一种处理的思路则考虑得更细一点,即设想在抽样时将总体中每个单元的入样概率与其规模大小联系起来,大单元抽到的概率大,小单元抽到的概率小,这就是不等概率抽样(sampling with unequal probabilities)。在不等概率抽样中,每个单元都被赋予一个大小不等的入样概率,而这个概率通常与某个辅助变量有关,比如前面例子中表示单元规模(大小)的某种度量。

不等概率抽样通常用于以下两种情况:一是需要估计总体总量但总体单元规模相差很大的情况。除了上面所举的例子外,还可列举许多类似的例子:为估计一个国家或地区城市人口总数(以城市为单元)、农作物总产量(以农场为单元)、工业总产值(以工厂为单元)、交通运输量(以航空公司、运输公司、港口或独立运输工具如车辆、船舶等为单元)等。又如在抽样审计中,通常以项目或单笔账作为单元,若每个单元被抽到的概率与其发生金额成正比,则可以通过只抽查少量项目(或单笔账),而样本发生金额之和却达到占总发生金额很大比例的效果。不等概率抽样另一常用的情况是由于种种原因不能直接对基本的较小单元抽样的情形。例如在整群抽样或多阶抽样中,若初级单元大小(用所包含的下一级单元数目表示)相差很大,则常采用对初级单元的不等概率抽样。在一定条件下,这样的抽样还能获得基本单元的自加权样本。

不等概率抽样的主要优点是可以大大提高估计的精度,减少抽样误差。而它的一个必要条件是已知一个辅助变量,它可用来确定总体中任意一个单元的入样概率或任意两个单元同时入样的概率。这不仅在实施抽样中是必需的,而且在数据处理中也是必要的。

6.1.2 不等概率抽样的主要分类

文献中研究的不等概率抽样有许多,例如布鲁尔(K. W. R. Brewer)与哈尼夫(M. Hanif)在他们 1983 年出版的专著《不等概率抽样》中就列举了 50 多种方法,不过真正常用的也不过 10 多种。在这些不等概率抽样方法中,按其实施方法或特性可以分成许多不同的类型。

一种分类方法是按抽样过程中被抽到的单元是否被放回总体中去而分为放回抽样与不放回抽样两类。事实上由于等概率抽样相对而言比较简单,因此常用的是不放回情形,即通常意义下的简单随机抽样。而不放回的不等概率抽样由于实施、目标量的估计及其方差估计都比较复杂,因此放回的不等概率抽样也经常被使用。在某种意义上可以这样说,抽样调查中的放回抽样主要用于不等概率抽样这种特殊情形。采用放回抽样的主要好处在于在每次抽样中所获得的样本是相互独立的,因此数据处理就特别简单。而不放回抽样,虽然效率常常更高,但由于丧失了独立性,无论是抽样方法还是方差估计,都要比放回抽样复杂得多。

其他分类方法包括放回抽样中的每个单元每次抽样被抽到的概率或不放回抽样中最终样本包含某个单元的概率是否严格地与单元的大小成比例,以及最终样本量 n 是固定的还是随机的等。最重要的情形是 n 固定且上述概率与单元大小严格或近似成比例的方法。

对不放回抽样,按其样本单元抽取方式的不同又可分为以下几种方法:

(1)逐个抽取法:每次从尚未入样的单元中以一定概率抽取一个单元,这个概率可与已入样的单元有关。

(2)重抽法:以一定概率逐个进行放回抽样,若一旦抽到重复单元,则放弃所有已抽到的单元而重新抽取,直至抽到规定的单元数且所有入样单元都不重复为止。

(3)系统抽取法:将总体单元按某种顺序排列,且将规定的单元入样概率(或其倍数)进行累计,并确定抽样间隔,产生随机数确定初始入样单元,最后按所确定的抽样间隔确定其余的样本单元。

在本章中我们主要介绍几种常用且较为典型的不等概率抽样,而系统抽取方法将在第十章中介绍。

6.2 放回不等概率抽样

6.2.1 多项抽样与 *PPS* 抽样

设总体包含 N 个单元,对其进行放回抽样,每次抽样抽到第 i 个单元的概率为 Z_i ,$i=1,\cdots,N$,$\sum_{i=1}^{N} Z_i=1$。独立地进行这样的抽样 n 次,共抽到 n 个单元,称这种不等概率抽样为多项抽样(multinomial sampling)。

记 t_i 为总体中第 i 个单元在 n 次抽样中被抽到的次数,显然对每个 i 都有:$0\leqslant t_i \leqslant n$,且 $\sum_{i=1}^{N} t_i=n$ 。对随机向量($t_1,\cdots,t_N$),它的联合分布即是如下的多项分布:

$$\frac{n!}{t_1!\ t_2!\ \cdots t_N!} Z_1^{t_1} Z_2^{t_2} \cdots Z_N^{t_N} \tag{6.1}$$

这就是多项抽样这个术语的来源。当每个单元具有一个表示其大小或规模的度量 M_i 时,则可取

$$Z_i=\frac{M_i}{M_0} \tag{6.2}$$

其中 $M_0=\sum_{i=1}^{N} M_i$ 是总体中所有单元的“大小”之和。此时每个单元在每次抽样中的入样概率与单元大小成比例,称这种特殊的多项抽样为(放回的)与大小成比例的概率抽样(sampling with probability proportional to size),简称 *PPS* 抽样。

6.2.2 多项抽样的实施方法

1. 代码法

代码法也称汉森—赫维茨(M. H. Hansen-W. N. Hurwitz)法。对于给定的一组概率 Z_i ,$i=1,\cdots,N$,总可以找到一个整数 M_0,使每个 $M_i=M_0 Z_i$,$i=1,\cdots,$

N ,都是一个整数。在 PPS 抽样情形,也可以假定每个 M_i 都是整数(若不然,则可乘以一个适当的常数使其都成为整数)。然后对 M_i 进行累计,赋以第 i 个单元 M_i 个代码。具体方法是:第 1 个单元拥有代码 $1\sim M_1$,第 2 个单元拥有代码 $M_1+1\sim M_1+M_2$,…,第 i 个单元拥有代码 $\sum_{j=1}^{i-1}M_j+1\sim\sum_{j=1}^{i}M_j$,…,最后一个单元拥有代码 $\sum_{j=1}^{N-1}M_j+1\sim M_0(=\sum_{j=1}^{N}M_j)$ 。每次抽样产生一个$[1,M_0]$之间的随机(整)数,设为 m ,则代码 m 所对应的单元即为此次抽样被抽中的单元。如此重复 n 次即可获得 n 个样本单元。

例 6.1 设某个总体有 $N=10$ 个单元,欲用多项抽样从中抽取 $n=5$ 个单元,给定的入样概率$\{Z_i\}$如表 6.1 所示。若令 $M_0=100$,则可使每个 $M_i=M_0Z_i$ 皆为整数。对 M_i 进行累加,赋予每个单元的代码列在表 6.1 各列中。

表 6.1 用代码法进行多项(*PPS*)抽样

i	Z_i	M_i	累计 M_i	代码
1	0.08	8	8	1~8
2	0.10	10	18	9~18
3	0.17	17	35	19~35
4	0.06	6	41	36~41
5	0.24	24	65	42~65
6	0.09	9	74	66~74
7	0.05	5	79	75~79
8	0.07	7	86	80~86
9	0.04	4	90	87~90
10	0.10	10	100	91~100
$\sum$	1.00	$M_0=100$		

在[1,100]范围内产生 5 个随机数,设分别为 04,73,25,49 及 82,则第 1、第 6、第 3、第 5 及第 8 个单元即为抽中的单元。如果我们欲再增加一个样本单元,产生的随机数为 58,则又对应第 5 个单元,这个单元被重复抽中。由于单元越大,被赋予的代码数就越多,因此每个单元每次入样的概率与其大小 M_i 成正比。

2. 拉希里(D. B. Lahiri)法

此方法是一种二次抽取法,具体实施是对上述的 M_i ,令 $M^*=\max\limits_{1\leqslant i\leqslant N}\{M_i\}$,即所有 M_i 中的最大值,每次抽取一个$[1,N]$范围内的随机数 i 及$[1,M^*]$范围

内的随机数 m ,若 $M_i \geqslant m$,则第 i 个单元入样;否则重抽一组(i , m)。

例如在例 6.1 中, $N=10$, $M^*=24$。设[1,10]中的一个随机数为 4,[1,24]中的随机数为 9,由于 $M_4=6<9$,因此需要重抽。设第二次抽到的一组随机数为(7,15),它仍然不满足要求,还需要重抽。若再次抽到的随机数组为(2,8),则由于 $M_2=10>8$,故第 2 个单元被抽中。如此重复直至抽到全部 n 个单元(允许重复)为止。

拉希里法适用于 N 很大的情况,因为它不需要列出如表 6.1 那样的表。

6.2.3 汉森—赫维茨估计量及其性质

对于多项抽样,由于抽样是不等概率的,每个样本单元的观测值 $y_1,\cdots,y_n$ 不再是“平等”的,因此对总体参数的估计与等概率抽样情形有本质不同。前已提到,这个估计也与样本单元的入样概率(即 Z_i 的取值) $z_1,\cdots,z_n$ 有关。汉森(M. H. Hansen)与赫维茨(W. N. Hurwitz)提出的对总体总量 Y 的如下估计:

$$\hat{Y}_{HH}=\frac{1}{n}\sum_{i=1}^{n}\frac{y_i}{z_i} \tag{6.3}$$

汉森一赫维茨估计量(Hansen-Hurwitz estimator) $\hat{Y}_{HH}$ 具有如下性质:若所有的 $Z_i>0$, $i=1,\cdots,N$,则

(1) $E(\hat{Y}_{HH})=Y$,即 $\hat{Y}_{HH}$ 是无偏的; (6.4)

(2) $V(\hat{Y}_{HH})=\frac{1}{n}\sum_{i=1}^{N}Z_i\left(\frac{Y_i}{Z_i}-Y\right)^2$ (6.5)

(3) 若 $n>1$,则

$$v(\hat{Y}_{HH})=\frac{1}{n(n-1)}\sum_{i=1}^{n}\left(\frac{y_i}{z_i}-\hat{Y}_{HH}\right)^2 \tag{6.6}$$

是 $V(\hat{Y}_{HH})$ 的无偏估计。

在证明上述性质以前,我们先就 PPS 抽样这种特殊情形说明 $\hat{Y}_{HH}$ 的直观含义。对于 PPS 抽样, $z_i=m_i/M_0$,代入(6.3)式,即有

$$\hat{Y}_{HH}=\frac{M_0}{n}\sum_{i=1}^{n}\frac{y_i}{m_i} \tag{6.7}$$

其中 y_i 是第 i 个样本单元的观测值,例如商店的年销售额;而 m_i 是该单元的大小,例如商店的员工人数; y_i/m_i 是第 i 个商店人均年销售额。对 n 个 y_i/m_i 取平均即是样本商业网点人均年销售额的平均,将此数乘以该地所有商业网点的员工总数 M_0,即可获得该地商业销售总额的估计。

下面我们用两种方法证明汉森一赫维茨估计量 $\hat{Y}_{HH}$ 的上述性质。

证明Ⅰ:

设想有这样一个随机变量 η ,它有 N 个可能的取值: Y_i/Z_i , $i=1,\cdots,N$,且 $\Pr(\eta=Y_i/Z_i)=Z_i$, $i=1,\cdots,N$ 。于是 $E(\eta)=\sum_{i=1}^{N}Z_i\frac{Y_i}{Z_i}=Y$, $V(\eta)=\sum_{i=1}^{N}Z_i\left(\frac{Y_i}{Z_i}-Y\right)^2$ 。而 $\hat{Y}_{HH}$ 是 η 的 n 次独立观测值 y_i/z_i 的样本平均数,因此根据数理统计的基本理论,有:

$$E(\hat{Y}_{HH})=E(\eta)=Y$$

$$V(\hat{Y}_{HH})=\frac{1}{n}\sum_{i=1}^{N}Z_i\left(\frac{Y_i}{Z_i}-Y\right)^2$$

而样本方差

$$\frac{1}{n-1}\sum_{i=1}^{n}\left(\frac{y_i}{z_i}-\hat{Y}_{HH}\right)^2$$

是 $V(\eta)$ 的无偏估计,因此

$$v(\hat{Y}_{HH})=\frac{1}{n(n-1)}\sum_{i=1}^{n}\left(\frac{y_i}{z_i}-\hat{Y}_{HH}\right)^2$$

是 $V(\hat{Y}_{HH})$ 的无偏估计。

证明Ⅱ:

引进随机变量 t_i ,即总体中第 i 个单元的入样次数, $i=1,2,\cdots,N$ 。前已指出,($t_1,t_2,\cdots,t_N$)服从多项分布(6.1)。根据多项分布的性质,有

$$E(t_i)=nZ_i,\quad V(t_i)=nZ_i(1-Z_i),\quad i=1,2,\cdots,N \tag{6.8}$$

$$Cov(t_i,t_j)=-nZ_iZ_j,\quad i,j=1,2,\cdots,N,\quad i\neq j \tag{6.9}$$

借助随机变量 t_i , $\hat{Y}_{HH}$ 可表示成以下形式:

$$\hat{Y}_{HH}=\frac{1}{n}\sum_{i=1}^{N}t_i\frac{Y_i}{Z_i}$$

因此

$$E(\hat{Y}_{HH})=\frac{1}{n}\sum_{i=1}^{N}\frac{Y_i}{Z_i}E(t_i)=\sum_{i=1}^{N}Y_i=Y$$

$$\begin{aligned}V(\hat{Y}_{HH})&=\frac{1}{n^2}\left[\sum_{i=1}^{N}\left(\frac{Y_i}{Z_i}\right)^2V(t_i)+2\sum_{i=1}^{N}\sum_{i<j}^{N}\frac{Y_i}{Z_i}\frac{Y_j}{Z_j}Cov(t_i,t_j)\right]\\&=\frac{1}{n}\left[\sum_{i=1}^{N}\frac{Y_i^2}{Z_i}(1-Z_i)-2\sum_{i=1}^{N}\sum_{i<j}^{N}Y_iY_j\right] \qquad (6.10)\\&=\frac{1}{n}\left[\sum_{i=1}^{N}\frac{Y_i^2}{Z_i}-\sum_{i=1}^{N}\left(Y_i^2+2\sum_{i<j}^{N}Y_iY_j\right)\right]\\&=\frac{1}{n}\left(\sum_{i=1}^{N}\frac{Y_i^2}{Z_i}-Y^2\right) \qquad (6.11)\end{aligned}$$

$$=\frac{1}{n}\sum_{i=1}^{N}Z_i\left(\frac{Y_i}{Z_i}-Y\right)^2$$

为证明 $v(\hat{Y}_{HH})$ 是 $V(\hat{Y}_{HH})$ 的无偏估计,注意到

$$\sum_{i=1}^{n}\left(\frac{y_i}{z_i}-\hat{Y}_{HH}\right)^2=\sum_{i=1}^{n}\left(\frac{y_i}{z_i}-Y\right)^2-n(\hat{Y}_{HH}-Y)^2$$

于是

$$\begin{aligned}
&n(n-1)E[v(\hat{Y}_{HH})]\\
&=E\left[\sum_{i=1}^{n}\left(\frac{y_i}{z_i}-Y\right)^2\right]-nE(\hat{Y}_{HH}-Y)^2\\
&=E\left[\sum_{i=1}^{N}\left(\frac{Y_i}{Z_i}-Y\right)^2t_i\right]-nV(\hat{Y}_{HH})\\
&=n\sum_{i=1}^{N}\left(\frac{Y_i}{Z_i}-Y\right)^2Z_i-nV(\hat{Y}_{HH})\\
&=n^2V(\hat{Y}_{HH})-nV(\hat{Y}_{HH})\\
&=n(n-1)V(\hat{Y}_{HH})
\end{aligned}$$

从而

$$E[v(\hat{Y}_{HH})]=V(\hat{Y}_{HH})$$

对于 $V(\hat{Y}_{HH})$,除了已给出的(6.5)式与(6.11)式两种形式外,还有另一种表达形式:

$$V(\hat{Y}_{HH})=\frac{1}{n}\sum_{i=1}^{N}\sum_{i<j}^{N}Z_iZ_j\left(\frac{Y_i}{Z_i}-\frac{Y_j}{Z_j}\right)^2 \tag{6.12}$$

为证明上式,注意到:

$$1-Z_i=\sum_{j=1}^{N}Z_j-Z_i=\sum_{j\neq i}^{N}Z_j$$

$$\sum_{i=1}^{N}\frac{Y_i^2}{Z_i}(1-Z_i)=\sum_{i=1}^{N}\sum_{j\neq i}^{N}\frac{Y_i^2Z_j}{Z_i}=\sum_{i=1}^{N}\sum_{i<j}^{N}\left(\frac{Y_i^2Z_j}{Z_i}+\frac{Y_j^2Z_i}{Z_j}\right)$$

将上式代入(6.10)式,即有

$$\begin{aligned}
V(\hat{Y}_{HH})&=\frac{1}{n}\sum_{i=1}^{N}\sum_{i<j}^{N}\left(\frac{Y_i^2Z_j}{Z_i}+\frac{Y_j^2Z_i}{Z_j}-2Y_iY_j\right)\\
&=\frac{1}{n}\sum_{i=1}^{N}\sum_{i<j}^{N}Z_iZ_j\left(\frac{Y_i}{Z_i}-\frac{Y_j}{Z_j}\right)^2
\end{aligned}$$

6.2.4 数值例——职工人数调查

例 6.2　表 6.2 是某系统 $N=36$ 个单位上一年职工人数 X_i 及当年职工人数

Y_i 的数据。以 X_i 为单位大小 M_i 的度量，对单位进行 PPS 抽样，样本量 $n=6$，试估计全系统当年职工总人数 Y，并与简单随机抽样作精度比较。

解：$N=36$，　$n=6$，　$X=\sum_{i=1}^{36} X_i=18457$，　$Y=\sum_{i=1}^{36} Y_i=19583$

表 6.2　某系统各单位上一年与当年职工人数

单位号	X_i	Y_i	单位号	X_i	Y_i
1	598	633	19	231	255
2	21	18	20	15	24
3	630	656	21	172	181
4	3012	3273	22	234	243
5	372	386	23	312	338
6	142	164	24	351	371
7	1072	1145	25	252	281
8	432	501	26	194	210
9	216	235	27	149	166
10	1698	1778	28	173	189
11	1570	1541	29	318	344
12	502	486	30	204	227
13	497	516	31	52	63
14	723	786	32	188	174
15	712	740	33	97	122
16	335	352	34	218	242
17	267	299	35	47	51
18	1658	1714	36	838	879

根据公式(6.11)，Y 的汉森—赫维茨估计 $\hat{Y}_{HH}$ 的理论方差为：

$$
\begin{aligned}
V(\hat{Y}_{HH}) &= \frac{1}{n}\left(\sum_{i=1}^{N}\frac{Y_i^2}{Z_i}-Y^2\right)\\
&= \frac{1}{n}\left(X\sum_{i=1}^{N}\frac{Y_i^2}{X_i}-Y^2\right)\\
&= \frac{1}{6}(18457\times 20823.687-19583^2)\\
&= 141483.66
\end{aligned}
$$

$$\sqrt{V(\hat{Y}_{HH})}=376.1431$$

而若对单位进行简单随机抽样，相等样本量时 Y 的简单估计 $\hat{Y}_{SRS}$ 的方差可计算如下：

$$V(\hat{Y}_{SRS})=\frac{N(N-n)}{n}S_y^2=\frac{36\times 30}{6}\times 419650.31=75537056$$

$$\sqrt{V(\hat{Y}_{SRS})}=8691.2057$$

因此此例 PPS 抽样的设计效应为：

$$\text{deff}=\frac{141484}{7537056}=0.001873$$

可见对 PPS 抽样，估计量的精度提高非常显著。

在实际中 Y_i 当然是未知的，只有通过抽样才能观测到。下面我们列出 4 组 PPS 样本，分别计算 Y 的估计量并作方差估计。4 组样本抽得的单位号码如下：

样本 1　④，⑩，㉓，⑪，⑬，⑧；

样本 2　①，㉞，⑱，⑪，㉙，⑧；

样本 3　⑫，⑩，㊱，④，㉔，④；

样本 4　⑭，④，⑱，㉘，⑪，㉞。

对样本 α（$\alpha=1,2,3,4$），计算 Y 的估计量，记为 $\hat{Y}_\alpha$。为方便起见，令

$$\bar{\bar{y}}_\alpha=\frac{1}{n}\sum_{i=1}^{n}\frac{y_{\alpha i}}{x_{\alpha i}}$$

$$v(\bar{\bar{y}}_\alpha)=\frac{1}{n(n-1)}\sum_{i=1}^{n}\left(\frac{y_{\alpha i}}{x_{\alpha i}}-\bar{\bar{y}}_\alpha\right)^2$$

则

$$\hat{Y}_\alpha=X\bar{\bar{y}}_\alpha$$

$$v(\hat{Y}_\alpha)=X^2v(\bar{\bar{y}}_\alpha)$$

计算结果列在表 6.3 中。

表 6.3　对表 6.2 的假设总体进行 $n=6$ 的 PPS 抽样的结果

样本号	1	2	3	4
$\bar{\bar{y}}_\alpha$	1.0463548	1.0709013	1.0490758	1.0652787
$\hat{Y}_\alpha$	19313	19766	19363	19662
$\sqrt{v(\bar{\bar{y}}_\alpha)}$	0.015584	0.025207	0.017742	0.019740
$\sqrt{v(\hat{Y}_\alpha)}$	287.6426	465.2464	327.4601	364.3344

注意到不同样本计算的估计量 $\hat{Y}_\alpha$ 的值相差不大，说明它的方差并不大，但方差估计量 $v(\hat{Y}_\alpha)$ 的稳定性较差（表中列出的只是标准差的估计），其中原因之一是

本例中样本量较小。

6.3 不放回不等概率抽样

6.3.1 包含概率与 πPS 抽样

放回不等概率抽样实施简单,数据处理也不复杂,在不等概率抽样中占有一定的地位。但是由于放回抽样有可能重复抽到同一单元,特别是个别大单元被重复抽到的可能性比较大,一定程度上影响了样本的代表性,降低了抽样效率,也不易被实际工作者所接受。因此我们有必要研究不放回不等概率抽样。

在放回的不等概率抽样即多项抽样中,每个单元每次抽取中被抽中的概率 Z_i 起着关键的作用。相应地,在不放回抽样中,每个单元被包含到样本的概率 $\pi_i = \Pr(i)$ 及任意两个单元都被包含到样本的概率 $\pi_{ij} = \Pr(i,j)$ 起着十分重要的作用,它们通称为包含概率(inclusion probabilities)。

对于固定的 n ,包含概率 π_i 与 π_{ij} 满足以下性质:

(1) $\sum_{i=1}^{N}\pi_i = n$ (6.13)

(2) $\sum_{j\neq i}^{N}\pi_{ij} = (n-1)\pi_i$ (6.14)

(3) $\sum_{i=1}^{N}\sum_{j>i}^{N}\pi_{ij} = \frac{1}{2}n(n-1)$ (6.15)

性质(1)是显然的。性质(2)是对某个已在样本中的单元 i 而言的,固定了这个特定单元,总体中其他 $N-1$ 个单元在样本中只可能有 $n-1$ 个,因此

$$\sum_{j\neq i}^{N}\pi_{ij} = \sum_{j\neq i}^{N}\Pr(i)\Pr(j\,|\,i) = \pi_i\sum_{j\neq i}^{N}\Pr(j\,|\,i) = (n-1)\pi_i$$

最后一个等号的成立是由于性质(1)。性质(3)则直接利用性质(2)得到:

$$\sum_{i=1}^{N}\sum_{j>i}^{N}\pi_{ij} = \frac{1}{2}\sum_{i=1}^{N}\sum_{j\neq i}^{N}\pi_{ij} = \frac{1}{2}(n-1)\sum_{i=1}^{N}\pi_i = \frac{1}{2}n(n-1)$$

与放回的 PPS 抽样类似,对于不放回不等概率抽样,我们最感兴趣的是 π_i 与单元大小 M_i 成比例的情形。若仍记 $Z_i = M_i/M_0\ \left(M_0 = \sum_{i=1}^{N}M_i\right)$,且 $Z_i < 1/n$,则由性质(1),有:

$$\pi_i = nZ_i \tag{6.16}$$

以后我们将这种不放回的与单元大小成比例的概率抽样称为 πPS 抽样。

严格的 πPS 抽样实施起来非常复杂。事实上,只有当 $n=2$ 时才有一些简

单且实用的方法。对于 $n>2$，严格的 πPS 抽样都相当复杂。对于大的 n，一般很难做到。此外，当 n 大时，π_{ij} 的计算也极其困难，而这对于方差估计是不可少的。

6.3.2　霍维茨—汤普森估计量及其性质

对不放回不等概率抽样，总体总量 Y 的估计采用霍维茨(D. G. Horvitz)与汤普森(D. J. Thompson)提出的以下估计量：

$$\hat{Y}_{HT}=\sum_{i=1}^{n}\frac{y_i}{\pi_i} \tag{6.17}$$

注意这个估计量与多项抽样的汉森一赫维茨估计量 $\hat{Y}_{HH}$ 非常相似。事实上，对于 πPS 抽样，由于 $\pi_i=nZ_i$，$\hat{Y}_{HT}$ 与相应 PPS 抽样的 $\hat{Y}_{HH}$ 形式上完全一致。

霍维茨一汤普森估计量 $\hat{Y}_{HT}$ 具有如下的性质：

(1)若 $\pi_i>0$，　$i=1,2,\cdots,N$，则 $\hat{Y}_{HT}$ 是 Y 的无偏估计，且它的方差为：

$$V(\hat{Y}_{HT})=\sum_{i=1}^{N}\frac{1-\pi_i}{\pi_i}Y_i^2+2\sum_{i=1}^{N}\sum_{j>i}^{N}\frac{\pi_{ij}-\pi_i\pi_j}{\pi_i\pi_j}Y_iY_j \tag{6.18}$$

当 n 固定时，又有

$$V(\hat{Y}_{HT})=\sum_{i=1}^{N}\sum_{j>i}^{N}(\pi_i\pi_j-\pi_{ij})\left(\frac{Y_i}{\pi_i}-\frac{Y_j}{\pi_j}\right)^2 \tag{6.19}$$

(2)若 $\pi_i>0$，　$\pi_{ij}>0$，　$i,j=1,2,\cdots,N$，　$i\neq j$，则

$$v(\hat{Y}_{HT})=\sum_{i=1}^{n}\frac{1-\pi_i}{\pi_i^2}y_i^2+2\sum_{i=1}^{n}\sum_{j>i}^{n}\frac{\pi_{ij}-\pi_i\pi_j}{\pi_i\pi_j\pi_{ij}}y_iy_j \tag{6.20}$$

是 $V(\hat{Y}_{HT})$ 的无偏估计。

又当 n 固定时，以下耶茨一格伦迪一森(F. Yates-P. M. Grundy-A. R. Sen)估计量 $v_{YGS}(\hat{Y}_{HT})$ 也是 $V(\hat{Y}_{HT})$ 的无偏估计：

$$v_{YGS}(\hat{Y}_{HT})=\sum_{i=1}^{n}\sum_{j>i}^{n}\frac{\pi_i\pi_j-\pi_{ij}}{\pi_{ij}}\left(\frac{y_i}{\pi_i}-\frac{y_j}{\pi_j}\right)^2 \tag{6.21}$$

证明上述结果的思路与手法与证明汉森一赫维茨估计量 $\hat{Y}_{HH}$ 的性质时非常类似，只需引进随机变量：

$$a_i=\begin{cases}1, & \text{若第 } i \text{ 个单元入样}\\ 0, & \text{否则}\end{cases}\qquad i=1,2,\cdots,N \tag{6.22}$$

则

$$E(a_i)=\pi_i \tag{6.23}$$

$$V(a_i)=\pi_i(1-\pi_i) \tag{6.24}$$

$$Cov(a_i, a_j) = \pi_{ij} - \pi_i \pi_j, \quad i \neq j \tag{6.25}$$

从而 $\hat{Y}_{HT}$ 可以表成

$$\hat{Y}_{HT} = \sum_{i=1}^{N} a_i \frac{Y_i}{\pi_i} \tag{6.26}$$

这里 $\frac{Y_i}{\pi_i}$，$i=1,2,\cdots,N$ 都是常数。对上式求均值及方差，经过若干代数推导即可得到有关结果。

需要说明的是 $\hat{Y}_{HT}$ 的方差估计不太稳定，有时可能为负值。相对而言，当 n 固定时，估计量 v_{YGS} 比另一个要稳定一些。

6.3.3 $n=2$ 的严格 πPS 抽样

对于 πPS 抽样，由于总体总量的霍维茨—汤普森估计量的形式相当简单，因此就应用角度来说，是否便利主要在于它的实施方法以及 π_{ij} 的计算。当 $n=2$ 时，有几种比较实用的方法，本小节介绍其中两种。在具体应用中，$n=2$ 并不是一个十分严重的限制。事实上，这些方法常用在对总体经过仔细分层，在每层中抽取两个样本单元的情况。

1. 布鲁尔(K. W. R. Brewer)方法

该方法要求对每个 i，都满足 $Z_i < \frac{1}{2}$，即总体(层)中的最大单元必须小于全部单元大小总和的 1/2。在实际中，若不满足此条件，可以将这个“特大”单元作为必调查的单元。两个样本单元采用逐个抽取法抽取：第一个单元按与 $\frac{Z_i(1-Z_i)}{1-2Z_i}$ 成比例的概率抽取；第二个单元则在剩下的 $N-1$ 个单元中按与 Z_j 成比例的概率抽取。

例 6.3 在全国职工生活进步调查中，调查总体是当时全国所有县级市以上城市共 622 个。所用的对城市抽样方法是将所有直辖市、省会(自治区首府)城市及计划单列市都作为必调查城市(即每个都构成自我代表层)，其余城市按地域(沿海、内地、边远共三个地域)、城市级别(地级市与县级市)以及职工平均工资水平的高低分成若干小层。在每个小层中用布鲁尔方法抽取两个城市，其中城市规模以市区(包括近郊区)人口数为其度量。作为说明，表 6.4 列出了在某小层 8 个城市中抽取两个样本城市的具体步骤(数字是假设的)。

表 6.4 $n=2$ 的布鲁尔抽样方法示例

i	M_i	$Z_i=M_i/M_0$	$\frac{Z_i(1-Z_i)}{1-2Z_i}$	累计 $\frac{Z_i(1-Z_i)}{1-2Z_i}$	累计 $Z_j(j\neq 5)$
1	23	0.092	0.1024	0.1024	0.092
2	45	0.180	0.2306	0.3330	0.272
3	11	0.044	0.0461	0.3791	0.316
④	68	0.272	0.4342	0.8133	0.588
⑤	37	0.148	0.1791	0.9924	—
6	20	0.080	0.0876	1.0800	0.668
7	27	0.108	0.1229	1.2029	0.776
8	19	0.076	0.0828	1.2857	0.852
$\sum$		1.0000	$D=1.2857$		

表 6.4 中 M_i 是城市市区人口数(单位:万人),$Z_i=M_i/M_0$($M_0=250$ 是层内所有城市的市区人口总数),对 $\frac{Z_i(1-Z_i)}{1-2Z_i}$ 的累计值是 1.2857。为抽取第一个样本城市,产生一个[0,1]范围内的均匀分布随机数 r_1',设为 0.761,乘以 1.2857,得 $r_1=0.9784$,位于 0.8133 与 0.9924 之间,这意味着城市 5 被抽中。为抽第二个样本城市,将除 Z_5 外的其他 Z_j 累计,总值为 0.852,产生另一个[0,1]范围内的均匀分布随机数 $r_2'=0.498$,$r_2=r_2'\times 0.852=0.424$。因而城市 4 即为抽中的第二个样本城市。

下面我们来计算 π_i,证明这种抽样是一种严格的 πPS 抽样。令

$$D=\sum_{i=1}^{N}\frac{Z_i(1-Z_i)}{1-2Z_i}=\frac{1}{2}\sum_{i=1}^{N}\left(Z_i+\frac{Z_i}{1-2Z_i}\right)$$

$$=\frac{1}{2}\left(1+\sum_{i=1}^{N}\frac{Z_i}{1-2Z_i}\right) \tag{6.27}$$

由于第一个样本单元是按与 $\frac{Z_i(1-Z_i)}{1-2Z_i}$ 成比例的概率抽取的,因此第一个样本单元抽到单元 i 的概率为:

$$\frac{Z_i(1-Z_i)}{D(1-2Z_i)} \tag{6.28}$$

如果单元 i 是抽到的第二个样本单元,而第一个样本单元是单元 j,发生这种情形的概率为:

$$\frac{Z_j(1-Z_j)}{D(1-2Z_j)}\frac{Z_i}{1-Z_j}=\frac{Z_iZ_j}{D(1-2Z_j)} \tag{6.29}$$

因此不论第一个样本单元是哪一个，第二个样本单元恰为单元 i 的概率为：

$$\sum_{j\neq i}^{N}\frac{Z_iZ_j}{D(1-2Z_j)} \tag{6.30}$$

这样，在两次抽样中抽到单元 i 的概率 π_i 是(6.28)与(6.30)两个量之和：

$$\begin{aligned}\pi_i &= \frac{Z_i(1-Z_i)}{D(1-2Z_i)}+\sum_{j\neq i}^{N}\frac{Z_iZ_j}{D(1-2Z_j)}\\&=\frac{Z_i}{D}\left(1+\frac{Z_i}{1-2Z_i}+\sum_{j\neq i}^{N}\frac{Z_j}{1-2Z_j}\right)\\&=\frac{Z_i}{D}\left(1+\sum_{j=1}^{N}\frac{Z_j}{1-2Z_j}\right)\\&=\frac{Z_i}{D}(2D)=2Z_i\end{aligned} \tag{6.31}$$

因而布鲁尔方法是严格 πPS 抽样。按霍维茨—汤普森估计量的公式，总体总量 Y 的估计为：

$$\hat{Y}_B=\frac{y_1}{\pi_1}+\frac{y_2}{\pi_2}=\frac{1}{2}\left(\frac{y_1}{z_1}+\frac{y_2}{z_2}\right) \tag{6.32}$$

$V(\hat{Y}_B)$ 可表达为(6.18)式或(6.19)式，但我们更关心它的估计。注意到由于 $n=2$，按(6.21)式，$V(\hat{Y}_B)$ 的耶茨一格伦迪一森估计只包含一项：

$$v_{YGS}(\hat{Y}_B)=\frac{\pi_1\pi_2-\pi_{12}}{\pi_{12}}\left(\frac{y_1}{\pi_1}-\frac{y_2}{\pi_2}\right)^2 \tag{6.33}$$

根据(6.29)式，由单元 i 及 j 组成的样本被抽中的概率 π_{ij} 为：

$$\begin{aligned}\pi_{ij}&=\frac{Z_iZ_j}{D}\left(\frac{1}{1-2Z_i}+\frac{1}{1-2Z_j}\right)\\&=\frac{2Z_iZ_j}{D}\frac{1-Z_i-Z_j}{(1-2Z_i)(1-2Z_j)}\\&=\frac{4Z_iZ_j(1-Z_i-Z_j)}{(1-2Z_i)(1-2Z_j)\left(1+\sum_{i=1}^{N}\frac{Z_i}{1-2Z_i}\right)}\end{aligned} \tag{6.34}$$

可以证明(见习题 6.8)，只要所有的 $Z_i<\frac{1}{2}$，则

$$\pi_{ij}<4Z_iZ_j=\pi_i\pi_j$$

从而 v_{YGS} 恒为非负数。事实上，一个无偏的方差估计并不一定能保证恒为正，但非负的无偏方差估计在一定意义上无疑是比较好的。

2. 德宾(J. Durbin)方法

两个样本单元仍用逐个抽取法抽取：第一个样本单元以概率 Z_i 抽取，设抽到

的是单元 i；第二个样本单元则按与 $Z_j\left(\frac{1}{1-2Z_i}+\frac{1}{1-2Z_j}\right)$ 成比例的概率抽取。

为计算 π_i 及 π_{ij}，令

$$\begin{aligned}D' &= \sum_{j\neq i}^{N} Z_j\left(\frac{1}{1-2Z_i}+\frac{1}{1-2Z_j}\right)\\ &= \frac{1-Z_i}{1-2Z_i}+\sum_{j\neq i}^{N}\frac{Z_j}{1-2Z_j}\\ &= 1+\sum_{j=1}^{N}\frac{Z_j}{1-2Z_j}=2D \end{aligned}\tag{6.35}$$

于是

$$\begin{aligned}\pi_i &= Z_i+\frac{1}{D'}\sum_{j\neq i}^{N}Z_iZ_j\left(\frac{1}{1-2Z_i}+\frac{1}{1-2Z_j}\right)\\ &= Z_i+Z_i\frac{D'}{D'}=2Z_i\end{aligned}\tag{6.36}$$

$$\begin{aligned}\pi_{ij} &= \frac{2Z_iZ_j}{2D}\left(\frac{1}{1-2Z_i}+\frac{1}{1-2Z_j}\right)\\ &= \frac{Z_iZ_j}{D}\left(\frac{1}{1-2Z_i}+\frac{1}{1-2Z_j}\right)\end{aligned}\tag{6.37}$$

这与布鲁尔方法的 π_{ij} 相等，因此德宾方法与布鲁尔方法实际上是等价的。应用德宾方法也要求对每个 i，都有 $Z_i<\frac{1}{2}$。

＊6.3.4　$n>2$ 的严格 πPS 抽样

对于严格 πPS 抽样，$n>2$ 时的情形要比 $n=2$ 的情形复杂得多。即使可以实现，π_{ij} 的计算也相当复杂。下面我们简单地介绍三种方法。

1. 水野(H. Midzuno)方法

这也是一种逐个抽取方法，关键是第一个样本单元的抽取，它是以概率

$$Z_i^*=\frac{n(N-1)Z_i}{N-n}-\frac{n-1}{N-n},\quad i=1,2,\cdots,N\tag{6.38}$$

进行抽取。在抽取第一个单元以后，在剩下的 $N-1$ 个单元中按简单随机抽样抽取 $n-1$ 个单元，因此这种抽样是不放回的。可以证明，只要对每个 i，有

$$Z_i>\frac{n-1}{n(N-1)}\tag{6.39}$$

则这种抽样方法是严格 πPS 的，且此时

$$\pi_{ij}=\frac{n-1}{N-1}\left[\frac{N-n}{N-2}(Z_i^*+Z_j^*)+\frac{n-2}{N-2}\right]\tag{6.40}$$

条件(6.39)意味着总体中的单元大小差异不能太大。实际中,若总体中的单元相差过大,可以通过分层使层内的单元大小相仿。

2. 布鲁尔(K. W. R. Brewer)方法

这是 $n=2$ 的布鲁尔方法在 $n>2$ 情形的推广,也采用逐个抽取法。第一个单元是以与

$$\frac{Z_i(1-Z_i)}{1-nZ_i} \tag{6.41}$$

成比例的概率抽取。在第 r 次抽取时以与

$$\frac{Z_i(1-Z_i)}{1-(n-r+1)Z_i} \tag{6.42}$$

成比例的概率从当时尚未入样的单元中抽取一个单元。可以证明 $\pi_i=nZ_i$,但此时 π_{ij} 的公式相当复杂,尽管有递推公式可以使用。

3. 拉奥—桑福特(J. N. K. Rao—M. R. Sampford)方法

这种方法是先以 Z_i 的概率抽取第一个样本单元,然后以与

$$\lambda_i=\frac{Z_i}{1-nZ_i} \tag{6.43}$$

成比例的概率有放回地抽取 $n-1$ 个单元(设所有的 $Z_i<\frac{1}{n}$)。一旦有单元被重复抽中,则放弃所有已抽到的单元重抽,直到抽中的 n 个单元都不同为止。按这种抽样方法的 π_{ij} 也相当复杂,需要通过计算机计算。

拉奥—桑福特方法在 $n=2$ 时也与 $n=2$ 的布鲁尔方法等价。

*6.3.5 $n>2$ 的两种非严格的 πPS 抽样

当 $n>2$ 时,严格的 πPS 抽样比较复杂,特别是在对包含概率 π_{ij} 的计算上。为此统计学家研究了一些非严格的 πPS 抽样方法,在这一小节中我们介绍其中两种。

1. 莫蒂(M. N. Murthy)方法

莫蒂方法实施起来相当方便和自然,也是一种逐个抽取方法。第一个样本单元按 Z_i 的概率抽取,设第 i 个单元入样;第二个样本单元按 $Z_j/(1-Z_i)$ 的概率在其余 $N-1$ 个单元中抽取,设第 j 个单元入样;第三个样本单元则按 $Z_k/(1-Z_i-Z_j)$ 的概率在剩下的 $N-2$ 个单元中抽取;以此类推,直至抽足 n 个单元为止。也就是说,每个样本单元都是按与当时未入样的单元大小成比例的概率抽取的,但 π_i 并不与 Z_i 严格成比例。

由于 π_i 的值不易计算,因此对这种抽样总体总量的估计不能用霍维茨—汤普森估计量。莫蒂提出以下估计量:

$$\hat{Y}_M=\frac{\sum_{i=1}^{n}\Pr(S|i)y_i}{\Pr(S)} \tag{6.44}$$

式中 $\Pr(S)$ 是抽到特定样本 S 的概率，而 $\Pr(S|i)$ 则表示在第一次抽样抽到单元 i 的条件下抽到 S 的条件概率。

莫蒂证明了 $\hat{Y}_M$ 是无偏的，它的方差有如下形式：

$$V(\hat{Y}_M)=\sum_{i=1}^{N}\sum_{j>i}^{N}\left[1-\sum_{S}{}^{*}\frac{\Pr(S|i)\Pr(S|j)}{\Pr(S)}\right]Z_iZ_j\left(\frac{Y_i}{Z_i}-\frac{Y_j}{Z_j}\right)^2 \tag{6.45}$$

其中 $\sum_{S}^{*}$ 表示对所有包含单元 i,j 的样本求和。它的一个无偏估计是：

$$v(\hat{Y}_M)=\frac{1}{[\Pr(S)]^2}\cdot\left\{\sum_{i=1}^{n}\sum_{j>i}^{n}[\Pr(S)\Pr(S|i,j)-\Pr(S|i)\Pr(S|j)]z_iz_j\left(\frac{y_i}{z_i}-\frac{y_j}{z_j}\right)^2\right\} \tag{6.46}$$

其中 $\Pr(S|i,j)$ 表示在前两次抽中单元 i 和 j 的条件下抽到样本 S 的概率。

(6.44)式与(6.46)式的计算一般来说都必须借助计算机编制专门程序才能进行，并且计算量随着 n 的增大而急剧地增大。但当 $n=2$ 时，它们有相对简单的形式：

$$\hat{Y}_M=\frac{1}{2-z_1-z_2}\left[(1-z_2)\frac{y_1}{z_1}+(1-z_1)\frac{y_2}{z_2}\right] \tag{6.47}$$

$$v(\hat{Y}_M)=\frac{(1-z_1)(1-z_2)(1-z_1-z_2)}{(2-z_1-z_2)^2}\left(\frac{y_1}{z_1}-\frac{y_2}{z_2}\right)^2 \tag{6.48}$$

例 6.4　设在例 6.3 中，总体 8 个单元指标值 Y_i 分别为 682，1125，330，1788，1073，640，624，512。若用莫蒂方法抽一个 $n=2$ 的样本，设抽到的是单元 4 与单元 5，则总体总量 Y（实际值为 6774）的莫蒂估计为：

$$\hat{Y}_M=\frac{1}{2-0.272-0.148}\times\left[(1-0.148)\times\frac{1788}{0.272}+(1-0.272)\times\frac{1073}{0.148}\right]$$
$$=6885$$

$\hat{Y}_M$ 的方差估计为：

$$v(\hat{Y}_M)=\frac{(1-0.272)(1-0.148)(1-0.272-0.148)}{(2-0.272-0.148)^2}\times\left(\frac{1788}{0.272}-\frac{1073}{0.148}\right)^2$$
$$=65945$$

$$\sqrt{v(\hat{Y}_M)}=256.8$$

若如例 6.3 那样，上述两个单元是按布鲁尔方法抽得的，则按霍维茨-汤普森估计：

$$\hat{Y}_B=\frac{1}{2}\left(\frac{1788}{0.272}+\frac{1073}{0.148}\right)=6912$$

为求 $v(\hat{Y}_B)$，我们先根据(6.34)式计算

$$\pi_{45}=\frac{2\times 0.272\times 0.148\times(1-0.272-0.148)}{1.2857\times(1-2\times 0.272)(1-2\times 0.148)}=0.1131$$

其中 $D=1.2857$ 已在表 6.4 中标出。因而由(6.33)式,我们用耶茨一格伦迪一森估计:

$$v(\hat{Y}_B)=\frac{4\times 0.272\times 0.148-0.1131}{0.1131}\left(\frac{1788}{2\times 0.272}-\frac{1073}{2\times 0.148}\right)^2$$
$$=48476$$

$$\sqrt{v(\hat{Y}_B)}=220.2$$

2. 拉奥一哈特利一科克伦(J. N. K. Rao—H. O. Hartley—G. W. Cochran)方法

将总体中 N 个单元随机地分成 n 组,每组的单元数为 N_1, N_2,…, N_n ,在每组中按与 Z_i 成比例的概率抽取一个单元作为样本单元。记第 g 组抽得的单元的指标值为 y_g ,相应的 Z 值为 z_g ,而该组 N_g 个 Z 值之和记为 Z_g^* ,则第 g 组的总量 Y_g 的估计

$$\hat{Y}_g=\frac{y_g}{z_g/Z_g^*} \tag{6.49}$$

是无偏的,因而

$$\hat{Y}_{RHC}=\sum_{g=1}^{n}Z_g^*\frac{y_g}{z_g} \tag{6.50}$$

是总体总量 Y 的无偏估计。

$\hat{Y}_{RHC}$ 的方差有两个来源:一是由于分组的随机性,二是由于组内的抽样。下面我们仅给出结果而不加以证明:

$$V(\hat{Y}_{RHC})=\frac{\sum_{g=1}^{n}N_g^2-N}{N(N-1)}\left(\sum_{i=1}^{N}\frac{Y_i^2}{Z_i}-Y^2\right) \tag{6.51}$$

它的一个无偏估计是:

$$v(\hat{Y}_{RHC})=\frac{\sum_{g=1}^{n}N_g^2-N}{N^2-\sum_{g=1}^{n}N_g^2}\sum_{g=1}^{n}Z_g^*\left(\frac{y_g}{z_g}-\hat{Y}_{RHC}\right)^2 \tag{6.52}$$

从(6.51)式可以看出,对于给定的总体,为使估计量的方差小,分组时每组的单元数 N_g 不能相差过大。事实上,当 N_g 都相等(若 N/n 是整数)或只相差 1 时, $V(\hat{Y}_{RHC})$ 达到最小。

*6.3.6 泊松抽样

哈耶克(J. Hajek)设计了一种严格 πPS 、不放回、但 n 不事先固定的抽样方

法，称为泊松抽样(Poisson sampling)。对每个总体单元赋予一个入样概率 π_i，使 $\pi_i/Z_i=\nu$，其中 ν 是一个常数。以 π_i 为成功概率，作一次伯努利试验(Bernoulli trials)，若试验成功，则相应的单元入样。对 N 个总体单元，进行 N 次这样的试验，实际入样的单元数即样本量 n 是一个随机变量。显然

$$E(n)=\sum_{i=1}^{N}\pi_i=\nu \tag{6.53}$$

总体总量 Y 的估计有两种方法：一种仍是采用霍维茨—汤普森估计，即

$$\hat{Y}_{PS}=\sum_{i=1}^{n}\frac{y_i}{\pi_i} \tag{6.54}$$

此时由于

$$\pi_{ij}=\pi_i\pi_j \tag{6.55}$$

故 $\hat{Y}_{PS}$ 的方差有如下简单的形式：

$$V(\hat{Y}_{PS})=\sum_{i=1}^{N}(1-\pi_i)\frac{Y_i^2}{\pi_i} \tag{6.56}$$

它的一个无偏估计是：

$$v(\hat{Y}_{PS})=\sum_{i=1}^{n}(1-\pi_i)\frac{y_i^2}{\pi_i^2} \tag{6.57}$$

由于这里的 n 是随机的，因此可以考虑如下的比估计：

$$\hat{Y}'_{PS}=\begin{cases}\hat{Y}_{PS}\dfrac{\nu}{n}, & 若\ n>0\\ 0, & 若\ n=0\end{cases} \tag{6.58}$$

$\hat{Y}'_{PS}$ 是近似无偏的，它的一个近似均方误差或方差由下式给出：

$$V(\hat{Y}'_{PS})\approx\sum_{i=1}^{N}\pi_i(1-\pi_i)\left(\frac{Y_i}{\pi_i}-\frac{Y}{\nu}\right)^2+p_0Y^2 \tag{6.59}$$

其中 p_0 是 $n=0$，也即在一轮泊松抽样抽到空样本(没有一个单元入样)的概率。

(6.59)式的一个估计是：

$$v(\hat{Y}'_{PS})=\sum_{i=1}^{n}(1-\pi_i)\left(\frac{y_i}{\pi_i}-\frac{\hat{Y}'_{PS}}{\nu}\right)^2+p_0\hat{Y}'^{\,2}_{PS} \tag{6.60}$$

为估计 p_0，可考虑以下的修正泊松抽样(modified Poisson sampling)：如果在一轮泊松抽样中抽到一个空样本，则重新进行一轮泊松抽样，也即再做 N 次伯努利试验，直至得到一个非空样本为止。

在一轮泊松抽样中，抽到第 i 个单元的概率为 $\pi_i(1-p_0)$，因此 p_0 满足：

$$p_0=\prod_{i=1}^{N}[1-\pi_i(1-p_0)] \tag{6.61}$$

用迭代法就可得到 p_0，初始值可取为 0。

对于修正的泊松抽样，有

$$\pi_{ij}=\pi_i\pi_j(1-p_0)\,,\quad i\neq j \tag{6.62}$$

于是若采用(6.54)式的霍维茨—汤普森估计，记为 $\hat{Y}_{mps}$ ，其方差公式是：

$$V(\hat{Y}_{mps})=\sum_{i=1}^{N}(1-\pi_i)\frac{Y_i^2}{\pi_i}-p_0\left(Y^2-\sum_{i=1}^{N}Y_i^2\right) \tag{6.63}$$

它的一个无偏估计是

$$v(\hat{Y}_{mps})=\sum_{i=1}^{n}(1-\pi_i)\frac{y_i^2}{\pi_i^2}-\frac{p_0}{1-p_0}\left(\hat{Y}_{mps}^2-\sum_{i=1}^{n}\frac{y_i^2}{\pi_i^2}\right) \tag{6.64}$$

若采用形如(6.58)式的比估计，记为 $\hat{Y}'_{mps}$ ，则其近似方差为：

$$V(\hat{Y}'_{mps})\approx\sum_{i=1}^{N}\pi_i[1-(1-p_0)\pi_i]\left(\frac{Y_i}{\pi_i}-\frac{Y}{\nu}\right)^2 \tag{6.65}$$

它可用下式估计：

$$v(\hat{Y}'_{mps})=\sum_{i=1}^{n}[1-(1-p_0)\pi_i]\left(\frac{y_i}{\pi_i}-\frac{\hat{Y}'_{mps}}{\nu}\right)^2 \tag{6.66}$$

通常修正泊松抽样的方差估计小于一般泊松抽样的方差估计。

习 题

6.1 对于 $N=4$ 的假设总体{1,2,3,4}按给定的概率{0.1,0.1,0.4,0.4}进行放回抽样，$n=2$。

1) 试列出所有可能样本以及每个样本出现的概率；

2) 对每个样本计算对总体总量 Y 的估计：$\hat{Y}_{HH}=\frac{1}{n}\sum_{i=1}^{n}\frac{y_i}{z_i}$ ，验证 $\hat{Y}_{HH}$ 是 Y 的无偏估计；

3) 根据所有可能样本计算 $V(\hat{Y}_{HH})$，验证其结果是否与按公式计算的结果一致。

6.2 研究人员欲估计一批电子元件板上的缺陷数，由于缺陷数与板上的电子元件数目有关，故采用与元件数目成比例的放回 PPS 抽样。设 $N=10$，每块板上电子元件的数目按顺序分别为 10,12,22,8,16,24,9,10,8,31，并设 $n=4$。要求：

1) 说明样本的抽选方法；

2) 若抽中的单元按前面排列的序号是第 2,3,5,7 四个元件板，其缺陷数分别为 1,3,2,1，试根据这一抽样结果，估计这批元件板上共有多少个缺陷；

3) 给出上述估计量的方差估计。

6.3 欲估计某大型企业全体人员一年的人均病假天数，该企业有 8 个子公司，为了方便起见拟抽取 3 个公司进行调查然后推断整个企业，但每个子公司的人数不同，且差别很大，故采用按人数成比例的 PPS 抽样。各子公司的人数如下：

公司	1	2	3	4	5	6	7	8
人数	1200	450	2100	860	2840	1910	390	3200

1）请列举一种抽选方法，说明抽选的步骤；

2）若抽中的是第3，6，8子公司，其病假的总数分别为4320人日、4160人日和5790人日，估计整个企业的人均病假天数并计算抽样标准误。

6.4　欲调查某地区水稻播种面积，以村作为抽样单元，采取与普查人数成比例的PPS抽样，共抽中10个村，其数据如下：

样本村	普查人数	水稻面积(亩)
1	5511	4824
2	865	924
3	2535	1948
4	3523	3013
5	8368	7678
6	7357	5506
7	5131	4051
8	4654	4060
9	1146	809
10	1165	1013

已知该地区普查人口总数为415149，

1）估计该地区的水稻种植面积和相对标准差；

2）若要求相对标准差控制在2%以内，求必要的样本量。

6.5　假设总体大小$N=7$，单元指标值分别为10，20，30，40，50，60和70，采取$n=2$的不放回πPS抽样。试列出所有可能的样本，计算每个单元和每对单元被抽入样本的包含概率π_i与π_{ij}，并验证$\sum_{i=1}^{N}\pi_i=2$，$\sum_{j\neq i}^{N}\pi_{ij}=\pi_i$。

6.6　有一个总体$N=3$，$Z_i=1/2,1/3$和$1/6$，$Y_i=7,5$和2。按莫蒂方法从总体中抽出两个单元，要求：

1）验证$\pi_1=\dfrac{51}{60}$，$\pi_2=\dfrac{44}{60}$，$\pi_3=\dfrac{25}{60}$，$\pi_{12}=\dfrac{35}{60}$，$\pi_{13}=\dfrac{16}{60}$，$\pi_{23}=\dfrac{9}{60}$；

2）当采用这一抽样方法时，比较估计量$\hat{Y}_M$与πPS的估计量$\hat{Y}_{HT}$的方差。

6.7　下表是某城镇分街道的第三产业单位数的统计数据，其中去年普查数是实际有的，现有单位数是假设的，只在实际调查情况下才能获得：

街道	去年普查数	现有单位数	街道	去年普查数	现有单位数
1	9	9	11	19	19
2	9	13	12	21	25
3	12	12	13	23	27
4	12	12	14	24	21
5	12	14	15	24	35
6	14	17	16	25	22
7	14	15	17	26	25
8	17	20	18	27	27
9	18	19	19	30	47
10	18	18	20	30	37

假设采用 $n=1$ 的以下几种抽样策略：

1) 进行等概率抽样,使用简单估计；

2) 进行等概率抽样,使用以去年普查数为辅助变量的比估计；

3) 进行按与去年普查数成比例的概率抽样,使用汉森一赫维茨估计。

试比较这三种抽样策略估计量的方差或均方误差,并加以讨论。(注意,计算比估计量的均方误差时应计算真值而不用近似公式。)

6.8 试证:对于 $n=2$ 时的布鲁尔方法,只要每个 $Z_i<1/2$,则必有

$$0<\pi_{ij}<\pi_i\pi_j,\quad i\neq j$$

6.9 记总体各个单元的大小分别为 M_i , $i=1,2,\cdots,N$ 。考虑如下的抽样方法:设 d 为 $M_1,\cdots,M_N$ 的一个公约数,以 M_i/d 个代码代表单元 i ,然后用不放回的简单随机抽样法从总共 $M_0/d\triangleq\sum_{i=1}^{N}M_i/d$ 个代码中抽出 n 个,则相应的单元入样。试证:在这个抽样方法下,有

1) 估计量 $\hat{Y}=\frac{1}{n}\sum_{i=1}^{n}\frac{y_i}{z_i}$ ($Z_i\triangleq M_i/M_0$)是总体总量 Y 的无偏估计；

2) $\hat{Y}$ 的方差是：

$$V(\hat{Y})=\frac{M_0-nd}{M_0-d}\cdot\frac{1}{n}\sum_{i=1}^{N}Z_i\left(\frac{Y_i}{Z_i}-Y\right)^2$$

3) $V(\hat{Y})$ 的一个无偏估计为：

$$v(\hat{Y})=\frac{M_0-nd}{M_0}\cdot\frac{1}{n(n-1)}\sum_{i=1}^{n}\left(\frac{y_i}{z_i}-\hat{Y}\right)^2$$

第七章 二重抽样

7.1 概述

7.1.1 什么是二重抽样

二重抽样(double sampling)也称二相抽样(two－phase sampling)。这种抽样的主要特点是抽样分两步进行。第一步抽样称为第一重(相)抽样(the first phase sampling),是从总体中抽取一个比较大的样本,称为第一重(相)样本(the first phase sample)。对第一重样本的调查主要是获取有关总体的某些辅助信息,为下一步的第二重抽样估计提供基础。第二重(相)抽样(the second phase sampling)所抽的样本相对较小,对它进行的调查才是主调查,通常这个第二重(相)样本(the second phase sample)是从第一重样本中抽取的,即是第一重样本的一个子样本。有时候第二重样本也可从总体中独立地抽取。在本章中除 7.5 节讨论的样本轮换外,我们都限定第二重样本是从第一重样本中随机抽取的,且将第一重抽样限于简单随机抽样情况。

7.1.2 二重抽样的作用

二重抽样有多种用途,以下列举它能在其中起重要作用的几个情况:

1. 从总体单元中筛选主调查的对象。在一些调查中,主调查对象只是总体中的一部分,且与其他单元不易区分。例如对老年痴呆症患者的调查,一开始我们并不知道究竟哪些老人患有老年痴呆症;再如在一项办公自动化设备调查中,要求调查单位的电脑、复印机与传真机等办公自动化设备的使用情况,但我们事先也不好确定哪些单位一定有这些设备。在这种情形,就需要采用二重抽样,先从总体中抽取一个大样本,通过相对比较简单的预调查,筛选出满足条件的对象,从中再抽样进行下一步的主调查。

2. 在一项多指标的大规模调查中,由于总体指标差异较大或对目标量估计的精度要求不同,并不需要相同的样本量。为了节约调查费用,对那些个体指标差异大或精度要求高的需要调查一个大样本,而对那些个体指标差异较小或精度要求较低的则可仅调查一个较小样本。例如在住户家计调查中,对高档耐用消费品、旅游及婚丧一类开支的调查就需要有较大的样本量,而对家庭日用品、粮食、油盐酱醋一类开支则仅需较小的样本量。对这类调查若采用二重抽样，既能保证精度，又可节省调查费用。

3. 对于那些为提高抽样精度在抽样或构造估计量时需要总体某些辅助信息的情形，二重抽样可以发挥很大作用。例如分层抽样需要事先将总体单元分成层，并已知层权；*PPS* 抽样需要已知每个单元的大小；在构造比估计或回归估计时要求已知有关辅助变量的总体总量或均值。在缺少这种辅助信息的情况就可用二重抽样先抽一个大样本以获取这些信息，再通过一个较小的第二重样本的实际调查并利用第一重样本中的所得信息来提高估计量的精度。当然，这中间有一个费用的问题。一般情形下，第一重抽样的费用应当是非常低廉的，因为由此而增加的费用必须通过估计量精度的提高而得到补偿，否则采用二重抽样就不值得了。

4. 在一些连续性抽样调查中，同一单元不同时期的指标值往往存在相关性，利用这种相关性采用回归估计可以提高精度。但是样本又不能始终不变，因为长期使用同一样本单元会因被调查对象的厌倦情绪等原因影响调查质量。为降低这种样本老化所带来的负面影响，通常采用样本轮换的方法。二重抽样可以用来研究样本轮换中的某些问题。

7.1.3 二步抽样估计量求均值与方差的一般公式

为研究二重抽样估计量的性质，本小节给出二步抽样中对估计量求均值（期望）与方差的一般公式。记 E_2、V_2 为给定第一步抽样结果的条件下对第二步抽样求均值及方差，E_1，V_1 是对第一步抽样求均值与方差，则对按二步抽样获得的估计量 $\hat{\theta}$，有以下结果：

$$E(\hat{\theta}) = E_1[E_2(\hat{\theta})] \tag{7.1}$$

$$V(\hat{\theta}) = V_1[E_2(\hat{\theta})] + E_1[V_2(\hat{\theta})] \tag{7.2}$$

(7.1)式是显然的。为证明(7.2)式，令 $\tilde{\theta} = E(\hat{\theta})$，则

$$V(\hat{\theta}) = E(\hat{\theta} - \tilde{\theta})^2 = E_1[E_2(\hat{\theta} - \tilde{\theta})^2]$$

而

$$\begin{aligned} E_2(\hat{\theta} - \tilde{\theta})^2 &= E_2(\hat{\theta}^2) - 2\tilde{\theta}E_2(\hat{\theta}) + \tilde{\theta}^2 \\ &= [E_2(\hat{\theta})]^2 + V_2(\hat{\theta}) - 2\tilde{\theta}E_2(\hat{\theta}) + \tilde{\theta}^2 \end{aligned}$$

两边求 E_1，注意到 $\tilde{\theta} = E_1[E_2(\hat{\theta})]$，我们有：

$$\begin{aligned} V(\hat{\theta}) &= E_1[E_2(\hat{\theta})]^2 + E_1[V_2(\hat{\theta})] - \{E_1[E_2(\hat{\theta})]\}^2 \\ &= V_1[E_2(\hat{\theta})] + E_1[V_2(\hat{\theta})] \end{aligned}$$

从而(7.2)式成立。

7.2 为分层的二重抽样

7.2.1 二重分层抽样的样本抽选方法

分层抽样有一个前提,即总体中所有单元已按某种分层标志明确地分成若干层,且层权是已知的。如果只知道分层标志或原则,但层不明确,分层抽样就无法进行。当然此时可用事后分层技术,但事后分层估计也需要已知层权。层权未知或只有一个粗略估计时会给估计量带来严重的偏倚(参见 4.6.3 的讨论)。二重分层抽样是处理这种问题的恰当方法。

二重分层抽样的步骤是先用简单随机抽样在总体中抽取样本量为 n' 的第一重样本,根据已知的分层标志将第一重样本中的所有单元进行分层。若记 n'_h 是属于第 h 层的单元数($h=1,2,\cdots,L$, L 是层数),则

$$w'_h=\frac{n'_h}{n'},\quad h=1,2,\cdots,L \tag{7.3}$$

是实际层权 $W_h=N_h/N$ 的无偏估计(见习题 7.9)。第二重抽样是对第一重样本进行分层随机抽样,设总样本量为 n,每层的抽样比 ν_h 指定,第二重样本中第 h 层的样本量为 n_h (只要 n 足够大,可假定每个 $n_h>0$),对每个第二重样本单元实施主调查。

7.2.2 二重分层抽样的估计方法

记 y_{hj} 是第二重样本第 h 层第 j 单元的指标值, $j=1,2,\cdots,n_h$; $h=1,2,\cdots,L$,则第 h 层的样本均值

$$\bar{y}_h=\frac{1}{n_h}\sum_{j=1}^{n_h}y_{hj} \tag{7.4}$$

是第一重样本第 h 层均值 $\bar{y}'_h$ (由于对所有没被抽中为第二重样本的第一重样本单元未进行主调查,故它是未知的)的无偏估计。总体均值 $\bar{Y}$ 的二重分层抽样的估计量定义为:

$$\bar{y}_{stD}=\sum_{h=1}^{L}w'_h\bar{y}_h \tag{7.5}$$

为证明 $\bar{y}_{stD}$ 是无偏的,将它改写成:

$$\begin{aligned}\bar{y}_{stD}&=\sum_h w'_h\bar{y}_h\\&=\sum_h w'_h\bar{y}'_h+\sum_h w'_h(\bar{y}_h-\bar{y}'_h)\end{aligned}$$

$$=\frac{1}{n'}\sum_h\sum_{i=1}^{n_h}y_{hi}+\sum_h w'_h(\bar{y}_h-\bar{y}'_h)$$

由于在固定第一重样本的条件下 w'_h，$\bar{y}'_h$ 均为常数，且 $E_2(\bar{y}_h)=\bar{y}'_h$，故

$$E(\bar{y}_{stD})=E_1[E_2(\bar{y}_{stD})]$$

$$=E_1\left(\frac{1}{n'}\sum_h\sum_{i=1}^{n'_h}y_{hi}\right)=\bar{Y} \tag{7.6}$$

上式表明 $\bar{y}_{stD}$ 是无偏的。为推导它的方差，注意到对不同的 h，在固定第一重样本的条件下，$\bar{y}_h$ 相互独立，令

$$s'^2_h=\frac{1}{n'_h-1}\sum_{i=1}^{n_h}(y_{hi}-\bar{y}'_h)^2 \tag{7.7}$$

则 $\bar{y}_{stD}$ 的方差为：

$$V(\bar{y}_{stD})=V_1[E_2(\bar{y}_{stD})]+E_1[V_2(\bar{y}_{stD})]$$

$$=V_1(\sum_h w'_h\bar{y}'_h)+E_1(\sum_h w'^2_h V_2(\bar{y}_h))$$

$$=V_1\left(\frac{1}{n'}\sum_h\sum_{i=1}^{n_h}y_{hi}\right)+E_1\left[\sum_h w'^2_h\left(\frac{1}{n_h}-\frac{1}{n'_h}\right)s'^2_h\right]$$

$$=\left(\frac{1}{n'}-\frac{1}{N}\right)S^2+\sum_h\frac{1}{n'}\left(\frac{1}{\nu_h}-1\right)E_1(w'_h s'^2_h) \tag{7.8}$$

而

$$E_1(w'_h s'^2_h)=E_1[E_1(w'_h s'^2_h\mid n'_h)]$$

$$=E_1(w'_h)S^2_h=W_h S^2_h \tag{7.9}$$

综合(7.8)式与(7.9)式，得到：

$$V(\bar{y}_{stD})=\left(\frac{1}{n'}-\frac{1}{N}\right)S^2+\sum_h\frac{W_h S^2_h}{n'}\left(\frac{1}{\nu_h}-1\right) \tag{7.10}$$

$V(\bar{y}_{stD})$ 的估计比较复杂，下面直接给出它的一个近似无偏的估计量而不给出推导：

$$v(\bar{y}_{stD})=\sum_h\left(\frac{1}{n_h}-\frac{1}{n'_h}\right)w'^2_h s^2_h+\left(\frac{1}{n'}-\frac{1}{N}\right)\sum_h w'_h(\bar{y}_h-\bar{y}_{stD})^2 \tag{7.11}$$

其中 s^2_h 是第二重样本第 h 层方差(要求 $n_h>1$)。当两重抽样比 n_h/n'_h 与 n'/N 都可以忽略时，(7.11)式可简化为：

$$v(\bar{y}_{stD})=\sum_h\frac{w'^2_h s^2_h}{n_h}+\frac{1}{n'}\sum_h w'_h(\bar{y}_h-\bar{y}_{stD})^2 \tag{7.12}$$

例 7.1 欲调查某城市个体工商户全年的销售总额。已知该城市注册登记的个体工商户有 8000 户，由于它们之间大小差别较大，拟采用分层抽样，但又缺乏现成的分层资料，故采用二重分层抽样方法。第一重样本量 n' 为 1000，根据其自报

的销售额可分为四层：第一层为 3 万元以下；第二层为 3 万元至（但不含）10 万元；第三层为 10 万元至 20（但不含）万元；第四层为 20 万元及以上。然后在第一重样本分层的基础上，在各层中分别抽取第二重样本，样本总量 $n=\sum_h n_h=200$。对这 200 户个体工商户进行详细调查，数据整理如下表：

表 7.1　某城市个体工商户的样本数据

分层	第一重样本量 n_h'	第二重样本量 n_h	样本均值 $\bar{y}_h$（万元）	$\sum_j y_{hj}^2$	s_h^2
3 万元以下	540	80	2	400	1.01
3 万～10 万元	320	60	7	3100	2.71
10 万～20 万元	100	40	15	9600	15.38
20 万元以上	40	20	40	45120	690.53
合计	1000	200			

试估计该城市全年个体工商户的销售总额及其抽样标准误。

解：根据表 7.1，计算得：

$$w_1'=0.54,\quad w_2'=0.32,\quad w_3'=0.10,\quad w_4'=0.04,$$

于是按（7.5）式，个体工商户平均销售额估计为：

$$\begin{aligned}\bar{y}_{stD}&=\sum_{h=1}^{L}w_h'\bar{y}_h\\&=0.54\times2+0.32\times7+0.10\times15+0.04\times40\\&=6.42(\text{万元})\end{aligned}$$

故全市 $N=8000$ 个体工商户销售总额估计应为：

$$\hat{Y}=8000\times6.42=51360(\text{万元})$$

根据（7.11）式，$\bar{y}_{stD}$ 的方差估计为

$$\begin{aligned}v(\bar{y}_{stD})&=\sum_h\left(\frac{1}{n_h}-\frac{1}{n_h'}\right)w_h'^2s_h^2+\left(\frac{1}{n'}-\frac{1}{N}\right)\sum_h w_h'(\bar{y}_h-\bar{y}_{stD})^2\\&=0.036822+0.055239=0.092061\end{aligned}$$

$\bar{y}_{stD}$ 的标准差即标准误的估计为：

$$s(\bar{y}_{stD})=\sqrt{v(\bar{y}_{stD})}=0.303416(\text{万元})$$

而 $\hat{Y}$ 的标准差的估计为：

$$s(\hat{Y})=Ns(\bar{y}_{stD})=2427.32(\text{万元})$$

7.3 为 PPS 抽样的二重抽样

与二重分层抽样情况类似，二重（放回）PPS 抽样中的第一重样本是为了获得表示单元大小或规模的度量 M_i，如例 7.1 中个体工商户自报的销售额；在获得此信息后，第二重抽样是对第一重样本进行与单元大小成比例的概率抽样。

从总体中按简单随机抽样抽取样本量为 n' 的第一重样本，记第 i 个样本单元的大小为 $m_i(i=1,2,\cdots,n')$；第二重抽样是与 m_i 成比例的 PPS 抽样，在每次抽样中，第一重样本中第 i 个单元被抽中的概率为：

$$z_i' = \frac{m_i}{\sum_{j=1}^{n'} m_j} \triangleq \frac{m_i}{m'_0} \tag{7.13}$$

其中

$$m'_0 = \sum_{j=1}^{n'} m_j \tag{7.14}$$

是第一重样本单元的大小指标的总和。

记第二重样本主调查指标的观测值为 $y_1, y_2, \cdots, y_n$，则总体均值 $\bar{Y}$ 的二重 PPS 估计定义为：

$$\bar{y}_{PPSD} = \frac{1}{n'n}\sum_{i=1}^{n}\frac{y_i}{z_i'} = \frac{m'_0}{n'n}\sum_{i=1}^{n}\frac{y_i}{m_i} \tag{7.15}$$

记 y' 与 $\bar{y}'$ 分别为第一重样本的主调查指标的总量与均值（未经观测），则

$$\begin{aligned} E(\bar{y}_{PPSD}) &= E_1E_2(\bar{y}_{PPSD}) \\ &= E_1\left[\frac{1}{n'}E_2\left(\frac{1}{n}\sum_{i=1}^{n}\frac{y_i}{z_i'}\right)\right] \\ &= E_1\left(\frac{y'}{n'}\right) = E_1(\bar{y}') = \bar{Y} \end{aligned} \tag{7.16}$$

因而 $\bar{y}_{PPSD}$ 是总体均值 $\bar{Y}$ 的无偏估计。根据二步抽样方差的一般公式(7.2)式，

$$V(\bar{y}_{PPSD}) = V_1E_2(\bar{y}_{PPSD}) + E_1V_2(\bar{y}_{PPSD}) \tag{7.17}$$

而

$$V_1E_2(\bar{y}_{PPSD}) = V_1(\bar{y}') = \left(\frac{1}{n'} - \frac{1}{N}\right)S^2 \tag{7.18}$$

$$E_1V_2(\bar{y}_{PPSD}) = E_1\left[\left(\frac{1}{n'}\right)^2 V_2\left(\frac{1}{n}\sum_{i=1}^{n}\frac{y_i}{z_i'}\right)\right]$$

将(6.12)式应用到上式中的 V_2，即得：

$$E_1V_2(\bar{y}_{PPSD})=E_1\left[\left(\frac{1}{n'}\right)^2\frac{1}{n}\sum_{i=1}^{n'}\sum_{j>i}^{n'}z_i'z_j'\left(\frac{y_i}{z_i'}-\frac{y_j}{z_j'}\right)^2\right]$$

由于第一重抽样是简单随机抽样，因而根据对称性论证，有

$$E_1\left[\sum_{i=1}^{n'}\sum_{j>i}^{n'}z_i'z_j'\left(\frac{y_i}{z'_i}-\frac{y_j}{z_j'}\right)^2\right]=\frac{n'(n'-1)}{N(N-1)}\sum_{i=1}^{N}\sum_{j>i}^{N}Z_iZ_j\left(\frac{Y_i}{Z_i}-\frac{Y_j}{Z_j}\right)^2$$

其中

$$Z_i=\frac{M_i}{M_0}\triangleq\frac{M_i}{\sum_{j=1}^{N}M_j}$$

因而

$$\begin{aligned}E_1V_2(\bar{y}_{PPSD})&=\frac{1}{n'n}\frac{n'-1}{N(N-1)}\sum_{i=1}^{N}\sum_{j>i}^{N}Z_iZ_j\left(\frac{Y_i}{Z_i}-\frac{Y_j}{Z_j}\right)^2\\&=\frac{1}{n'n}\frac{n'-1}{N(N-1)}\sum_{i=1}^{N}Z_i\left(\frac{Y_i}{Z_i}-Y\right)^2\end{aligned}\qquad(7.19)$$

综合(7.18)与(7.19)两式，得：

$$\begin{aligned}V(\bar{y}_{PPSD})&=\left(\frac{1}{n'}-\frac{1}{N}\right)S^2+\frac{n'-1}{n'n}\frac{1}{N(N-1)}\sum_{i=1}^{N}\sum_{j>i}^{N}Z_iZ_j\left(\frac{Y_i}{Z_i}-\frac{Y_j}{Z_j}\right)^2\\&=\left(\frac{1}{n'}-\frac{1}{N}\right)S^2+\frac{n'-1}{n'n}\frac{1}{N(N-1)}\sum_{i=1}^{N}Z_i\left(\frac{Y_i}{Z_i}-Y\right)^2\end{aligned}\qquad(7.20)$$

相对于第一项，第二项的数值较小，因此二重 PPS 抽样的方差主要取决于样本量为 n' 的第一重简单随机抽样。

$\bar{y}_{PPSD}$ 的方差估计较为复杂。可以证明在上述二重 PPS 抽样下，$V(\bar{y}_{PPSD})$ 的一个无偏估计为：

$$\begin{aligned}v(\bar{y}_{PPSD})=&\frac{1}{(n')^2n(n-1)}\left[\sum_{i=1}^{n}\left(\frac{y_i}{z_i'}\right)^2-\frac{1}{n}\left(\sum_{i=1}^{n}\frac{y_i}{z_i'}\right)^2\right]\\&+\left(\frac{1}{n'}-\frac{1}{N}\right)\frac{1}{n'(n'-1)}\cdot\\&\left\{\sum_{i=1}^{n}z_i'\left(\frac{y_i}{z_i'}\right)^2+\frac{1}{n'(n'-1)}\left[\left(\sum_{i=1}^{n}\frac{y_i}{z_i'}\right)^2-\sum_{i=1}^{n}\left(\frac{y_i}{z_i'}\right)^2\right]\right\}\end{aligned}\qquad(7.21)$$

7.4　为比估计与回归估计的二重抽样

使用比估计或回归估计的前提之一是已知辅助变量 $\mathcal{X}$ 的总体均值 $\bar{X}$ 或总量 X。当 $\bar{X}$（或 X）未知时可采用二重抽样：从总体中先抽取样本量为 n' 的第一重样本，对此仅调查辅助变量，并以样本均值 $\bar{x}'$ 估计总体均值 $\bar{X}$；然后在第一重样本

中用简单随机抽样抽取样本量为 n 的子样本作为第二重样本，对该样本中的每一单元观测主调查指标的值，并用第五章的方法构造比估计或回归估计。为简便起见，本节仅讨论对总体均值 $\bar{Y}$ 的估计。

7.4.1 二重抽样的比估计及其性质

采用二重抽样时，$\bar{Y}$ 的比估计采用以下形式：

$$\bar{y}_{RD} = \frac{\bar{y}}{\bar{x}}\bar{x}' \triangleq \hat{R}\bar{x}' \tag{7.22}$$

其中 $\bar{y}$ ，$\bar{x}$ 分别是第二重样本调查指标与辅助变量的样本均值，$\hat{R} = \dfrac{\bar{y}}{\bar{x}}$ ；而 $\bar{x}'$ 如前所述是第一重样本辅助变量的均值。

若记第一重样本调查指标的均值为 $\bar{y}'$ ，$R' = \dfrac{\bar{y}'}{\bar{x}'}$ ，则

$$E(\bar{y}_{RD}) = E_1[E_2(\bar{y}_{RD})] = E_1[\bar{x}'E_2(\hat{R})]$$

当第二重样本的样本量 n 足够大时，根据 5.2 节的结果知 $E_2(\hat{R}) \approx R' = \dfrac{\bar{y}'}{\bar{x}'}$ ，因此当 n 很大时

$$E(\bar{y}_{RD}) \approx E_1(\bar{y}') = \bar{Y} \tag{7.23}$$

因此 $\bar{y}_{RD}$ 是近似无偏的，而它的方差为：

$$\begin{aligned} V(\bar{y}_{RD}) &= V_1[E_2(\bar{y}_{RD})] + E_1[V_2(\bar{y}_{RD})] \\ &\approx V_1(\bar{y}') + E_1[(\bar{x}')^2 V_2(\hat{R})] \end{aligned}$$

根据(5.13)式，当 n 大时，

$$V_2(\hat{R}) \approx \left(\frac{1}{n} - \frac{1}{n'}\right)\frac{1}{(\bar{x}')^2}(S_y'^2 + R'^2 S_x'^2 - 2R'S'_{yx})$$

因此

$$V(\bar{y}_{RD}) \approx \left(\frac{1}{n'} - \frac{1}{N}\right)S_y^2 + \left(\frac{1}{n} - \frac{1}{n'}\right)(S_y^2 + R^2 S_x^2 - 2RS_{yx}) \tag{7.24}$$

其中 $R = \bar{Y}/\bar{X}$ ，$S_y^2 = \dfrac{1}{N-1}\sum_{i=1}^{N}(Y_i - \bar{Y})^2$，$S_x^2 = \dfrac{1}{N-1}\sum_{i=1}^{N}(X_i - \bar{X})^2$ 是 Y_i 与 X_i 的总体方差，而 $S_{yx} = \dfrac{1}{N-1}\sum_{i=1}^{N}(Y_i - \bar{Y})(X_i - \bar{X}) = \rho S_x S_y$ 是 Y_i 与 X_i 的总体协方差。通常 $1/N$ 相对于 $1/n'$ 可忽略，于是

$$V(\bar{y}_{RD}) \approx \frac{S_y^2}{n} + \left(\frac{1}{n} - \frac{1}{n'}\right)(R^2 S_x^2 - 2RS_{yx}) \tag{7.25}$$

为估计 $V(\bar{y}_{RD})$，用第二重样本的方差与协方差 s_y^2, s_x^2, s_{yx} 及比值 $\hat{R}$ 分别代替(7.25)式中的 S_y^2, S_x^2, S_{yx} 及 R，则有

$$v(\bar{y}_{RD})=\frac{s_y^2}{n}+\left(\frac{1}{n}-\frac{1}{n'}\right)(\hat{R}^2 s_x^2-2\hat{R}s_{yx}) \tag{7.26}$$

例 7.2　欲估计某县去年平均每村交售生猪的头数，已知生猪的交售头数与年终存栏头数之间有较高的相关，而存栏头数的资料较容易取得。现采用二重比估计的方法，先在全县 200 个村中抽取 80 个村作为第一重样本，得村年终平均存栏数为 1080 头，然后在这 80 个村中又抽选了 13 个村作为第二重样本，统计了年终的生猪存栏头数和去年交售头数，其数据如表 7.2。试估计该县去年平均每村交售生猪头数，并计算其标准误。

表 7.2　某县生猪存栏与交售生猪的样本数据

样本村 i	年终存栏头数 x_i	全年交售头数 y_i
1	550	610
2	720	780
3	1500	1600
4	1020	1030
5	620	600
6	980	1050
7	928	977
8	1200	1440
9	1350	1570
10	1750	2210
11	670	980
12	729	865
13	1530	1710

解：根据表 7.2 的数据可计算得：

$$\bar{y}=1186.31,\quad \bar{x}=1042.08,\quad \hat{R}=\frac{\bar{y}}{\bar{x}}=1.1384$$

$$s_y^2=231543,\quad s_x^2=153876,\quad s_{yx}=183578$$

而

$$n'=80,\quad \bar{x}'=1080,\quad n=13$$

于是根据(7.22)式

$$\bar{y}_{RD}=\hat{R}\bar{x}'=1.1384\times 1080\approx 1230(\text{头})$$

$\bar{y}_{RD}$ 的方差估计由(7.26)式可计算如下：

$$v(\bar{y}_{RD})=\frac{1}{13}\times 231543+\left(\frac{1}{13}-\frac{1}{80}\right)(1.1384^2\times 153876-2\times 1.1384\times 183578)$$
$$=17811+0.064423\times(199416.3-417970.4)$$
$$=3731.09$$

由此得到标准误为：

$$s(\bar{y}_{RD})=\sqrt{v(\bar{y}_{RD})}=61.08(\text{头})$$

7.4.2 二重抽样的回归估计及其性质

二重抽样对 $\bar{Y}$ 的回归估计采用以下形式：

$$\bar{y}_{lrD}=\bar{y}+\beta(\bar{x}'-\bar{x}) \tag{7.27}$$

其中 $\bar{y}$，$\bar{x}$ 分别是第二重样本主调查指标及辅助变量的均值；$\bar{x}'$ 是第一重样本辅助变量的均值；β 可以是根据第二重样本计算的(线性)回归系数 b，也可以选为某个设定的常数。

先讨论 β 是按第二重样本计算的回归系数 b 的情况。注意当 n 足够大时，$\bar{x}\approx\bar{x}'$，而 $E_2(\bar{y})=\bar{y}'$，因此

$$E(\bar{y}_{lrD})=E_1E_2[\bar{y}+b(\bar{x}'-\bar{x})]\approx E_1(\bar{y}')=\bar{Y}$$
$$V(\bar{y}_{lrD})=V_1[E_2(\bar{y}_{lrD})]+E_1[V_2(\bar{y}_{lrD})]$$

其中根据第五章的结果

$$V_2(\bar{y}_{lrD})\approx\left(\frac{1}{n}-\frac{1}{n'}\right)s_{e'}^2=\left(\frac{1}{n}-\frac{1}{n'}\right)(1-\rho'^2)s_{y'}^2$$

式中 $s_{e'}^2=(1-\rho'^2)s_{y'}^2$ 是第一重样本的残差方差，它的均值近似等于总体残差方差 $S_e^2=(1-\rho^2)S_y^2$，于是

$$V(\bar{y}_{lrD})\approx V_1(\bar{y}')+\left(\frac{1}{n}-\frac{1}{n'}\right)E_1(s_{e'}^2)$$
$$\approx\left(\frac{1}{n'}-\frac{1}{N}\right)S_y^2+\left(\frac{1}{n}-\frac{1}{n'}\right)S_y^2(1-\rho^2)$$
$$\approx\frac{S_y^2}{n}-\left(\frac{1}{n}-\frac{1}{n'}\right)\rho^2S_y^2 \tag{7.28}$$

若用第二重样本的方差 s_y^2 估计 S_y^2，相关系数 r 估计 ρ，则可得 $\bar{y}_{lrD}$ 的方差估计如下：

$$v(\bar{y}_{lrD})=\frac{s_y^2}{n}-\left(\frac{1}{n}-\frac{1}{n'}\right)r^2s_y^2 \tag{7.29}$$

例 7.3 对例 7.2 中的数据，用二重回归估计来估计去年该县平均每村的肉猪

交售头数，并计算估计的标准差。

解：由表 7.2 的数据计算得：

$$b=1.193,\quad r=0.97256$$

于是

$$\bar{y}_{lrD}=\bar{y}+b(\bar{x}'-\bar{x})=1186.31+1.193\times(1080-1042.08)\approx 1232(\text{头})$$

而由(7.29)式，$\bar{y}_{lrD}$ 的方差估计为：

$$v(\bar{y}_{lrD})=\frac{s_y^2}{n}-\left(\frac{1}{n}-\frac{1}{n'}\right)r^2 s_y^2$$

$$=\frac{1}{13}\times 231543-\left(\frac{1}{13}-\frac{1}{80}\right)\times(0.97256)^2(231543)=3701.69$$

从而标准误为：

$$s(\bar{y}_{lrD})=\sqrt{v(\bar{y}_{lrD})}=60.84(\text{头})$$

在(7.27)式定义的一般二重抽样回归估计中，若 β 取为某设定常数 β_0，则

$$\bar{y}_{lrD}=\bar{y}+\beta_0(\bar{x}'-\bar{x}) \tag{7.30}$$

正如 5.3.2 中讨论过的那样，容易证明(7.30)式定义的 $\bar{y}_{lrD}$ 是无偏的，且

$$V(\bar{y}_{lrD})=\left(\frac{1}{n'}-\frac{1}{N}\right)S_y^2+\left(\frac{1}{n}-\frac{1}{n'}\right)(S_y^2+\beta_0{}^2S_x^2-2\beta_0\rho S_xS_y)$$

$$=\left(\frac{1}{n}-\frac{1}{N}\right)S_y^2+\left(\frac{1}{n}-\frac{1}{n'}\right)\beta_0S_x(\beta_0S_x-2\rho S_y) \tag{7.31}$$

方差的估计为：

$$v(\bar{y}_{lrD})=\left(\frac{1}{n'}-\frac{1}{N}\right)s_y^2+\left(\frac{1}{n}-\frac{1}{n'}\right)s_e^2 \tag{7.32}$$

$\beta_0=1$ 时的 $\bar{y}_{lrD}$ 称为二重差估计，通常也记为 $\bar{y}_{dD}$，即：

$$\bar{y}_{dD}=\bar{y}+\bar{x}'-\bar{x} \tag{7.33}$$

$\bar{y}_{dD}$ 的方差为：

$$V(\bar{y}_{dD})=\left(\frac{1}{n'}-\frac{1}{N}\right)S_y^2+\left(\frac{1}{n}-\frac{1}{n'}\right)(S_y^2+S_x^2-2\rho S_xS_y)$$

$$=\left(\frac{1}{n}-\frac{1}{N}\right)S_y^2+\left(\frac{1}{n}-\frac{1}{n'}\right)(S_x^2-2S_{yx}) \tag{7.34}$$

方差的估计为：

$$v(\bar{y}_{dD})=\left(\frac{1}{n}-\frac{1}{N}\right)s_y^2+\left(\frac{1}{n}-\frac{1}{n'}\right)(s_x^2-2s_{yx}) \tag{7.35}$$

有些文献中，二重差估计也泛指如(7.30) 式的一般情形。

例 7.4　对例 7.2 中的数据，用二重差估计来估计去年该县平均每村的肉猪交售头数，并计算估计的标准误。

解:由表 7.2 的数据,根据(7.33)式与(7.35)式计算得

$$\bar{y}_{dD}=\bar{y}+\bar{x}'-\bar{x}=1186.31+1080-1042.08\approx 1224(\text{头})$$

$$v(\bar{y}_{dD})=\left(\frac{1}{n}-\frac{1}{N}\right)s_y^2+\left(\frac{1}{n}-\frac{1}{n'}\right)(s_x^2-2s_{yx})$$
$$=\frac{1}{13}\times 231543+\left(\frac{1}{13}-\frac{1}{80}\right)\times(153876-2\times 183578)$$
$$=4070.8626$$

$$s(\bar{y}_{lrD})=\sqrt{v(\bar{y}_{lrD})}=63.80(\text{头})$$

*7.5 二重抽样样本量的最优分配

在二重抽样中有两次抽样,每次抽样都需要花费一定费用。第一重抽样的样本量 n' 越大,则对辅助信息的了解与估计就越准确,对改善最终估计量、减少方差越有帮助。另一方面,占第一重抽样若用过多的费用必然影响第二重抽样,从而又会影响估计量的精度,增大方差。因此有一个两次抽样中样本量最优分配问题,即如何确定 n' 与 n,使在总费用固定时估计量的方差最小,或在估计量方差限定时总费用最小。

7.5.1 二重分层抽样样本量的最优分配

设二重分层抽样中第一重样本的样本量为 n',第二重样本的样本量为 n,其中属于第 h 层的样本单元数为 n_h ($\sum_h n_h=n$)。定义费用函数为:

$$C_T=c_1 n'+\sum_h c_{2h}n_h \tag{7.36}$$

其中 c_1 是第一重抽样平均每个单元的调查费用,而 c_{2h} 是第二重抽样中第 h 层平均每个单元的调查费用。由于 n_h 是随机的,我们考虑在固定每层抽样比 ν_h 的情况下的期望费用

$$C^*\triangleq E(C_T)=c_1 n'+n'\sum_h c_{2h}\nu_h W_h \tag{7.37}$$

其中 W_h 是层权。另一方面,根据(7.10)式,二重分层抽样(总体均值)估计量的方差为:

$$V=\left(\frac{1}{n'}-\frac{1}{N}\right)S^2+\sum_h\frac{W_h S_h^2}{n'}\left(\frac{1}{\nu_h}-1\right)$$
$$=\frac{S^2}{n'}+\sum_h\frac{W_h S_h^2}{n'\nu_h}-\sum_h\frac{W_h S_h^2}{n'}-\frac{S^2}{N} \tag{7.38}$$

上式右边最后一项与样本量无关,因而样本量的最优分配应最小化

$$C^*\left(V+\frac{S^2}{N}\right)=\left(c_1+\sum_h c_{2h}\nu_h W_h\right)\left[\left(S^2-\sum_h W_h S_h^2\right)+\sum_h \frac{W_h S_h^2}{\nu_h}\right] \quad (7.39)$$

式中 n' 已被消去。根据柯西一许瓦兹不等式,(7.39)式在满足以下条件时达到最小：

$$\frac{\sqrt{c_1}}{\sqrt{S^2-\sum_h W_h S_h^2}}=\frac{\sqrt{c_{2h}\nu_h W_h}}{\sqrt{W_h S_h^2/\nu_h}},\quad h=1,2,.\cdots,L$$

由此得第二重抽样的各层抽样比为：

$$\nu_h=S_h\sqrt{\frac{c_1}{c_{2h}\left(S^2-\sum_h W_h S_h^2\right)}},\quad h=1,2,\cdots,L \quad (7.40)$$

若给定期望费用 C^* ,则将(7.40)式代入(7.37)式；若限定方差不超过 V,则将(7.40)式代入(7.38)式,这样都可解出第一重抽样的样本量 n' 。

在具体应用时, S^2, S_h^2 , W_h 都需要估计,为此需要采用经验数据或根据试调查的结果进行计算。

7.5.2　二重比估计与回归估计时样本量的最优分配

设第一重抽样的样本量为 n' ,第二重抽样的样本量为 $n=n'\nu$,其中 ν 是抽样比,费用函数可假定为：

$$C_T=c_1 n'+c_2 n=c_1 n'+c_2 n'\nu \quad (7.41)$$

对于二重比估计,由(7.24)式,估计量的方差可表成：

$$V=\frac{1}{n'}(2RS_{yx}-R^2S_x^2)+\frac{1}{n}(S_y^2+R^2S_x^2-2RS_{yx})-\frac{S_y^2}{N} \quad (7.42)$$

其中最后一项与样本量无关。样本量的最优分配要求最小化

$$C_T\left(V+\frac{S^2}{N}\right)=(c_1+c_2\nu)\left[(2RS_{yx}-R^2S_x^2)+\frac{1}{\nu}(S_y^2+R^2S_x^2-2RS_{yx})\right] \quad (7.43)$$

仍根据柯西一许瓦兹不等式可得最优分配时第二重抽样的抽样比为：

$$\nu=\sqrt{\frac{c_1(S_y^2+R^2S_x^2-2RS_{yx})}{c_2(2RS_{yx}-R^2S_x^2)}} \quad (7.44)$$

与二重分层抽样情形一样,当给定费用或限定方差时,将 ν 代入相应的公式即可解得 n' ,并进而求得 n。

对于二重回归估计,完全类似地,若估计量的方差表为：

$$V=\frac{1}{n'}S_y^2\rho^2+\frac{1}{n'\nu}S_y^2(1-\rho^2)-\frac{S_y^2}{N} \quad (7.45)$$

则最优分配是最小化

$$C_T\left(V+\frac{S_y^2}{N}\right)=(c_1+c_2\nu)\left[S_y^2\rho^2+\frac{1}{\nu}S_y^2(1-\rho^2)\right] \tag{7.46}$$

根据柯西一许瓦兹不等式,得到:

$$\nu=\frac{\sqrt{c_1(1-\rho^2)}}{\sqrt{c_2\rho^2}} \tag{7.47}$$

若给定总费用 C_T,则可求得:

$$n'=\frac{C_T}{c_1+\sqrt{\dfrac{c_1c_2(1-\rho^2)}{\rho^2}}} \tag{7.48}$$

通常 $\rho>0$,故上式又可表成:

$$n'=\frac{C_T\rho}{c_1\rho+\sqrt{c_1c_2(1-\rho^2)}} \tag{7.49}$$

*7.6 连续抽样中的样本轮换及其估计

7.6.1 样本轮换的必要性

许多调查需要经常性定时进行,例如农产量调查、家计调查、电视收视率调查等,称为连续调查。在连续调查中,为便于组织、节省费用及比较不同时期调查结果的差异,常采用对同一组样本连续进行观测的方法。但是随着时间的推移,固定样本会逐渐显露出其弊端:首先实际总体会随时间变化而变化,例如一个城市的规模及所辖行政区域(如街道、居委会)会不断变化,固定样本可能不再能代表已经变化了的总体;其次当被调查对象是人、家庭或单位时,样本使用时间过久会引起被调查对象的厌倦,他们或者不再愿意配合或者有意无意地提供不完全正确的资料,从而使调查质量下降。这种现象称为样本疲劳。

为解决样本疲劳问题,应在总体中重新抽样。但更换全部样本单元并不可取:一方面它会增加费用,因为每启用新的样本单元,更换被调查人或单位,就需要重新建立关系,进行宣传与解释,以获得被调查者的合作并保证调查的质量,因而频繁地更换样本特别是全部样本单元是不经济的;另一方面,对同一单元进行不同时期的调查观测对调查是可取的,既便于资料的前后对照比较,且前期调查资料可作为辅助信息对现期资料的分析有所帮助。基于上述两方面的考虑,样本轮换(sample rotation)方法被广泛地采用,即每隔一定时间(如一个月、一个季度或一年)更换一定比例的单元,而其余单元予以保留继续使用。例如若每半年更换四分之一样本单元,则两年后全部样本单元就得到轮换。

7.6.2　样本拼配与二重回归估计的应用

样本轮换有多种方法，在这里我们通过对一种最简单情况的处理介绍它的基本技术。考虑连续调查中的两期：即前期与现期。假定样本量均为 n 。现期调查中有 u 个单元是新替换的单元，其余 m 个单元是从前期调查中的保留的单元。这样 m 个保留的样本单元在前期与现期都有观测值，称这些单元是拼配(match)的；而 u 个新单元只有现期观测资料，不与其他单元拼配。我们假定每次的抽样均是简单随机的。

记 $\bar{y}_{2u}$ 是 u 个新单元现期观测值的平均数，$\bar{y}_{2m}$ 与 $\bar{y}_{1m}$ 分别是 m 个拼配单元现期与前期观测值的平均数，$\bar{y}_{1n}$ 是 n 个单元(包括 m 个拼配单元及 u 个已被替换的单元)前期观测值的平均数。当我们考虑估计总体现期均值 $\bar{Y}$ 时，当然需同时使用非拼配的与拼配的两部分样本观测值。

对于非拼配的即新的 u 个单元，对 $\bar{Y}$ 的估计只能用

$$\bar{y}'_{2u} = \bar{y}_{2u} \tag{7.50}$$

若不考虑有限总体修正系数 fpc，它的方差为

$$V_u \triangleq V(\bar{y}'_{2u}) = \frac{S_2^2}{u} \tag{7.51}$$

其中 S_2^2 是现期总体方差。

对 m 个拼配样本单元，可以将它看成是从原有的 n 个样本单元中抽出来的，因此若将原有样本作为第一重样本，m 个保留的单元作为第二重样本，且 b 是拼配样本单元现期观测值对前期观测值的回归系数，则拼配样本对 $\bar{Y}$ 的估计可采用以下(二重)回归估计：

$$\bar{y}'_{2m} = \bar{y}_{2m} + b(\bar{y}_{1n} - \bar{y}_{1m}) \tag{7.52}$$

它的方差(仍不考虑 fpc)为：

$$V_m \triangleq V(\bar{y}'_{2m}) = \frac{S_2^2(1-\rho^2)}{m} + \frac{\rho^2 S_2^2}{n} \tag{7.53}$$

对 $\bar{Y}$ 的一个好的估计应是综合 $\bar{y}'_{2u}$ 与 $\bar{y}'_{2m}$ ，对其进行加权，其权重应与方差成反比，即

$$\bar{y}'_2 = \varphi \bar{y}'_{2u} + (1-\varphi)\bar{y}'_{2m} \tag{7.54}$$

其中

$$\varphi = \frac{V_m}{V_u + V_m}, \quad 1-\varphi = \frac{V_u}{V_u + V_m} \tag{7.55}$$

而 $\bar{y}'_2$ 的方差为：

$$V(\bar{y}_2')=\frac{V_uV_m}{V_u+V_m}=\frac{n-u\rho^2}{n^2-u^2\rho^2}S_2^2 \tag{7.56}$$

为确定最优的轮换比例也即使 $V(\bar{y}_2')$ 达到最小的 u，对 $V(\bar{y}_2')$ 关于 u 求偏导，令其等于零，即得：

$$-\rho^2u^2+2un-n^2=0$$

由此可解得：

$$u=\frac{n}{1+\sqrt{1-\rho^2}} \tag{7.57}$$

即原样本中轮换与保留样本的最优比例分别为：

$$\frac{u}{n}=\frac{1}{1+\sqrt{1-\rho^2}},\quad \frac{m}{n}=\frac{\sqrt{1-\rho^2}}{1+\sqrt{1-\rho^2}} \tag{7.58}$$

可见最优轮换比例在50%～100%之间，且 ρ 越大，轮换比例也就越大，因为此时只要保留少数单元就可充分利用前期信息。将(7.57)式代入(7.56)式可得最优轮换比例时的方差：

$$V_{opt}(\bar{y}_2')=\frac{1+\sqrt{1-\rho^2}}{2n}S_2^2 \tag{7.59}$$

以上确定最优轮换比例时只是从估计量的方差角度出发，没有考虑费用。如果考虑费用，实际采用的轮换比例通常没有这里给出的那样大。

例 7.5 一项居民收入调查在 $n=10$ 个样本户中进行，第二期(现期)调查中轮换 5 户，保留 5 户，表 7.3 列出了两期调查中居民户人均月生活费收入的样本资料，试估计现期居民的人均月生活费收入。

表 7.3 两期调查中居民户人均月生活费收入

编号	1	2	3	4	5	6	7	8	9	10					
						1	2	3	4	5	6	7	8	9	10
前期	610	580	900	820	720	650	1000	590	830	750					
现期						660	1050	610	820	770	630	570	620	810	920

解： $n=10, u=m=5$

$$\bar{y}_{2u}=\frac{1}{5}\times(630+570+\cdots+920)=710$$

$$\bar{y}_{2m}=\frac{1}{5}\times(660+1050+\cdots+770)=782$$

$$\bar{y}_{1n}=\frac{1}{10}\times(610+580+\cdots+750)=745$$

$$\bar{y}_{1m} = \frac{1}{5} \times (650 + 1000 + \cdots + 750) = 764$$

而由 5 个拼配样本户前期与现期资料计算的样本回归系数与相关系数分别为：

$$b = 1.0603, \qquad r = 0.9936$$

于是

$$\bar{y}'_{2u} = \bar{y}_{2u} = 710$$

$$\bar{y}'_{2m} = \bar{y}_{2m} + b(\bar{y}_{1n} - \bar{y}_{1m}) = 761.85$$

在构造 $\bar{y}'_2$ 时，用样本数值代替原公式中的总体数值，其中

$$s_2^2 = 2.4338$$

$$v_u = \frac{s_2^2}{u} = 0.4868$$

$$v_m = s_2^2\left(\frac{1-r^2}{m} + \frac{r^2}{n}\right) = 0.2465$$

故

$$\varphi = \frac{v_m}{v_u + v_m} = 0.3362, \quad 1 - \varphi = 0.6638$$

$$\bar{y}'_2 = 0.3362 \times 710 + 0.6638 \times 761.85 = 744.5(\text{元})$$

$$v(\bar{y}'_2) = s_2^2 \frac{n - ur^2}{n^2 - u^2 r^2} = 16.36$$

$$s(\bar{y}'_2) = \sqrt{v(\bar{y}'_2)} = 4.04(\text{元})$$

习 题

7.1 欲调查某县一种作物的播种面积，全县共有 2000 个村，拟采用分层抽样以提高抽样的效率，但由于缺乏详细的分层资料，故采用二重抽样方法。先抽取 500 个村作为第一重样本，根据村的大小(现有户数)进行分层，然后又在各层中等比例的抽取 1/5 村作为第二重样本，分别调查了该种作物的播种面积，有关数据如下：

层	第一重样本量	第二重样本量	$\sum y_{hi}$	$\sum y_{hi}^2$
50 户以下	85	17	490	16574
50～99 户	125	25	1806	135164
100～199 户	140	28	4423	736075
200～299 户	110	22	5607	1446987
300 户以上	40	8	4101	2205691

要求：

1) 估计全县该种作物的种植面积；

2) 计算播种面积估计的标准误。

7.2 为估计比例问题的一项调查，总调查费用为3000元。假设每一个抽样单元的调查费用为10元，现有两种方案可供选择：一是采用二重分层抽样，第一重样本用来对单元进行分层，每个抽样单元的分层费用是0.25元，已知总体中两层的权重相等，如果第一层与第二层中的真实比例分别是0.2与0.8，试确定二重抽样最优的 n 和 n' 以及此时所得的 $V(p_{stD})$；另一种方案是采用不分层的简单随机抽样。请将二重分层抽样的精度与简单随机抽样进行比较，问抽样效率是否得以提高？（假定抽样比 n'/N 和 n_h/N_h 均可忽略不计）。

7.3 按照上一题中的 W_h，P_h，求调查一个单元费用 c_2 和每分层一个单元费用 c_1 之比达到多少时，二重抽样的费用效率高于简单随机抽样？

7.4 欲估计某地区牛的年末头数，以上一次的普查数作为辅助变量，但由于行政区划的变动，上次该地区普查的总头数已不能利用，故采取二重抽样的方法。先在全地区1238个村抽500个村，得到上期普查的平均每村有牛的头数为602头，然后又抽取第二重样本为24个村，分别取得了上期普查头数和当年的年末头数，其资料如下：

样本序号	普查头数	年末头数	样本序号	普查头数	年末头数
1	623	654	13	706	707
2	690	696	14	1795	1890
3	534	530	15	1406	1123
4	293	315	16	118	115
5	69	78	17	330	375
6	842	640	18	218	212
7	475	692	19	160	147
8	371	292	20	210	297
9	161	210	21	262	401
10	298	555	22	204	252
11	2045	2110	23	185	199
12	1069	592	24	574	564

试用二重比估计法估计该地区年末牛的总头数及其估计的标准差。

7.5 试用上题的资料，采用二重回归估计法估计该地区年末牛的总头数及其估计的标准误，并比较回归估计和比估计的效率，作简要分析。

7.6 在二重回归抽样中，如果 $\rho=0.8$，假如由第一重样本均值的抽样误差造成的精度损失(方差增加)必须小于10%,则相对于 n 来说 n' 必须多大?

7.7　在应用二重回归抽样时,设第一重抽样的样本量为300,第二重抽样的样本量为87。对第二重样本,有:

$$\sum(y_i-\bar{y})^2=17283,\quad \sum(y_i-\bar{y})(x_i-\bar{x})=5114,\quad \sum(x_i-\bar{x})^2=3248$$

计算 $\bar{Y}$ 的二重回归估计量的标准差。

7.8　对某块林地的木材蓄积量采用二重抽样方法:第一重抽样的抽样比为10%,样本量为 n_1,用目测法估计每棵树木的蓄积量 $\mathcal{X}$。在第一重样本中再抽取一个子样本,样本量为 n_2,对样本中的每棵树木的蓄积量 $\mathcal{Y}$ 进行了实测。对整个林地木材蓄积量采用回归估计,若费用函数为 $C_T=1000+5n_1+40n_2$,给定总费用 C_T 为10000,$\mathcal{Y}$ 的变异系数为1,$\mathcal{Y}$ 与 $\mathcal{X}$ 的相关系数为0.7。试求最优的 n_1 和 n_2,并计算估计的相对标准差。

7.9　总体分成 L 层,第 h 层的大小为 N_h ($\sum_h N_h=N$),对总体采用简单随机抽样抽取一个样本量为 n' 的样本,记 n'_h 为样本单元属于第 h 层的单元数且 $n'_h>0$,证明 $w'_h=n'_h/n'$ 是层权 $W=N_h/N$ 的无偏估计。

7.10　按二步抽样获得的两个估计量 $\hat{\theta}_1,\hat{\theta}_2$,证明有以下结果:

$$Cov(\hat{\theta}_1,\hat{\theta}_2)=Cov_1[E_2(\hat{\theta}_1),E_2(\hat{\theta}_2)]+E_1[Cov_2(\hat{\theta}_1,\hat{\theta}_2)]$$

7.11　设总体包含大小相等的 L 个层,对它们采用分层二重抽样,假定总体单元个数 N 很大,且第二重抽样的抽样比对每个层皆为常数 ν,试证分层二重抽样估计量 $\bar{y}_{stD}$ 的方差 $V(\bar{y}_{stD})$ 满足:

$$nV(\bar{y}_{stD})\approx\bar{S}_w^2+\frac{n}{n'}\frac{1}{L}\sum_{h=1}^{L}(\bar{Y}_h-\bar{Y})^2$$

其中 $\bar{S}_w^2=\frac{1}{L}\sum_{h=1}^{L}S_h^2$ 。

第八章 整群抽样

8.1 概述

8.1.1 什么是整群抽样

一个小区由近百幢居民楼组成，其中住户总数达数千户。欲用抽样调查方法估计该小区现有的固定电话拥有率。考虑以下两种抽样方法。一种是用简单随机抽样抽取一定样本量的住户，譬如抽取 $n=250$ 户进行调查，然后用 3.3 节所述方法对全小区的电话拥有率进行估计；另一种方法是抽取一定数量的居民楼，譬如说 15 幢或 20 幢楼，然后对这些楼中的每个住户都进行调查，根据调查结果来估计整个小区固定电话的拥有率。这两种抽样方法的主要区别是抽样单元不一样，前者以住户为抽样单元，后者则以居民楼为抽样单元，后一种抽样方法称为整群抽样(cluster sampling)。一般地说，如果总体中所有小的基本单元可按某种形式组成数量较少但规模较大的单元；或反过来说每个“大”单元都由若干“小”单元组成，则称这些“大”单元为初级抽样单元(primary sampling unit)，“小”单元为次级抽样单元(secondary sampling unit)。在总体中按一定方式抽取初级单元，调查每个被抽中的初级单元中所包含的全部次级单元，这种抽样称为整群抽样，也称集团抽样。这里的群(cluster)就是指初级单元，整群抽样就是指将总体中的次级单元(小单元)整群地进行抽取。在前面的例子中，居民楼是初级单元(群)，而住户则是次级单元，对居民楼的抽样就是对住户的整群抽样。

8.1.2 整群抽样的特点及适用场合

在实践中，整群抽样是一种常用的抽样方法。在前面举的小区住户固定电话拥有率调查的例子中，若采用对住户的简单随机抽样，则首先要有该小区所有住户的抽样框，否则无法进行抽样。其次，即使有全体住户的抽样框，当抽到一个简单随机样本时，样本住户的地理位置通常是很分散的。例如一个 $n=250$ 户的样本很可能分布在数十幢，甚至更多的居民楼中。调查这样一个样本意味着要跑很多路，实施不方便，调查的费用也相对较高。若采用对居民楼的整群抽样，一则不需要所有住户的抽样框，二则由于样本住户相对集中，可以节省调查时间和费用，因而总的抽样效率可能更高。

在下面两节中我们将看到，对于整群抽样，抽样精度(估计量的方差)与群的性质有很大的关系。在多数情形，由于每个群内的小单元多少有点相似，因此如果抽相等数量的小单元，整群抽样的抽样误差比用简单随机抽样直接抽小单元的抽样误差大。不过由于整群抽样每个小单元的平均抽样费用省，因此可以兼顾两方面，通过抽较多的小单元使抽样误差小，同时又使总费用也省。还有一种较为少见的特殊情形，群内小单元差异很大，即便抽同样数目的小单元，整群抽样的精度也可能比简单随机抽样高。在这种情形，整群抽样的优点就更为明显。

采用整群抽样时，当群的大小(群内包含的小单元的个数)接近时，常采用简单随机抽样抽取群；否则为提高效率则更多地采用不等概率抽样(按与群的大小成比例的概率抽样)方法。

8.2 群大小相等情形

首先讨论总体中的 N 个初级单元即群的大小都相等(设为 M)的情形，此时对群的抽取一般采用简单随机抽样。在实际问题中，只要群大小相接近，就可采用本节的方法，此时代替 M 的是群的平均大小 $\bar{M}$ 。

8.2.1 记号

记 Y_{ij} 为总体第 i 群中第 j 个小单元(次级单元)的指标值，$i=1,2,\cdots,N$ ，$j=1,2,\cdots,M$ ，y_{ij} 为样本中第 i 群第 j 个小单元观测到的指标值，$i=1,2,\cdots,n$ ，$j=1,2,\cdots,M$ ，$f=n/N$ 是抽样比。又记

$$Y_i=\sum_{j=1}^{M}Y_{ij}\,,y_i=\sum_{j=1}^{M}y_{ij}$$

分别为总体与样本中第 i 群的指标和，简称为群和；

$$\bar{Y}_i-Y_i/M,\quad \bar{y}_i=y_i/M$$

分别为总体与样本中第 i 群(按小单元)的均值；

$$\bar{Y}=\sum_{i=1}^{N}Y_i/N,\quad \bar{y}=\sum_{i=1}^{n}y_i/n$$

分别为总体与样本的平均群和；

$$\bar{\bar{Y}}=\sum_{i=1}^{N}\sum_{j=1}^{M}Y_{ij}/NM=\bar{Y}/M,\quad \bar{\bar{y}}=\sum_{i=1}^{n}\sum_{j=1}^{M}y_{ij}/nM=\bar{y}/M$$

分别为总体与样本(按小单元)的均值；

$$S^2=\frac{1}{NM-1}\sum_{i=1}^{N}\sum_{j=1}^{M}(Y_{ij}-\bar{\bar{Y}})^2,\quad s^2=\frac{1}{nM-1}\sum_{i=1}^{n}\sum_{j=1}^{M}(y_{ij}-\bar{\bar{y}})^2$$

分别为总体与样本(按小单元)的总方差；

$$S_b^2=\frac{M}{N-1}\sum_{i=1}^{N}(\bar{Y}_i-\bar{\bar{Y}})^2,\quad s_b^2=\frac{M}{n-1}\sum_{i=1}^{n}(\bar{y}_i-\bar{\bar{y}})^2$$

分别为总体与样本的群间方差；

$$S_w^2=\frac{1}{N(M-1)}\sum_{i=1}^{N}\sum_{j=1}^{M}(Y_{ij}-\bar{Y}_i)^2,\quad s_w^2=\frac{1}{n(M-1)}\sum_{i=1}^{n}\sum_{j=1}^{M}(y_{ij}-\bar{y}_i)^2$$

分别为总体与样本的群内方差。

8.2.2 估计量及其性质

群大小相等时的整群抽样，对群的抽样常采用简单随机方式。此时若将群和 Y_i 作为群（初级单元）的指标值，则 Y_i 的总体平均值 $\bar{Y}$ 的简单估计应为：

$$\bar{y}=\frac{1}{n}\sum_{i=1}^{n}y_i=M\bar{\bar{y}}$$

根据简单随机抽样的性质，$\bar{y}$ 是 $\bar{Y}$ 的无偏估计，因此样本按小单元的均值

$$\bar{\bar{y}}=\frac{\bar{y}}{M}=\sum_{i=1}^{n}\sum_{j=1}^{M}y_{ij}/nM \tag{8.1}$$

是总体按小单元的均值

$$\bar{\bar{Y}}=\frac{\bar{Y}}{M}=\sum_{i=1}^{N}\sum_{j=1}^{M}Y_{ij}/NM \tag{8.2}$$

的无偏估计。为推导 $\bar{\bar{y}}$ 的方差公式，我们注意到 $\bar{y}$ 的方差为：

$$V(\bar{y})=\frac{1-f}{n}\frac{1}{N-1}\sum_{i=1}^{N}(Y_i-\bar{Y})^2$$

即

$$V(\bar{y})=M^2V(\bar{\bar{y}})=\frac{1-f}{n}\frac{M^2}{N-1}\sum_{i=1}^{N}(\bar{Y}_i-\bar{\bar{Y}})^2$$

因而

$$V(\bar{\bar{y}})=\frac{1-f}{n}\frac{1}{N-1}\sum_{i=1}^{N}(\bar{Y}_i-\bar{\bar{Y}})^2 \tag{8.3}$$

$$=\frac{1-f}{nM}S_b^2 \tag{8.4}$$

根据方差分析，我们知道总体按小单元的总离差平方和 $\sum_{i=1}^{N}\sum_{j=1}^{M}(Y_{ij}-\bar{\bar{Y}})^2=(NM-1)S^2$ 可以分解成群间平方和与群内平方和两部分：

$$\begin{aligned}(NM-1)S^2&=M\sum_{i=1}^{N}(\bar{Y}_i-\bar{\bar{Y}})^2+\sum_{i=1}^{N}\sum_{j=1}^{M}(Y_{ij}-\bar{Y}_i)^2\\&=(N-1)S_b^2+N(M-1)S_w^2\end{aligned} \tag{8.5}$$

因此总体方差可以表示成：

$$S^2=\frac{1}{NM-1}[(N-1)S_b^2+N(M-1)S_w^2] \tag{8.6}$$

完全类似地，样本方差 s^2 可以表示成：

$$s^2=\frac{1}{nM-1}[(n-1)s_b^2+n(M-1)s_w^2] \tag{8.7}$$

其中 S_b^2，S_w^2 及 s_b^2，s_w^2 分别是总体和样本的群间方差和群内方差。

由于抽样对小单元是整群而不是简单随机的，因此这里的样本方差 s^2 不再是总体方差 S^2 的无偏估计。不过由于对群(初级单元)的抽样是简单随机的，若将 $\bar{Y}_i=Y_i/M$ 看作是单元指标值，则它的样本方差 s_b^2/M 是总体方差 S_b^2/M 的无偏估计，从而 s_b^2 是 S_b^2 的无偏估计。另一方面，如果将 $Z_i=\sum_{j=1}^{M}(Y_{ij}-\bar{Y}_i)^2/(M-1)$ 作为单元的指标值，则它的样本均值 $\sum_{i=1}^{n}\sum_{j=1}^{M}(y_{ij}-\bar{y}_i)^2/n(M-1)=s_w^2$ 是总体均值 $\sum_{i=1}^{N}\sum_{j=1}^{M}(Y_{ij}-\bar{Y}_i)^2/N(M-1)=S_w^2$ 的无偏估计。鉴于上述结果，从(8.6)式可以构造 S^2 的无偏估计如下：

$$\hat{S}^2=\frac{1}{NM-1}[(N-1)s_b^2+N(M-1)s_w^2] \tag{8.8}$$

当 N 很大时，

$$\hat{S}^2\approx\frac{1}{M}[s_b^2+(M-1)s_w^2] \tag{8.9}$$

因为 s_b^2 是 S_b^2 的无偏估计，因此由(8.4)式，$V(\bar{\bar{y}})$ 的一个无偏估计是：

$$v(\bar{\bar{y}})=\frac{1-f}{nM}s_b^2 \tag{8.10}$$

总体总量 $Y=NM\bar{\bar{Y}}$ 的估计量及其方差可从上面的结果直接推出。

例 8.1 在一次某城市小区居民食品消费量调查中，以每个楼层为群进行整群抽样，每个楼层都有 $M=8$ 家住户。用简单随机抽样在全部 $N=512$ 个楼层中抽取 $n=12$ 个楼层，全部 96 个样本户人均月食品消费额 y_{ij} 及按楼层的平均数 $\bar{y}_i$ 与标准差 s_i 如表 8.1 所示。要求估计该小区人均月食品消费额的户平均值 $\bar{\bar{Y}}$，并给出其 95%的置信区间。

表 8.1 12 个楼层 96 户居民人均月食品消费额资料 单位:元

i	y_{ij}	$\bar{y}_i$	s_i
1	240,187,162,185,206,197,154,173	188.00	27.19
2	210,192,184,148,186,175,169,180	180.50	17.98
3	149,168,145,130,170,144,125,167	149.75	17.32
4	202,187,166,232,205,263,198,210	207.875	29.17
5	210,285,308,198,264,275,183,231	244.25	45.20
6	394,256,192,280,267,334,216,289	278.50	63.87
7	192,121,172,165,152,224,195,241	182.75	38.77
8	230,205,187,176,212,253,189,240	211.50	27.48
9	274,208,195,307,264,258,210,309	253.125	44.52
10	232,187,150,182,175,212,169,222	191.125	28.29
11	342,294,267,309,258,198,244,286	274.75	43.70
12	228,294,182,312,267,254,232,298	258.375	43.52

解：$N=512$，$n=12$，$M=8$，$f=0.02344$

根据表 8.1 中所列数据，可计算 $\bar{y}_i$ 的平均数与标准差：

$$\bar{\bar{y}}=\frac{1}{12}\sum_{i=1}^{12}\bar{y}_i=2620.5/12=218.375(\text{元})$$

$$\frac{1}{12-1}\sum_{i=1}^{12}(\bar{y}_i-\bar{\bar{y}})^2=1773.2727$$

于是

$$s_b^2=8\times 1773.2727=14186.18$$

因此 $\bar{\bar{Y}}$ 的估计量 $\bar{\bar{y}}$ 的方差估计为：

$$v(\bar{\bar{y}})=\frac{1-f}{nM}s_b^2=\frac{1-0.02344}{12\times 8}\times 14186.18=144.3089$$

$$s(\bar{\bar{y}})=\sqrt{v(\bar{\bar{y}})}=12.013(\text{元})$$

这样 $\bar{\bar{Y}}$ 的置信度为 95%的置信限为：

$$218.375\pm 1.96\times 12.013$$

从而置信区间为[194.83 元,241.92 元]。

8.2.3 群内相关系数与设计效应

整群抽样估计量的方差既然与群间方差有关，那么它也可以用总体方差与群内方差表示。事实上，整群抽样的方差确与群内小单元之间的差异或它们的同质性（相似程度）有关。为此我们引进群内相关系数这个概念。群内相关系数（interclass correlation coefficient) ρ_c 定义为同一群内不同小单元的指标值对总体均值的离差乘积的期望值与总体中所有小单元指标值对总体均值离差平方的期望值之比，即：

$$\rho_c = \frac{E(Y_{ij} - \bar{\bar{Y}})(Y_{ik} - \bar{\bar{Y}})}{E(Y_{ij} - \bar{\bar{Y}})^2} \tag{8.11}$$

对固定的群 i，两个不同的小单元指标离差的乘积可表为

$$(Y_{ij} - \bar{\bar{Y}})(Y_{ik} - \bar{\bar{Y}}), \quad j \neq k$$

每个群中共有 $\binom{M}{2} = \frac{M(M-1)}{2}$ 个这样的离差乘积，而总体中这样的离差乘积的总数为 $NM(M-1)/2$ 个，因此(8.11)式中的分子为：

$$\frac{\sum_{i=1}^{N}\sum_{j<k}^{M}(Y_{ij} - \bar{\bar{Y}})(Y_{ik} - \bar{\bar{Y}})}{NM(M-1)/2}$$

而分母应为：

$$\frac{\sum_{i=1}^{N}\sum_{j=1}^{M}(Y_{ij} - \bar{\bar{Y}})^2}{MN} = \frac{NM-1}{MN}S^2$$

故

$$\rho_c = \frac{2\sum_{i=1}^{N}\sum_{j<k}^{M}(Y_{ij} - \bar{\bar{Y}})(Y_{ik} - \bar{\bar{Y}})}{(M-1)(NM-1)S^2} \tag{8.12}$$

注意到

$$S_b^2 = \frac{1}{M(N-1)}\sum_{i=1}^{N}(Y_i - \bar{Y})^2$$

而

$$\begin{aligned}
\sum_{i=1}^{N}(Y_i - \bar{Y})^2 &= \sum_{i=1}^{N}\Big[\sum_{j=1}^{M}(Y_{ij} - \bar{\bar{Y}})\Big]^2 \\
&= \sum_{i=1}^{N}\Big[\sum_{j=1}^{M}(Y_{ij} - \bar{\bar{Y}})^2 + 2\sum_{j<k}^{M}(Y_{ij} - \bar{\bar{Y}})(Y_{ik} - \bar{\bar{Y}})\Big] \\
&= (NM-1)S^2 + (NM-1)(M-1)S^2\rho_c \\
&= (NM-1)S^2[1 + (M-1)\rho_c]
\end{aligned} \tag{8.13}$$

因此

$$1 + (M-1)\rho_c = \frac{M(N-1)S_b^2}{(NM-1)S^2} \tag{8.14}$$

$$\rho_c = \frac{M(N-1)S_b^2 - (NM-1)S^2}{(M-1)(NM-1)S^2} \tag{8.15}$$

当 N 大时，上式可写成

$$\rho_c \approx \frac{S_b^2 - S^2}{(M-1)S^2} \tag{8.16}$$

将 S_b^2 用 S^2 与 S_w^2 来表示（利用(8.5)式），代入上面两式，即有：

$$\rho_c = 1 - \frac{NMS_w^2}{(NM-1)S^2} \approx 1 - \frac{S_w^2}{S^2} \tag{8.17}$$

为从样本数据估计 ρ_c，可从(8.16)式或(8.17)式出发，再利用 S^2 的无偏估计(8.9)式，可得：

$$\hat{\rho}_c = \frac{s_b^2 - s_w^2}{s_b^2 + (M-1)s_w^2} \tag{8.18}$$

利用群内相关系数 ρ_c，总体均值 $\bar{\bar{Y}}$ 的估计量 $\bar{\bar{y}}$ 的方差可写成以下的形式：

$$\begin{aligned} V(\bar{\bar{y}}) &= \frac{1}{M^2}V(\bar{y}) \\ &= \frac{1-f}{nM^2}\,\frac{1}{N-1}\sum_{i=1}^{N}(Y_i - \bar{Y})^2 \\ &= \frac{1-f}{n}\,\frac{NM-1}{M^2(N-1)}S^2[1+(M-1)\rho_c] \qquad (8.19) \\ &\approx \frac{1-f}{nM}S^2[1+(M-1)\rho_c] \qquad (8.20) \end{aligned}$$

注意到若按简单随机抽样直接从总体中抽取 nM 个小单元，样本均值 $\bar{\bar{y}}$ 的方差根据(3.10)式应为：

$$V_{ran}(\bar{\bar{y}}) = \frac{1-f}{nM}S^2$$

因此整群抽样的设计效应

$$\text{deff} = \frac{V(\bar{\bar{y}})}{V_{ran}(\bar{\bar{y}})} \approx 1 + (M-1)\rho_c \tag{8.21}$$

上述结果意味着按同样的样本量（以小单元数计），整群抽样的方差约为简单随机抽样方差的 $1+(M-1)\rho_c$ 倍。换句话说，为了获得同样的精度，整群抽样的样本量约为简单随机抽样的 $1+(M-1)\rho_c$ 倍。

现在我们来研究群内相关系数的取值。如果群内小单元指标值都相等，则 $S_w^2 = 0$，此时 ρ_c 取最大值 1；当群内方差与总体方差相等时，$\rho_c \approx 0$，此时小单元分群是随机的；当群内方差大于总体方差时，ρ_c 取负值，但它的最小值是 $-\dfrac{1}{M-1}$（当

$S_b^2=0$ 时达到)。因此 ρ_c 的取值范围是 $\left[-\frac{1}{M-1},1\right]$。

例 8.2　估计例 8.1 中居民食品消费支出调查以楼层为群的群内相关系数与设计效应。

解:在例 8.1 中我们已计算了样本群间方差为:

$$s_b^2=\frac{M}{n-1}\sum_{i=1}^{n}(\bar{y}_i-\bar{\bar{y}})^2=14186.18$$

而样本群内方差为:

$$\begin{aligned}s_w^2&=\frac{1}{n(M-1)}\sum_{i=1}^{n}\sum_{j=1}^{M}(y_{ij}-\bar{y}_i)^2\\&=\frac{1}{n}\sum_{i=1}^{n}\frac{1}{M-1}\sum_{j=1}^{M}(y_{ij}-\bar{y}_i)^2\\&=\frac{1}{n}\sum_{i=1}^{n}s_i^2\end{aligned}$$

其中 s_i^2 是群 i 内 M 个观测值 y_{ij} 的方差,标准差 s_i 已列在表 8.1 的最右列。从这些数值可计算得:

$$s_w^2=\frac{1}{12}\times 17180.163=1431.68$$

因此按(8.18)式,有:

$$\begin{aligned}\hat{\rho}_c&=\frac{s_b^2-s_w^2}{s_b^2+(M-1)s_w^2}=\frac{14186.18-1431.68}{14186.18+(8-1)\times 1431.68}\\&=\frac{12754.50}{24207.94}=0.527\end{aligned}$$

$$\begin{aligned}\text{deff}&=1+(M-1)\hat{\rho}_c\\&=1+(8-1)\times 0.527=4.689\end{aligned}$$

这个结果意味着,在这个调查中,为达到同样的估计精度,采用整群抽样的样本量约为简单随机抽样的 4.7 倍。或者说例 8.1 中对 $12\times 8=96$ 家住户按楼层的整群抽样的精度相当于样本量为 $96/4.7\approx 20$ 户的简单随机抽样的精度。

例 8.3　在某地进行人体尺寸测量,采用以工厂为群的整群抽样,其中对成年男子组抽了 9 个工厂,共测了 740 人;对成年女子组抽了 7 个工厂,共测了 531 人。表 8.2 及表 8.3 分别是以身高(单位:mm)为指标值的男女两组样本资料的平方和分解表。试计算各自的群内相关系数及整群抽样的设计效应。

表 8.2　9 个工厂成年男子身高资料的平方和分解

变差来源	平方和	自由度	均方(方差)
群(工厂)间	35618	8	$s_b^2 = 4452$
群(工厂)内	1978596	731	$s_w^2 = 2707$
总　计	2014214	739	$s^2 = 2726$

表 8.3　7 个工厂成年女子身高资料的平方和分解

变差来源	平方和	自由度	均方(方差)
群(工厂)间	19112	6	$s_b^2 = 3185$
群(工厂)内	1216203	524	$s_w^2 = 2321$
总　计	1235315	530	$s^2 = 2331$

解:根据表 8.2 与表 8.3 的数据可以计算群内相关系数如下:

男子组:9 个工厂的测量人数为 740 人,平均每个工厂测量 $\bar{M} = 82$ 人。

$$\hat{\rho}_c = \frac{4452 - 2707}{4452 + (82 - 1) \times 2707} = \frac{1745}{223719} = 0.0078$$

$$\text{deff} = 1 + (82 - 1) \times 0.0078 = 1.6318$$

女子组:7 个工厂测量人数为 531 人,平均每个工厂测量 $\bar{M} = 76$ 人。

$$\hat{\rho}_c = \frac{3185 - 2321}{3185 + (76 - 1) \times 2321} = \frac{864}{177260} = 0.0049$$

$$\text{deff} = 1 + (76 - 1) \times 0.0049 = 1.3675$$

8.2.4　整群抽样效率分析及群的划分原则

在前两小节的讨论中,我们看到整群抽样的方差取决于群间方差:群间方差越小,则估计量的方差越小,精度越高。在总体方差固定的条件下,整群抽样的精度取决于群内相关系数:群内相关系数越小,即群内差异或群内方差越大,则估计量的精度越高。因此整群抽样中群所起的作用与分层抽样中层所起的作用正好相反。在分层抽样中,估计量的方差取决于层内方差。因此对于给定总体,对单元的划分原则与抽样方法有关。对于整群抽样,应该采用尽可能使群间方差小而群内方差大的划分方式。

例 8.4　给定一个包含 25 个单元的人为总体,排成 5 行 5 列的形式,每行每列均包含 5 个单元,如表 8.4 左上部分所示。我们以行或列为群,随机地抽取 1 个群。比较行与列的不同组成时估计量的方差、群内相关系数及设计效应的变化。

表 8.4 一个包含 25 个单元的人为总体及行、列平均数与方差

	1	2	3	4	5	$\bar{Y}_{i\cdot}$	$S_{i\cdot}^2$
1	12	19	25	28	28	22.4	47.3
2	24	28	29	33	36	30.0	21.5
3	18	30	36	39	39	32.4	78.3
4	26	34	40	48	44	38.4	74.8
5	29	29	46	52	50	41.2	128.7
$\bar{Y}_{\cdot j}$	21.8	28.0	35.2	40.0	39.4	$\bar{\bar{Y}}=32.88$	
$S_{\cdot j}^2$	46.2	30.5	70.7	100.5	68.8		$S^2=103.86$

按本章中的记号，在此例中 $N=M=5$，$n=1$，$f=0.2$，每行的平均数 $\bar{Y}_{i\cdot}$ 及方差 $S_{i\cdot}^2$ 列在表的最右两列，而每列的平均数 $\bar{Y}_{\cdot j}$ 及方差 $S_{\cdot j}^2$ 列在表的最后两行，又总体平均数 $\bar{\bar{Y}}=32.88$，总体方差 $S^2=103.86$。我们讨论总体单元的三种排列：

(1) 第一种排列是按表 8.4 的形式，不妨看成是按原有的自然顺序排列。

以行为群的群间方差按下面的方法计算：

$$S_b^2=\frac{M}{N-1}\sum_{i=1}^{N}(\bar{Y}_{i\cdot}-\bar{\bar{Y}})^2$$
$$=\frac{5}{4}\times[(22.4)^2+(30.0)^2+\cdots+(41.2)^2-5\times(32.88)^2]$$
$$=\frac{5}{4}\times 218.048=272.56$$

群内方差则按下面的方法计算：

$$S_w^2=\frac{1}{N(M-1)}\sum_{i=1}^{N}\sum_{j=1}^{M}(Y_{ij}-\bar{Y}_{i\cdot})^2=\frac{1}{N}\sum_{i=1}^{N}S_{i\cdot}^2$$
$$=\frac{1}{5}\times(47.3+21.5+\cdots+128.7)=70.12$$

因此以行为群的整群抽样，抽 $n=1$ 个群，估计量的方差为

$$V(\bar{\bar{y}})=\frac{1-f}{nM}S_b^2=0.16S_b^2=43.6096$$

此时群内相关系数

$$\rho_c=1-\frac{NMS_w^2}{(NM-1)S^2}=1-0.0100295S_w^2=0.2967314$$

设计效应按严格的公式计算(因为此例中 N 不大)为：

$$\text{deff}=\frac{NM-1}{M(N-1)}[1+(M-1)\rho_c]=\frac{24}{20}\times(1+4\rho_c)=2.6243$$

事实上若在总体中按简单随机抽样直接抽 5 个单元,估计量的方差为:

$$V_{ran}=\frac{1-0.2}{5}S^2=\frac{0.8}{5}\times 103.86=16.6176$$

将 V_{ran} 乘以 deff 恰等于整群抽样的 $V(\bar{\bar{y}})$。

同样可以计算以列为群的整群抽样的有关结果:

$$S_b^2=306.46$$

$$S_w^2=63.44$$

$$V(\bar{\bar{y}})=49.0336$$

$$\rho_c=0.3647314$$

$$\text{deff}=2.9507$$

注意到由于 $\rho_c>0$, deff >1,故整群抽样的效果不如简单随机抽样。这正是大多数实际问题中的情形,是意料之中的。在这种情形,采用整群抽样的主要原因是实施方便,费用低廉。

作为比较,下面再计算以行为层以及以列为层的分层随机抽样的方差(分别记为 V_{rst} 与 V_{cst}),抽样方法是在每层中抽 1 个单元,总样本量仍为 5。

$$V_{rst}=\frac{1-0.2}{5}\times 70.12=11.2192$$

$$V_{cst}=\frac{1-0.2}{5}\times 63.34=10.1344$$

正如预期的那样,分层随机抽样的效果比简单随机抽样好,当然比整群抽样更好。

(2) 其次考虑将总体单元通过随机置换以完全随机的形式重新排列,得到表 8.5 的形式。

表 8.5 表 8.4 的总体单元按随机顺序重新排列后行、列平均数与方差

	1	2	3	4	5	$\bar{Y}_{i\cdot}$	$S_{i\cdot}^2$
1	39	28	40	36	29	34.4	31.3
2	19	18	29	26	46	27.6	127.3
3	30	36	33	52	50	40.2	102.2
4	12	39	44	28	34	31.4	152.8
5	25	48	28	24	29	30.8	96.7
$\bar{Y}_{\cdot j}$	25.0	33.8	34.8	33.2	37.6	$\bar{\bar{Y}}=32.88$	
$S_{\cdot j}^2$	106.5	129.2	48.7	131.2	96.3		$S^2=103.86$

经计算此时以行为群的整群抽样的有关结果是:

$S_b^2 = 112.86$

$S_w^2 = 102.06$

$V(\bar{\bar{y}}) = 18.0576$

$\rho_c = -0.0236107$

$\text{deff} = 1.0867$

而以列为群的整群抽样的结果为：

$S_b^2 = 111.26$

$S_w^2 = 102.38$

$V(\bar{\bar{y}}) = 17.8016$

$\rho_c = -0.0268202$

$\text{deff} = 1.0713$

从上述结果可以看到，此时整群抽样的效果与简单随机抽样非常接近。注意在本例中，虽然 $\rho_c < 0$，$1 + (M-1)\rho_c < 1$，但由于真正的 deff 还需乘上系数 $\frac{NM-1}{M(N-1)}$，在本例中由于 N 太小，此系数为 1.2 不能忽略，因而 deff 值仍稍大于 1。

(3) 最后我们将总体单元按从小到大的顺序排列（从第 1 列到第 5 列），得表 8.6 的形式。

表 8.6 表 8.4 的总体单元按从小到大的顺序重新排列后行、列平均数与方差

	1	2	3	4	5	$\bar{Y}_{i\cdot}$	$S_{i\cdot}^2$
1	12	26	29	36	44	29.4	142.8
2	18	28	29	36	46	31.4	107.8
3	19	28	30	39	48	32.8	122.7
4	24	28	33	39	50	34.8	103.7
5	25	29	34	40	52	36.0	111.5
$\bar{Y}_{\cdot j}$	19.6	27.8	31.0	38.0	48.0	$\bar{\bar{Y}} = 32.88$	
$S_{\cdot j}^2$	27.3	1.20	5.5	3.5	10.0		$S^2 = 103.86$

进行同样的计算，以行为群的整群抽样的结果为：

$S_b^2 = 34.66$

$S_w^2 = 117.7$

$V(\bar{\bar{y}}) = 5.5456$

$\rho_c = -0.1804721$

$\text{deff} = 0.3337$

以列为群的整群抽样的结果为：

$$S_b^2=575.66$$

$$S_w^2=9.5$$

$$V(\bar{\bar{y}})=92.1056$$

$$\rho_c=0.9047197$$

$$\text{deff}=5.5427$$

由于以行为群情形的群间方差很小，群内方差大，因此 ρ_c 很小（接近达到最小值－0.25），故采用整群抽样的效果很好。相反，若采用以列为群的整群抽样，效果则极差。若采用分层抽样，此时以列为层的效果则很好（方差为 1.52），而以行为层的效果则不明显（方差为 18.832）。

8.3 估计总体比例的整群抽样

8.3.1 问题的提出

在这一节中，我们讨论估计总体中具有某种特定特征的小单元比例的整群抽样。例如在 8.1 节中提到的小区住户固定电话拥有情况调查中，需要估计的即是装有固定电话的住户在小区总住户中所占的比例。在这类调查中判别一个单元是否具有所考察的特征一般是很容易的，需要的费用很低，而调查的组织及交通费用在调查总费用中所占的比例较大，因此普遍采用整群抽样，因为它总的效率较高。

与目的是估计总体均值或总量的整群抽样不同的是，在估计总体比例的情形，群大小无论相等或不相等，对群的抽样均可采用简单随机方式。不过此时估计量需要采用不同的形式：在群大小相等的情形，一般仍采用简单估计；而在群大小不等的情形，则适宜采用比估计。

8.3.2 群大小相等情形

在群大小相等（设为 M）情形，可以直接应用 8.2 节中的结果。注意此时小单元的指标值 $Y_{ij}(y_{ij})$ 只能取 0（当小单元不具有所考察的特征）和 1（当小单元具有所考察的特征）两种可能的数值。我们以 $A_i(a_i)$，$P_i(p_i)$ 分别记总体（样本）第 i 群中具有所考察特征的小单元数及其在小单元总数中的比例，相当于 8.2 节中的 $Y_i(y_i)$ 及 $\bar{Y}_i(\bar{y}_i)$。根据 8.2 节的结果，如果在总体中按简单随机抽样抽取 n 个群，则样本中具有所考察特征的小单元对样本小单元总数之比例

$$p=\frac{1}{n}\sum_{i=1}^{n}p_i=\frac{1}{nM}\sum_{i=1}^{n}a_i \tag{8.22}$$

是总体相应比例 P 的无偏估计，且它的方差为：

$$V(p)=\frac{1-f}{n}\frac{\sum_{i=1}^{N}(P_i-P)^2}{N-1} \tag{8.23}$$

其中 N 是总体中群的总数，而 f 是抽样比。$V(p)$ 的一个无偏估计是：

$$v(p)=\frac{1-f}{n(n-1)}\sum_{i=1}^{n}(p_i-p)^2 \tag{8.24}$$

从(3.30)式知，样本量为 nM 的简单随机抽样的方差为：

$$V_{srs}(p)=\frac{NM-nM}{NM-1}\cdot\frac{PQ}{nM}\approx\frac{1-f}{n}\frac{PQ}{M} \tag{8.25}$$

其中 $Q=1-P$ 。因而此时整群抽样的设计效应为：

$$\text{deff}=\frac{V(p)}{V_{srs}(p)}\approx\frac{M}{NPQ}\sum_{i=1}^{N}(P_i-P)^2 \tag{8.26}$$

例 8.5　在例 8.1 中，对某小区居民进行食品消费调查的同时，也进行了固定电话拥有情况的调查。表 8.7 是 12 个样本楼层装有固定电话的住户数 a_i 及在所在楼层 8 户中所占的比例 p_i 的资料。试对该小区的电话拥有率 P 进行估计。

表 8.7　小区样本楼层住户固定电话装有情况数据

i	a_i	p_i	i	a_i	p_i
1	4	0.5	7	5	0.625
2	3	0.375	8	2	0.25
3	5	0.625	9	6	0.75
4	6	0.75	10	4	0.5
5	3	0.375	11	3	0.375
6	4	0.5	12	5	0.625

解：根据例 8.1 中的数据，$N=512$，$n=12$，$M=8$，$f=0.02344$。而从表 8.7 的数据，小区住户固定电话拥有率的估计为：

$$p=\frac{1}{n}\sum_{i=1}^{n}p_i=\frac{1}{nM}\sum_{i=1}^{n}a_i=\frac{50}{12\times 8}=52.08\%$$

它的方差估计为：

$$v(p)=\frac{1-f}{n(n-1)}\sum_{i=1}^{n}(p_i-p)^2=\frac{1-0.02344}{12}\times 0.02509=0.0020441$$

标准差的估计为：

$$s(p)=\sqrt{v(p)}=4.52\%$$

8.3.3 群大小不等情形

当群大小不相等时，若对群的抽样仍按简单随机方式，记样本群的大小为 m_i，群中具有所考虑特征的小单元数为 a_i，则很自然地，总体比例 P 的估计可采用

$$p=\frac{\sum_{i=1}^{n}a_i}{\sum_{i=1}^{n}m_i} \tag{8.27}$$

将 $A_i(a_i)$ 作为第 i 群的指标值，群大小 $M_i(m_i)$ 看作是第五章中的辅助变量 $X_i(x_i)$ 的值，则(8.27)式中的 p 即是5.2节中的比估计。于是根据该节的讨论，当抽的群数 n 大时，

$$E(p)\approx P \tag{8.28}$$

$$V(p)\approx\frac{1-f}{n\bar{M}^2}\cdot\frac{\sum_{i=1}^{N}(A_i-PM_i)^2}{N-1}$$

$$=\frac{1-f}{n\bar{M}^2}\cdot\frac{\sum_{i=1}^{N}M_i^2(P_i-P)^2}{N-1} \tag{8.29}$$

其中 $\bar{M}=\frac{1}{N}\sum_{i=1}^{N}M_i$ 是总体群的平均大小。$V(p)$ 的估计则可用

$$v(p)=\frac{1-f}{n\bar{m}^2}(s_a^2+p^2s_m^2-2ps_{am}) \tag{8.30}$$

$$=\frac{1-f}{n\bar{m}^2}\frac{1}{n-1}\left(\sum_{i=1}^{n}a_i^2+p^2\sum_{i=1}^{n}m_i^2-2p\sum_{i=1}^{n}a_im_i\right) \tag{8.31}$$

(8.30)式中的 s_a^2，s_m^2 及 s_{am} 分别是 a_i，m_i 的样本方差和样本协方差。

例 8.6 为估计某城市居民中男、女性别的比例，用简单随机抽样抽取 $n=56$ 户，每户的人口数 m_i、男性与女性人口数 a_i 与 b_i 的数据见表8.8。试对男、女性别比例分别作出估计($1-f$ 可忽略)，并估计 deff 的值。

解：根据表8.8中的数据有：

$$n=56,\quad \sum_{i=1}^{n}m_i=196,\quad \sum_{i=1}^{n}a_i=101,\quad \sum_{i=1}^{n}b_i=95,$$

$$\bar{m}=\frac{1}{n}\sum_{i=1}^{n}m_i=\frac{196}{56}=3.5$$

表 8.8　56 个家庭的总人口数 m_i、男性人口数 a_i 及女性人口数 b_i

i	m_i	a_i	b_i	i	m_i	a_i	b_i
1	4	1	3	29	3	1	2
2	3	1	2	30	4	2	2
3	4	3	1	31	2	1	1
4	5	3	2	32	2	2	0
5	3	1	2	33	4	2	2
6	2	1	1	34	3	1	2
7	5	3	2	35	7	3	4
8	4	1	3	36	2	1	1
9	3	2	1	37	5	2	3
10	2	1	1	38	4	2	2
11	3	2	1	39	6	3	3
12	4	3	1	40	2	2	0
13	3	2	1	41	3	1	2
14	6	4	2	42	4	2	2
15	1	0	1	43	3	2	1
16	2	1	1	44	5	3	2
17	6	3	3	45	2	0	2
18	4	2	2	46	3	0	3
19	3	1	2	47	3	2	1
20	2	1	1	48	2	1	1
21	4	2	2	49	3	1	2
22	2	2	0	50	5	3	2
23	1	1	0	51	4	2	2
24	3	2	1	52	2	1	1
25	6	4	2	53	3	2	1
26	4	2	2	54	3	1	2
27	4	2	2	55	5	3	2
28	5	2	3	56	4	2	2

男性在总人口中所占的比例 $P^{(1)}$ 与女性在总人口中所占的比例 $P^{(2)}$ 的估计分别为：

$$\hat{P}^{(1)}=\frac{\sum_{i=1}^{n}a_i}{\sum_{i=1}^{n}m_i}=\frac{101}{196}=51.53\%$$

$$\hat{P}^{(2)}=\frac{\sum_{i=1}^{n}b_i}{\sum_{i=1}^{n}m_i}=\frac{95}{196}=48.47\%$$

$\hat{P}^{(1)}$ 与 $\hat{P}^{(2)}$ 的方差是相等的，按 $\hat{P}^{(1)}$ 的方差估计公式计算可得：

$$v(\hat{P}^{(1)})=v(\hat{P}^{(2)})\approx\frac{1}{n\bar{m}^2}[s_a^2+(\hat{P}^{(1)})^2s_m^2-2\hat{P}^{(1)}s_{am}]$$

$$=\frac{1}{56\times3.5^2}\times(0.85162+0.5153^2\times1.8182-2\times0.5153\times0.97273)$$

$$=0.0004838$$

于是标准差的估计为：

$$\sqrt{v(\hat{P}^{(1)})}=\sqrt{v(\hat{P}^{(2)})}=0.0220=2.20\%$$

为估计 deff，先求样本量为 196 的简单随机抽样时的方差。取 $P=Q=0.5$，则

$$V_{ran}(p)=\frac{0.25}{196}=0.001276$$

$$\text{deff}=\frac{0.00014838}{0.001276}=0.38$$

可见在此情形，整群抽样的效果明显地高于简单随机抽样。取 $\bar{M}=3.5$，还可进一步计算群内相关系数 ρ_c：

$$1+(\bar{M}-1)\hat{\rho}_c=0.38$$

$$\hat{\rho}_c=\frac{0.38-1}{2.5}=-0.248$$

群内相关系数为负值表明以家庭住户为群，群内性别差异大于随机分组。事实上，一个家庭往往以夫妻为核心加上子女或父母组成，性别结构相对均衡，群（家庭）内差异大，群间差异小。因此对于这种特殊的群结构，整群抽样是最为适宜的。

8.4 群大小不相等的一般情形

在多数实际问题中，群大小 M_i 是不相等的。若 M_i 相差不多，以平均群大小 $\bar{M}$ 代替 M_i，则可按群大小相等的情形处理。如果 M_i 相差较大，一种处理方法是将群按大小分层，使每一层内群的大小基本相等，从而仍可使用群大小相等时的处理方法。本节讨论处理群大小不等情形的一般方法。

8.4.1 记号

为便于讨论，将 8.2.1 节中的记号作相应的改变。

记 Y_{ij} 为总体第 i 群中第 j 个小单元的指标值，$i=1,2,\cdots,N$，$j=1,2,\cdots,M_i$，其中 M_i 是总体第 i 群的大小；y_{ij} 为样本第 i 群中第 j 个小单元的指标值，$i=1,2,\cdots,n$，$j=1,2,\cdots,m_i$，其中 m_i 是样本第 i 群的大小。另外，记

$M_0=\sum_{i=1}^{N}M_i$ 是总体中小单元的总数；

$$Y_i=\sum_{j=1}^{M_i}Y_{ij},\qquad y_i=\sum_{j=1}^{m_i}y_{ij};$$

$$\bar{Y}_i=\sum_{j=1}^{M_i}Y_{ij}/M_i,\qquad \bar{y}_i=\sum_{j=1}^{m_i}y_{ij}/m_i;$$

$$\bar{Y}=\sum_{i=1}^{N}Y_i/N,\qquad \bar{y}=\sum_{i=1}^{n}y_i/n;$$

$$\bar{\bar{Y}}=\sum_{i=1}^{N}\sum_{j=1}^{M_i}Y_{ij}/M_0,\qquad \bar{\bar{y}}=\sum_{i=1}^{n}\bar{y}_i/n\text{。}$$

注意尽管 $\bar{\bar{Y}}$ 是总体按小单元的均值，但 $\bar{\bar{y}}$ 并不是样本按小单元的平均数，因此它不等于 $\sum_{i=1}^{n}\sum_{j=1}^{m_i}y_{ij}/\sum_{i=1}^{n}m_i$。为简化公式便于讨论起见，在本节中，我们主要讨论对总体总量

$$Y=\sum_{i=1}^{N}\sum_{j=1}^{M_i}Y_{ij}=\sum_{i=1}^{N}Y_i \tag{8.32}$$

的估计，因为若将 Y_i 作为群的指标值，则作为总量的 Y 的估计可根据对群的抽样方法应用前几章已有的结果，而对 $\bar{\bar{Y}}$ 的估计则可从对 Y 的估计中推出。

8.4.2 按简单随机抽样抽群

首先考虑按简单随机抽样抽取群，设群的样本量为 n。此时对 Y 的估计有两种方法，一种是简单估计，另一种是比估计。

根据简单随机抽样简单估计的定义及性质，以样本群和 y_i 为样本观测值，$\bar{y}$ 为样本平均数，则总体总量的估计为：

$$\hat{Y}=\frac{N}{n}\sum_{i=1}^{n}y_i=N\bar{y} \tag{8.33}$$

$\hat{Y}$ 是无偏的，它的方差为：

$$V(\hat{Y})=\frac{N^2(1-f)}{n}\frac{\sum_{i=1}^{N}(Y_i-\bar{Y})^2}{N-1} \tag{8.34}$$

其中 $f=\frac{n}{N}$。$V(\hat{Y})$ 的一个无偏估计为：

$$v(\hat{Y})=\frac{N^2(1-f)}{n}\frac{\sum_{i=1}^{n}(y_i-\bar{y})^2}{n-1} \tag{8.35}$$

从(8.33)式可得总体均值 $\bar{\bar{Y}}$ 的简单估计：

$$\hat{\bar{\bar{Y}}}=\frac{\hat{Y}}{M_0}=\frac{\bar{y}}{\bar{M}}=\frac{1}{n\bar{M}}\sum_{i=1}^{n}y_i \tag{8.36}$$

其中

$$\bar{M}=\frac{M_0}{N} \tag{8.37}$$

是总体群大小的平均值。

从(8.34)式可知，简单估计 $\hat{Y}$ 的方差取决于群和 Y_i 的差异。当每个小单元指标值变化不大而群大小 M_i 相差较大时，Y_i 的差异一般很大，因此简单估计的方差可能较大。为了改进精度，采用 8.3.3 中已考虑过的方法，对总体均值 $\bar{\bar{Y}}$ 采用以群大小 M_i 为辅助变量的比估计，即

$$\hat{\bar{\bar{Y}}}_R=\frac{\sum_{i=1}^{n}y_i}{\sum_{i=1}^{n}m_i} \tag{8.38}$$

从而 Y 按群大小的比估计为：

$$\hat{Y}_R=M_0\hat{\bar{\bar{Y}}}_R=M_0\frac{\sum_{i=1}^{n}y_i}{\sum_{i=1}^{n}m_i} \tag{8.39}$$

$\hat{\bar{\bar{Y}}}_R$ 与 $\hat{Y}_R$ 都是有偏的，但当 n 大时，偏倚很小，从而可以看成是近似无偏的。此时它们的方差近似为：

$$V(\hat{\bar{\bar{Y}}}_R)\approx\frac{1-f}{n\bar{M}^2}\frac{\sum_{i=1}^{N}(Y_i-\bar{\bar{Y}}M_i)^2}{N-1}$$

$$=\frac{1-f}{n\bar{M}^2}\frac{\sum_{i=1}^{N}M_i^2(\bar{Y}_i-\bar{\bar{Y}})^2}{N-1} \tag{8.40}$$

$$V(\hat{Y}_R)=M_0^2V(\hat{\bar{\bar{Y}}}_R)=N^2\bar{M}^2V(\hat{\bar{\bar{Y}}}_R)$$

$$\approx\frac{N^2(1-f)}{n}\frac{\sum_{i=1}^{N}(Y_i-\bar{\bar{Y}}M_i)^2}{N-1}$$

$$=\frac{N^2(1-f)}{n}\frac{\sum_{i=1}^{N}M_i^2(\bar{Y}_i-\bar{\bar{Y}})^2}{N-1} \tag{8.41}$$

从(8.40)式或(8.41)式可以看出 $\hat{\bar{\bar{Y}}}_R$ 与 $\hat{Y}_R$ 的方差取决于 $\bar{Y}_i$ 的差异。在通常情况下，这个差异比较小，因而一般说来比估计的方差要比简单估计的方差小，从而精度更高。

$V(\hat{\bar{\bar{Y}}}_R)$ 与 $V(\hat{Y}_R)$ 的估计可采用以下公式：

$$v(\hat{\bar{\bar{Y}}}_R)=\frac{1-f}{n\bar{m}^2}\cdot\frac{1}{n-1}\left(\sum_{i=1}^{n}y_i^2+\hat{\bar{\bar{Y}}}_R^2\sum_{i=1}^{n}m_i^2-2\hat{\bar{\bar{Y}}}_R\sum_{i=1}^{n}m_iy_i\right) \tag{8.42}$$

$$v(\hat{Y}_R)=\frac{N^2(1-f)}{n}\cdot\frac{1}{n-1}\left(\sum_{i=1}^{n}y_i^2+\hat{\bar{\bar{Y}}}_R^2\sum_{i=1}^{n}m_i^2-2\hat{\bar{\bar{Y}}}_R\sum_{i=1}^{n}m_iy_i\right) \tag{8.43}$$

例 8.7　从共有 790 个单位的某系统中按简单随机抽样抽取 $n=20$ 个单位，样本单位的职工人数 m_i、月奖金总额 y_i 及人均月奖金 $\bar{y}_i$ 如表 8.9 所示。试用简单估计与比估计两种方法估计该系统人均月奖金 $\bar{\bar{Y}}$，并比较其精度。已知该系统共有职工人数 $M_0=337208$ 人。

表 8.9　某系统按简单随机抽样抽得的 20 个单位的职工人数、月奖金总额与人均月奖金数据

样本单元号 i	职工人数 m_i	月奖金总额 y_i	人均月奖金 $\bar{y}_i$
1	186	20088	108
2	497	48209	97
3	78	9360	120
4	1218	141288	116
5	254	23622	93
6	330	36300	110
7	118	10030	85
8	570	47310	83

续表

样本单元号 i	职工人数 m_i	月奖金总额 y_i	人均月奖金 $\bar{y}_i$
9	323	34561	107
10	45	4140	92
11	472	53808	114
12	2260	239560	106
13	398	50546	127
14	52	4472	86
15	1803	171285	95
16	368	41952	114
17	781	92158	118
18	45	5940	132
19	190	16910	89
20	231	27027	117

解：$N=790, n=20, 1-f=\dfrac{N-n}{N}=0.9747, M_0=337208$

(1) 简单估计

$$\hat{Y}=\frac{N}{n}\sum_{i=1}^{n}y_i=\frac{790}{20}\times 1078566=42603357(\text{元})$$

$$\hat{\bar{\bar{Y}}}=\frac{\hat{Y}}{M_0}=\frac{42603357}{337208}=126.34(\text{元})$$

$$v(\hat{\bar{\bar{Y}}})=\frac{N^2(1-f)}{nM_0^2}\frac{1}{n-1}\sum_{i=1}^{n}(y_i-\bar{y})^2=1035.3166$$

$$s(\hat{\bar{\bar{Y}}})=\sqrt{v(\hat{\bar{\bar{Y}}})}=32.18(\text{元})$$

(2) 比估计

$$\hat{\bar{\bar{Y}}}_R=\frac{\sum\limits_{i=1}^{n}y_i}{\sum\limits_{i=1}^{n}m_i}=\frac{1078566}{10219}=105.55(\text{元})$$

$$v(\hat{\bar{\bar{Y}}}_R)=\frac{1-f}{n\bar{M}^2}\cdot\frac{1}{n-1}\left(\sum_{i=1}^{n}y_i^2+\hat{\bar{\bar{Y}}}_R^2\sum_{i=1}^{n}m_i^2-2\hat{\bar{\bar{Y}}}_R\sum_{i=1}^{n}m_iy_i\right)=13.2422$$

$$s(\hat{\bar{\bar{Y}}}_R)=\sqrt{v(\hat{\bar{\bar{Y}}}_R)}=3.64(\text{元})$$

根据估计量的方差可知，在本例中比估计要比简单估计精确得多。

8.4.3　按与群大小成比例的不等概率抽样抽群

在群大小不等时的整群抽样中，最有效的方法是对群进行与其大小 M_i 成比例的不等概率抽样，即采用第六章中讨论的放回 PPS 抽样或不放回 πPS 抽样，并采用相应的估计量。

若群是按与 M_i 成比例的放回 PPS 抽样抽取的，即进行 n 次独立的抽样，每次按

$$Z_i = \frac{M_i}{M_0}, \quad i = 1, 2, \cdots, N$$

的概率抽取第 i 个群，设观测到的群和与群的大小分别为 $y_i = \sum_{j=1}^{m_i} y_{ij}$ 与 m_i，则总体总量 Y 的估计采用汉森一赫维茨估计量：

$$\hat{Y}_{HH} = \frac{1}{n}\sum_{i=1}^{n}\frac{y_i}{z_i} = \frac{M_0}{n}\sum_{i=1}^{n}\frac{y_i}{m_i} = M_0\bar{\bar{y}} \tag{8.44}$$

其中

$$\bar{\bar{y}} = \frac{1}{n}\sum_{i=1}^{n}\frac{y_i}{m_i} = \frac{1}{n}\sum_{i=1}^{n}\bar{y}_i \tag{8.45}$$

可作为总体按小单元均值 $\bar{\bar{Y}}$ 的估计。

根据汉森一赫维茨估计量的性质，$\hat{Y}_{HH}$ 与 $\bar{\bar{y}}$ 都是无偏的，且

$$\begin{aligned} V(\hat{Y}_{HH}) &= \frac{1}{n}\sum_{i=1}^{N} Z_i\left(\frac{Y_i}{Z_i} - Y\right)^2 \\ &= \frac{M_0}{n}\sum_{i=1}^{N} M_i(\bar{Y}_i - \bar{\bar{Y}})^2 \end{aligned} \tag{8.46}$$

$$V(\bar{\bar{y}}) = \frac{1}{nM_0}\sum_{i=1}^{N} M_i(\bar{Y}_i - \bar{\bar{Y}})^2 \tag{8.47}$$

它们的方差估计分别为：

$$\begin{aligned} v(\hat{Y}_{HH}) &= \frac{1}{n(n-1)}\sum_{i=1}^{n}\left(\frac{y_i}{z_i} - \hat{Y}_{HH}\right)^2 \\ &= \frac{M_0^2}{n(n-1)}\sum_{i=1}^{n}(\bar{y}_i - \bar{\bar{y}})^2 \end{aligned} \tag{8.48}$$

$$v(\bar{\bar{y}}) = \frac{1}{n(n-1)}\sum_{i=1}^{n}(\bar{y}_i - \bar{\bar{y}})^2 \tag{8.49}$$

例 8.8　某市建筑行业集团共有 48 个单位，有载货汽车 186 辆。按与每个单位的车辆拥有量成比例的概率进行放回 PPS 抽样，共抽 10 次，对抽中单位的所有车辆调查季度运量（单位：吨），样本数据如表 8.10 所示（其中有一单位被抽中两次，即 $i = 3, 7$）。试估计全集团的季度总运量。

表 8.10 按 *PPS* 抽样抽取的单位的载货汽车运量

样本单位编号 i	车辆数 m_i	单位运量总和 y_i	平均每车运量 $\bar{y}_i$
1	5	14230	2846
2	8	21336	2667
3	5	13650	2730
4	4	11568	2892
5	6	15216	2536
6	9	23094	2566
7	5	13650	2730
8	3	7443	2481
9	7	16723	2389
10	3	8391	2797

解:本例中以单位为群,载货汽车为小单元,$M_0=186, n=10$。

$$\bar{\bar{y}}=\frac{1}{n}\sum_{i=1}^{n}\bar{y}_i=2663.4(\text{吨})$$

全集团季度总运量 Y 的估计为:

$$\hat{Y}_{HH}=M_0\bar{\bar{y}}=186\times 2663.4=495392.4(\text{吨})$$

$$v(\bar{\bar{y}})=\frac{1}{n(n-1)}\sum_{i=1}^{n}(\bar{y}_i-\bar{\bar{y}})^2=2740.18$$

$$s(\bar{\bar{y}})=\sqrt{v(\bar{\bar{y}})}=52.3468(\text{吨})$$

$$s(\hat{Y}_{HH})=M_0 s(\bar{\bar{y}})=9736.5(\text{吨})$$

$$cv(\hat{Y}_{HH})=0.01965$$

因而作为 Y 的估计 $\hat{Y}_{HH}$,95%置信度下的最大相对误差为 $1.96\times 0.01965=0.0385=3.85\%$。

若群的抽取是用任何一种不放回的 πPS 抽样抽取时,总体总量 Y 的估计应用霍维茨一汤普森估计量:

$$\hat{Y}_{HT}=\sum_{i=1}^{n}\frac{y_i}{\pi_i} \tag{8.50}$$

其中

$$\pi_i=nz_i=\frac{nm_i}{M_0} \tag{8.51}$$

$\hat{Y}_{HT}$ 也是无偏的,其方差和方差估计与包含概率 π_i, π_{ij} 有关。

作为例子,若用布鲁尔方法或德宾方法抽取 $n=2$ 个群,群和分别为 y_1, y_2,群

的相对大小分别为 z_1，z_2，则 Y 的估计为：

$$\hat{Y}_B=\frac{y_1}{\pi_1}+\frac{y_2}{\pi_2}$$

$$v(\hat{Y}_B)=\frac{\pi_1\pi_2-\pi_{12}}{\pi_{12}}\left(\frac{y_1}{\pi_1}-\frac{y_2}{\pi_2}\right)^2$$

其中

$$\pi_i=2z_i=\frac{2m_i}{M_0},\quad i=1,2$$

$$\pi_{12}=\frac{4z_1z_2(1-z_1-z_2)}{(1-2z_1)(1-2z_2)\left(1+\sum_{i=1}^{N}\frac{Z_i}{1-2Z_i}\right)}$$

习 题

8.1 欲调查某城市的猪肉人均消费量，讨论下列情况采用街道作为群的整群抽样是否合适，如果不合适你认为采用什么抽样方式好。

1）少数民族居住比较集中于某些街道；

2）少数民族比较均匀地分布于各街道；

3）少数民族分散在各街道但比重不同。

8.2 某一社会研究机构研究南方某一城镇的社会民俗等情况。设该镇共有 415 个居民小组，从中按简单随机抽样抽取 25 个居民小组作样本，取得了以下数据：

样本群	户数	其中三代人户数	总收入	样本群	户数	其中三代人户数	总收入
1	8	4	96000	14	10	6	49000
2	12	7	121000	15	9	4	53000
3	4	1	42000	16	3	1	50000
4	5	3	65000	17	6	4	32000
5	6	3	52000	18	5	2	22000
6	6	4	40000	19	5	3	45000
7	7	4	75000	20	4	1	37000
8	5	2	65000	21	6	3	51000
9	8	3	45000	22	8	3	30000
10	3	2	50000	23	7	4	39000
11	2	1	85000	24	3	0	47000
12	6	3	43000	25	8	3	41000
13	5	2	54000	合计	151	72	1329000

要求：

1) 估计该地区户平均收入及其标准差；

2) 估计三代人的户占总户数的比例，并计算其标准差；

3) 若要求以上两项估计的相对标准差均控制在5%以下，应抽取多少居民小组(群)作样本。

8.3 一带锯厂对它的用户负责进行修理，按季定期进行结算，但缺乏每一带锯的平均修理费用。该厂共有96家用户，各拥有不同的带锯数。现用简单随机抽样抽取20家用户作样本，资料如下：

样本	锯数	修理费用	样本	锯数	修理费用
1	3	50	11	8	140
2	7	110	12	6	130
3	11	230	13	3	70
4	9	140	14	2	50
5	2	60	15	1	10
6	12	280	16	4	60
7	14	240	17	12	280
8	3	45	18	6	150
9	5	60	19	5	110
10	9	230	20	8	120

要求：

1) 估计每一带锯的平均修理费用及其抽样标准误；

2) 在未知总带锯数的条件下估计96家用户总的修理费用及估计标准误；

3) 若已知这96家用户共有740条带锯，利用这一补充信息估计总的修理费用和估计的标准误；

4) 若欲估计下一季度每一带锯的平均修理费用，允许最大绝对误差为 $d=2$，置信度为95%，应抽取多少家用户作样本？

8.4 某汽车运输公司抽样检查正在使用的车辆中不安全轮胎的比例，在175辆车中抽了25辆，其不安全轮胎数如下：

不安全轮胎数	汽车数
0	5
1	8
2	7
3	2
4	3

要求估计该运输公司的汽车中不安全轮胎的比例及相应的标准误。

8.5 某工业系统准备一项改革措施，对全系统的人进行一项民意测验，该系统共有 87 个单位，现采用整群抽样，用简单随机抽样抽取 15 个单位作样本，对抽中的单位全面征求意见，其结果如下：

单位	总人数	赞成人数
1	51	42
2	62	53
3	49	40
4	73	45
5	101	63
6	48	31
7	65	38
8	49	30
9	73	54
10	61	45
11	58	51
12	52	29
13	65	46
14	49	37
15	55	42

要求：

1) 估计该系统同意这一改革人数的比例，并计算估计的标准误；

2) 在调查的基础上对方案作了修改，拟再一次征求意见，要求估计比例的绝对误差不超过 4%，置信度为 95%，则应抽多少个单位作样本？

8.6 在一个估计总体比例问题的整群抽样设计中，作了 9 次试调查，研究群的大小与群间方差之间的关系，取得下列数据：

群平均大小 $\bar{M}$	$s_b^2/p(1-p)$	群平均大小 $\bar{M}$	$s_b^2/p(1-p)$
1	0.1120	12.25	0.0454
2.25	0.0813	16	0.0419
4	0.0659	25	0.0398
6.25	0.0577	36	0.0342
9	0.0505		

假设费用函数 $C_T = 1000 + 2.1n + 0.7n\bar{M}$，在固定总费用 $C_T = 10000$ 的条件

下，确定估计 P 时最优的 $\bar{M}$ 和 n 。

8.7 假设整群抽样的样本群数为 n ，每个群有 M 个单元，群间方差为 S_b^2 ，群内方差为 S_w^2 ，试对整群抽样与相同样本量的简单随机抽样的效率的比较进行讨论（fpc 可忽略不计）。

8.8 在一次农村调查中，抽样单元是包含 M 个农场的群，当抽取 n 个群作样本时，其费用是 $C=4tMn+60\sqrt{n}$ ，其中 t 是调查一个农场所花的时间（单位：小时）。如果这一调查的总费用是 2000 元，当 $M=1,5,10$；$t=0.5,2$ 时，n 的数值计算如下：

	M		
	1	5	10
$t=0.5$	400	131	74
$t=2$	156	40	21

样本均值的方差是 $\dfrac{S^2}{Mn}(1+(M-1)\rho_c)$ 。如果 $M\leqslant 10$，$\rho_c=0.1$，试求当 $t=0.5$ 及 $t=2$ 时，M 取何值能得到最精确的结果（fpc 忽略不计）？如何解释两个结果的差别？

第九章　二阶及多阶抽样

9.1　概述

9.1.1　多阶抽样的定义及与其他抽样的关系

采用整群抽样的主要理由是整群样本比较集中、实施便利、每个基本单元的调查费用较低。它的最大缺点是：在多数情形由于群内小单元存在一定程度的相似性（群内相关系数大于 0），其抽样误差高于同样样本量的简单随机抽样。事实上在多数情形，特别是当群的规模比较大时，确实没有必要对群内所有次级单元都进行调查，因此很自然地想到可以对每个被抽到的群中的次级单元再次进行抽样。

设总体由 N 个初级单元（也称一级单元，即 PSU）组成，每个初级单元又由若干次级单元（也称二级单元）组成。若在总体中按一定方法抽取若干初级单元，对每个被抽中的初级单元再抽取若干次级单元进行调查，则这种抽样称为二阶抽样或二级抽样（two-stage sampling）。在二阶抽样中，全部抽样是分两步实施的：第一步是从总体中抽初级单元，称为第一阶抽样；第二步是从每个被抽中的一级单元中抽次级单元，称为第二阶抽样。

如果每个二级单元又由更小的三级单元组成，那么在第二阶抽样后，若对每个被抽中的二级单元中的三级单元再进行抽样，则是三阶抽样；如果对每个被抽中的二级单元不再抽样，调查其中每个三级单元，则称为二阶整群抽样。以此类推，可定义更高阶的多阶抽样（multi-stage sampling）或多阶整群抽样（multi-stage cluster sampling）。我们看到整群抽样可以看作多阶抽样的特殊情形，即最后一阶抽样是 100%的抽样。

分层抽样也可看作是多阶抽样的特例：此时每个初级单元即是层，第一阶抽样是 100%抽样，而层内抽样则是第二阶抽样。当然层内抽样本身也可能是多阶的。

在多阶抽样中，各阶抽样的方法既可采用简单随机抽样，也可以采用放回或不放回的不等概率抽样，还可用采用下一章讨论的系统抽样等各种方法。

9.1.2　多阶抽样的特点和作用

二阶及多阶抽样保持了一阶整群抽样样本单元相对集中的特点，因此与简单随机抽样相比，实施方便，每个基本单元的调查费用也低。另一方面，多阶抽样不仅对初级单元进行了抽样，而且对每个被抽中的初级单元（二级单元……）实施了再抽样，因此它能充分发挥抽样的效率，避免了由于调查过多的小单元而造成人力、物力与财力的浪费。也就是说，多阶抽样既保持了（一阶）整群抽样的优点，又克服了它的缺点。

由于多阶抽样是分阶段实施的，因此抽样框也可以分级进行准备：在第一阶抽样中，仅需准备总体中关于初级单元的抽样框；在第二阶抽样中，仅需对那些被抽中的初级单元准备其中关于二级单元的抽样框，而无须对所有初级单元准备二级单元的抽样框。更高阶的抽样也是如此：每次只需要对被抽中的单元准备下一级抽样单元的抽样框，这在实际中是非常方便的。事实上在社会经济调查中，多阶抽样常用于抽样单元为各级行政单位的情况。例如在一项全国性调查中，往往将区（县）、街道（乡、镇）、居（村）民委员会及住户作为各级抽样单元。在此情形，采用多阶抽样显然十分方便。当然抽样单元的分级并不一定与这些单元的实际（行政）级别相吻合。例如在一个城市中，可以将区作为初级单元，也可以直接将街道作为初级单元；可以将居委会作为街道下一级的单元，也可以将居民小组作为街道下一级的单元。在这个意义下，似乎分级越细越方便，但由于每阶抽样都会带来误差，因此抽样的阶数越多，抽样误差也就越大。这中间也有一个适当取舍与平衡的问题。

多阶抽样的另一个重要应用是对散料的抽样。所谓散料是其组成部分在宏观水平上难于区分个体的材料，例如矿石、煤、水泥、化肥与粮食等。对于一批散料，例如储藏在一个仓库且已分装在麻袋的小麦，为估计其农药残留量，显然只能进行抽样测试。最常用的方法是从仓库中（视为总体）先抽取若干麻袋（在散料抽样中称为分装），再从每个被抽中的麻袋中的不同部位抽取一定数量的小麦样品（称为份样）进行测试。这里分装即是初级单元，份样即是次级单元。

9.2 初级单元大小相等时的二阶抽样

与整群抽样情况类似，我们先讨论初级单元大小（即所包含的次级单元数目）相等情形的二阶抽样。在此情形，二阶抽样中的每一阶都可采用简单随机抽样：第一阶抽样从总体 N 个初级单元中抽取 n 个初级单元，第二阶抽样则是从每个被抽中的初级单元（设每个包含 M 个次级单元）中抽取 m 个次级单元。我们假定第二阶抽样对于每个被抽中的初级单元都是相互独立的。

9.2.1 记号

记 Y_{ij} 为总体第 i 个初级单元中第 j 个次级单元的指标值，$i=1,2,\cdots,N$，$j=1,2,\cdots,M$；y_{ij} 为样本中第 i 个初级单元第 j 个次级单元的指标值，$i=1,2,\cdots,$

n，$j=1,2,\cdots,m$；

$$f_1=\frac{n}{N}, \quad f_2=\frac{m}{M}$$

分别是第一阶抽样与第二阶抽样的抽样比；

$$Y_i=\sum_{j=1}^{M}Y_{ij}, \quad y_i=\sum_{j=1}^{m}y_{ij}$$

分别是总体和样本中第 i 个初级单元的指标和；

$$\bar{Y}_i=Y_i/M, \quad \bar{y}_i=y_i/m$$

分别是总体和样本中第 i 个初级单元指标按次级单元的均值；

$$\bar{\bar{Y}}=\sum_{i=1}^{N}\bar{Y}_i/N, \quad \bar{\bar{y}}=\sum_{i=1}^{n}\bar{y}_i/n$$

分别是总体和样本按次级单元的均值；

$$S_1^2=\frac{1}{N-1}\sum_{i=1}^{N}(\bar{Y}_i-\bar{\bar{Y}})^2, \quad s_1^2=\frac{1}{n-1}\sum_{i=1}^{n}(\bar{y}_i-\bar{\bar{y}})^2$$

分别是总体和样本初级单元间的方差；

$$S_2^2=\frac{1}{N(M-1)}\sum_{i=1}^{N}\sum_{j=1}^{M}(Y_{ij}-\bar{Y}_i)^2, \quad s_2^2=\frac{1}{n(m-1)}\sum_{i=1}^{n}\sum_{j=1}^{m}(y_{ij}-\bar{y}_i)^2$$

分别是总体和样本中同一初级单元内次级单元间的方差，也即初级单元内的方差。

若令

$$S_{2i}^2=\frac{1}{M-1}\sum_{j=1}^{M}(Y_{ij}-\bar{Y}_i)^2$$

则总体初级单元内的方差也可写成

$$S_2^2=\frac{1}{N}\sum_{i=1}^{N}S_{2i}^2$$

9.2.2 总体均值 $\bar{\bar{Y}}$ 的估计量及其性质

如果二阶抽样中的每一阶抽样都是简单随机的，且对每个初级单元，第二阶抽样是相互独立的，则将样本按次级单元的均值

$$\bar{\bar{y}}=\frac{1}{nm}\sum_{i=1}^{n}\sum_{j=1}^{m}y_{ij}=\frac{1}{n}\sum_{i=1}^{n}\bar{y}_i \tag{9.1}$$

作为总体均值

$$\bar{\bar{Y}}=\frac{1}{NM}\sum_{i=1}^{N}\sum_{j=1}^{M}Y_{ij}=\frac{1}{N}\sum_{i=1}^{N}\bar{Y}_i \tag{9.2}$$

的估计，有如下性质：

$$E(\bar{\bar{y}})=\bar{\bar{Y}} \tag{9.3}$$

$$V(\bar{\bar{y}})=\frac{1-f_1}{n}S_1^2+\frac{1-f_2}{mn}S_2^2 \tag{9.4}$$

为证明上述性质，注意到二阶抽样是分两步进行的，因此对估计量求均值与方差需按第七章给出的下述一般公式进行，即：

$$E(\hat{\theta})=E_1[E_2(\hat{\theta})] \tag{9.5}$$

$$V(\hat{\theta})=V_1[E_2(\hat{\theta})]+E_1[V_2(\hat{\theta})] \tag{9.6}$$

其中 E_1，V_1 是对第一阶抽样求均值与方差，而 E_2，V_2 是在固定初级单元的条件下，对第二阶抽样求均值与方差。于是根据简单随机抽样的性质，有

$$\begin{aligned}E(\bar{\bar{y}})&=E_1\left[E_2\left(\frac{1}{n}\sum_{i=1}^{n}\bar{y}_i\right)\right]\\&=E_1\left[\frac{1}{n}\sum_{i=1}^{n}E_2(\bar{y}_i)\right]=E_1\left(\frac{1}{n}\sum_{i=1}^{n}\bar{Y}_i\right)=\bar{\bar{Y}}\end{aligned}$$

$$\begin{aligned}V(\bar{\bar{y}})&=V_1\left[E_2\left(\frac{1}{n}\sum_{i=1}^{n}\bar{y}_i\right)\right]+E_1\left[V_2\left(\frac{1}{n}\sum_{i=1}^{n}\bar{y}_i\right)\right]\\&=V_1\left(\frac{1}{n}\sum_{i=1}^{n}\bar{Y}_i\right)+E_1\left[\frac{1}{n^2}\sum_{i=1}^{n}\frac{1-f_2}{m}\frac{\sum_{j=1}^{M}(Y_{ij}-\bar{Y}_i)^2}{M-1}\right]\\&=\frac{1-f_1}{n}\frac{\sum_{i=1}^{N}(\bar{Y}_i-\bar{\bar{Y}})^2}{N-1}+\frac{1-f_2}{mn}E_1\left(\frac{1}{n}\sum_{i=1}^{n}S_{2i}^2\right)\\&=\frac{1-f_1}{n}S_1^2+\frac{1-f_2}{mn}\left(\frac{1}{N}\sum_{i=1}^{N}S_{2i}^2\right)\\&=\frac{1-f_1}{n}S_1^2+\frac{1-f_2}{mn}S_2^2\end{aligned}$$

估计量的方差由两个分量组成，其中源由第一阶抽样的第一项主要取决于第一阶抽样的样本量 n 与初级单元间的方差 S_1^2，源由第二阶抽样的第二项主要取决于按次级单元的总样本量 mn 与初级单元内的方差 S_2^2。在通常情况下，第一项占总方差的绝大部分，因此在固定总样本量 mn 的条件下，n 越大（m 越小），方差就越小。

为构造 $V(\bar{\bar{y}})$ 的无偏估计，需找到 S_1^2 与 S_2^2 的无偏估计。从直观上说，这应该与样本方差 s_1^2 与 s_2^2 有关。为此我们用(9.5)式求 s_1^2 与 s_2^2 的均值。对于 s_2^2，有

$$\begin{aligned}E(s_2^2)&=E_1[E_2(s_2^2)]\\&=E_1\left\{E_2\left[\frac{1}{n(m-1)}\sum_{i=1}^{n}\sum_{j=1}^{m}(y_{ij}-\bar{y}_i)^2\right]\right\}\\&=E_1\left\{\frac{1}{n}\sum_{i=1}^{n}E_2\left[\frac{1}{m-1}\sum_{j=1}^{m}(y_{ij}-\bar{y}_i)^2\right]\right\}\end{aligned}$$

$$
\begin{aligned}
&= E_1\left\{\frac{1}{n}\sum_{i=1}^{n}\left[\frac{1}{M-1}\sum_{j=1}^{M}(Y_{ij}-\bar{Y}_i)^2\right]\right\} \\
&= \frac{1}{N}\sum_{i=1}^{N}S_{2i}^2 = S_2^2 \qquad (9.7)
\end{aligned}
$$

因此 s_2^2 是 S_2^2 的无偏估计。为求 $E(s_1^2)$，我们先从下式出发：

$$
\begin{aligned}
E_2[(n-1)s_1^2] &= E_2\left[\sum_{i=1}^{n}(\bar{y}_i-\bar{\bar{y}})^2\right] \\
&= \sum_{i=1}^{n}E_2(\bar{y}_i^2) - nE_2(\bar{\bar{y}}^2) \\
&= \sum_{i=1}^{n}\{[E_2(\bar{y}_i)]^2 + V_2(\bar{y}_i)\} - n\{[E_2(\bar{\bar{y}})]^2 + V_2(\bar{\bar{y}})\} \\
&= \sum_{i=1}^{n}\bar{Y}_i^2 + \sum_{i=1}^{n}\frac{1-f_2}{m}S_{2i}^2 - n\left(\frac{1}{n}\sum_{i=1}^{n}\bar{Y}_i\right)^2 - \frac{1-f_2}{nm}\sum_{i=1}^{n}S_{2i}^2 \\
&= \sum_{i=1}^{n}(\bar{Y}_i-\bar{\bar{Y}}_n)^2 + \frac{(n-1)(1-f_2)}{nm}\sum_{i=1}^{n}S_{2i}^2
\end{aligned}
$$

其中

$$
\bar{\bar{Y}}_n = \frac{1}{n}\sum_{i=1}^{n}\bar{Y}_i
$$

因而有

$$
\begin{aligned}
E(s_1^2) &= E_1[E_2(s_1^2)] \\
&= E_1\left[\frac{1}{n-1}\sum_{i=1}^{n}(\bar{Y}_i-\bar{\bar{Y}}_n)^2\right] + \frac{1-f_2}{m}E_1\left(\frac{1}{n}\sum_{i=1}^{n}S_{2i}^2\right) \\
&= S_1^2 + \frac{1-f_2}{m}S_2^2 \qquad (9.8)
\end{aligned}
$$

从上式可知 s_1^2 不是 S_1^2 的无偏估计。S_1^2 的一个无偏估计为(由于 s_2^2 是 S_2^2 的无偏估计)：

$$
\hat{S}_1^2 = s_1^2 - \frac{1-f_2}{m}s_2^2 \qquad (9.9)
$$

从(9.7)式与(9.9)式，立即可得 $V(\bar{\bar{y}})$ 的一个无偏估计是

$$
v(\bar{\bar{y}}) = \frac{1-f_1}{n}s_1^2 + \frac{f_1(1-f_2)}{nm}s_2^2 \qquad (9.10)
$$

例 9.1 在例 8.1 我们曾分析某城市居民小区居民食品消费量调查中以楼层为群进行抽样调查的资料。为改进抽样精度，将整群抽样改为二阶抽样。用简单随机抽样抽取 $n=24$ 个楼层，对每个抽中的楼层再用简单随机抽样抽取 $m=4$ 户进行调查。总的样本量仍为 96 户，具体资料见表 9.1(其中前 12 个楼层的资料是从表 8.1 中随机抽得的)。试估计该居民小区人均食品消费的户平均值 $\bar{\bar{Y}}$ 。

表 9.1 用二阶抽样抽取的 24 个楼层 96 户居民人均月食品消费额资料 单位:元

i	y_{ij}	$\bar{y}_i$	s_{2i}^2	i	y_{ij}	$y\bar{y}_i$	s_{2i}^2
1	240,162,185,197	196.00	1071.33	13	190,162,175,202	182.25	304.25
2	192,148,186,169	173.75	389.58	14	185,201,178,238	200.50	717.67
3	168,170,144,167	162.25	149.58	15	251,230,197,221	224.75	500.25
4	187,232,205,210	208.50	343.00	16	193,208,214,186	200.25	168.25
5	210,308,198,183	224.75	3202.25	17	238,200,195,210	210.75	368.92
6	256,280,334,216	271.50	2433.00	18	312,258,242,225	259.25	1418.25
7	192,165,224,241	205.50	1141.67	19	177,230,196,234	209.25	752.92
8	187,212,253,189	210.25	940.92	20	286,247,209,224	241.50	1124.33
9	208,307,258,210	245.75	2201.58	21	228,254,205,218	226.25	430.92
10	232,182,212,169	198.75	815.58	22	287,208,197,248	235.00	1682.00
11	294,309,244,286	283.25	775.58	23	275,240,300,262	269.25	628.92
12	228,182,312,232	238.50	2915.67	24	184,215,199,237	208.75	514.92

解:在表 9.1 中列出了每个楼层样本平均数 $\bar{y}_i$ 及方差 s_{2i}^2 ,于是 $\bar{\bar{Y}}$ 的估计为:

$$\bar{\bar{y}} = \frac{1}{n}\sum_{i=1}^{n}\bar{y}_i = 220.27089(\text{元})$$

且

$$s_1^2 = \frac{1}{n-1}\sum_{i=1}^{n}(\bar{y}_i - \bar{\bar{y}})^2 = 950.2713$$

$$s_2^2 = \frac{1}{n(m-1)}\sum_{i=1}^{n}\sum_{j=1}^{m}(y_{ij} - \bar{y}_i)^2 = \frac{1}{n}\sum_{i=1}^{n}s_{2i}^2 = 1041.3058$$

又 $f_1 = \frac{n}{N} = \frac{24}{510} = 0.047$, $f_2 = \frac{m}{M} = \frac{4}{8} = 0.5$,因而

$$v(\bar{\bar{y}}) = \frac{1-f_1}{n}s_1^2 + \frac{f_1(1-f_2)}{nm}s_2^2$$

$$= \frac{0.953}{24} \times 950.2713 + \frac{0.047 \times 0.5}{24 \times 4} \times 1041.3508$$

$$= 37.7337 + 0.2549 = 37.9886$$

$$s(\bar{\bar{y}}) = \sqrt{v(\bar{\bar{y}})} = 6.1635(\text{元})$$

于是 $\bar{\bar{Y}}$ 的置信度为 95%的置信限为 $220.2708 \pm 1.96 \times 6.163$,相应的置信区间为[208.19 元, 232.35 元]。

与例 8.1 的结果比较，在相同样本量情况下，本例二阶抽样的抽样误差要比整群抽样的抽样误差小得多。

正如我们已看到的那样，在方差估计公式(9.10) 式中，第一项 $(1-f_1)s_1^2/n$ 在数值上所占的比例很大，这不仅由于它的分母 n 比第二项 $f_1(1-f_2)s_2^2/mn$ 的分母 mn 小，而且第二项又多了一个小于 1 的因子 f_1。从(9.8)式可知，s_1^2 除了 S_1^2 的“贡献”外，还包含了 S_2^2 的“贡献”。

9.2.3　关于总体比例的估计

当二阶抽样的目的是估计总体中具有某种特定特征的次级单元对总体中所有次级单元数的比例 P 时，它的一个无偏估计是

$$p=\frac{1}{n}\sum_{i=1}^{n}p_i \triangleq \frac{1}{nm}\sum_{i=1}^{n}a_i \tag{9.11}$$

其中 a_i 是第 i 个样本初级单元中具有所考虑特征的次级单元数。根据 3.3 节中关于此类总体方差的表达形式，我们有

$$S_1^2=\frac{1}{N-1}\sum_{i=1}^{N}(P_i-P)^2$$

$$S_2^2=\frac{M}{N(M-1)}\sum_{i=1}^{N}P_i(1-P_i)\triangleq\frac{M}{N(M-1)}\sum_{i=1}^{N}P_iQ_i$$

其中 P_i 是总体第 i 个初级单元中具有所考虑特征的次级单元的比例，而 $Q_i=1-P_i$。于是根据(9.4)式，p 的方差应为

$$V(p)=\frac{1-f_1}{n}\frac{1}{N-1}\sum_{i=1}^{N}(P_i-P)^2+\frac{1-f_2}{nm}\frac{M}{N(M-1)}\sum_{i=1}^{N}P_iQ_i \tag{9.12}$$

$V(p)$ 的一个无偏估计是

$$v(p)=\frac{1-f_1}{n(n-1)}\sum_{i=1}^{n}(p_i-p)^2+\frac{f_1(1-f_2)}{n^2(m-1)}\sum_{i=1}^{n}p_iq_i \tag{9.13}$$

其中 $q_i=1-p_i$。

例 9.2　某部委对所属企事业单位就一项改革方案进行抽样调查，采用二阶抽样。先在全部 $N=1250$ 个单位(平均每个单位职工人数 $\bar{M}=250$)中按简单随机抽样抽取 $n=350$ 个单位，然后对抽中的每个单位再按简单随机抽样抽取 $m=8$ 个职工进行调查。样本单位中赞成此项改革方案的人数为 k 的单位频数 $n_k(k=0,1,2,\cdots,8)$ 及赞成比例 p_k 列在表 9.2 中。试估计该部委全体职工赞成该项方案的比例 P，给出估计量的方差估计并估计此项二阶抽样的设计效应。

表 9.2 某部委 350 个单位对一项改革方案的调查结果

(每个单位随机抽 8 人，n_k 为赞成人数为 k 的单位频数)

k	0	1	2	3	4	5	6	7	8
n_k	3	4	15	34	64	131	67	24	8
p_k	0	0.125	0.25	0.375	0.5	0.625	0.75	0.875	1

解: $N=1250,\ n=350,\ f_1=0.28,\ \bar{M}=250,\ m=8,\ f_2=0.032$

$$p=\frac{1}{n}\sum_{i=1}^{n}p_i=\frac{1}{350}\sum_{k=0}^{8}n_kp_k=\frac{1}{350\times 8}\sum_{k=0}^{8}n_kk=\frac{1684}{350\times 8}=0.6004$$

$$\sum_{i=1}^{n}(p_i-p)^2=\sum_{k=0}^{8}n_kp_k^2-np^2=137.0156-126.1500=10.8656$$

$$\sum_{i=1}^{n}p_iq_i=\sum_{k=0}^{8}n_kp_kq_k=73.1094$$

于是由(9.13)式，

$$v(p)=\frac{1-0.28}{350\times(350-1)}\times 10.8656+\frac{0.28\times(1-0.032)}{350^2\times(8-1)}\times 73.1094$$
$$=0.00006405+0.00002311=0.00008716$$

$$s(p)=\sqrt{v(p)}=0.009336$$

为估计二阶抽样的设计效应 deff，按次级单元计算的样本量 $nm=2800$，抽样比 $f=f_1f_2=0.00896$，$\hat{P}=p=0.6004$，而简单随机抽样的方差估计为：

$$v_{SRS}=\frac{1-f}{nm-1}p(1-p)=\frac{0.99104}{2799}\times 0.6004\times 0.3996=0.00008459$$

故 deff 的估计为

$$\frac{v(p)}{v_{SRS}}=\frac{0.00008716}{0.00008495}=1.026$$

9.2.4 最优样本量 m 与 n 的确定

在抽取相等数量次级单元的前提下，二阶抽样的方差通常小于整群抽样的方差但大于分层抽样的方差。在实际中，一个重要的问题是：如何确定最好的第一阶样本量 n 与第二阶样本量 m，也即最优抽样比 f_1 与 f_2，使在给定的总费用 C_T 的条件下估计量的方差 $V(\bar{\bar{y}})$ 最小或在固定方差的情况下总费用最小。对此问题的处理方法与分层随机抽样中各层样本量的最优分配类似。我们首先考虑二阶抽样的费用函数。最简单的费用函数是以下的线性费用函数：

$$C_T=c_0+c_1n+c_2nm \tag{9.14}$$

其中 c_1，c_2 分别是调查一个初级单元和一个次级单元的平均费用，而 c_0 是固定费用，与 n，m 无关。另一方面，$V(\bar{\bar{y}})$ 又可写成：

$$V=\left(\frac{1}{n}-\frac{1}{N}\right)S_1^2+\frac{1}{n}\left(\frac{1}{m}-\frac{1}{M}\right)S_2^2$$

$$=\frac{1}{n}\left(S_1^2-\frac{S_2^2}{M}\right)+\frac{S_2^2}{mn}-\frac{S_1^2}{N} \tag{9.15}$$

上式中的最后一项也与 n，m 无关。因此在固定 C_T 下最小化 $V(\bar{\bar{y}})$ 或固定 V 下最小化 C_T 等价于最小化

$$\left(V+\frac{1}{N}S_1^2\right)(C_T-c_0)=\left[\left(\dot{S}_1^2-\frac{S_2^2}{M}\right)+\frac{S_2^2}{m}\right](c_1+c_2m)$$

$$\triangleq\left(S_u^2+\frac{S_2^2}{m}\right)(c_1+c_2m) \tag{9.16}$$

其中

$$S_u^2=S_1^2-\frac{S_2^2}{M} \tag{9.17}$$

根据柯西一许瓦兹不等式，(9.16)式达到最小的充要条件是：

$$\frac{S_u}{S_2/\sqrt{m}}=\frac{\sqrt{c_1}}{\sqrt{c_2m}}$$

从而 m 的最优值 m_{opt} 满足：

$$m_{opt}=\frac{S_2}{S_u}\sqrt{\frac{c_1}{c_2}} \tag{9.18}$$

由于 m 的实际取值只能是正整数，因此求出 m_{opt} 以后必须进行舍入。喀梅隆(J. M. Cameron)给出了关于 m_{opt} 舍入的以下规则：

若令 m' 是 m_{opt} 的整数部分，则

(1) 若 $m_{opt}^2>m'(m'+1)$，则取 $m=m'+1$；

(2) 若 $m_{opt}^2\leqslant m'(m'+1)$，则取 $m=m'$；

(3) 若 $m_{opt}\geqslant M$ 或 $S_1^2-\dfrac{S_2^2}{M}<0$，则取 $m=M$。

m 确定后，根据给定的 C_T 或 V 即可求出 n。

例 9.3　在例 9.1 中，若 $c_1/c_2=5$，$V=25$，试求最优样本量 m 与 n。

解：为避免与原来抽样中的样本量混淆，我们记原来的实际值为 $m_0=4$，$n_0=24$，$f_2=0.5$，又 $s_1^2=950.2713$，$s_2^2=1041.3058$，因此

$$\hat{S}_1^2=s_1^2-\frac{1-f_2}{m_0}s_2^2=820.1081,\ \hat{S}_2^2=s_2^2=1041.3058$$

$$\hat{S}_u^2=\hat{S}_1^2-\frac{\hat{S}_2^2}{M}=820.1081-130.1632=689.9449$$

$$\frac{\hat{S}_2}{\hat{S}_u}=\sqrt{\frac{1041.3058}{689.9449}}=1.23$$

$$m_{opt}=1.23\sqrt{5}=2.75$$

$$m'=2,\quad m'+1=3$$

因为

$$m_{opt}^2=7.5645>m'(m'+1)=6$$

故实际最优的 $m=3$。

若要求估计量的方差(最大值) $V=25$,则根据(9.15)式,若将 S_1^2/N 忽略不计,则 n_{opt} 满足:

$$25=\frac{1}{n_{opt}}\left(820.1081-\frac{1041.3058}{8}\right)+\frac{1041.3058}{3n_{opt}}=\frac{1037.0468}{n_{opt}}$$

$$n_{opt}=\frac{1037.0468}{25}=41.48$$

故 n 应取为 42。

9.3 初级单元大小不等时的二阶抽样(Ⅰ)——对初级单元进行多项抽样情形

9.3.1 一般说明及记号

与整群抽样情况类似,当初级单元大小不相等时的二阶抽样有两种处理方法:一种是将初级单元按大小分层,使层内的初级单元大小大致相同,从而可用 9.2 节的方法处理;另一种方法则是考虑用不等概率抽样抽取初级单元或虽仍用简单随机抽样抽取初级单元但改变估计量的形式。在这一节中我们首先考虑用放回不等概率抽样即多项抽样的方法对初级单元进行抽样,下一节考虑用不放回的等概率或不等概率抽样抽取初级单元的方法。

下面将本节及下节使用的记号作重新规定。

Y_{ij} 表示总体第 i 个初级单元中第 j 个次级单元的指标值,$i=1,2,\cdots,N$,$j=1,2,\cdots,M_i$,$M_0=\sum_{i=1}^{N}M_i$ 是总体中次级单元的总数。y_{ij} 表示样本中第 i 个初级单元第 j 个次级单元的观测值,$i=1,2,\cdots,n$,$j=1,2,\cdots,m_i$,其中 n 与 m_i 分别是第一阶抽样与第二阶抽样的样本量,而 $f_1=\frac{n}{N}$,$f_{2i}=\frac{m_i}{M_i}$ 分别是抽样比。另外记

总体及样本各级总量、均值与方差如下：

$$Y_i = \sum_{j=1}^{M_i} Y_{ij}\ ,\qquad y_i = \sum_{j=1}^{m_i} y_{ij}$$

$$Y = \sum_{i=1}^{N} Y_i\ ,\qquad y = \sum_{i=1}^{n} y_i$$

$$\bar{Y}_i = Y_i / M_i\ ,\qquad \bar{y}_i = y_i / m_i$$

$$S_{2i}^2 = \frac{1}{M_i - 1}\sum_{j=1}^{M_i}(Y_{ij} - \bar{Y}_i)^2\ ,\quad s_{2i}^2 = \frac{1}{m_i - 1}\sum_{j=1}^{m_i}(y_{ij} - \bar{y}_i)^2$$

$$\bar{\bar{Y}} = Y / M_0\ ,\qquad \bar{\bar{y}} = y / \sum_{i=1}^{n} m_i$$

$$\bar{Y} = Y / N\ ,\qquad \bar{y} = y / n$$

9.3.2　总体总量 Y 的估计

我们首先考虑第一阶抽样是按多项抽样抽取初级单元的情况：对每个初级单元，设定一个概率 Z_i ，进行 n 次独立放回抽样，每次抽到第 i 个初级单元的概率为 Z_i ，$i = 1, 2, \cdots, N$ （$\sum_{i=1}^{N} Z_i = 1$）。第二阶抽样则是在每个被抽到的初级单元中以某种形式抽取 m_i 个次级单元。若某个初级单元被重复抽中，则原来在第二阶抽样抽到的次级单元都被放回，然后重新抽取 m_i 个次级单元。

对于二阶抽样中总体总量 Y 的估计，一般是先对每个被抽中的初级单元 i ，利用第二阶抽样抽到的样本估计初级单元的总量 Y_i ，然后再利用单阶抽样的结果进一步估计 Y 。具体地说，是先给出 Y_i 的一个无偏估计 $\hat{Y}_i$ ，再利用第六章中关于多项抽样的汉森—赫维茨估计量给出 Y 的如下估计：

$$\hat{Y}_{HH} = \frac{1}{n}\sum_{i=1}^{n}\frac{\hat{Y}_i}{z_i} \tag{9.19}$$

其中 z_i 是第 i 个样本初级单元相应的 Z_i 值。由于

$$E(\hat{Y}_{HH}) = E_1 E_2\left(\frac{1}{n}\sum_{i=1}^{n}\frac{\hat{Y}_i}{z_i}\right) = E_1\left(\frac{1}{n}\sum_{i=1}^{n}\frac{Y_i}{z_i}\right) = Y$$

因此 $\hat{Y}_{HH}$ 是无偏的。它的方差为：

$$V(\hat{Y}_{HH}) = \frac{1}{n}\left[\sum_{i=1}^{N} Z_i\left(\frac{Y_i}{Z_i} - Y\right)^2 + \sum_{i=1}^{N}\frac{V_2(\hat{Y}_i)}{Z_i}\right] \tag{9.20}$$

事实上，由(9.6)式及(6.5)式，有

$$V(\hat{Y}_{HH}) = V_1 E_2\left(\frac{1}{n}\sum_{i=1}^{n}\frac{\hat{Y}_i}{z_i}\right) + E_1 V_2\left(\frac{1}{n}\sum_{i=1}^{n}\frac{\hat{Y}_i}{z_i}\right)$$

$$=V_1\left(\frac{1}{n}\sum_{i=1}^{n}\frac{Y_i}{z_i}\right)+E_1\left[\frac{1}{n^2}\sum_{i=1}^{n}\frac{V_2(\hat{Y}_i)}{z_i^2}\right]$$

$$=\frac{1}{n}\sum_{i=1}^{N}Z_i\left(\frac{Y_i}{Z_i}-Y\right)^2+\frac{1}{n}\sum_{i=1}^{N}\frac{V_2(\hat{Y}_i)}{Z_i}$$

这即是(9.20)式。可以证明，$V(\hat{Y}_{HH})$ 的一个无偏估计是：

$$v(\hat{Y}_{HH})=\frac{1}{n(n-1)}\sum_{i=1}^{n}\left(\frac{\hat{Y}_i}{z_i}-\hat{Y}_{HH}\right)^2 \tag{9.21}$$

它的形式与单阶抽样相应估计量[(6.6)式]的形式相似。

注意上面的讨论中并没有规定第二阶抽样的方式，而(9.21)式的方差估计量的形式也与第二阶抽样的方式无关。

如果第二阶抽样是简单随机的，则 $\hat{Y}_i=M_i\bar{y}_i$ 是 Y_i 的无偏估计，而

$$V_2(\hat{Y}_i)=M_i^2V_2(\bar{y}_i)=\frac{1}{m_i}M_i^2(1-f_{2i})S_{2i}^2$$

于是有

$$\hat{Y}_{HH}=\frac{1}{n}\sum_{i=1}^{n}\frac{M_i\bar{y}_i}{z_i} \tag{9.22}$$

$$V(\hat{Y}_{HH})=\frac{1}{n}\sum_{i=1}^{N}Z_i\left(\frac{Y_i}{Z_i}-Y\right)^2+\frac{1}{n}\sum_{i=1}^{N}\frac{M_i^2(1-f_{2i})S_{2i}^2}{m_iZ_i} \tag{9.23}$$

$$v(\hat{Y}_{HH})=\frac{1}{n(n-1)}\sum_{i=1}^{n}\left(\frac{M_i\bar{y}_i}{z_i}-\hat{Y}_{HH}\right)^2 \tag{9.24}$$

9.3.3 估计量是自加权的条件及对初级单元的 *PPS* 抽样

在第四章中曾提到过：若一个估计量可以表达为样本观测值总和(或均值)的常数倍，则称这种估计量(或相应的样本)是自加权的。现在我们来寻求二阶抽样中当用多项抽样抽取初级单元时估计量 $\hat{Y}_{HH}$ 是自加权的条件。为简单起见，我们将第二阶抽样限制为最常见的简单随机抽样情形。根据(9.22)式，$\hat{Y}_{HH}$ 可以表达为以下形式：

$$\hat{Y}_{HH}=\frac{1}{n}\sum_{i=1}^{n}\frac{M_i}{z_im_i}\sum_{j=1}^{m_i}y_{ij}$$

因此只有当 $M_i/(nz_im_i)$ 对所有 i 都为一常数 K 时，即当

$$\frac{M_i}{nz_im_i}=K\triangleq\frac{1}{f_0} \tag{9.25}$$

时，有

$$\hat{Y}_{HH}=K\sum_{i=1}^{n}\sum_{j=1}^{m_i}y_{ij}$$

此时 $\hat{Y}_{HH}$ 是自加权的。这时 f_0 是总体中任意一个次级单元被抽中的概率，也即总体对次级单元的抽样比。在实际问题中，若 f_0 事先确定，则为了使估计量为自加权的，必须有

$$f_{2i}=\frac{m_i}{M_i}=\frac{f_0}{nz_i} \tag{9.26}$$

即第二阶抽样的抽样比与 z_i 成反比。

当估计量 $\hat{Y}_{HH}$ 是自加权时，它的方差估计也有以下简单的形式：

$$v(\hat{Y}_{HH})=\frac{n}{(n-1)f_0^2}\sum_{i=1}^{n}(y_i-\bar{y})^2 \tag{9.27}$$

其中 $y_i=\sum_{j=1}^{m_i}y_{ij}$ ，$\bar{y}=\frac{1}{n}\sum_{i=1}^{n}y_i$ 。

在实际应用中，最重要也是最常用的情形是在第一阶抽样时对初级单元进行 PPS 抽样，即令 $Z_i=M_i/M_0$，$i=1,2,\cdots,N$ 。若第二阶抽样是简单随机的，则此时总体总量 Y 的估计量简化为：

$$\hat{Y}_{PPS}=\frac{M_0}{n}\sum_{i=1}^{n}\bar{y}_i \tag{9.28}$$

若进一步令 $m_i=m$ ，$i=1,2,\cdots,n$ ，则估计量是自加权的，此时

$$\hat{Y}_{PPS}=M_0\bar{\bar{y}} \tag{9.29}$$

其中

$$\bar{\bar{y}}=\frac{1}{nm}\sum_{i=1}^{n}\sum_{j=1}^{m}y_{ij}=\frac{1}{n}\sum_{i=1}^{n}\bar{y}_i \tag{9.30}$$

是样本对次级单元的平均数。从(9.29)式可知，$\bar{\bar{y}}$ 也是总体对次级单元均值 $\bar{\bar{Y}}$ 的无偏估计。在此情形，$V(\hat{Y}_{PPS})$ 与 $V(\bar{\bar{y}})$ 的无偏估计分别为：

$$v(\hat{Y}_{PPS})=\frac{M_0^2}{n(n-1)}\sum_{i=1}^{n}(\bar{y}_i-\bar{\bar{y}})^2 \tag{9.31}$$

$$v(\bar{\bar{y}})=\frac{1}{n(n-1)}\sum_{i=1}^{n}(\bar{y}_i-\bar{\bar{y}})^2 \tag{9.32}$$

由此可知，此时无论是估计量本身还是它的方差估计都有非常简单的形式。

例 9.4　某城市进行服装消费量抽样调查，目标量是上一年户均服装消费金额。抽样采用二阶抽样，其中第一阶用 PPS 抽样(按居委会所包含的户数)抽取 $n=20$ 个居委会，第二阶抽样是在每个被抽中的居委会中用简单随机抽样抽取 $m=6$ 户。调查每个样本户上一年全家花费在服装(包括购置成衣、面料以及加工费)方

面的总金额 y_{ij}，调查结果如表 9.3 所示。求该市上一年户均服装消费额 $\bar{\bar{Y}}$ 的估计，并求它的置信度为 90%的置信区间。

表 9.3 20 个居委会 120 户年服装消费金额调查数据 单位：元

居委会序号 i	年服装消费金额 y_{ij}	$\bar{y}_i = \sum_j y_{ij}/6$
1	1210,2610,2485,1830, 595, 870	1600.0
2	565,1175, 290,3520, 930,1940	1403.3
3	1470,2650, 365,2135,1785,3790	2032.5
4	1550, 785,2100,1215, 480,2360	1415.0
5	420,2050,1670, 850,2700, 450	1356.7
6	2920,1870,5780,2435,1950,2645	2933.3
7	4530,3325, 920, 795,4670,1830	2678.3
8	2080, 785, 920,2740,1805,3460	1965.0
9	2150, 540, 120,1940,2900,3455	1850.8
10	3560,2500, 950,2305, 780, 895	1831.7
11	2525, 330,2630, 740,2250,7010	2580.8
12	590,1550, 795,4900,3560,3080	2412.5
13	2065,1780,2310,4985,1830, 410	2230.0
14	3870, 530, 0, 540,1490,2375	1467.5
15	1740,1565,2940, 965,2530,1495	1872.5
16	430,1810, 800, 995,1785, 280	1016.7
17	1340,4850,2285,12500,2100,3895	4495.0
18	2640,1365,1970, 940,1650,3885	2075.0
19	640,1940,2770, 830,1430,1215	1470.0
20	2390, 245,1960, 450,1845, 650	1256.7

解：在本例中，第一阶抽样是用 *PPS* 抽样抽 $n=20$ 个居委会，第二阶抽样是按简单随机抽样在每个被抽中的居委会中抽同样数量 $m=6$ 个居民户，因此所得的样本是自加权的。按(9.30) 式与(9.32)式，该市平均每户年服装消费金额 $\bar{\bar{Y}}$ 的估计及其方差估计分别为：

$$\bar{\bar{y}} = \frac{1}{n}\sum_{i=1}^{n}\bar{y}_i = 1997.2(\text{元})$$

$$v(\bar{\bar{y}})=\frac{1}{n(n-1)}\sum_{i=1}^{n}(\bar{y}_i-\bar{\bar{y}})^2=30385$$

于是

$$\sqrt{v(\bar{\bar{y}})}=\sqrt{30385}=174.3(\text{元})$$

$\bar{\bar{Y}}$ 置信度为 90%的置信限为($u_{0.10}=1.645$)：

1997.2±1.645×174.3 元

相应的置信区间为[1710.5 元， 2283.9 元]。

在本例中，估计量的标准差比较大，主要是因为样本量不够大。如果想使估计量的标准差降至 50 元，即是原来的 1/3.486，则样本量应是原来的$(3.486)^2=12.15$ 倍。若保持每个居委会中抽取 6 户不变，则应抽居委会数约为 243 个。

*9.4　初级单元大小不等时的二阶抽样(Ⅱ)——对初级单元进行不放回抽样情形

上节讨论了当初级单元大小不等时用放回抽样抽取初级单元的情形，由于此时第一阶抽样所获得的样本是相互独立的，因此处理比较容易，特别是当初级单元是按 *PPS* 抽样抽得时尤其如此。本节讨论用不放回抽样方法抽取初级单元的情况，不放回抽样的效率比放回抽样要高，但因不放回抽样所得的样本是不独立的，理论推导比较复杂(特别是当抽样是不等概率时)，因此我们只叙述结果而略去所有的证明。我们假定第二阶抽样都是简单随机的，且对不同的初级单元是独立的。

9.4.1　用简单随机抽样抽取初级单元

当二阶抽样中每阶都采用简单随机抽样时，总体总量 Y 的估计直观地可用以下简单估计：

$$\hat{Y}_u=\frac{N}{n}\sum_{i=1}^{n}M_i\bar{y}_i=\frac{N}{n}\sum_{i=1}^{n}\hat{Y}_i \tag{9.33}$$

利用(9.5)式，容易证明 $\hat{Y}_u$ 是无偏的，再根据(9.6)式不难验证它的方差为：

$$V(\hat{Y}_u)=\frac{N^2(1-f_1)}{n}\frac{\sum_{i=1}^{N}(Y_i-\bar{Y})^2}{N-1}+\frac{N}{n}\sum_{i=1}^{N}\frac{M_i^2(1-f_{2i})S_{2i}^2}{m_i} \tag{9.34}$$

其中 $f_{2i}=\frac{m_i}{M_i}$ 是第二阶抽样的抽样比。$V(\hat{Y}_u)$ 的一个无偏估计是：

$$v(\hat{Y}_u)=\frac{N^2(1-f_1)}{n}\frac{\sum_{i=1}^{n}(\hat{Y}_i-\hat{\bar{Y}}_u)^2}{n-1}+\frac{N}{n}\sum_{i=1}^{n}\frac{M_i^2(1-f_{2i})s_{2i}^2}{m_i} \tag{9.35}$$

其中

$$\hat{\bar{Y}}_u = \frac{1}{n}\sum_{i=1}^{n}\hat{Y}_i \tag{9.36}$$

不难证明当 f_{2i} 对所有初级单元都相等(不妨记为 f_2)时，$\hat{Y}_u$ 是自加权的。

简单估计 $\hat{Y}_u$ 尽管无偏，但效果一般并不好，其原因是当 M_i 不相等时，Y_i 的差异很大，造成 $V(\hat{Y}_u)$ 中第一项的数值比较大，因而估计量的方差也就大。

为了减小方差，可以考虑采用以初级单元大小 M_i 为辅助变量的比估计：

$$\hat{Y}_R = M_0 \frac{\sum_{i=1}^{n} M_i \bar{y}_i}{\sum_{i=1}^{n} M_i} = M_0 \frac{\sum_{i=1}^{n}\hat{Y}_i}{\sum_{i=1}^{n} M_i} \tag{9.37}$$

与通常的比估计一样，$\hat{Y}_R$ 是有偏的，但随着样本量的增加偏倚很快减小。此时它的均方误差或方差可近似表达为：

$$MSE(\hat{Y}_R) \approx \frac{N^2(1-f_1)}{n}\frac{\sum_{i=1}^{N} M_i^2(\bar{Y}_i - \bar{\bar{Y}})^2}{N-1} + \frac{N}{n}\sum_{i=1}^{N}\frac{M_i^2(1-f_{2i})S_{2i}^2}{m_i} \tag{9.38}$$

因为 $\bar{Y}_i$ 的差异一般不会很大，因此当 M_i 相差很大时，$MSE(\hat{Y}_R)$ 要比无偏估计量 $\hat{Y}_u$ 的方差小得多。$MSE(\hat{Y}_R)$ 的估计可用

$$v(\hat{Y}_R) = \frac{N^2(1-f_1)}{n}\frac{\sum_{i=1}^{n} M_i^2(\bar{y}_i - \hat{\bar{\bar{Y}}}_R)^2}{n-1} + \frac{N}{n}\sum_{i=1}^{n}\frac{M_i^2(1-f_{2i})s_{2i}^2}{m_i} \tag{9.39}$$

其中

$$\hat{\bar{\bar{Y}}}_R = \frac{\sum_{i=1}^{n} M_i \bar{y}_i}{\sum_{i=1}^{n} M_i} = \frac{\hat{Y}_R}{M_0} \tag{9.40}$$

9.4.2 用不放回不等概率抽样抽取初级单元

如果初级单元是按不放回不等概率抽样抽取的，其包含概率为 π_i，π_{ij}，则总体总量的估计可在估计 $\hat{Y}_i = M_i\bar{y}_i$ 的基础上采用以下的霍维茨一汤普森估计量：

$$\hat{Y}_{HT} = \sum_{i=1}^{n}\frac{M_i\bar{y}_i}{\pi_i} = \sum_{i=1}^{n}\frac{\hat{Y}_i}{\pi_i} \tag{9.41}$$

可以证明，$\hat{Y}_{HT}$ 是无偏的，其方差为：

$$V(\hat{Y}_{HT})=\sum_{i=1}^{N}\frac{1-\pi_i}{\pi_i}Y_i^2+2\sum_{i=1}^{N}\sum_{j>i}^{N}\frac{\pi_{ij}-\pi_i\pi_j}{\pi_i\pi_j}Y_iY_j+\sum_{i=1}^{N}\frac{M_i^2(1-f_{2i})}{m_i\pi_i}S_{2i}^2 \tag{9.42}$$

当 n 固定时，又有

$$V(\hat{Y}_{HT})=\sum_{i=1}^{N}\sum_{j>i}^{N}(\pi_i\pi_j-\pi_{ij})\left(\frac{Y_i}{\pi_i}-\frac{Y_j}{\pi_j}\right)^2+\sum_{i=1}^{N}\frac{M_i^2(1-f_{2i})}{m_i\pi_i}S_{2i}^2 \tag{9.43}$$

将上式与第六章中单阶抽样的公式(6.18)式与(6.19)式进行比较，可知二阶抽样估计量的方差增加了一项关于第二阶抽样的附加项：

$$\sum_{i=1}^{N}\frac{M_i^2(1-f_{2i})}{m_i\pi_i}S_{2i}^2 \tag{9.44}$$

若不限定第二阶抽样为简单随机抽样，此附加项的一般形式是：

$$\sum_{i=1}^{N}\frac{V_2(\hat{Y}_i)}{\pi_i} \tag{9.45}$$

若 $v_2(\hat{Y}_i)$ 是 $V_2(\hat{Y}_i)$ 的一个无偏估计，则二阶估计量 $\hat{Y}_{HT}$ 的方差的一个无偏估计是(如不限定第二阶抽样的具体形式)：

$$v(\hat{Y}_{HT})=\sum_{i=1}^{n}\frac{1-\pi_i}{\pi_i^2}\hat{Y}_i^2+2\sum_{i=1}^{n}\sum_{j>i}^{n}\frac{\pi_{ij}-\pi_i\pi_j}{\pi_i\pi_j\pi_{ij}}\hat{Y}_i\hat{Y}_j+\sum_{i=1}^{n}\frac{v_2(\hat{Y}_i)}{\pi_i} \tag{9.46}$$

当 n 固定时，以下两个估计也是 $V(\hat{Y}_{HT})$ 的无偏估计：

$$v'(\hat{Y}_{HT})=\sum_{i=1}^{n}\sum_{j>i}^{n}\frac{\pi_i\pi_j-\pi_{ij}}{\pi_{ij}}\left(\frac{\hat{Y}_i}{\pi_i}-\frac{\hat{Y}_j}{\pi_j}\right)^2+\sum_{i=1}^{n}\frac{v_2(\hat{Y}_i)}{\pi_i} \tag{9.47}$$

$$v''(\hat{Y}_{HT})=\sum_{i=1}^{n}\sum_{j>i}^{n}\frac{\pi_i\pi_j-\pi_{ij}}{\pi_{ij}}\left(\frac{\hat{Y}_i}{\pi_i}-\frac{\hat{Y}_j}{\pi_j}\right)^2+\sum_{i=1}^{n}\sum_{j>i}^{n}\left(\frac{1}{n-1}-\frac{\pi_i\pi_j-\pi_{ij}}{\pi_{ij}}\right)\left[\frac{v_2(\hat{Y}_i)}{\pi_i^2}+\frac{v_2(\hat{Y}_j)}{\pi_j^2}\right] \tag{9.48}$$

例如若初级单元是按布鲁尔(或德宾)方法抽取时，总体总量 Y 的二阶估计为：

$$\hat{Y}_B=\frac{\hat{Y}_1}{\pi_1}+\frac{\hat{Y}_2}{\pi_2}=\frac{1}{2}\left(\frac{M_1\bar{y}_1}{z_1}+\frac{M_2\bar{y}_2}{z_2}\right) \tag{9.49}$$

它的无偏方差估计为：

$$v'(\hat{Y}_B)=\frac{\pi_1\pi_2-\pi_{12}}{\pi_{12}}\left(\frac{\hat{Y}_1}{\pi_1}-\frac{\hat{Y}_2}{\pi_2}\right)^2+\sum_{i=1}^{2}\frac{v_2(\hat{Y}_i)}{\pi_i} \tag{9.50}$$

或

$$v''(\hat{Y}_B)=\frac{\pi_1\pi_2-\pi_{12}}{\pi_{12}}\left(\frac{\hat{Y}_1}{\pi_1}-\frac{\hat{Y}_2}{\pi_2}\right)^2+\left(1-\frac{\pi_1\pi_2-\pi_{12}}{\pi_{12}}\right)\left[\frac{v_2(\hat{Y}_1)}{\pi_1^2}+\frac{v_2(\hat{Y}_2)}{\pi_2^2}\right] \tag{9.51}$$

若第二阶抽样都采用简单随机抽样，则上述公式中的 $v_2(\hat{Y}_i)$ 等于 $M_i^2(1-f_{2i})s_{2i}^2/m_i$ 。

9.5 三阶及多阶抽样

9.5.1 各级单元大小相等时的三阶抽样

二阶抽样的结果可以推广到三阶以及更高阶的抽样。在本小节中我们首先考虑各级单元大小相等时的三阶抽样。

设总体含有 N 个一级单元，每个一级单元都包含 M 个二级单元，而每个二级单元都包含 K 个三级单元。设三阶抽样的各阶样本量分别为 n 、m 与 k ；记 Y_{iju} 为第 i 个一级单元第 j 个二级单元第 u 个三级单元的指标值，y_{iju} 则是相应的样本观测值。

若每阶抽样都是简单随机的，且不同一级单元和二级单元的第二阶抽样与第三阶抽样相互独立，则样本(对三级单元的)均值

$$\bar{\bar{\bar{y}}}=\frac{1}{nmk}\sum_{i=1}^{n}\sum_{j=1}^{m}\sum_{u=1}^{k}y_{iju} \tag{9.52}$$

是总体均值

$$\bar{\bar{\bar{Y}}}=\frac{1}{NMK}\sum_{i=1}^{N}\sum_{j=1}^{M}\sum_{u=1}^{K}Y_{iju} \tag{9.53}$$

的无偏估计，且方差为：

$$V(\bar{\bar{\bar{y}}})=\frac{1-f_1}{n}S_1^2+\frac{1-f_2}{nm}S_2^2+\frac{1-f_3}{nmk}S_3^2 \tag{9.54}$$

其中 $f_1=\dfrac{n}{N}$ ，$f_2=\dfrac{m}{M}$ 与 $f_3=\dfrac{k}{K}$ 是各阶抽样的抽样比，S_1^2、S_2^2 与 S_3^2 分别是总体一级、二级及三级单元间的方差，即

$$S_1^2=\frac{1}{N-1}\sum_{i=1}^{N}(\bar{\bar{Y}}_i-\bar{\bar{\bar{Y}}})^2 \tag{9.55}$$

$$S_2^2=\frac{1}{N(M-1)}\sum_{i=1}^{N}\sum_{j=1}^{M}(\bar{Y}_{ij}-\bar{\bar{Y}}_i)^2 \tag{9.56}$$

$$S_3^2=\frac{1}{NM(K-1)}\sum_{i=1}^{N}\sum_{j=1}^{M}\sum_{u=1}^{K}(Y_{iju}-\bar{Y}_{ij})^2 \tag{9.57}$$

而

$$\bar{Y}_{ij}=\frac{1}{K}\sum_{u=1}^{K}Y_{iju}\qquad \bar{\bar{Y}}_{i}=\frac{1}{MK}\sum_{j=1}^{M}\sum_{u=1}^{K}Y_{iju} \tag{9.58}$$

分别是二级单元与一级单元(对三级单元)平均数。

$\bar{\bar{y}}$ 无偏性的证明及其方差公式的推导过程需用到三步抽样估计量求均值与方差的下述一般公式：

$$E(\hat{\theta})=E_1E_2E_3(\hat{\theta}) \tag{9.59}$$

$$V(\hat{\theta})=V_1E_2E_3(\hat{\theta})+E_1V_2E_3(\hat{\theta})+E_1E_2V_3(\hat{\theta}) \tag{9.60}$$

$V(\bar{\bar{y}})$ 的一个无偏估计是

$$v(\bar{\bar{y}})=\frac{1-f_1}{n}s_1^2+\frac{f_1(1-f_2)}{nm}s_2^2+\frac{f_1f_2(1-f_3)}{nmk}s_3^2 \tag{9.61}$$

式中 s_1^2、s_2^2 与 s_3^2 分别是样本一级、二级及三级单元间的方差：

$$s_1^2=\frac{1}{n-1}\sum_{i=1}^{n}(\bar{\bar{y}}_i-\bar{\bar{y}})^2 \tag{9.62}$$

$$s_2^2=\frac{1}{n(m-1)}\sum_{i=1}^{n}\sum_{j=1}^{m}(\bar{y}_{ij}-\bar{\bar{y}}_i)^2 \tag{9.63}$$

$$s_3^2=\frac{1}{nm(k-1)}\sum_{i=1}^{n}\sum_{j=1}^{m}\sum_{u=1}^{k}(y_{iju}-\bar{y}_{ij})^2 \tag{9.64}$$

其中

$$\bar{y}_{ij}=\frac{1}{k}\sum_{u=1}^{k}y_{iju}\ ,\qquad \bar{\bar{y}}_i=\frac{1}{mk}\sum_{j=1}^{m}\sum_{u=1}^{k}y_{iju} \tag{9.65}$$

在三阶或更高阶的抽样中，通常第一阶抽样的方差是主要的，第二阶抽样方差要比第一阶方差小得多，而第三阶及更高阶的方差更小。因此为了提高抽样精度，降低方差，重要的是尽可能增加第一阶与第二阶抽样的样本量，特别是第一阶样本量。当然在实际应用中还必须考虑费用，一般抽取一级单元与二级单元的单位成本较高，而抽取小单元的单位成本较低。

如果抽样的总费用具有以下简单的线性函数形式：

$$C_T=c_0+c_1n+c_2nm+c_3nmk \tag{9.66}$$

则在固定费用 C_T 下使总方差最小或在指定精度下使 C_T 最小的 k 与 m 的最优取值分别为：

$$k_{opt}=\frac{S_3}{\sqrt{S_2^2-S_3^2/K}}\sqrt{\frac{c_2}{c_3}}\ ,\qquad m_{opt}=\frac{\sqrt{S_2^2-S_3^2/K}}{\sqrt{S_1^2-S_2^2/M}}\sqrt{\frac{c_1}{c_2}} \tag{9.67}$$

k 与 m 确定后即可根据总费用或精度要求求得 n 。

9.5.2 各级单元大小不等时的多阶抽样

对于各级单元大小不等的一般情形的多阶抽样，为了提高效率，多采用与单元大小成比例的不等概率抽样，而且为了简化抽样和数据处理，又常使用放回抽样，即 PPS 抽样。

作为说明，我们仍以三阶抽样为例。在三阶抽样中，设每一阶抽样都是按多项抽样抽取的，各阶样本量分别为 n , m , k（ m , k 不随单元而变化），每次抽样相应单元被抽中的概率分别为 Z_i 、Z_{ij} 、Z_{iju}（ $\sum_{i=1}^{N}Z_i=1$，$\sum_{j=1}^{M_i}Z_{ij}=1$，$\sum_{u=1}^{K_{ij}}Z_{iju}=1$，$i=1,2,\cdots,N$, $j=1,2,\cdots,M_i$, $u=1,2,\cdots,K_{ij}$ ，其中 M_i 是一级单元大小，K_{ij} 是二级单元大小）。记 Y_{iju} 为总体单元指标值，y_{iju} 为样本单元观测值，则总体总量

$$Y=\sum_{i=1}^{N}\sum_{j=1}^{M_i}\sum_{u=1}^{K_{ij}}Y_{iju} \tag{9.68}$$

的估计量为：

$$\hat{Y}=\frac{1}{nmk}\sum_{i=1}^{n}\frac{1}{z_i}\sum_{j=1}^{m}\frac{1}{z_{ij}}\sum_{u=1}^{k}\frac{y_{iju}}{z_{iju}} \tag{9.69}$$

$\hat{Y}$ 是无偏的，它的方差为：

$$V(\hat{Y})=\frac{1}{n}\left(\sum_{i=1}^{N}\frac{Y_i^2}{Z_i}-Y^2\right)+\frac{1}{nm}\sum_{i=1}^{N}\frac{1}{Z_i}\left(\sum_{j=1}^{M_i}\frac{Y_{ij}^2}{Z_{ij}}-Y_i^2\right)$$
$$+\frac{1}{nmk}\sum_{i=1}^{N}\frac{1}{Z_i}\left[\sum_{j=1}^{M_i}\frac{1}{Z_{ij}}\left(\sum_{u=1}^{K_{ij}}\frac{Y_{iju}^2}{Z_{iju}}-Y_{ij}^2\right)\right] \tag{9.70}$$

式中 $Y_{ij}=\sum_{u=1}^{K_{ij}}Y_{iju}$, $Y_i=\sum_{j=1}^{M_i}\sum_{u=1}^{K_{ij}}Y_{iju}$ 。$V(\hat{Y})$ 的一个无偏估计是：

$$v(\hat{Y})=\frac{1}{n(n-1)}\sum_{i=1}^{n}(\hat{Y}_i-\hat{Y})^2 \tag{9.71}$$

其中

$$\hat{Y}_i=\frac{1}{z_i m}\sum_{j=1}^{m}\frac{1}{z_{ij}}\left(\frac{1}{k}\sum_{u=1}^{k}\frac{y_{iju}}{z_{iju}}\right),\quad i=1,2,\cdots,n \tag{9.72}$$

实际应用中的一个重要情况是前两阶抽样都是放回的 PPS 抽样，最后一阶则按等概率抽样，此时

$$Z_i=\frac{\sum_{j=1}^{M_i}K_{ij}}{M_0},\quad Z_{ij}=\frac{K_{ij}}{\sum_{j=1}^{M_i}K_{ij}},\quad Z_{iju}=\frac{1}{K_{ij}} \tag{9.73}$$

则估计量简化为：

$$\hat{Y}=\frac{M_0}{nmk}\sum_{i=1}^{n}\sum_{j=1}^{m}\sum_{u=1}^{k}y_{iju}\triangleq M_0\bar{\bar{y}} \tag{9.74}$$

式中

$$\bar{\bar{y}}=\frac{1}{nmk}\sum_{i=1}^{n}\sum_{j=1}^{m}\sum_{u=1}^{k}y_{iju} \tag{9.75}$$

$$M_0=\sum_{i=1}^{N}\sum_{j=1}^{M_i}K_{ij} \tag{9.76}$$

因此 $\hat{Y}$ 在这种情形是自加权的，而 $\hat{Y}$ 的方差估计也十分简单：

$$v(\hat{Y})=\frac{M_0^2}{n(n-1)}\sum_{i=1}^{n}(\bar{\bar{y}}_i-\bar{\bar{y}})^2 \tag{9.77}$$

其中

$$\bar{\bar{y}}_i=\frac{1}{mk}\sum_{j=1}^{m}\sum_{u=1}^{k}y_{iju}，\quad i=1,2,\cdots,n \tag{9.78}$$

若最后一阶抽样是不放回的简单随机抽样，则上面的结论（估计量的形式以及方差估计形式）仍然成立，所不同的是估计量的理论方差比最后一阶也是放回的情形更小些。

对于三阶以上的多阶抽样也有同样的结果，即如果除最后一阶采用等概率抽样外，其余各阶都采用放回的 PPS 抽样，则所得的样本是自加权的，估计量及其方差估计也有完全类似的公式。在实际应用中，为了提高效率，当放回抽样重复抽到同一单元时，对该单元的下一级单元的再抽样常采用成倍增加样本量的方法，而不一定采用放回的方法，这样实际精度要比按公式计算的稍微高一些。

习　题

9.1　某苗圃职工用二阶抽样方法估计树苗的平均高度，该苗圃共有 $N=50$ 块地，按简单随机抽样从中抽取 10 块地，再从每块抽中的地块中仍按简单随机抽样抽 10%左右的树苗，对抽中的树苗测量其高度。取得样本资料如下：

地块 i	树苗数 M_i	抽样数 m_i	树苗高度 y_{ij}
1	52	5	12,11,12,10,13
2	56	6	10,9,7,9,8,10
3	60	6	6,5,7,5,6,4
4	46	5	7,8,7,7,6

续表

地块 i	树苗数 M_i	抽样数 m_i	树苗高度 y_{ij}
5	49	5	10,11,13,12,12
6	51	5	14,15,13,12,13
7	50	5	6,7,6,8,7
8	61	6	9,10,8,9,9,10
9	60	6	7,10,8,9,9,10
10	45	6	12,11,12,13,12,12

考虑以下三种估计方法，计算估计值并对估计的标准差进行比较，设该苗圃共有 $M_0=2600$ 株树苗。

1）采用对地块树苗数加权的平均数：$\hat{\bar{\bar{Y}}}^{(1)}=\dfrac{N}{M_0 n}\sum_{i=1}^{n}M_i\bar{y}_i$；

2）采用不对地块树苗数加权的平均数 $\hat{\bar{\bar{Y}}}^{(2)}=\dfrac{1}{n}\sum_{i=1}^{n}\bar{y}_i$；

3）采用按地块树苗数的比估计：$\hat{\bar{\bar{Y}}}^{(3)}=\dfrac{\sum M_i\bar{y}_i}{\sum M_i}$；

4）讨论上述三种估计的适用条件。

9.2　某省卫生部门对32个城市的饮食业采用二阶抽样方法检查卫生合格情况：第一阶抽样从32个城市中简单随机抽取4个城市，第二阶抽样在每个抽中的城市用同样方法抽取一半饮食店进行检查，检查结果如下：

样本城市	饮食店总数	样本店总数	卫生不合格数
1	25	13	4
2	10	5	1
3	18	9	4
4	16	8	2

估计这32个城市不合卫生要求的饮食店所占的比例并求其置信度为95%的置信区间。

9.3　某城市共有六家医院，欲估计住院病人中长期住院病人所占的比例。现从这六家医院根据病床的多少采用放回按规模大小成比例的抽样方法抽取3个医院，再从抽中的医院中用简单随机抽样抽取10%的病人，调查长期住院病人（住院

一个月以上)占的比例,其数据如下:

样本医院	总住院病人数	抽选病人数	住院时间在一个月以上的病人数
1	430	43	5
2	280	28	4
3	190	19	3

要求估计住院时间在一个月以上病人占总住院病人的比例并求其95%的置信区间。

9.4　为估计一本英语字典的总字条数,先从26个字母中用放回的PPS抽样方法抽出10个字母,在抽中的字母中又不放回地抽取2页进行计数,其样本数据如下:

样本字母	总页数	样本页上字条数	
		1	2
S	131	34	27
C	97	27	26
N	21	44	38
S	131	24	29
F	43	25	32
J	7	42	48
U	18	24	21
P	85	53	24
A	49	47	55
D	54	38	57

用汉森—赫维茨估计量估计该字典的总字条数和它的相对标准差,并估计它的设计效应。

9.5　为估计某地区的户平均消费支出,拟采用二阶抽样设计:第一阶抽村,第二阶抽户,两阶都采用简单随机抽样。通过试调查,获得了以下信息:村平均户数$\bar{M}=50$;村间方差$S_1^2=120$;村内户间方差$S_2^2=200$;调查一个村的费用$c_1=250$;调查每一住户的费用$c_2=50$;调查的组织管理费用为$c_0=500$。若总调查费用$C_T=5000$,请计算最优的样本村数和每村的样本户数。

9.6　某幼儿园共有三个班，其人数分别为：

班级	A	B	C
人数	20	15	25

欲估计每个小孩每天平均吃糖果数。现采用 PPS 抽样方法抽选两个班，然后在抽中的班中每班抽选 5 个孩子。假设抽中的班级为 B 和 C 班。在 B 班中用简单随机抽样抽 5 个小孩，他们平均吃糖果数为 3,5,4,5,3；在 C 班中抽选的 5 个孩子其吃糖果数为 4,6,4,4,3。要求：

1）估计全幼儿园平均每人每天吃糖果数；

2）计算抽样标准误。

9.7　假设总体初级单元的大小均为 M，为了估计总体均值 $\bar{\bar{Y}}$（按次级单元），采用如下的二阶抽样法：先随机地抽取 n 个初级单元，然后从每个初级单元中随机抽取一个次级单元。记

$$S_u^2 = S_1^2 - \frac{S_2^2}{M}$$

其中

$$S_1^2 = \frac{1}{N-1}\sum_{i=1}^{N}(\bar{Y}_i - \bar{\bar{Y}})^2\text{，}\quad S_2^2 = \frac{1}{N(M-1)}\sum_{i=1}^{N}\sum_{j=1}^{M}(Y_{ij} - \bar{Y}_i)^2$$

试证：若 $S_u^2 > 0$，则上述样本比直接从全体次级单元中抽取的样本量为 n 的简单随机样本更有效；若 n/N 可忽略不计，则两组样本同样有效。

9.8　对于各级单元大小相等情形的三阶抽样，若每阶抽样都是简单随机的，根据 9.5.1 中的记号，证明：

$$E(s_1^2) = S_1^2 + \frac{1-f_2}{m}S_2^2 + \frac{1-f_3}{mk}S_3^2$$

$$E(s_2^2) = S_2^2 + \frac{1-f_3}{k}S_3^2$$

$$E(s_3^2) = S_3^2$$

第十章　系统抽样

10.1　概述

10.1.1　系统抽样的定义及实施方法

系统抽样(systematic sampling)也称机械抽样，它是将总体中的单元按一定顺序排列，在规定的范围内随机抽取起始单元，然后按一套规则确定其他样本单元的一种抽样方法。

系统抽样的上述定义是广义的。事实上，总体单元的排列可以是一维的(直线的或圆形的)，也可以是二维(平面)的；起始单元可以是一个，也可以是两个或一组；对总体单元的抽取可以是等概率的(严格的或近似的)，也可以是不等概率的。此外，除了某些特殊情形的不等概率系统抽样，系统抽样是不放回的。

最简单的系统抽样是等距抽样。当总体中的 N 个单元按直线排列时，等距抽样的程序如下：根据事先设定的样本量 n ，确定最接近 N/n 的一个整数 k ，在 $1\sim k$ 范围内随机抽取一个整数 r ，以单元 r 为起始单元，以后每隔 k 抽取一个单元作为样本单元。k 称为抽样间距(sampling interval)。注意此时总体中每个单元的入样概率都相等(都等于 $1/k$)，从而是一种严格的等概率抽样。不过当 $N \neq nk$ 时，若记 $\left[\frac{N}{k}\right]$ 是 $\frac{N}{k}$ 的整数部分，实际抽取到的样本单元数可能为 $\left[\frac{N}{k}\right]$ ，也可能为 $\left[\frac{N}{k}\right]+1$，因此实际样本量与原来设定的样本量可能相差1。

为了克服直线系统抽样的上述缺陷，拉希里(D. B. Lahiri)提出了一种替代的方法，称为圆形(或循环)系统抽样。方法是将总体单元排列成首尾相接的圆形，在 $1\sim N$ 范围内随机抽取整数 r 为起始单元编号，然后每隔间距 k (k 仍为最接近于 $\frac{N}{n}$ 的整数)抽取样本单元，直到抽足 n 个单元为止。对于这种圆形系统抽样，即使在 $N \neq nk$ 的情形，不仅样本量不会随起始值而变化，而且是严格等概率的。

作为说明，图 10.1 中 $N=22$，要求 $n=5$，因 $\frac{N}{n}=\frac{22}{5}=4.4$，从而取 $k=4$。在 $1\sim22$ 范围内确定一个随机起点，设为 $r=16$，则编号为 16，20，2，6 与 10 的 5 个单

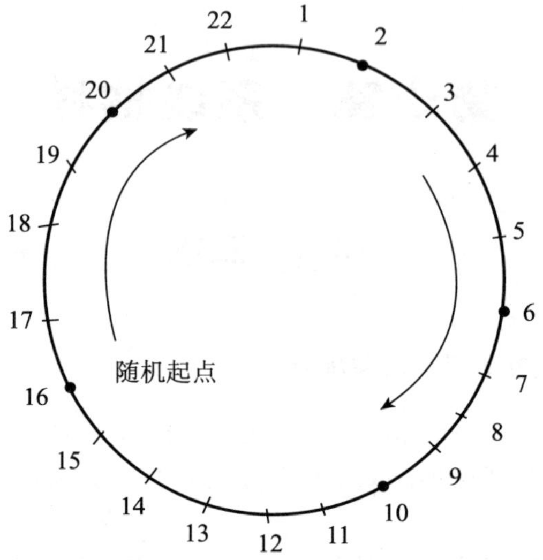

图 10.1 圆形系统抽样示意图

元为抽中的样本单元。从这个例子也可以看到，按此种方法，抽样过程中的首尾两个样本单元的间隔可能小于 k，也可能大于 k（例中为 5，大于 k）。

若总体单元是按平面排列时，则可采用二维系统抽样。作为一个说明性的例子，设总体单元数 $N=nk$，其中 n 是设定样本量，而 $k=lm$。将总体划分成 n 个格子，每个格子的长度为 l，宽度为 m，即每个格子中包含 k 个单元。随机抽取一对随机（整）数 (i,j)，$i\leqslant l$，$j\leqslant m$，则每一格子中（相对）坐标为 (i,j) 的单元即为抽中的样本单元。二维系统抽样的示意图见图 10.2。

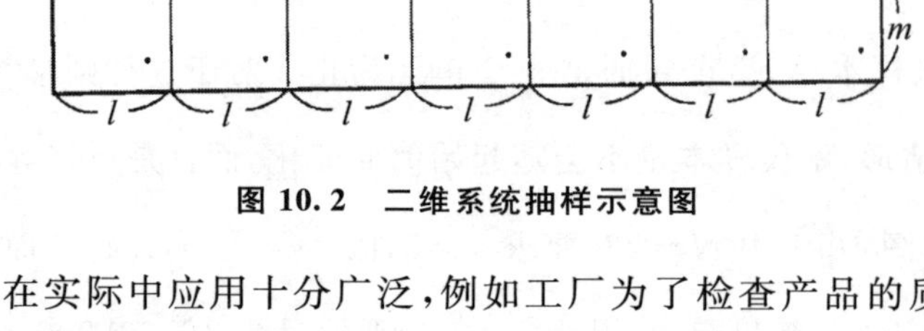

图 10.2 二维系统抽样示意图

系统抽样在实际中应用十分广泛，例如工厂为了检查产品的质量，在连续生产线上每隔若干个产品或每隔固定的时间抽选一个或若干个样品进行检验；随机抽取一组或几组数字（如 256，740），凡汽车牌照号的尾数与这些数字相同的，对其进行车况检查；在一盒按书名字母排列的图书目录卡片中，每隔 3 cm 厚度抽取一张卡片，调查该书的借阅情况；对一大片农田每隔一定位置抽取一小块（例如 1 m^2）进行作物病虫害调查或对作物进行产量实测等都是系统抽样的直观例子。

10.1.2　系统抽样的特点与局限性

系统抽样最突出的优点是简便易行。与简单随机抽样相比，系统抽样特别是等距抽样要简便得多，因为它只需要随机确定一个（或少数几个）起始单元，整个样本就随之确定。另一方面，系统抽样对抽样框的要求也比较简单，它只要求总体单元按一定顺序（自然顺序、人为顺序、假想的或概念性的顺序均可）排列，而不必要求一份名录清单或区域划分的具体抽样框，这在某些现场调查中显得格外方便。在 10.5 节中我们还将看到 πPS 系统抽样作为一种不放回的、可适用于任意样本量、且是严格 πPS 的抽样，是实施中最简单、实际工作者最易接受的不等概率抽样。

系统抽样不仅实施简单，容易被不熟悉抽样的非专业人员所掌握，而且因为它容易保留抽样过程的原始记录，便于监督与检查。因此在一项大规模抽样调查中，例如在多阶抽样中的最后一阶抽样常采用系统抽样特别是等距抽样，以代替简单随机抽样。

系统抽样的精度与总体单元的排列顺序密切相关。如果单元的指标值与排列顺序无关，系统抽样估计量的精度与简单随机抽样相仿，这种排列称为按无关标识排列。当单元是随机排列时也属于这种情况。如果单元的指标值与排列顺序相关，例如呈线性趋势时，系统抽样的精度则比简单随机抽样的精度高。为利用这一点，常有意识地将总体单元按某种与调查指标相关的辅助变量进行排列，因而称为按有关标识排列。如果指标值呈周期性变化，系统抽样的精度就同时与变化周期及抽样间距的选取密切相关，可能很高也可能很差。因此为最大程度地提高系统抽样的精度，需要对总体单元指标值的变化规律进行研究并加以充分利用。

系统抽样也有它的局限性。对于一般的直线等距抽样，当 $N \neq nk$ 时，样本均值作为总体均值的估计不是无偏的，为了获得无偏估计量，需要对其进行修正；更为重要的是系统抽样的方差估计较为困难，事实上一般系统抽样不存在通常意义下（即所谓设计意义下）的无偏估计；而且不少在实际中行之有效的系统抽样甚至不是严格的概率抽样，因而给抽样误差的估计带来很大的困难。

10.2 等概率系统抽样——等距抽样

10.2.1 估计量及其性质

首先讨论系统抽样中最简单也是最常用的方法,即等距抽样。正如前已指出的那样,等距抽样是等概率的。为表达统一起见,本节中等距抽样一般仍称为系统抽样。

为了研究的方便,并与其他抽样方法进行比较,我们将总体单元排列成若干行,每行 k 个单元,实际行数可能是 n 也可能是 $n+1$。当 $N=nk$ 时的排列如表 10.1 所示。

表 10.1 $N=nk$ 时 k 个系统样本的组成

样本号 (随机起点)	1	2	…	r	…	k
1	Y_1	Y_2	…	Y_r	…	Y_k
2	Y_{k+1}	Y_{k+2}	…	Y_{k+r}	…	Y_{2k}
⋮	⋮	⋮	⋮	⋮	⋮	⋮
n	$Y_{(n-1)k+1}$	$Y_{(n-1)k+2}$	…	$Y_{(n-1)k+r}$	…	Y_{nk}
均值	$\bar{y}_1$	$\bar{y}_2$	…	$\bar{y}_r$	…	$\bar{y}_k$

按表 10.1 的表示,一个系统样本正好由表中的一列构成:当起始单元号为 r(随机起点)时,样本即是第 r 列的 n 个单元。可能的样本数是 k 。由于 r 是随机抽取的,因此这 k 个可能样本实际被抽到的概率都相等,即都为 $1/k$ 。

如果将表 10.1 的列看作为群,那么系统抽样可以看成是一种整群抽样:在 k 个群中随机抽取一个群,群的大小为 n 。如果将表 10.1 中的行看作为层,那么系统抽样又是一种分层抽样:在每层中抽取一个单元,不过这个单元在每个层中的位置是相同的,因此不是分层随机抽样。

为讨论方便,我们将表 10.1 中第 r 列第 j 行的单元指标值记为 Y_{rj} ,即

$$Y_{rj}=Y_{(j-1)k+r},\quad r=1,2,\cdots,k,\quad j=1,2,\cdots,n$$

因此相应于起始值为 r 的系统样本的均值为:

$$\bar{y}_r=\frac{1}{n}\sum_{j=1}^{n}y_{rj}=\frac{1}{n}\sum_{j=1}^{n}Y_{rj} \tag{10.1}$$

这里为突出表示样本观测值,按惯例记为 y_{rj} ,实际上在此情形, y_{rj} 与 Y_{rj} 没有什么区别。

总体均值 $\bar{Y}$ 的估计采用样本均值，即

$$\bar{y}_{sy}=\bar{y}_r=\frac{1}{n}\sum_{j=1}^{n}y_{rj} \tag{10.2}$$

当 $N=nk$ 时，$\bar{y}_{sy}$ 是无偏的，因为此时显然有：

$$E(\bar{y}_{sy})=\frac{1}{k}\sum_{r=1}^{k}\bar{y}_r=\frac{1}{nk}\sum_{r=1}^{k}\sum_{j=1}^{n}y_{rj}=\bar{Y}$$

但是当 $N\neq nk$ 时，由于 k 个可能样本所包含的单元数不全相等，因此 $\bar{y}_{sy}$ 是有偏的。

例 10.1　设总体由 10 个单元组成，指标值为 Y_i，$i=1,2,\cdots,10$。取 $k=3$，则 3 个可能的样本为：

	$r=1$	$r=2$	$r=3$
	Y_1 Y_4 Y_7 Y_{10}	Y_2 Y_5 Y_8	Y_3 Y_6 Y_9
$\bar{y}_{sy}$	$\bar{y}_1$	$\bar{y}_2$	$\bar{y}_3$

其中第 1 个样本的样本量为 4，第 2、3 两个样本的样本量为 3。注意这 3 个样本每个被抽到的概率均相等，即都为 1/3，因此

$$\begin{aligned}E(\bar{y}_{sy})&=\frac{1}{3}\sum_{r=1}^{3}\bar{y}_r=\frac{1}{3}\left[\frac{1}{4}(Y_1+Y_4+Y_7+Y_{10})+\frac{1}{3}(Y_2+Y_5+Y_8)\right.\\&\qquad\left.+\frac{1}{3}(Y_3+Y_6+Y_9)\right]\\&\neq\frac{1}{10}(Y_1+Y_2+Y_3+\cdots+Y_{10})=\bar{Y}\end{aligned}$$

为将 $\bar{y}_{sy}$ 改造为无偏的估计量，有三种方法可使用：

(1) 采用圆形系统抽样。由于圆形系统抽样的起始点是在 $1\sim N$ 范围内抽取的，因此总共有 N 个不同的系统样本，每个的样本量都相同即都为 n，从而在这全部 N 个可能的样本中，总体的每个单元出现的次数皆为 n，此时样本均值 $\bar{y}_{sy}$ 作为总体均值 $\bar{Y}$ 的估计是无偏的。

(2) 仍用直线系统抽样，在 $1\sim N$ 范围内抽取一个随机数，将该数除以 k 并将余数作为起始点(若余数为 0，则以 k 为起始点)，这种抽样方法也称为修正的直线系统抽样。在这种抽样中，当随机数抽定时，虽然 k 个可能样本的样本量仍可能不同，但在全部 N 种可能情况中，这 k 个样本出现的次数也不相等，从而将 $\bar{y}_{sy}$ 校正

为无偏的。

作为说明,仍以例 10.1 为例。对于总共 $N=3$ 种可能的起始点,样本 1(包含 4 个单元)出现 4 次,而样本 2 与样本 3(都包含 3 个单元)则都出现 3 次。因此

$$E(\bar{y}_{sy})=\frac{4}{10}\left[\frac{1}{4}(Y_1+Y_4+Y_7+Y_{10})\right]+\frac{3}{10}\left[\frac{1}{3}(Y_2+Y_5+Y_8)\right]+\frac{3}{10}\left[\frac{1}{3}(Y_3+Y_6+Y_9)\right]=\frac{1}{10}(Y_1+Y_2+Y_3+\cdots+Y_{10})=\bar{Y}$$

(3) 起始点仍在 $1\sim k$ 范围内随机产生,记相应于随机起点 r 的样本的实际样本量为 n_r,令

$$\bar{y}_{sy}^{*}=\frac{k}{N}\sum_{j=1}^{n_r}y_{rj} \tag{10.3}$$

则

$$E(\bar{y}_{sy}^{*})=\frac{1}{k}\sum_{r=1}^{k}\left(\frac{k}{N}\sum_{j=1}^{n_r}y_{rj}\right)=\frac{1}{N}\sum_{r=1}^{k}\sum_{j=1}^{n_r}y_{rj}=\bar{Y}$$

因而 $\bar{y}_{sy}^{*}$ 是无偏的。

例 10.2 考虑 $N=8$ 的一个总体,其单元指标值 $Y_i=i$,$i=1,2,\cdots,8$。取 $k=3$,则 $n_1=n_2=3$,$n_3=2$,具体样本及 $\bar{y}_{sy}^{*}$ 值如下:

	$r=1$	$r=2$	$r=3$
	1 4 7	2 5 8	3 6
$\bar{y}_{sy}^{*}$	36/8	45/8	27/8

$$E(\bar{y}_{sy}^{*})=\frac{1}{3}\left(\frac{36}{8}+\frac{45}{8}+\frac{27}{8}\right)=\frac{1}{8}(12+15+9)=4.5=\bar{Y}$$

10.2.2 估计量方差的不同表示形式

为方便起见,以后均假定 $N=nk$,此时系统样本均值 $\bar{y}_{sy}$ 作为总体均值的估计是无偏的。它的方差按定义为:

$$V(\bar{y}_{sy})=E(\bar{y}_{sy}-\bar{Y})^2=\frac{1}{k}\sum_{r=1}^{k}(\bar{y}_r-\bar{Y})^2 \tag{10.4}$$

下面给出方差的三种不同的表示形式：

1.用样本(群)内方差 S_{wsy}^2 表示

将总体指标值的离差平方和按表 10.1 中的列也即可能的系统样本(群)进行分解：

$$(N-1)S^2=\sum_{r=1}^{k}\sum_{j=1}^{n}(y_{rj}-\bar{Y})^2$$
$$=n\sum_{r=1}^{k}(\bar{y}_r-\bar{Y})^2+\sum_{r=1}^{k}\sum_{j=1}^{n}(y_{rj}-\bar{y}_r)^2$$

因而根据定义并注意到 $N=nk$ 得

$$V(\bar{y}_{sy})=\frac{N-1}{N}S^2-\frac{1}{N}\sum_{r=1}^{k}\sum_{j=1}^{n}(y_{rj}-\bar{y}_r)^2$$
$$=\frac{N-1}{N}S^2-\frac{k(n-1)}{N}S_{wsy}^2 \tag{10.5}$$

其中

$$S_{wsy}^2=\frac{1}{k(n-1)}\sum_{r=1}^{k}\sum_{j=1}^{n}(y_{rj}-\bar{y}_r)^2 \tag{10.6}$$

是样本(群)内方差。

从(10.5)式可知，对固定总体，样本(群)内方差 S_{wsy}^2 越大，则系统抽样的精度越高。因此为了提高估计量的精度，减小其方差，可以将单元重新排列，尽可能增大样本(群)内方差。通过与简单随机抽样的简单估计量的方差进行比较，不难验证系统抽样的精度优于简单随机抽样的条件是：

$$S_{wsy}^2>S^2 \tag{10.7}$$

2.用样本(群)内相关系数 ρ_{wsy} 表示

既然系统抽样可以看作是一种特殊的整群抽样，因此可以将方差按整群抽样的公式表示。由(8.19)式，整群抽样总体均值(按小单元)的估计量 $\bar{\bar{y}}$ 的方差为：

$$V(\bar{\bar{y}})=\frac{1-f}{n}\frac{NM-1}{M^2(N-1)}S^2[1+(M-1)\rho_c]$$

上式的记号沿用了第八章中的规定，若按本章的规定应作如下的转换：$n\to 1$，$N\to k$，$f\to\frac{1}{k}$，$M\to n$，$\bar{\bar{y}}\to\bar{y}_{sy}$，可以得到：

$$V(\bar{y}_{sy})=\left(1-\frac{1}{k}\right)\frac{kn-1}{n^2(k-1)}S^2[1+(n-1)\rho_{wsy}]$$
$$=\frac{S^2}{n}\left(\frac{N-1}{N}\right)[1+(n-1)\rho_{wsy}] \tag{10.8}$$

其中 ρ_{wsy} 即 ρ_c 是样本(群)内相关系数，按本章的记号即为：

$$\rho_{wsy}=\frac{E(y_{rj}-\bar{Y})(y_{ru}-\bar{Y})}{E(y_{rj}-\bar{Y})^2}$$

$$=\frac{2}{(n-1)(N-1)S^2}\sum_{r=1}^{k}\sum_{j<u}^{n}(y_{rj}-\bar{Y})(y_{ru}-\bar{Y}) \tag{10.9}$$

根据(10.8)式，系统样本(群)内相关越大，群内单元指标值越相似，也就是说群内方差越小，则 $V(\bar{y}_{sy})$ 越大。这个结论与前述的结果一致。

3.用层的有关参数表示

若将系统抽样看作分层抽样(总体如表 10.1 所示，以行表示层，每层在固定位置抽取一个单元)，则 $V(\bar{y}_{sy})$ 可用层的有关参数表示。

记第 j 层的均值为：

$$\bar{y}_{\cdot j}=\frac{1}{k}\sum_{r=1}^{k}y_{rj},\quad j=1,2,\cdots,n \tag{10.10}$$

层内方差为：

$$S_{wst}^2=\frac{1}{n(k-1)}\sum_{j=1}^{n}\sum_{r=1}^{k}(y_{rj}-\bar{y}_{\cdot j})^2 \tag{10.11}$$

同一系统样本内对层均值离差的相关系数为：

$$\rho_{wst}=\frac{E(y_{rj}-\bar{y}_{\cdot j})(y_{ru}-\bar{y}_{\cdot u})}{E(y_{rj}-\bar{y}_{\cdot j})^2} \tag{10.12}$$

$$=\frac{2}{n(n-1)(k-1)S_{wst}^2}\sum_{r=1}^{k}\sum_{j<u}^{n}(y_{rj}-\bar{y}_{\cdot j})(y_{ru}-\bar{y}_{\cdot u}) \tag{10.13}$$

将(10.4)式两边乘以 n^2k ，即有

$$n^2kV(\bar{y}_{sy})=n^2\sum_{r=1}^{k}(\bar{y}_r-\bar{Y})^2=\sum_{r=1}^{k}\Big[\sum_{j=1}^{n}(y_{rj}-\bar{y}_{\cdot j})\Big]^2$$

$$=\sum_{j=1}^{n}\sum_{r=1}^{k}(y_{rj}-\bar{y}_{\cdot j})^2+2\sum_{r=1}^{k}\sum_{j<u}^{n}(y_{rj}-\bar{y}_{\cdot j})(y_{ru}-\bar{y}_{\cdot u})$$

$$=n(k-1)S_{wst}^2+n(n-1)(k-1)S_{wst}^2\rho_{wst}$$

因而

$$V(\bar{y}_{sy})=\frac{S_{wst}^2}{n}\Big(\frac{N-n}{N}\Big)[1+(n-1)\rho_{wst}] \tag{10.14}$$

上式右边的 $\frac{S_{wst}^2}{n}\Big(\frac{N-n}{N}\Big)$ 正好是比例分配情形分层随机抽样的方差，因此系统抽样的方差与它相差一个因子 $1+(n-1)\rho_{wst}$ 。当 $\rho_{wst}>0$ 时，系统抽样的精度低于分层随机抽样；而当 $\rho_{wst}<0$ 时，系统抽样的精度高于分层随机抽样。

例 10.3 考虑 8.2 节例 8.4 的人为总体，该总体包含 $N=25$ 个单元，其排列顺序有自然顺序(表 8.4)、随机顺序(表 8.5)及按从小到大顺序重新排列后的顺序

(表 8.6)共三种。但与表 10.1 稍不同的是单元顺序是先按列排列，即第一列为总体中前 5 个单元，第二列是第 6～10 个单元，以此类推。考虑 $n = k = 5$ 的系统抽样，以行为群(组成系统样本)，而以列为层。我们用本小节给出的公式计算系统抽样估计量的方差，并与简单随机抽样及分层随机抽样的方差进行比较。

解：例 8.4 已给出 $\bar{Y} = 32.88$，$S^2 = 103.86$(采用本章记号，下同)。

(1) 自然排列(表 8.4)

5 个可能系统样本的均值分别为 $\bar{y}_1 = 22.4$，$\bar{y}_2 = 30.0$，$\bar{y}_3 = 32.4$，$\bar{y}_4 = 38.4$，$\bar{y}_5 = 41.2$。根据(10.4)式，有

$$V(\bar{y}_{sy}) = \frac{1}{5}\sum_{r=1}^{5}(\bar{y}_r - \bar{Y})^2 = \frac{1}{5}\left(\sum_{r=1}^{5}\bar{y}_r^2 - 5\bar{Y}^2\right)$$

$$= \frac{1}{5}(5623.52 - 5 \times 32.88^2) = 43.6096$$

若根据(10.5)式计算，样本(群)内方差为：

$$S_{wsy}^2 = \frac{1}{5}(47.3 + 21.5 + 78.3 + 74.8 + 128.7) = 70.12$$

$$V(\bar{y}_{sy}) = \frac{N-1}{N}S^2 - \frac{k(n-1)}{N}S_{wsy}^2$$

$$= \frac{24}{25} \times 103.86 - \frac{20}{25} \times 70.12 = 43.6096$$

若按(10.8)式计算，由例 8.4，$\rho_{wsy} = 0.2967314$，故

$$V(\bar{y}_{sy}) = \frac{S^2}{n}\left(\frac{N-1}{N}\right)[1 + (n-1)\rho_{wsy}]$$

$$= \frac{103.86}{5} \times \frac{24}{25} \times (1 + 4 \times 0.2967314) = 43.6096$$

简单随机抽样估计量的方差 V_{ran} 与分层(以列为层)随机抽样的方差 V_{st} 按例 8.4 的结果分别为 16.6176 与 10.1344。在此情形，由于系统样本(群)内方差 S_{wsy}^2 小于总体方差，因此系统抽样的效果不如简单随机抽样，更不如分层随机抽样。

(2) 随机排列(表 8.5)

将总体单元按随机顺序重新排列以后，根据例 8.4 的计算，$V_{sy} = V(\bar{y}_{sy}) = 18.0576$，$V_{st} = 16.3808$ 与 $V_{ran} = 16.6176$ 相差不多。事实上此时群(行)内方差 $S_{wsy}^2 = 102.06$，层(列)内方差 102.38 与总体方差 $S^2 = 103.86$ 相差不多。

(3) 单元按从小到大顺序排列(表 8.6)

按照此种排列，大大增加了群(行)内方差(117.7)，减小了层(列)内方差(9.5)，因此 $V_{sy} = 5.5456$，$V_{st} = 1.52$，都大大小于简单随机抽样的方差(16.6176)。

10.2.3 估计量方差与总体单元排列顺序的关系

从上面的讨论中我们知道,系统抽样的精度不仅取决于总体方差的大小,也取决于总体单元的排列顺序,因为不同的单元排列顺序有不同的样本(群)内方差 S_{wsy}^2 或相关系数 ρ_{wsy} ,从而估计量的方差也就不同。在这一小节中我们进一步研究三种典型的总体单元排列形式:

1. 随机排列总体

在例 10.3 中已经看到当总体单元按随机排列时,样本(群)内方差一般与总体方差相差不多,因而此时系统抽样的精度与简单随机抽样的精度差不多。

不过上述的说法实际上并不严格,因为对于一个特定的排列,系统抽样的方差就有一定的数值,它可能比相应的简单随机抽样的方差大,也可能比它小。N 个总体单元总共有 $N!$ 种不同的排列,从而有 $N!$ 个不同的系统抽样的方差值。可以证明这 $N!$ 个系统抽样方差的平均数恰好等于简单随机抽样的方差。在这个意义下,我们说当总体单元按随机顺序排列时,系统抽样的效果等价于简单随机抽样。

在实际问题中,当总体单元的排列顺序与其指标值不相关时,单元的排列顺序就可以看作是随机排列的。有时也称这种排列是按无关标识排列。

2. 线性趋势总体

例 10.3 中,当总体单元按指标值从小到大顺序排列时,由于样本(群)内方差增加而使系统抽样的精度有显著的提高。在实际问题中,当然不可能按未知调查指标值的大小排列,但是常可以按某个与指标值相关的变量大小排列,所以这种排列也称为按有关标识排列。

为了进一步研究这类总体系统抽样的特性,假定单元指标值 Y_i 是单元顺序号 i 的线性函数,即

$$Y_i = a + bi, \quad i = 1, 2, \cdots, N \tag{10.15}$$

或更简单地(通过线性变换)假定

$$Y_i = i, \quad i = 1, 2, \cdots, N \tag{10.15$'$}$$

称这种总体为具有线性趋势总体(实际指标值应是在 i 基础上加上一小的随机扰动),图 10.3 是它的示意图。图中标出了系统样本与分层随机样本的单元分布。

下面我们来比较具有线性趋势总体系统抽样的方差 V_{sy} 、简单随机抽样的方差 V_{ran} 与分层随机抽样的方差 V_{st} 。

当 $Y_i = i, \quad i = 1, 2, \cdots, N$ 时,有

$$\sum_{i=1}^{N} Y_i = \sum_{i=1}^{N} i = \frac{1}{2} N(N+1), \qquad \sum_{i=1}^{N} Y_i^2 = \sum_{i=1}^{N} i^2 = \frac{1}{6} N(N+1)(2N+1)$$

故

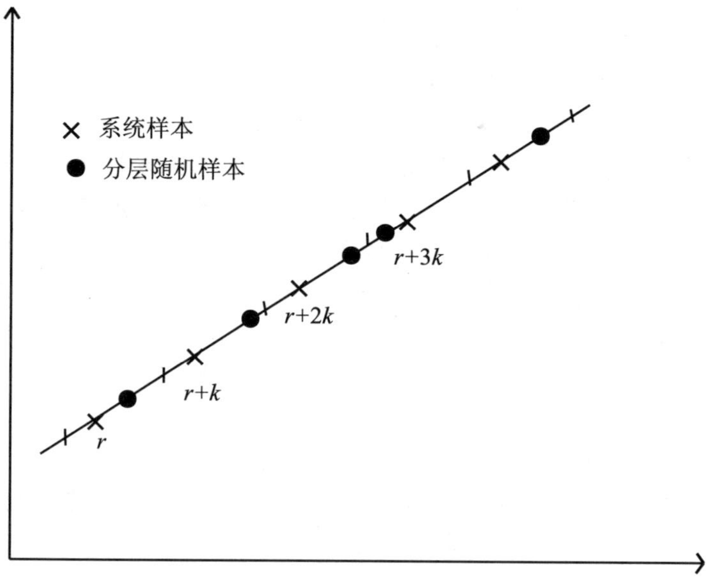

图 10.3 线性趋势总体系统抽样示意图

$$\bar{Y}=\frac{1}{2}(N+1)$$

$$S^2=\frac{1}{N-1}\sum_{i=1}^{N}(Y_i-\bar{Y})^2=\frac{1}{12}N(N+1) \tag{10.16}$$

从而

$$V_{ran}=\frac{N-n}{nN}S^2=\frac{1}{12}(k-1)(N+1) \tag{10.17}$$

为计算系统抽样的方差，考虑到 k 个可能的系统样本的均值 $\bar{y}_{sy}$（$=\bar{y}_r$）按 r 的不同取值依次都相差 1，因此与(10.16)式类似地，有

$$\frac{1}{k-1}\sum_{r=1}^{k}(\bar{y}_r-\bar{Y})^2=\frac{1}{12}k(k+1)$$

于是

$$V_{sy}=\frac{1}{k}\sum_{r=1}^{k}(\bar{y}_r-\bar{Y})^2=\frac{1}{12}(k^2-1) \tag{10.18}$$

为计算分层随机抽样的方差，只需计算层内方差 S_w^2，而层内只有 k 个不同值，每个相差 1，因此

$$S_w^2=\frac{1}{12}k(k+1)$$

由于所考虑的分层随机抽样每层只抽 1 个样本单元，是按比例分配的，故

$$V_{st}=\frac{N-n}{Nn}S_w^2=\frac{1}{12n}(k^2-1) \tag{10.19}$$

比较(10.17),(10.18)与(10.19)三式,有

$$V_{st}\leqslant V_{sy}\leqslant V_{ran} \tag{10.20}$$

由此可见系统抽样的方差小于等于简单随机抽样的方差,但大于等于分层随机抽样的方差,且等号当且仅当 $n=1$ 时才成立。因此在一般情形,对于线性趋势总体,系统抽样优于简单随机抽样,但比分层随机抽样差。后者可以这样解释:因为系统样本作为分层样本,其样本单元在层中的位置是固定的,若起始值 k 小,样本平均数也偏小,若 k 大,则样本平均数也偏大;而分层随机样本的单元在层中的位置是随机的,不同位置对指标值的影响可能相互抵消,从而使样本平均数的方差进一步减小。

3. 周期性波动总体

周期性波动是指总体单元指标值按其顺序呈一定间隔即周期变化。例如商店的日销售额以 7 天为周期变化,城市交通量以 24 小时为周期变化。典型的周期性波动如图 10.4 所示。

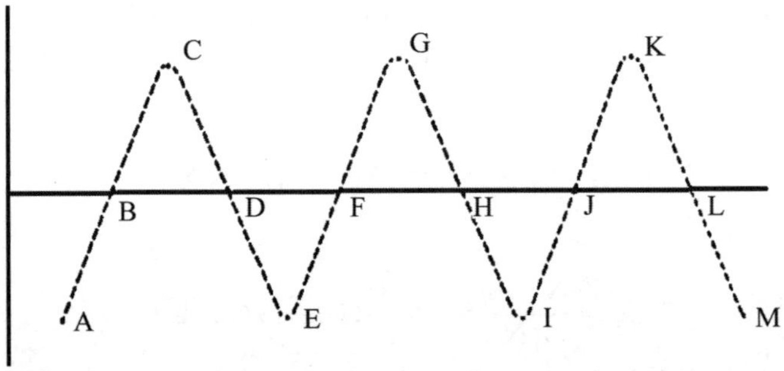

图 10.4 周期性波动总体系统抽样示意图

对于周期性波动总体的系统抽样,其效果与抽样间距 k 及单元指标值的变化周期 T 相关。当 k 为 T 的整数倍时,由于所有样本单元都取完全相等的值(如图 10.4 中的 C,G,K …或 A,E,I,M …),因此系统样本的代表性极差,方差很大。如果选择适当的 k 与 n,则可以使样本包含一个周期中许多有代表性的指标值,从而大大缩小估计量的方差。例如图 10.4 中若取一个包含 A,B,C,D 或 F,G,H,I 的样本,抽样的效果则相当好。

10.3 线性趋势总体抽样方法的改进

由于系统抽样的样本完全由起始单元所确定,因此对于具有线性趋势总体的系

统抽样，第一个样本单元的指标值偏低或偏高将导致估计量偏低或偏高，这就是在此种情形系统抽样精度不及分层随机抽样精度的原因。本节提出几种改进方法。

10.3.1 中心位置样本法与首尾校正法

麦多(W. G. Madow)提出了一种非常简单而直观的方法：既然起始单元的位置会影响估计量的偏差，因此直接将起始单元定为 $(k+1)/2$(当 k 为奇数时)，$k/2$ 或 $(k/2)+1$(当 k 为偶数时)。这样样本单元都位于层的中心位置，从而最大程度地减少了方差。但这种方法有其固有的缺点：当总体单元的顺序及 k 确定后，样本也随之确定，无随机性可言，这与概率抽样的要求相悖。因此对一个项目偶而为之尚可，若需要多次抽样估计就不能用这种方法。

耶茨(F. Yates)提出一种对样本单元指标值进行加权平均来代替算术平均从而消除偏差的方法。这种方法适用于当 $N=nk$ 时的直线系统抽样。为了消除偏差，实际只需对首尾两个样本观测值赋予不同于 $1/n$ 的权重，而其他 $n-2$ 个样本观测值的权重仍为 $1/n$ 。首尾两个观测值的权重分别为：

$$w_1=\frac{1}{n}+\frac{2r-k-1}{2(n-1)k},\quad w_n=\frac{1}{n}-\frac{2r-k-1}{2(n-1)k} \tag{10.21}$$

相应地，总体均值 $\bar{Y}$ 的估计量修正为：

$$\bar{y}_r=\sum_{j=1}^{n}w_j y_{rj} \tag{10.22}$$

当总体单元排列是严格线性的，即满足(10.15)式时，$\bar{y}_r=\bar{Y}$，从而完全不受起始值的影响。

权重公式(10.21)的推导如下：令第一个样本观测值的权重为 $\frac{1}{n}(1+x)$，最末一个样本观测值的权重为 $\frac{1}{n}(1-x)$，则

$$\begin{aligned}\bar{y}_r&=\frac{1}{n}\sum_{j=0}^{n-1}[a+b(r+jk)]+\frac{x}{n}(a+br)-\frac{x}{n}\{a+b[r+(n-1)k]\}\\&=a+b\left[r+k\left(\frac{n-1}{2}\right)\right]-\frac{x}{n}b(n-1)k\end{aligned}$$

为使 $\bar{y}_r=\bar{Y}=a+\frac{1}{2}b(N+1)$，则可解得

$$x=\frac{n(2r-k-1)}{2(n-1)k}$$

例 10.4 若总体单元指标值按其顺序为{1,3,5,7,9,11,13,15,17,19,21,23,25,27,29}，现抽取一个 $n=3$ 的系统样本，试用耶茨首尾校正法估计总体均值 $\bar{Y}$ 。

解：$N=15$，$n=3$，$k=5$。不妨假设随机抽取的起始值 $r=1$，则样本观测值为1,11,21。若不加校正，$\bar{Y}$ 的估计值为：

$$\bar{y}_{sy}=\bar{y}_1=\frac{1}{3}\times(1+11+21)=11$$

此估计值比实际总体均值 $\bar{Y}=15$ 小很多。若采用耶茨的首尾校正法，则 $\bar{Y}$ 的估计值为：

$$\bar{y}_Y=\frac{1}{3}\left\{1\times\left[1+\frac{3\times(2-5-1)}{2\times2\times5}\right]+11+21\times\left[1-\frac{3\times(2-5-1)}{2\times2\times5}\right]\right\}$$

$$=\frac{1}{3}(0.4+11+33.6)=15$$

从而经校正后的估计值与目标量的真值完全相等。当然实际总体中，指标值不可能是完全线性的，但通过首尾观测值的校正，仍可以显著地提高估计量的精度。

对于 $N\neq nk$ 的情形，若采用圆形系统抽样，贝尔豪斯(D. R. Bellhouse)与拉奥(J. N. K. Rao)提出了一种类似的校正方法。校正是对总体原有排列顺序的首尾两个样本单元(即编号最小的与最大的两个样本单元，而不是抽样过程中首先确定与最后确定的单元)分两种情况赋权。第一种情况是起始单元的编号 r 很小，以至最后一个样本单元的编号 $r+(n-1)k\leqslant N$，则首尾两个样本观测值的权重为：

$$w_1=\frac{1}{n}+\frac{2r+(n-1)k-(N+1)}{2(n-1)k}$$

$$w_2=\frac{1}{n}-\frac{2r+(n-1)k-(N+1)}{2(n-1)k} \tag{10.23}$$

第二种情况是 $r+(n-1)k>N$，假设 n_2 是样本单元抽取过程中越过总体最后一个单元(即第 N 个单元)的样本单元数，则上述权重为：

$$w_1=\frac{1}{n}+\frac{2r+(n-1)k-(N+1)-2n_2N/n}{2(n-k)}$$

$$w_2=\frac{1}{n}-\frac{2r+(n-1)k-(N+1)-2n_2N/n}{2(n-k)} \tag{10.24}$$

无论哪种情况，其他所有中间样本单元观测值的权重仍为 $1/n$。

10.3.2 对称系统抽样

对于线性趋势总体，消除或减少由于不同起始单元位置而引起估计值偏差的另一种方法是采用对称系统抽样。对称系统抽样(balanced systematic sampling)也称平衡系统抽样，它与前述的一般系统(等距)抽样的主要区别在于此时起始单元不是一个而是两个，它们位置对称，数值大小相抵，因而可改进估计量的精度。

1. 塞蒂(V. K. Sethi)方法——层内对称系统抽样

设 $N=nk$，且 n 为偶数，将总体按顺序划分为 $n/2$ 组(以每一组为层)，每组由

$2k$ 个单元组成。在第一组中以随机方法确定两个初始单元，方法是在 $1 \sim k$ 范围内产生一个随机数 r，则单元 r 与单元 $2k-r+1$ 即为起始单元，这两个单元在层中的位置是对称的。在其余各层中与上述两个起始单元位置相同的单元都是样本单元，也就是说 $n/2$ 对对称样本单元的编号为：

$$\{r+2jk,\quad 2(j+1)k-r+1\},\quad j=0,1,2,\cdots,\left(\frac{n}{2}-1\right) \tag{10.25}$$

2. 辛(D. Singh)方法——总体对称系统抽样

另一种对称系统抽样是由辛等人提出的。仍设 $N=nk$，且 n 为偶数。第一个起始单元 r 仍在 $1 \sim k$ 范围内随机产生，另一个起始单元取为离末端距离为 r，即编号为 $N-r+1$ 的单元，这两个单元相对总体是对称的。其余各组样本单元是按距起始单元分别相距 k 确定的，因此全部 $n/2$ 对样本单元的编号为：

$$\{r+jk,\quad (N-jk)-r+1\},\quad j=0,1,2,\cdots,\left(\frac{n}{2}-1\right) \tag{10.26}$$

例 10.5　某总体 $N=300$，按有关标识排列，欲抽取 $n=20$ 的系统样本，则 $k=N/n=15$。设在 1～15 范围内抽取的随机数 $r=3$，试分别列出按塞蒂方法和辛方法抽取的对称系统样本单元的编号。

解：(1) 塞蒂方法的对称系统样本单元的编号为：

$$\{3+2\times 15j, 2\times 15(j+1)-3+1\},\quad j=0,1,2,\cdots,9$$

即 3,28；33,58；63,88；93,118；123,148；153,178；183,208；213,238；243,268；273,298。

(2) 辛方法的对称系统样本单元的编号为：

$$\{3+15j, 300-15j-3+1\},\quad j=0,1,2,\cdots,9$$

即 3,18,33,48,63,78,93,108,123,138；163,178,193,208,223,238,253,268,283,298。

当 n 为奇数时，将多余一个半层(共 k 个单元)，从这个“半层”中产生的样本单元不能与任何其他样本单元对称。通常可将此半层放在总体的中间[即编号从 $\frac{1}{2}(n-1)k+1$ 至 $\frac{1}{2}(n+1)k$]，以 $\frac{1}{2}(n-1)k+r$ 为样本单元或取其中间位置的那个单元为样本单元。

10.4　等概率系统抽样的方差估计

10.4.1　方差估计的形式

与以前讨论过的其他抽样方法不同的是通常意义下的系统抽样估计量的方差

没有无偏估计。下面从不同的角度出发，介绍几种形式相对简单的方差估计。为方便起见，将系统样本观测值按其在总体中的顺序记为 $y_1, y_2, \cdots, y_n$，我们讨论用 $\bar{y}_{sy} = \frac{1}{n}\sum_{i=1}^{n} y_i$ 估计总体均值 $\bar{Y}$ 时的方差的估计。

1. 将系统样本作为简单随机样本对待，从而采用相应的方差估计：

$$v_1 = \frac{1-f}{n}s^2 = \frac{N-n}{Nn}\frac{1}{n-1}\sum_{i=1}^{n}(y_i - \bar{y}_{sy})^2 \tag{10.27}$$

2. 设 n 为偶数，将样本观测值按顺序两两分成一组，基于第 i 组两个观测值的(样本)方差估计为 $\frac{1}{2}(y_{2i} - y_{2i-1})^2$，将 $n/2$ 个这样的值进行平均，再乘以 $(1-f)/n$，从而得到

$$v_2 = \frac{1-f}{n}\frac{1}{n}\sum_{i=1}^{n/2}(y_{2i} - y_{2i-1})^2 = \frac{N-n}{n^2 N}\sum_{i=1}^{n/2}(y_{2i} - y_{2i-1})^2 \tag{10.28}$$

3. 考虑从第二个样本观测值起，每个与前一个组成一组，共 $n-1$ 组，与上面同样的思路得另一种方差估计：

$$v_3 = \frac{1-f}{n}\frac{1}{2(n-1)}\sum_{i=1}^{n-1}(y_{i+1} - y_i)^2 = \frac{N-n}{2n(n-1)N}\sum_{i=1}^{n-1}(y_{i+1} - y_i)^2 \tag{10.29}$$

4. 将样本量为 n 的系统样本分成 m 个子样本独立地抽取，每个仍用系统(等距)抽样，样本量为 $n' = \frac{n}{m}$，抽样间距为 $k' = mk$，每个子样本的起始值独立地抽取。记第 α 个子样本的均值为 $\bar{y}_\alpha$，若令

$$\hat{\bar{Y}} = \frac{1}{m}\sum_{\alpha=1}^{m}\bar{y}_\alpha \tag{10.30}$$

则 $V(\hat{\bar{Y}})$ 的一个无偏估计量是

$$v_4 = \frac{1}{m(m-1)}\sum_{\alpha=1}^{m}(\bar{y}_\alpha - \hat{\bar{Y}})^2 \tag{10.31}$$

上述 m 个子样本的抽取是相互独立的，样本单元也有可能重复。事实上，也可以采取直接将样本量为 $n(=mn')$，抽样间距为 $k\left(=\frac{k'}{m}\right)$ 的系统样本分成 m 个系统子样本的方法，每个子样本的样本量为 n'，间距为 k'。但这样的子样本相互不独立，v_4 也不再是无偏的了。这种方法称为交叉子样本(interpenetrating subsamples)法，也称随机组(random groups)法。这种方法将在第十二章中详细讨论。

例 10.6　在一连续生产线上，每隔 $k=100$ 件产品抽取一件，检查产品上的疵点数，表 10.2 是 $n=40$ 个样品的检查结果。

表 10.2　系统抽取 40 个样品的疵点数 y_i

10，	8，	6，	5，	9，	8，	8，	5，	9，	9
9，	10，	4，	3，	1，	2，	3，	4，	0，	6
3，	5，	0，	3，	0，	0，	4，	0，	8，	0
10，	5，	6，	1，	3，	3，	1，	5，	5，	4

试估计这批产品（$N=4000$）的平均疵点数 $\bar{Y}$，并估计其方差。

解：(1) 用系统样本平均数 $\bar{y}_{sy}$ 估计 $\bar{Y}$：

$$\bar{y}_{sy}=\frac{1}{n}\sum_{i=1}^{n}y_i=\frac{185}{40}=4.625$$

$$\frac{1-f}{n}=\frac{4000-40}{40\times 4000}=0.02475$$

根据(10.27)式、(10.28)式及(10.29)式计算，可得：

$$v_1=\frac{1-f}{n}s^2=0.02475\times 10.445513=0.2585$$

$$v_2=\frac{1-f}{n}\frac{1}{n}\sum_{i=1}^{n/2}(y_{2i}-y_{2i-1})^2$$

$$=\frac{0.02475}{40}\times[(8-10)^2+(5-6)^2+\cdots+(5-1)^2+(4-5)^2]$$

$$=\frac{0.02475}{40}\times 215=0.1330$$

$$v_3=\frac{1-f}{n}\frac{1}{2(n-1)}\sum_{i=1}^{n-1}(y_{i+1}-y_i)^2$$

$$=\frac{0.02475}{2\times 39}[(8-10)^2+(6-8)^2+(5-6)^2+\cdots+(5-5)^2+(4-5)^2]$$

$$=\frac{0.02475}{78}\times 540=0.1713$$

(2) 采用交叉子样本法。

令 $m=10$，$n'=4$，每个子样本恰好由表 10.2 中的列构成，子样本的平均数经计算为：

$\bar{y}_1=8.0$，　$\bar{y}_2=7.0$，　$\bar{y}_3=4.0$，　$\bar{y}_4=3.0$，　$\bar{y}_5=3.25$，

$\bar{y}_6=3.25$，　$\bar{y}_7=4.0$，　$\bar{y}_8=3.5$，　$\bar{y}_9=5.5$，　$\bar{y}_{10}=4.75$

由此，根据(10.30)式及(10.31)式，得：

$$\hat{\bar{Y}}=\frac{1}{m}\sum_{\alpha=1}^{m}\bar{y}_\alpha=4.625$$

$$v_4=\frac{1}{m(m-1)}\sum_{\alpha=1}^{m}(\bar{y}_\alpha-\hat{\bar{Y}})^2=2.292/10=0.2920$$

10.4.2 各种估计量的比较及适用场合

系统抽样的上述几种方差估计量的特性各不相同，对不同的总体类型有不同的表现。为了较正确地描述这些估计量的特性，通常需在关于总体的一定模型下进行讨论，下面仅给出若干定性结论。

当总体单元排列是随机的时候，按简单随机抽样的方差估计 v_1 最为适用，且计算也最简单。基于相邻样本观测值的差分导出的估计量 v_2 与 v_3 适用范围很广，随机排列、线性趋势及呈周期变化的总体都能使用，效果也不错。因此若不清楚总体单元排列的规律，v_2 与 v_3 是首选的两个方差估计量；当样本量比较小时，尤以 v_3 更为适用。对线性趋势总体，v_2 与 v_3 给出的方差估计更为接近实际，而 v_1 则常常高估了方差。基于交叉子样本的方差估计 v_4 虽然也适用于各种类型的总体，但实际操作并不方便，且当 m 不大时，效果不是很好。

10.5 不等概率系统抽样

10.5.1 πPS 系统抽样及其实施方法

系统抽样中每个单元的入样概率也可以是不相等的。一般的不等概率系统抽样定义如下：令 $\{\pi_i\}$ 是一组入样概率，$i=1,2,\cdots,N$，且 $\sum_{i=1}^{N}\pi_i=n$ ，r 是[0,1]区间内的一随机数，则当

$$\sum_{j=1}^{i_k-1}\pi_j<r+k,\quad \sum_{j=1}^{i_k}\pi_j\geqslant r+k,\quad k=0,1,2,\cdots,n-1 \tag{10.32}$$

时，总体中的第 $i_1,i_2,\cdots,i_n$ 个单元即为抽中的样本单元。当每个 $\pi_i\leqslant 1$ 时，抽样是严格不放回的。

最常用的也是最简单的不等概率系统抽样是 πPS 系统抽样，即令 π_i 与单元大小 M_i 成比例：

$$\pi_i=n\frac{M_i}{M_0}\triangleq nZ_i \tag{10.33}$$

其中 $M_0=\sum_{i=1}^{N}M_i$ 是总体所有单元大小的总和。

在实践中，实施不等概率系统抽样最简单的方法仍是代码法。在 πPS 抽样情形，先将单元 M_i 值累加，设 r 为 $(0,M_0/n]$ 中的随机数，则以 $k=M_0/n$ 为间距等距地抽取代码，代码所对应的单元即为样本单元（若 k 恰为整数，则可在 $1\sim k$ 范围内抽取随机整数）。

例 10.7　设总体由 10 个工厂组成，以每个工厂的职工人数为其"大小"的度量。用 πPS 系统抽样抽取 $n=4$ 个工厂，各工厂的职工人数 M_i 及具体抽样过程如表 10.3 所示。

表 10.3　用 πPS 系统抽样抽选样本示例

工厂序号 i	职工人数	累计职工人数	$r+(j-1)k$
1	58	58	
2	908	966	
3	418	1384	1101
4	442	1826	
5	615	2441	
6	1972	4413	2881
7	613	5026	4661
8	734	5760	
9	514	6274	
10	846	$M_0=7120$	6441

$$M_0=\sum_{i=1}^{N}M_i-7120,\quad n=4,\quad k=\frac{M_0}{n}=\frac{7120}{4}=1780$$

在 $1\sim k$ 之间抽取一随机数 r，设为 1101，则代码 $r=1101$，$r+k=2881$，$r+2k=4661$ 与 $r+3k=6441$ 所在单元入样，即序号为 3，6，7，10 的四个工厂被抽中。

注意在此例中，$M_6=1972>k$，因此第 6 个工厂必被抽中，且对某些 r 值（例如 $r=800$）还会被抽中两次。在实际问题中这种情形应当尽量避免，事实上对于少数特大单元可以列入必调查行列而不纳入抽样框中。所谓目录抽样（list sampling）就是基于这种思想：对少数大单元进行普查而对多数较小的单元进行抽查。

10.5.2　估计量及其方差估计

与其他不放回的不等概率抽样一样，不等概率系统抽样对总体总量 Y 的估计采用霍维茨—汤普森估计量：

$$\hat{Y}_{HT}=\sum_{i=1}^{n}\frac{y_i}{\pi_i} \tag{10.34}$$

对于 πPS 系统抽样，又有

$$\hat{Y}_{HT}=\frac{1}{n}\sum_{i=1}^{n}\frac{y_i}{z_i} \tag{10.35}$$

$\hat{Y}_{HT}$ 是无偏的，其方差可表达为(若 n 固定)：

$$V(\hat{Y}_{HT})=\sum_{i=1}^{N}\frac{1-\pi_i}{\pi_i}Y_i^2+2\sum_{i=1}^{N}\sum_{j>i}^{N}\frac{\pi_{ij}-\pi_i\pi_j}{\pi_i\pi_j}Y_iY_j \tag{10.36}$$

$$=\sum_{i=1}^{N}\sum_{j>i}^{N}(\pi_i\pi_j-\pi_{ij})\left(\frac{Y_i}{\pi_i}-\frac{Y_j}{\pi_j}\right)^2 \tag{10.37}$$

对于一般的 n ，π_{ij} 的形式极为复杂，且有可能为零。例如在例 10.7 中，根据 M_i 的数值，前三个工厂不可能同时抽中两个或两个以上，因此 $\pi_{12}=\pi_{13}=\pi_{23}=0$。这意味着第六章中给出的 $V(\hat{Y}_{HT})$ 的两个常规方差估计量，即(6.20)式与(6.21)式，都不能用，因而必须采用别的形式。

第一种考虑是将不放回的 πPS 系统样本作为放回的 PPS 样本处理，则可得到以下的方差估计形式：

$$\frac{1}{n(n-1)}\sum_{i=1}^{n}\left(\frac{y_i}{z_i}-\hat{Y}_{HT}\right)^2=\frac{1}{n(n-1)}\sum_{i=1}^{n}\left(\frac{ny_i}{\pi_i}-\hat{Y}_{HT}\right)^2$$

因为实际抽样是不放回的，为此应考虑将它乘以有限总体修正系数 $1-f$。由于这里的单元实际上是不“平等”的，因此 f 不是简单地等于 n/N 。我们使用 f 的以下估计：

$$\hat{f}=\frac{1}{n}\sum_{i=1}^{n}\pi_i \tag{10.38}$$

因而得到方差估计量的一种方式：

$$v_5=\frac{1-\sum_{i=1}^{n}\pi_i/n}{n(n-1)}\sum_{i=1}^{n}\left(\frac{ny_i}{\pi_i}-\hat{Y}_{HT}\right)^2 \tag{10.39}$$

对于随机排列的总体，v_5 的效果很好。

若考虑用相邻样本观测值(但需用 ny_i/π_i 代替等概率情形的 y_i)差值的平方和来表示方差，则得到另两个方差估计量：

$$v_6=\frac{1-\hat{f}}{n^2}\sum_{i=1}^{n/2}\left(\frac{ny_{2i}}{\pi_{2i}}-\frac{ny_{2i-1}}{\pi_{2i-1}}\right)^2 \tag{10.40}$$

$$v_7=\frac{1-\hat{f}}{2n(n-1)}\sum_{i=2}^{n}\left(\frac{ny_i}{\pi_i}-\frac{ny_{i-1}}{\pi_{i-1}}\right)^2 \tag{10.41}$$

对于具有线性趋势的总体，这两个方差估计量特别适用。

习 题

10.1 一个班级共有40个学生，分成4个小组，按1,2,3,4组顺序排列。在一次考试中各组按考试成绩由低到高排列，因此不及格的人排列在前面，附表如下：

组 别	第1组	第2组	第3组	第4组
学生编号	1～11	12～20	21～28	29～40
不及格的号码	1,2,3,4	12,13,14	21,22,23,24,25	29,30,31,32

1）用每隔10人抽取1人的系统抽样方法，列出所有可能样本，计算不及格人数的比例及抽样方差；

2）用每隔5人抽取1人的系统抽样方法，列出所有可能的样本，计算不及格人数的比例及抽样方差；

3）若已知总体不及格人数比例为0.4，分别以样本量为$n=4$和$n=8$计算简单随机抽样的方差，与前面的结果相比较，你能得出什么结论？

10.2 以美国某镇的360户为总体，户编号为1～360，排列的顺序按户主姓的字母排列，下列的号码是家长为非白人的住户号码：28,31～33,36～41,44,45,47,55,56,58,68,69,82,83,85,86,89～94,98,99,101,107～110,114,154,156,178,223,224,296,298～300,302～304,306～323,325～331,333,335～339,341,342（由于姓与肤色有一定关系，所以非白种人的住户显出某些"聚集"的现象）。为了估计家长为非白人住户在全部住户中所占的比例，每8户抽1户，取得一个系统样本。试将这一系统样本的精度与同样样本量的简单随机抽样的精度加以比较。

10.3 有三个紧邻的地区，居民分别是盎格鲁—撒克逊人、波兰人和意大利人的后裔。还有一本最近的居民册，册内的每一户的人是依下列顺序登记的：丈夫、妻子、子女（按年龄排列）、其他成员。各户按街道顺序排列。平均每户有五口人。在户口册中每5个人抽1个人，可以得到一个系统样本，又可以按20%的比例抽取一个简单随机样本。现在要从这两种样本中选择一种样本。在下述三种指标中，你认为哪一指标采用系统样本有希望取得更好的精度，同时说明理由：a）波兰人后裔所占的比例；b）男性所占的比例；c）孩子所占的比例。

10.4 将在一条街上所有13户的户口册中所有居民列成下表：M—男性成人，F—女性成人，m—男孩，f—女孩。

1	2	3	4	5	6	7	8	9	10	11	12	13
M	M	M	M	M	M	M	M	M	M	M	M	M
F	F	F	F	F	F	F	F	F	F	F	F	F
f	f	m		m	f	f	m	m	m	f	f	
m	m	f		m	m	f	f		f	m		
f	f			f			m					

为估计下列各项指标：a) 男性所占的比例；b) 孩子所占的比例；c) 具有某种职业的人员所占的比例(第 1,2,3,12,13 这几户是具有某种职业的住户)，从每 5 人中抽 1 人，取得一系统样本，又按 20%的比例抽取一个简单随机样本，请比较这两种样本的方差。这一结果可以验证你对 10.3 题的回答是否正确。(系统样本的排列方法是每户自上至下依次排列)。

10.5　欲对一条街上的居民调查住户的平均居住年限，用每隔 20 户抽取 1 户的系统抽样方法，共调查了 115 户，得 $\sum_{i=1}^{115} y_i = 407$，$\sum_{i=1}^{115} y_i^2 = 2011.15$。求平均居住年限及相应置信度为 95%的置信区间。你在作出估计中对总体的排列顺序作了什么样的假设？

10.6　下面是美国 1900 年以来每隔 5 年的离婚率资料：

年份	离婚率(%)	年份	离婚率(%)
1900	0.7	1945	3.5
1905	0.8	1950	2.6
1910	0.9	1955	2.3
1915	1.0	1960	2.2
1920	1.6	1965	2.5
1925	1.5	1970	3.5
1930	1.6	1975	4.8
1935	1.7	1980	5.2
1940	2.0		

1) 估计这期间的年平均离婚率，并估计其方差；

2) 根据这一资料讨论用系统抽样好还是简单随机抽样好？

10.7　假设某书共有 555 页，现欲每隔 20 页抽 1 页作样本，估计该书的字数。对以下几种系统抽样方法，回答相应的问题：

1) 从 1 ～ 20 中抽取一个随机起点用直线系统抽样，共有多少个可能的样本，样本量是多少？

2）若从 1～555 中抽取一个随机数除以 20，将余数作为随机起点（余数为 0 代表 20），然后每隔 20 页抽取 1 页，这种抽样方法与前一种方法有什么区别？

3）采用圆形系统抽样如何抽选，共有多少个可能样本？

4）以上的抽选方法中以样本均值来估计总体均值，哪些是有偏的，哪些是无偏的？

10.8　某假设总体 $N=15$，其指标值排列的顺序为 1，2，3，4，5，6，7，8，9，10，11，12，13，14，15。

1）考虑 $n=3$ 的直线系统抽样，计算系统抽样的实际方差，与样本量相同的简单随机抽样进行比较并作简要分析；

2）若要求抽样间距 $k=4$，样本均值是否为总体均值的无偏估计。它在什么情况下是有偏的，什么情况下是无偏的？

10.9　设 $N=36$，按对称系统抽样抽取样本，$n=6$，若随机起点 $r=4$，试分别用塞蒂的层内对称系统抽样方法和辛的总体对称系统抽样方法列出抽中样本单元的号码。

10.10　下表是 28 个样本村的产量数据，它是产量由低到高顺序排列后的 280 个村按种植面积大小成比例的概率抽选出的系统样本。

样本村	平均亩产	样本村	平均亩产
1	370	15	467
2	379	16	501
3	389	17	503
4	396	18	514
5	397	19	515
6	400	20	541
7	404	21	542
8	410	22	543
9	418	23	562
10	433	24	570
11	445	25	586
12	453	26	601
13	460	27	653
14	462	28	658

1）用简单随机抽样的公式计算均值的抽样方差 v_1；

2）用合并层的方法计算均值的抽样方差 v_2；

3）用连续差的方法计算均值的抽样方差 v_3；

4) 你认为根据上述资料用哪一种方法计算比较接近实际?

10.11 假设总体的指标值为$\{Y_1,\cdots,Y_N\}$,$N=mk$,$k(>1)$为抽样间距,m为系统样本的样本量,样本均值记为$\bar{y}_{sy}$,在剩下的$N-m$个单元中按简单随机抽样方式抽取m个单元,其均值为$\bar{y}_r$。记$\beta_0=(k-1)/2k$,试证明:

1) 估计量$\bar{y}_{\beta_0}=(1-\beta_0)\bar{y}_{sy}+\beta_0\bar{y}_r$是$\bar{Y}$的无偏估计;

2) $V(\bar{y}_{\beta_0})=\dfrac{1}{4}V(\bar{y}_{sy})+\dfrac{(k-1)^2}{4k^2}E_1V_2(\bar{y}_r)$;

3) $v(\bar{y}_{\beta_0})=\dfrac{(k-1)^2}{4k^2}(\bar{y}_r-\bar{y}_{sy})^2$是$V(\bar{y}_{\beta_0})$的无偏估计。

第十一章　非抽样误差

11.1　非抽样误差的主要来源与分类

在第二章中我们曾指出抽样调查的误差包括两类,即抽样误差与非抽样误差。抽样误差(sampling error)是由于样本的随机性引起的。根据样本数据计算的对总体目标量的估计随样本而异,由此产生的误差即是抽样误差。对于概率抽样,抽样误差是可以估计和控制的,本书中的以前各章,在讨论每种抽样方法时都着重讨论了以估计量的方差形式表示的抽样误差以及它的估计。非抽样误差(non-sampling error)是指除抽样误差以外的由于各种其他原因而引起的误差,它不仅对于概率抽样存在,而且对于非概率抽样乃至全面调查都是存在的。与抽样误差不同的是,非抽样误差不能通过增大样本量而得到控制,而它对调查结果的影响却非常大。在某些情形,正是由于非抽样误差没有得到有效的控制,造成调查结果的失真从而导致一项调查的失败。

非抽样误差可产生于抽样调查的各个环节,即调查设计、抽样与调查实施、数据录入与预处理及数据汇总等过程中。以下列举一些常见的非抽样误差产生的原因。

1. 调查设计过程中引起的误差

调查设计有两个主要环节,即调查方法设计与抽样设计。一项好的调查设计是它成功的基础。例如在问卷调查中,如果问卷设计有缺陷,调查指标的概念和定义不明确都会造成调查过程中由于调查员或被调查者理解上的问题使得获得的信息不准确。抽样设计中的主要问题包括目标总体的界定及可利用的抽样总体即抽样框的问题。从理论上讲,抽样总体所包含的单元应与目标总体单元完全一致,但是实际中可以利用的抽样框有可能是不完善的,它或者包含了某些本不是调查对象的单元,或者丢失了一些应该列入的调查对象。使用不完善的抽样框是产生非抽样误差的一个重要原因。

2. 调查实施过程中产生的误差

再好的调查设计也需要通过实施才能获得数据。在调查实施中产生的误差又常表现为以下两个方面。一方面是属于样本抽取过程中的问题,如果实际样本单元不是按照设计要求的那样随机抽出而是掺入主观因素进行选择,或有时虽然按照要求进行抽样,但当样本不合意时又舍弃不用,另外重抽,直到抽到“满意”为止。

这实质上与有意挑选样本(哪怕是所谓"有代表性"的样本)没有差别。还有一种情况是在实际调查时由于种种原因,或因调查对象外出接触不到或因拒绝回答,造成样本数据的缺失而不得不替换样本单元。例如一项以住户作为调查对象的调查,若因家中无人随便以有人在家的邻居替换,结果造成调查样本中双职工家庭比例降低而单职工或有离退休老人的家庭比例上升,从而使实际调查的样本结构与目标总体产生偏离。

调查实施过程中产生误差的另一方面是由于调查员的工作失误,如回答记录错误或因有意诱导被调查者引起调查数据失实,当然也包括被调查者的原因,拒绝接受调查或提供虚假的数据。还有一个原因是当调查需要运用专门的测试工具或测试手段时,由于所使用的计量工具或测试方法本身的误差(包括系统误差和随机误差),这些误差也是非抽样误差的一个重要来源。

3. 数据汇总和处理中引起的误差

在样本数据现场采集后,常要经过预处理,包括数据的编码、录入与审核,也包括一些项目的换算,这些数据预处理过程中的每一环节,若不注意都可造成错误,从而引进新的误差。

上述非抽样误差按其来源、性质和处理方法不同常分成以下三类:

(1) 抽样框误差,即由不完善的抽样框引起的误差;

(2) 无回答误差,即由于种种原因没有能够对一部分样本单元进行计量,从而没有获得这些单元的任何数据,或部分样本单元拒绝或遗漏了若干调查项目的回答造成数据缺失;

(3) 计量误差,由于调查所获得的数据与调查项目的真值之间不一致而产生的误差。

在本章以下各节中将简要地讨论上述三类非抽样误差的影响及其预防和处理方法,也包括用于敏感性问题调查的随机化回答技术,因为对这类问题的调查,若不经特殊处理,会造成高无回答率及大的计量误差。

11.2 抽样框误差

11.2.1 抽样框误差及其影响

抽样框是有关总体全部单元的名录、地图等的框架,用作抽取样本单元的依据。在第二章中提到过,在抽样调查实际中,有必要区分目标总体与抽样总体。目标总体(target population)是真正的作为研究对象的全体,也即以前我们所说的总体;而抽样总体(sampling population)则是用作抽样的总体,也就是抽样框。理想的抽样框应使这两个总体完全一致，或者说目标总体中的单元与抽样总体中的单元是一一对应的关系。如果两者不一致，就会产生抽样框误差。

抽样框误差包括以下几个方面：

1. 丢失目标总体单元，也称覆盖不全。这种情形抽样框（抽样总体）没能覆盖全部总体单元，它不仅导致总体总量估计偏低，同时也会造成对均值（或比例）估计的偏倚。丢失目标单元不易被发现，比较隐蔽，处理较为复杂，故由于覆盖不全造成的误差影响较大。

2. 包含非目标总体单元，也称过覆盖。这种情形抽样框包含了一些不属于研究对象的即非目标总体单元，常造成总体总量估计的偏高。发现非目标总体单元比较容易，故过覆盖引起的误差处理相对容易。

3. 抽样框中的单元与目标总体单元不完全是一对一对应而是存在一对多或多对一的现象。例如在一项入户调查中若目标总体单元系独立的家庭户，而抽样框采用的是地址门牌号，那么一个家庭也许有两个或两个以上的住所，在一个门牌号内也可能住着两户或更多户的家庭。这种情况称为抽样框（抽样总体）与目标总体存在着复合连接。

4. 有些复杂抽样框还包含辅助信息，如果这些辅助信息不完全或不正确，不仅不能提高抽样的效率，反而会降低估计的准确性，从而导致误差。

*11.2.2　丢失总体单元引起的抽样框误差

丢失目标总体单元是抽样框误差中影响最为显著而且也较难进行补救的一种，为此我们对它作稍为深入的研究。

首先我们对丢失目标总体单元引起的误差进行定量分析，主要分析由此产生的估计量的偏倚。

设目标总体由 N_A 个抽样总体单元以及另外 N_0 个没有包含在该抽样总体的丢失单元组成，$N=N_A+N_0$，则总体总量

$$Y=\sum_{i=1}^{N_A}Y_i+\sum_{i=1}^{N_0}Y_i \triangleq Y_A+Y_0 \tag{11.1}$$

从抽样总体（抽样框）中的 N_A 个单元中用简单随机抽样抽取样本量为 n_A 的一个样本，用

$$N_A\bar{y}_A=\frac{N_A}{n_A}\sum_{i=1}^{n_A}y_i \tag{11.2}$$

来估计 Y，则估计是有偏的，偏倚为

$$E(N_A\bar{y}_A)-Y=Y_A-Y=-Y_0 \tag{11.3}$$

这表明此时估计量低估了总体总量。若令 r 为丢失单元指标均值 $\bar{Y}_0$ 与抽样框单

元指标均值 $\bar{Y}_A$ 之比 $\bar{Y}_0/\bar{Y}_A$，又 W_0 是丢失单元占全部目标总体单元的比重 N_0/N，则 $N_A\bar{y}_A$ 的相对偏倚可表示为：

$$-\frac{Y_0}{Y}=-\frac{W_0 r}{rW_0+(1-W_0)} \tag{11.4}$$

当估计的目标量为总体均值 $\bar{Y}$ 时，用 $\bar{y}_A$ 估计 $\bar{Y}$，则偏倚为：

$$\bar{Y}_A-\bar{Y}=W_0(\bar{Y}_A-\bar{Y}_0) \tag{11.5}$$

而相对偏倚为：

$$\frac{W_0(\bar{Y}_A-\bar{Y}_0)}{\bar{Y}}=\frac{W_0(1-r)}{rW_0+(1-W_0)} \tag{11.6}$$

表 11.1 与表 11.2 分别给出了不同的丢失单元比重 W_0 对总量估计与均值估计的相对偏倚。

表 11.1　不同丢失单元比重下总体总量估计的相对偏倚

丢失单元比重 W_0	$r=\bar{Y}_0/\bar{Y}_A$				
	0.5	0.9	1.0	1.1	2.0
0.01	−0.0050	−0.0090	−0.0100	−0.0110	−0.0198
0.05	−0.0256	−0.0452	−0.0500	−0.0547	−0.0952
0.10	−0.0526	−0.0909	−0.1000	−0.1089	−0.1818
0.25	−0.1429	−0.2308	−0.2500	−0.2683	−0.4000
0.50	−0.3333	−0.4737	−0.5000	−0.5238	−0.6667

表 11.2　不同丢失单元比重下总体均值估计的相对偏倚

丢失单元比重 W_0	$r=\bar{Y}_0/\bar{Y}_A$				
	0.5	0.9	1.0	1.1	2.0
0.01	0.0050	0.0010	0	−0.0010	−0.0099
0.05	0.0256	0.0050	0	−0.0050	−0.0476
0.10	0.0526	0.0101	0	−0.0099	−0.0909
0.25	0.1429	0.0256	0	−0.0244	−0.2000
0.50	0.3333	0.0526	0	−0.0476	−0.3333

对丢失目标总体单元的补救有两条途径：一是尽可能将丢失的目标总体单元寻找回来，例如采用将丢失单元与抽样总体单元实行某种形式的联接方式以及采用辅助抽样框（利用辅助抽样框重新构造一个较为完善的新的抽样框）；二是利用有关资料对丢失单元的数据进行推算或采用核查等方式，查清丢失单元的影响程

度，再对估计进行调整。

*11.2.3　多重抽样框的使用

使用多重抽样框(multiple frame)是指在抽样中同时使用两个或两个以上的抽样框。这种方法主要用于丢失单元的情况：既然一个抽样框不能覆盖目标总体，就同时使用两个或多个抽样框。使用多重抽样框的另一种背景是它可以提高精度，节省费用，从而提高抽样效率，因为这些抽样框通常都是现成的，不需要专门加工，或对某个抽样框可采用效率更高的抽样和估计方法。

使用多重抽样框技术上的关键问题是如何处理不同抽样框之间的重叠部分。这里讨论一种最简单的情形，即两个抽样框 A 与 B 的并覆盖了整个目标总体，且都不包含任何非目标总体单元。记 N_A 与 N_B 分别是抽样框 A 与 B 中所包含的(目标总体)单元数，而 A 与 B 将目标总体划分成以下三个区域：

区域 a：该区域中的单元仅包含在抽样框 A，记 N_a 为其中单元个数；

区域 b：该区域中的单元仅包含在抽样框 B，记 N_b 为其中单元个数；

区域 ab：该区域中的单元同时包含在 A、B 两个抽样框中(即两个框的重叠部分)，记 N_{ab} 为其中单元个数。

从 A、B 两个抽样框中用简单随机抽样分别抽取样本量为 n_A 与 n_B 的样本，则根据抽样框 A 的样本对区域 a 的总量 Y_a 与对区域 ab 的总量 Y_{ab} 的估计分别为：

$$\hat{Y}_A(a) = N_a \bar{y}_A(a) \tag{11.7}$$

$$\hat{Y}_A(ab) = N_{ab} \bar{y}_A(ab) \tag{11.8}$$

其中 $\bar{y}_A(a)$ 与 $\bar{y}_A(ab)$ 分别是落在区域 a 与区域 ab 样本观测值的平均数。类似地，根据抽样框 B 的样本，对区域 b 的总量 Y_b 与对区域 ab 的总量 Y_{ab} 的估计分别为：

$$\hat{Y}_B(b) = N_b \bar{y}_B(b) \tag{11.9}$$

$$\hat{Y}_B(ab) = N_{ab} y_B(ab) \tag{11.10}$$

于是目标总体的总量估计可采用以下形式：

$$\hat{Y} = \hat{Y}_A(a) + W_A \hat{Y}_A(ab) + W_B \hat{Y}_B(ab) + \hat{Y}_B(b) \tag{11.11}$$

其中 W_A 与 W_B ($W_A + W_B = 1$)是适当选取的权重。哈特利(H. O. Hartley)给出了 $V(\hat{Y})$ 的近似形式：如果 n_A，n_B 足够大，使 $\frac{1}{n_A^2}$ 与 $\frac{1}{n_B^2}$ 可以忽略，又有限总体修正系数 fpc 也可忽略，则

$$V(\hat{Y}) \approx \frac{N_A^2}{n_A}[S_a^2(1-\alpha) + \alpha W_A^2 S_{ab}^2] + \frac{N_B^2}{n_B}[S_b^2(1-\beta) + \beta W_B^2 S_{ab}^2] \tag{11.12}$$

其中

$$\alpha=\frac{N_{ab}}{N_A},\quad \beta=\frac{N_{ab}}{N_B} \tag{11.13}$$

分别表示重叠部分的单元占抽样框 A 与 B 的单元总数的比例，而 S_a^2 ，S_b^2 与 S_{ab}^2 分别是目标总体三个区域的方差。

n_A ，n_B 及 W_A 的确定还需要考虑在两个抽样框中的抽样与调查费用。令费用函数为

$$C_T=n_Ac_A+n_Bc_B \tag{11.14}$$

其中 c_A 与 c_B 分别是在抽样框 A 与 B 中单个单元的平均抽样与调查费用，哈特利给出了在给定费用下使方差最小的最优抽样比为：

$$\begin{aligned}\frac{n_A}{N_A}&=\frac{C_T\sqrt{(1-\alpha)S_a^2+\alpha S_{ab}^2W_A^2}}{c_A}\\ \frac{n_B}{N_B}&=\frac{C_T\sqrt{(1-\beta)S_b^2+\beta S_{ab}^2W_B^2}}{c_B}\end{aligned} \tag{11.15}$$

其中

$$W_A=\frac{\alpha n_A}{\alpha n_A+\beta n_B},\quad W_B=\frac{\beta n_B}{\alpha n_A+\beta n_B} \tag{11.16}$$

n_A 与 n_B 的表达式较为复杂，实际使用时需要通过迭代计算得到。

11.3 无回答误差

11.3.1 无回答的不同类型及产生原因

无回答(non-response)误差是非抽样误差的另一重要来源。所谓无回答是指由于种种原因没有能够对被抽出的样本单元进行计量，从而没有获得有关这些单元的数据。在有些文献中，无回答数据也称为缺失数据(missing data)或不完全数据(incomplete data)，但由于后两种术语在统计中还另有含义，因此在抽样调查中常使用术语“无回答”，也称为“无响应”。

无回答可以表现为入选样本的单元(被调查者)没有或拒绝接受调查的“单元无回答”和被调查者接受了调查但对某些调查项目没有或拒绝回答的“项目无回答”两种。从被调查者而言，造成无回答的原因又有有意识不回答或无意识不回答两种。前者是由于被调查者或对调查本身反感，或出于安全等原因不接受调查，或因调查内容涉及敏感性问题或个人隐私而拒绝回答。无意识不回答一般与调查内容无关，例如被调查者不在家或正在生病而无法接受调查或由于粗心漏掉某些问

题从而造成无回答。

被调查人有意识不回答造成的无回答的影响比无意识不回答的影响要大得多。如果将总体分成两个层,一个层是其中单元倾向于回答的“回答层”,另一个层是其中单元倾向于不回答的“无回答层”,由于这两个层的数量特征(指标水平)往往存在较大差异,因此有意识的不回答不仅减少了有效样本量造成估计量方差的增大,而且更为严重的是会造成估计的偏倚。而无意识的不回答则可以看成是随机的,它一般只造成由于有效样本量减小而引起的方差增加,但不会带来估计量的偏倚。由于调查员的原因(遗漏、联系不上等)造成的无回答则以后一种情况为主。

11.3.2 无回答的影响

设总体由“回答层”与“无回答层”两部分组成,每层的单元数分别为 N_1 与 N_0, $N=N_0+N_1$,则 $R_1=\dfrac{N_1}{N}$ 与 $R_0=\dfrac{N_0}{N}$ 分别称为总体的回答率与无回答率。若记 $\bar{Y}_1$ 与 $\bar{Y}_0$ 分别是回答层与无回答层的均值,则总体均值可记成:

$$\bar{Y}=R_1\bar{Y}_1+R_0\bar{Y}_0 \tag{11.17}$$

从总体中按简单随机抽样抽取 n 个单元,记回答的单元数为 n_1,无回答的单元数为 n_0,则 $r_1=\dfrac{n_1}{n}$, $r_0=\dfrac{n_0}{n}$ 分别为样本回答率和无回答率。令 $\bar{y}_1$ 是根据回答单元计算的样本平均数,用 $\bar{y}_1$ 估计总体均值 $\bar{Y}$,其偏倚为:

$$E(\bar{y}_1)-\bar{Y}=\bar{Y}_1-\bar{Y}=R_0(\bar{Y}_1-\bar{Y}_0) \tag{11.18}$$

若用 $N\bar{y}_1$ 估计总体总量 Y,其偏倚为:

$$E(N\bar{y}_1)-Y=NR_0(\bar{Y}_1-\bar{Y}_0) \tag{11.19}$$

以上两种估计量的相对偏倚皆为:

$$\frac{R_0(\bar{Y}_1-\bar{Y}_0)}{\bar{Y}} \tag{11.20}$$

从上面的分析可以看出,无回答造成的偏倚大小取决于两个方面:一是无回答率 R_0,二是回答层与无回答层均值的差异 $\bar{Y}_1-\bar{Y}_0$。无论是何种情况,降低无回答率对减少估计量的偏倚都是十分重要的。

例 11.1 某学校调查学生每月看电影的次数,随机抽取了 $n=1000$ 人进行问卷调查,其中 $n_1=800$ 人作了回答,结果是 $\bar{y}_1=2.5$。如果以此值来估计全校学生平均每月看电影的次数,则其偏倚为:

$$R_0(\bar{Y}_1-\bar{Y}_0)=0.20(\bar{Y}_1-\bar{Y}_0)$$

其中 R_0 用样本无回答率 $r_0=0.20$ 代替。若对无回答的 $n_0=200$ 人又随机抽取了

$n_0' = 50$ 人进行了面访,结果这 50 人平均每月看电影的次数为 $\bar{y}_0' = 1.2$,用 $\bar{y}_1$ 与 $\bar{y}_0'$ 分别估计 $\bar{Y}_1$ 与 $\bar{Y}_0$,则偏倚的估计为:

$$0.20 \times (2.5 - 1.2) = 0.26$$

本例也指出了调整无回答误差的一种途径,我们将在 11.3.4 中对此作进一步讨论。

上面讨论的是无回答对总体目标量估计偏倚的影响,无回答的另一个影响是对估计量方差的影响。由于无回答的存在,使实际样本量减少,从而方差增大。由于这方面的影响关系比较清楚,这里不作进一步的说明。

下面讨论由于估计量偏倚的存在对目标量置信区间的影响。为方便起见将总体待估计的目标量记为 θ,估计量为 $\hat{\theta}$,$\hat{\theta}$ 的方差与偏倚分别记为 $V(\hat{\theta})$ 与 $B(\hat{\theta})$。由于 $\hat{\theta}$ 是有偏的,因此在大样本用正态分布近似 $\hat{\theta}$ 的分布时,它的中心值 $E(\hat{\theta})$ 不再等于 θ,故若用区间

$$\hat{\theta} \pm u_\alpha \sqrt{V(\hat{\theta})}$$

作为 θ 的置信区间,该区间包含 θ 的概率就与 $1-\alpha$ 会有较大差别。$B(\hat{\theta})$ 越大,差别也就越大。作为替代办法,此时可用 $\hat{\theta}$ 的均方误差 $MSE(\hat{\theta})$ 代替 $V(\hat{\theta})$,从而用区间

$$\hat{\theta} \pm u_\alpha \sqrt{MSE(\hat{\theta})} \tag{11.21}$$

也即

$$\hat{\theta} \pm u_\alpha \sqrt{V(\hat{\theta})} \sqrt{1 + B^2(\hat{\theta})/V(\hat{\theta})} \tag{11.21'}$$

作为 θ 的近似置信区间。表 11.3 给出了当 $\alpha = 0.05$ 与 $\alpha = 0.01$ 时,对不同的 $|B(\hat{\theta})|/\sqrt{V(\hat{\theta})}$ 值,区间(11.21)不包含 θ 的概率值。

表 11.3 $\hat{\theta} \pm u_\alpha \sqrt{MSE(\hat{\theta})}$ 不包含 θ 的概率

$\lvert B(\hat{\theta})\rvert/\sqrt{V(\hat{\theta})}$	$\alpha = 0.05$	$\alpha = 0.01$
0	0.0500	0.0100
0.2	0.0499	0.0100
0.4	0.0495	0.0096
0.6	0.0479	0.0083
0.8	0.0441	0.0063
1.0	0.0382	0.0041
2.0	0.0086	0.0001
3.0	0.0007	0.0000

从表 11.3 的数值可见,当 $|B(\hat{\theta})|/\sqrt{V(\hat{\theta})}$ 不太大时(例如小于 0.5),用

$MSE(\hat{\theta})$ 代替 $V(\hat{\theta})$ 构造的置信区间包含 θ 的概率的变化并不显著。

由于实际上偏倚 B 的数值是得不到的，因此上面的讨论只能作为一种理论说明。但当需要估计的目标量是总体比例 P 时，情况要简单一些。

根据(11.18)式，当用回答样本比例 p_1 估计总体比例 P 时，偏倚为：

$$E(p_1) - P = R_0(P_1 - P_0) \tag{11.22}$$

由于 $0 \leqslant P_0 \leqslant 1$，故可对估计量的偏倚作大致的估计。至于 P 的置信区间，我们知道当不存在无回答且不考虑有限总体修正系数时，P 的 $1-\alpha$ 近似置信区间为

$$p_1 \pm u_\alpha \sqrt{\frac{p_1(1-p_1)}{n_1}}$$

实际上总体真正比例 $P = R_1P_1 + R_0P_0$，因此在求 P 的置信下限时令 $P_0 = 0$；在求 P 的置信上限时，令 $P_0 = 1$，可得到 P 的保守的置信下限 $\hat{P}_L$ 与置信上限 $\hat{P}_U$：

$$\hat{P}_L = R_1\left(p_1 - u_\alpha \sqrt{\frac{p_1(1-p_1)}{n_1}}\right)$$

$$\hat{P}_U = R_1\left(p_1 + u_\alpha \sqrt{\frac{p_1(1-p_1)}{n_1}}\right) + R_0 \tag{11.23}$$

在实际问题中，可用 $r_1 = \dfrac{n_1}{n}$，$r_0 = \dfrac{n_0}{n}$ 分别代替上两式中的 R_1 与 R_0。

例 11.2 某项民意测验，样本量为 $n = 1000$，回答率 $r_1 = \dfrac{n_1}{n} = 90\%$。根据回答样本的统计，反对人数比例 $p_1 = 20\%$，求总体比例 P 估计的 95%的(保守的)置信区间。

解：直接根据(11.22)式与(11.23)式，$\alpha = 0.05$，$u_\alpha \approx 2$，故

$$\hat{P}_L = 0.9 \times \left(0.2 - 2\sqrt{\frac{0.2 \times 0.8}{900}}\right) = 15.6\%$$

$$\hat{P}_U = 0.9 \times \left(0.2 + 2\sqrt{\frac{0.2 \times 0.8}{900}}\right) + 0.1 = 30.4\%$$

这个置信区间显然过于保守，如果能对 P_0 有个大概的估计(也可用一区间值)，则可有效缩小置信区间的长度。

11.3.3 降低无回答的措施与方法

由于无回答会造成较为严重的误差，因此降低无回答率是十分重要的。通常为降低无回答，可采用以下措施。

1. 改进调查的组织，加强对调查员的培训

无回答通常都是由于人为的原因造成的，解决无回答问题的根本途径是在问题发生以前就采取各种措施加以预防，因此加强对调查的组织管理十分重要。首

先是对调查员要经过严格的选择，要选择那些有高度责任心和较强人际交往能力的人担任。其次对调查员应加强培训，要使他们对调查内容、指标定义都有全面而正确的了解。要提高他们的业务水平，特别是访谈技巧，包括如何自我介绍、如何提问、如何追询、如何消除被调查者的疑虑使他们愿意配合等，所有这些都有利于调查的顺利进行，从而保证调查的质量。另外调查员在现场操作时要做好各种准备工作，努力得到有关部门配合，通过事先打招呼、事后督促（若问卷通过邮寄或先发放隔些日子再回收的话）、辅以适当的激励等手段，尽可能降低无回答率。

2. 多次访问

尽管采取了各种预防措施，无回答仍然会出现。前已提到造成无回答的原因有被调查者当时不在家、或不方便（生病或有事）或对调查不感兴趣有疑惑等，对这些情形，如果在第一次访问受阻，隔些时候再次访问或多次访问有时能使调查获得成功，从而降低无回答率。多次访问（call backs）即是通过对无回答产生原因的分析，调整访问策略（包括更换调查员），对无回答单元进行追踪调查从而提高回答率的一种方法。这种方法在国外应用已有几十年历史，在我国也开始在一些项目中得到应用。

例 11.3 在一次服装消费行为调查中，上海市的样本量为 1000 户，第一次访问得到 345 份答卷；对没有答复的样本单元进行第二次访问，得到 163 份答卷；更换调查员后对还没有回答的对象进行第三次访问，又得到 50 份答卷。对每一次访问，分别计算被调查户人均月收入指标，结果如表 11.4。

表 11.4 多次访问回答情况及平均每人月均收入

访问次数	回答户数	占总数比例(%)	平均每人月均收入(元)
1	345	34.5	2950
2	163	16.3	3785
3	50	5.0	5248

从表 11.4 中的数据可以看出，平均每人的月收入在逐次访问中不断上升，这反映了高收入的消费者有不愿暴露自己收入的趋势。在这种情形，多次访问不仅降低了无回答率，而且对资料分析也是十分有利的，因为它提供了无回答单元的一些重要信息。

进行多次访问必然增加调查费用，只有当减少偏倚的得益大于增加的费用时，采用多次访问才是合算的。除了费用增加外，多次访问也使整个调查周期延长，而且它对调查员的要求较高，这些都是采用多次访问的局限性。

3. 替换样本单元

为减少无回答，实际中经常采用的另一种方法是对找不到的样本单元或拒绝接受调查的样本单元实行替换。但是使用这种方法时要十分谨慎，因为处理不当虽然表面上降低了无回答率，但容易引起新的误差。

更换样本单元应遵循以下基本原则：替代者与被替代者应属于同一类型，他们具有某些相同的或相似的特征。此外替换规则与程序应在调查实施前就确定，而不能在发生无回答时按调查员主观愿望或方便而任意选取。

具体的替换方法又分随机替换与非随机替换两种。随机替换是依照随机原则抽取替换的或“后补”的样本单元，替换样本单元要从原抽样框中与无回答单元相同的范围内抽选（例如在分层抽样中替换单元必须是同一层的），替换样本单元的抽选应在现场调查实施以前就准备就绪。非随机替换是在无回答出现后，不是采用随机抽样的方法，而是依照事先制定的规则从总体中确定替代单元。例如在对居民进行入户调查时，对某个被抽中的住户进行规定次数的访问未获成功，先选择与无回答户相邻左侧的住户作为替代单元，如果调查仍然失败，则再对原无回答户右侧的住户进行尝试，如此类推，直到获得成功为止。

替换样本单元的方法不应被滥用，应采用必要的措施确保对无回答继续追踪的努力。此外应对替代情况作详尽记录，以便事后进行分析。

4. 对敏感性问题的调查可采用随机化回答技术，这将在 11.4 节中详细介绍。

11.3.4　对无回答的调整

1. 二重抽样法

例 11.1 已说明为估计无回答造成的偏倚可对无回答的单元进行再抽样，以此获得无回答层指标均值的估计，从而修正由于无回答引起的偏差。这种方法最初是由汉森（M. H. Hansen）和赫维茨（W. N. Hurwitz）提出的。对于调查，先采用一种费用较低但无回答较高的调查方法，例如采用邮寄问卷（调查表）的方法，然后从那些没有将问卷寄回的人中随机抽选一个子样本，采用派调查员上门调查的方法，实际上这种方法即是一种为分层的二重抽样，其中总体分成两层即回答层与无回答层。通过第一重抽样（邮寄问卷调查）不仅得到两层层权的估计，而且也得到回答层的观测值；第二重抽样（派员调查）仅对无回答层进行。

设原样本是从总体中按简单随机抽样抽取的，样本量为 n，其中 n_1 个样本单元作了回答，样本均值为 $\bar{y}_{n_1}$；无回答的单元数为 n_0，在其中又按简单随机抽样抽取一个样本量为 n'_0（抽样比 $\nu_0 = n'_0/n_0$ 事先确定）的子样本，再次访问获得样本均值 $\bar{y}_{n'_0}$，于是总体均值 $\bar{Y}$ 的一个无偏估计为

$$\bar{y} = r_1\bar{y}_{n_1} + r_2\bar{y}_{n'_0} = \frac{1}{n}(n_1\bar{y}_{n_1} + n_0\bar{y}_{n'_0}) \tag{11.24}$$

这是一个分层二重估计。根据(7.10)式（注意回答层的第二重抽样无误差，两处的记号稍有不同），$\bar{y}$ 的方差为：

$$V(\bar{y})=\left(\frac{1}{n}-\frac{1}{N}\right)S^2+\frac{R_0}{n}\left(\frac{1}{\nu_0}-1\right)S_0^2 \tag{11.25}$$

其中 S_0^2 是无回答层的方差，R_0 是总体无回答率。

如果考虑两次调查的费用差异，令总的费用函数为：

$$C_T=cn+c_1n_1+c_0n_0'$$

此式也可重写成只包含 n 的形式：

$$C_T=cn+c_1R_1n+c_0\nu_0R_0n$$

利用柯西一许瓦兹不等式，可得到使 $C_T\left(V+\frac{S^2}{N}\right)$ 达到最小的 ν_0 为

$$\nu_0=\sqrt{\frac{S_0^2(c+c_1R_1)}{c_0(S^2-R_0S_0^2)}} \tag{11.26}$$

若给定估计量的方差上限为 V，则

$$n=\frac{N[S^2+(1/\nu_0-1)R_0S_0^2]}{NV+S^2} \tag{11.27}$$

若给定总费用 C_T，则

$$n=\frac{C_T}{c+c_1R_1+\nu_0c_0R_0} \tag{11.28}$$

这些公式中的有关参数都需要根据经验值进行估计。当 $S_0^2\approx S^2$，且 N 较大时，(11.26)式与(11.27)式分别可简化为：

$$\nu_0=\sqrt{\frac{c+c_1R_1}{c_0(1-R_0)}} \tag{11.29}$$

$$n=\frac{S^2}{V}\left[1+\left(\frac{1}{\nu_0}-1\right)R_0\right] \tag{11.30}$$

例 11.4 欲进行一次民意测验，假定总体比较大，如果没有无回答，按精度要求需要抽取 1000 人(简单随机样本)。现拟先采用费用较低的邮寄问卷调查，预期无回答率为 40%，然后对所有无回答的再抽一个简单随机子样本进行派员访问。设邮寄一份问卷的费用是 1.0 元，对回答的每份问卷数据处理费用是 1.2 元，派员调查与数据处理费用合计每份 13.5 元。假定无回答层方差与总体方差相等，试求为满足精度要求应邮寄多少份问卷？对无回答者进行派员调查的比例是多少？预期总的费用多少？

解：按题意，$c=1.0$，$c_1=1.2$，$c_0=13.5$，$R_0=0.4$。因此，根据(11.29)式，

$$\nu_0=\sqrt{\frac{1+1.2\times0.6}{13.5\times(1-0.4)}}=0.4608$$

若不存在无回答且 fpc 可忽略，要求一个样本量为 1000 的简单随机样本，则 $S^2/V=1000$，从而由(11.30)式

$$n = 1000\left[1 + \left(\frac{1}{0.4608} - 1\right) \times 0.4\right] = 1468$$

即需要邮寄 1468 份问卷，预期有 587 份不回答，需要从中抽取 271 人派员前往调查。全部费用约为：

$$C_T = 1.0 \times 1468 + 1.2 \times 881 + 13.5 \times 271 = 6183.70(\text{元})$$

2.加权调整法

加权调整法(weighting adjustment methods)是通过给每个回答数据赋以不同的权数然后再进行数据处理，以此来调整由于无回答引起的偏差。举一个简单的例子，在一项以导游为对象的问卷调查中，出现了许多无回答。经对回收的问卷分析，发现大旅行社的导游回答率低于小旅行社的导游回答率。如果不经过调整，由于回答样本数据中大旅行社导游的比例低于小旅行社的相应比例，因而必然引起偏差。为了纠正这个偏差，在数据处理时对回答数据中，凡是属于大旅行社的赋以较大的权数，而对属于小旅行社的赋以较小的权数，这就是加权调整。加权调整主要适用于单元无回答，即样本单元的数据整体缺失的情形。在某些实际问题中，当主要调查指标缺失时，即将该单元的全部回答废弃不用，也属于此类情况。

假定对每个样本单元都有一个回答概率 P_i ，那么对回答数据进行加权调整时，以 $1/P_i$ 为权重是合理的，问题在于如何对未知的 P_i 进行估计?

波利茨(A. N. Politz)与西蒙斯(W. R. Smmons)研究了一种针对被调查者不在家而造成无回答数据的调控方法。他们假定访问是在每周除星期日以外的其余6个晚上进行，对每个样本只进行一次访问，在访问时顺便问了被调查者前5个晚上(不包含星期日)是否在家，令 t_i 为前5个晚上在家并可接受调查的天数。波利茨与西蒙斯将 $p_i = (t_i + 1)/6$ 作为该调查户回答概率 P_i 的估计。如果按 t 值的大小($t = 0,1,2,3,4,5$)将调查(回答)数据分成6组，记第 t 组的观测值的平均数为 $\bar{y}_t$ ，频数为 n_t ，则总体均值的估计即为：

$$\bar{y}_{ps} = \frac{\sum_{t=0}^{5} \bar{y}_t n_t / p_t}{\sum_{t=0}^{5} n_t / p_t} = \frac{\sum_{t=0}^{5} \bar{y}_t n_t / (t+1)}{\sum_{t=0}^{5} n_t / (t+1)} \tag{11.31}$$

3.插补法

插补法(imputation methods)是指当无回答出现时，用适当的方式对每个缺失的无回答数据进行估计或直接用别的数据替代。这种方法常用在项目无回答情形，即被调查者接受了调查，但对个别项目则可能有意或无意地没有给予回答以及没有记录回答的情形。通过对这些被调查者其他资料的分析并结合该项目已回答数据，可用回答数据(整体或分类)的平均数或众数，也可用适当的比估计或回归估计对缺失项目进行插补。有时候还可用与无回答单元其他特征基本类似的单元的数据直接替代(如果这样的单元有多个的话可取其平均数)。后一种方法在国外文献中称为热案(hot deck)法。下面是一个简单的说明性的例子。

例 11.5 一项对个人的收入与私人汽车拥有情况调查,同时记录了被调查者的性别、年龄(分青年与中老年)与婚姻状况(未婚、已婚、离异及丧偶),12 个样本数据如表 11.5 所示。

表 11.5 热案插补法示例

样本序号	性别	年龄	婚姻状况	收入	汽车拥有情况
1	男	青年	未婚	70	无
2	男	中老年	已婚	100	有
3	女	青年	未婚	50	无
4	男	中老年	已婚	70	有
5	男	青年	未婚	90	有
6	女	中老年	丧偶	30	无
7	男	中老年	已婚	—	—
8	女	青年	离异	45	有
9	男	青年	未婚	—	无
10	女	中老年	丧偶	20	—
11	男	青年	未婚	50	有
12	男	中老年	已婚	—	—

其中第 7 个被调查者没有获得收入与汽车拥有情况资料,由于他的特性与第 4 个相同,故借用第 4 人的回答数据替代,即将第 7 人的收入插补为 70,且拥有私人汽车。同理用第 1 人的收入 70 插补第 9 人的收入;用第 6 人未拥有汽车的资料作为第 10 人未拥有汽车的根据;最后将第 4 人收入 70,拥有汽车的资料直接移植到第 12 人有关缺失资料。

插补法的效果取决于被插补的数据与无回答的真实数值的相似程度。为了提高效率,对总体进行仔细的分层,用与无回答单元同一层的回答单元观测数据进行替代或插补是这种方法的基本出发点。进行分层的变量越多,也就是层分得越细,各层中不同单元之间指标值的差异就越小,插补的效果也就越好。

11.4 敏感性问题调查与随机化回答技术

11.4.1 敏感性问题调查

敏感性问题(sensitive question)是指所调查的内容涉及商业机密或个人隐私

而不愿或不便于公开表态或陈述的问题。例如学生在考试中的作弊现象、青少年的婚前性行为、社会上的卖淫嫖娼、赌博吸毒以及企业偷税漏税等问题都属于这一类问题,对这些问题的调查就是敏感性调查。

对于敏感性调查,如果直接提问,被调查者往往会拒绝回答或不提供真实情况,从而大大增加调查中的非抽样误差。因此对这一类调查必须采用经过特别设计的调查方法,以消除被调查者的顾虑,使他们能够如实回答问题。这种为敏感性问题调查特别设计的技术即是随机化回答(randomized response)技术,其基本特征是被调查者对所调查的问题采取随机回答的方式,避免在没有任何保护的情况下直接回答敏感性问题,从而既对被调查者的隐私和秘密加以保护,又能获得所需要的真实资料。

敏感性问题按问题指标特征可分成属性特征问题和数量特征问题两类。我们在 11.4.2 及 11.4.3 两小节中首先讨论处理属性特征敏感性问题的两种随机化回答模型,随后在 11.4.4 中讨论处理数量化特征敏感性问题的几种随机化回答模型。

11.4.2 属性特征的沃纳随机化回答模型

这种模型是由沃纳(S. L. Warner)首先提出的。调查设计是向被调查者展示两个与敏感性问题(具有特征 A)有关但完全对立的问题:一个问题是“你具有特征 A 吗?”,另一个问题是“你具有特征 $\bar{A}$ 吗?”($\bar{A}$ 表示不具有 A)。对两个问题的答案都只有“是(肯定回答)”与“否(否定回答)”两种。

实施随机化回答需要设计一种随机化装置,使被调查者以已知概率 P 回答第一个问题,而以概率 $1-P$ 回答第二个问题。重要的是只有被调查者本人知道他(她)回答的是哪一个问题,而调查员并不知道被调查人回答的是哪一个问题。

例如某大学为正确估计本校学生在考试中曾发生过舞弊行为的比例,随机抽取 n 个学生进行调查,对每个学生展示了以下两个问题:

问题Ⅰ:你在考试中曾作过弊,对吗?

问题Ⅱ:你在考虑中不曾作过弊,对吗?

另外交给学生一个密闭容器,其中装有两种颜色(例如红与白)但大小、形状与重量完全一样的球,红球与白球的比例是 $P:(1-P)$ 。让被调查的学生在该容器中随机地摸一个球(不向任何人显示):若抽到红球回答问题Ⅰ,若抽到白球则回答问题Ⅱ。由于问题的答案只有“是(对)”与“否(不对)”,别人又不知道回答的是哪一个问题,因此学生可以毫无顾虑地给出符合实际情况的回答。

沃纳模型的特点是:一方面使每个理解了实验装置的被调查人都会给出真实回答,另一方面又能够通过调查得到具有所调查敏感性特征的人的比例 π 的估计。

考虑一个放回简单随机样本，设 n 个被调查者中共有 m 个回答"是"，下面我们来推导 π 的一个合理的估计量。注意到有两种情况导致回答"是"的结果：一种是抽到红球，而被调查人曾作过弊；另一种是抽到白球，而被调查人没有作过弊。抽到红球的概率是 P ，抽到白球的概率是 $1-P$ ，而不管是抽到红球还是抽到白球，作过弊的概率都是 π 。不同的是回答问题Ⅰ答案为"是"的概率为 π ，而回答问题Ⅱ答案为"是"的概率为 $1-\pi$ ，因此对任意一个被调查的学生，回答为"是"的概率为

$$\Pr(\text{是}) = P\pi + (1-P)(1-\pi)$$

根据调查结果，Pr(是）的一个合理估计是 m/n ，于是 π 的一个估计 $\hat{\pi}$ 满足：

$$\frac{m}{n} = P\hat{\pi} + (1-P)(1-\hat{\pi}) \tag{11.32}$$

因而当 $P \neq 1/2$ 时，有

$$\hat{\pi} = \frac{1}{2P-1}\left[\frac{m}{n} - (1-P)\right] \tag{11.33}$$

沃纳指出 $\hat{\pi}$ 是 π 的极大似然估计，且是无偏的，它的方差为：

$$V(\hat{\pi}) = \frac{\pi(1-\pi)}{n} + \frac{P(1-P)}{n(2P-1)^2} \tag{11.34}$$

上式表示，$\hat{\pi}$ 的方差由两个部分组成，前一项是直接回答敏感性问题的方差（若忽略 fpc），后一项是由于采用随机化回答而引起的方差增加。$V(\hat{\pi})$ 的一个无偏估计为：

$$v(\hat{\pi}) = \frac{\frac{m}{n}\left(1-\frac{m}{n}\right)}{n-1} = \frac{\hat{\pi}(1-\hat{\pi})}{n-1} + \frac{P(1-P)}{(n-1)(2P-1)^2} \tag{11.35}$$

当 n 很大时，

$$v(\hat{\pi}) \approx \frac{m(n-m)}{n^3} = \frac{\hat{\pi}(1-\hat{\pi})}{n} + \frac{P(1-P)}{n(2P-1)^2} \tag{11.36}$$

11.4.3 属性特征的西蒙斯随机化回答模型

沃纳模型中随机化回答的两个问题是同一敏感问题的两个方面，对此有些被调查者可能仍有疑虑而不肯合作，另外沃纳模型要求 $P \neq 1/2$，且当 P 接近 1/2 时 $\hat{\pi}$ 的方差增大，而当 P 离 1/2 太远，即接近 0 或 1 时，又会增加被调查者的顾虑。为克服沃纳模型的上述缺点，西蒙斯（W. R. Simmons）将第二个问题改为与所调查敏感性问题完全无关的非敏感性问题。西蒙斯模型中的两个问题可陈述为：

问题Ⅰ：你具有特征 A 吗？

问题Ⅱ：你具有特征 B 吗？

其中特征 A 为敏感性特征，特征 B 是非敏感性的，与 A 无关。总体中具有特征 A 的比例 π_A 是未知且需要估计的，而具有特征 B 的比例 π_B 在设计时已知。两个问题在随机化回答中出现的比例仍假设为 $P:(1-P)$，其中 P 已知。

仍以上小节中调查考试作弊现象为例，问题Ⅰ不变，而问题Ⅱ可以换成："你母亲的生肖属牛吗"？（$\pi_B=1/12$）。同样以在一个密闭容器中抽取红球或白球的方式来确定究竟是回答问题Ⅰ还是回答问题Ⅱ。调查结果是在 n 个被调查人中回答"是"的人数为 m。显然对每个被调查者，回答"是"的概率为：

$$\Pr(\text{是}) = P\pi_A + (1-P)\pi_B$$

因此 π_A 的估计 $\hat{\pi}_A$ 满足：

$$\frac{m}{n} = P\hat{\pi}_A + (1-P)\pi_B \tag{11.37}$$

这样

$$\hat{\pi}_A = \frac{1}{P}\left[\frac{m}{n} - (1-P)\pi_B\right] \tag{11.38}$$

$\hat{\pi}_A$ 也是无偏的，且它的方差为(若忽略 fpc)：

$$V(\hat{\pi}_A) = \frac{\pi_A(1-\pi_A)}{n} + \frac{(1-P)^2\pi_B(1-\pi_B)}{nP^2} + \frac{P(1-P)(\pi_A+\pi_B-2\pi_A\pi_B)}{nP^2} \tag{11.39}$$

$V(\hat{\pi}_A)$ 的一个无偏估计为

$$v(\hat{\pi}_A) = \frac{1}{(n-1)P^2}\left(\frac{m}{n}\right)\left(1-\frac{m}{n}\right) \tag{11.40}$$

例 11.6　某社会学研究所欲调查已婚男子存私房钱的情况。对随机抽出的 $n=800$ 个已婚男子进行调查，利用西蒙斯模型设计的两个问题是：

问题Ⅰ:你是否存私房钱？

问题Ⅱ:你的生日日期(公历)是不是奇数？

随机化装置中，问题设置的比例 $P=1/2$。在所调查的 800 人中共有 $m=420$ 人的回答为"是"，试估计已婚男子存有私房钱的比例 π_A 并给出它置信度为 90% 的置信区间。

解:$n=800$，$m=420$，$P=0.5$，$\pi_B=0.51$

$$\hat{\pi}_A = \frac{1}{P}\left[\frac{m}{n}-(1-P)\pi_B\right] = 2\times\left(\frac{420}{800}-\frac{1}{2}\times 0.51\right) = 0.54$$

即估计有 54% 的已婚男子存私房钱。$\hat{\pi}_A$ 的方差与标准差估计分别为

$$v(\hat{\pi}_A) = \frac{1}{(n-1)P^2}\left(\frac{m}{n}\right)\left(1-\frac{m}{n}\right) = 0.001248$$

$$s(\hat{\pi}_A)=\sqrt{v(\hat{\pi}_A)}=0.0353$$

故 π_A 置信度为 90% 的置信限为 $0.54 \pm 1.64 \times 0.0353$，相应的置信区间为 [48.2%，59.8%]。

11.4.4 数量化特征的随机化回答模型

在实际问题中，数量特征的敏感性问题也很常见，如曾在考试中作弊的次数、个体商店平均偷漏税金额等，这时要回答的不是“是”或“否”的属性特征问题，而是数量特征问题。在数量化特征的敏感性调查中，估计目标量是数量特征的平均数。本小节介绍三种估计敏感性数量特征平均数的方法，同样只考虑放回的简单随机样本。

1. 无关问题模型

记 $\mathcal{X}$ 是敏感性数量特征变量，其均值为 μ_X、方差为 σ_X^2，而 $\mathcal{Y}$ 是不相关数量特征变量，其均值为 μ_Y、方差为 σ_Y^2。估计目标量是 μ_X，假定 μ_Y 已知。

操作与属性特征时一样，被调查者以概率 P 回答敏感性特征问题，以概率 $1-P$ 回答不相关特征问题。不管回答的是哪个问题，调查结果都用变量 $\mathcal{Z}$ 表示，则有

$$E(\mathcal{Z})=PE(\mathcal{X})+(1-P)E(\mathcal{Y})$$
$$E(\mathcal{Z}^2)=PE(\mathcal{X}^2)+(1-P)E(\mathcal{Y}^2)$$

若以 μ_Z 表示变量 $\mathcal{Z}$ 的均值、σ_Z^2 表示变量 $\mathcal{Z}$ 的方差，则

$$\mu_Z=P\mu_X+(1-P)\mu_Y \tag{11.41}$$

且

$$\sigma_Z^2=P\sigma_X^2+(1-P)\sigma_Y^2+P(1-P)(\mu_X-\mu_Y)^2 \tag{11.42}$$

记获得的调查数据为 $z_1,\cdots,z_n$，又

$$\bar{z}=\frac{1}{n}\sum_{i=1}^{n}z_i,\qquad s_z^2=\frac{1}{n-1}\sum_{i=1}^{n}(z_i-\bar{z})^2$$

则由(11.41)式可得 μ_X 的一个无偏估计为：

$$\hat{\mu}_X=\frac{1}{P}[\bar{z}-(1-P)\mu_Y] \tag{11.43}$$

其方差为：

$$V(\hat{\mu}_X)=\frac{1}{nP^2}[P\sigma_X^2+(1-P)\sigma_Y^2+P(1-P)(\mu_X-\mu_Y)^2] \tag{11.44}$$

而它的一个无偏估计为：

$$v(\hat{\mu}_X)=\frac{s_z^2}{nP^2} \tag{11.45}$$

2. 加法模型

该方法的操作与上面不一样，被调查者给出的回答是敏感性特征的值与无关

特征的值之和，其目的是用无关的数据来干扰真实的数据，使得他人无法知晓敏感性特征的真实值，从而达到消除被调查者顾虑的目的。采用上面的记号，记调查结果为：

$$\mathcal{Z}=\mathcal{X}+\mathcal{Y} \tag{11.46}$$

其中 $\mathcal{X}$ 为敏感性特征的真实值，$\mathcal{Y}$ 是从已知的无关特征变量的分布中产生的随机值。假定 $\mathcal{X}$ 与 $\mathcal{Y}$ 独立，则

$$\mu_Z=\mu_X+\mu_Y, \qquad \sigma_Z^2=\sigma_X^2+\sigma_Y^2$$

基于调查数据 $z_1,\cdots,z_n$，可得 μ_X 的一个无偏估计为：

$$\hat{\mu}_X=\bar{z}-\mu_Y \tag{11.47}$$

其方差为：

$$V(\hat{\mu}_X)=\frac{\sigma_X^2+\sigma_Y^2}{n} \tag{11.48}$$

而方差的一个无偏估计为

$$v(\hat{\mu}_X)=\frac{s_z^2}{n} \tag{11.49}$$

例 11.7　药房毛利调查

企业利润状况是一个较为敏感的问题。在一次药店利润调查中，调查的目标是药店的毛利百分数(毛利率×100)。由于具体毛利数值是一个敏感性数字，采用加法模型进行调查。根据以往掌握的资料，毛利百分数近似服从指数分布，故考虑采用服从指数分布的与所调查问题无关的随机变量 $\mathcal{Y}$，即 $\mathcal{Y}$ 有密度函数：

$$p(y)=\lambda e^{-\lambda y} \quad (y \geqslant 0)$$

根据经验和其他信息，调查者猜测药店的平均毛利百分数在 25 左右(调查结果与这一猜测相当吻合)，所以对无关随机变量 $\mathcal{Y}$，选择 $\lambda=1/25$ 的指数分布。根据这一指数分布构造了 10 张 10 行 10 列的随机数表，对表、行与列均按 0 到 9 的顺序标号。由于抽得的随机数 $\mathcal{Y}$ 看起来较小，被调查者可能认为在报出调查结果即两个变量之和 $\mathcal{Z}=\mathcal{X}+\mathcal{Y}$ 中，毛利百分数 $\mathcal{X}$ 占了很大比重，这样仍有可能会有意压低毛利百分数的数值。为此，调查者在上面所得指数分布随机数表中每个数值又统一加上一个较大的数(实际调查时取 200)，得到调查中实际使用的无关变量的随机数表。

执行中，首先由调查员详细介绍操作过程。然后请被调查者(药店负责人)在完全背着调查员的情况下，从自己身上随便拿出一张纸质人民币，根据纸币上号码中的最后三位数字，按第一个数字对应随机数表的表号、第二个数字对应随机数表的行号、第三个数字对应列号的规则，在上述指数分布随机数表上查得一个随机数 y。例如，若纸币上的号码为 HF45139360，最后三位数字为 360，则采用第 3 张随机数表中的第 6 行、第 0 列的随机数。药店负责人报出该随机数与药店的真实毛

利百分数之和作为记录的调查结果。由于访问员并不知道这些随机数多大，且随机数远比毛利百分数大，因此相加后的调查数据起到了隐蔽真实数据的目的。

实际调查了 60 家药店，得到的原始数据如表 11.6 所示。

表 11.6 药店毛利调查数据

235	225	237	326	232	227
313	244	260	232	236	225
244	259	234	232	252	222
240	235	239	231	361	231
242	234	306	225	236	227
240	221	296	247	238	227
265	226	237	233	247	247
235	331	240	236	234	266
245	223	262	222	251	254
224	234	225	247	278	222

将上表中的数据统一减去 200 后，由(11.47)式与(11.49)式，即可获得 $\hat{\mu}_X$ 及 $v(\hat{\mu}_X)$，其中 $\mu_Y=1/\lambda=25$。结果如下：

$$\hat{\mu}_X=21.58$$

$$v(\hat{\mu}_X)=13.96$$

$$s(\hat{\mu}_X)=\sqrt{v(\hat{\mu}_X)}=3.74$$

因此调查结果是：药店平均毛利百分数估计为为 21.58，估计的标准差(标准误)为 3.74，换算成毛利率分别为：21.58%及 3.74%。

另外，本次调查的组织者也通过询问 20 余家愿意直接回答毛利率的药店，平均毛利率为 19.2%，这与调查结果基本吻合。

3. 乘法模型

乘法模型与加法模型类似，所不同的只是被调查者给出的回答是敏感性特征的值与无关特征的值的乘积，即调查结果为

$$\mathcal{Z}=\mathcal{X}\mathcal{Y} \tag{11.50}$$

此时

$$\mu_Z=\mu_X\mu_Y$$

$$\sigma_Z^2=\mu_Y^2\sigma_X^2+\mu_X^2\sigma_Y^2+\sigma_X^2\sigma_Y^2$$

基于调查数据 $z_1,\cdots,z_n$，可得目标量 μ_X 的一个无偏估计为(要求 $\mu_Y\neq 0$)

$$\hat{\mu}_X = \frac{\bar{z}}{\mu_Y} \tag{11.51}$$

其方差为

$$V(\hat{\mu}_X) = \frac{\mu_Y^2\sigma_X^2 + \mu_X^2\sigma_Y^2 + \sigma_X^2\sigma_Y^2}{n\mu_Y^2} \tag{11.52}$$

而方差的一个无偏估计为

$$v(\hat{\mu}_X) = \frac{s_z^2}{n\mu_Y^2} \tag{11.53}$$

11.4.5 采用随机化回答技术应注意的一些问题

对敏感性问题采用随机化回答技术的主要目的是为了消除被调查者的顾虑，使其愿意配合，从而对所抽到的问题给予真实的回答。在具体设计与操作上应注意以下几个问题：

1. 要使被调查者充分理解这种方法的特点，特别是一定要让被调查者明白，他(她)究竟回答的是哪一个问题别人是不知道的，因此在正式抽取并回答问题前，要让被调查者作几次试验，例如请他(她)反复从容器中抽取球，使他(她)确信其中有不同颜色的球。当然随机化装置可以不一样，如可用卡片等其他形式，但越简单越好。

2. 所提问题必须简单明了，防止有不同的理解。例如我国在某些地区(特别是农村)也采用农历，因此对“你是否出生在五月”这类问题若要采用，事先应明确是公历。对涉及问题的解释必须在抽问题以前进行，抽取问题后再询问就暴露了抽到的是哪一个问题，也就失去了随机化回答的意义。

3. 在应用西蒙斯模型时，无关问题的选择特别重要。一定要隐蔽性强的，即调查员无从猜测被调查者对该问题回答的答案。例如“你的身份证倒数第二位数是不是奇数”这类问题，由于我国居民身份证设计时，倒数第二位数的奇偶性表示性别，而采用随机化回答技术由于需要当面解释，被调查者的性别不可能保密，这样也就失去了无关问题本来应具有的保护作用。

11.5 计量误差

计量误差(measurement error)是指调查中所获得的数据与所调查指标的真值之间不一致而造成的误差。计量误差不仅存在于抽样调查，也存在于全面调查中。抽样调查中的计量误差也称为回答误差或响应误差(response error)。按计量误差产生的原因可以将它分为由设计引起的误差、由调查员引起的误差、由被调查者引起的误差以及由其他原因引起的误差等。不过有时“回答误差”专指由被调查者引起的误差。

11.5.1 设计引起的误差

设计引起的计量误差泛指由于调查方案不够科学或不完善以及样本抽取过程中偏离随机原则而引起的误差。

问卷调查是抽样调查中应用最为广泛的一种调查方式，问卷设计的好坏对调查质量起着十分重要的作用。在设计问卷时要仔细地将欲调查的内容分解成各种问题。问题的措词要简单、明了、准确，避免歧义及过分专业的术语，必要时要给出指标解释(或列入问卷或载入调查员手册)。有时将一个复杂的问题分解成几个简单的问题是可取的。例如在调查目的只需要一个项目(例如个人收入)的总数时，为了避免遗漏与计算，可以将它分列成若干子项目，而把计算工作留给计算机来处理。这样虽然表面上增长了问卷的长度，但实际上不仅不会增加访问时间，而且能得到更为准确的数据。问卷中要避免使用有倾向性的、诱导性或暗示性的词汇，尽可能使用中性词汇，否则会影响被调查者的回答。另外一个需注意的是问题在问卷中的前后位置和顺序。许多人更重视列在问卷开头的几个问题以及结尾的问题，而对中间的问题不够重视。因此对一次性调查应考虑问题在问卷中的排列顺序对调查结果可能的影响，而对固定样本连续调查时，问卷中问题的顺序应保持不变。要掌握问卷的长度(不仅是指篇幅，更重要的是调查的平均时间)，能短则短，一般应掌握在半小时以内完成，最多不要超过 45 分钟。当然大规模的、由国家或部门进行的专项调查不受此限制。

样本抽取即抽样过程处理不当也会引起误差。一定要按抽样设计方案严格的随机化程序抽取样本单元，否则就会影响单元的入样概率从而造成估计的偏倚。例如一项调查要求在抽中户以后随机调查户中一个成年人，为了保证随机性，使最终样本在性别、年龄分布上与总体分布不致相差太远，则需要采用一套专门的表格确定户中哪一位成年人接受调查。基什(L. Kish)给出过一套这样的表(参见表 14.2.6)。在使用基什表时要先将户中所有成年人按先男后女、年龄从大到小的顺序排列，根据该户成年人的人数及表中所列的数字来确定户中哪一位成年人为接受调查者。如果不采用这样的表，只是笼统规定在抽中的样本户中随机地抽一个成年人，则由于经常在家而被选到接受调查的可能性比其他人大，从而造成偏倚。

总的说来，由于设计引起的误差，只要事先给以足够的重视，大多可以避免。

11.5.2 由调查员引起的误差及降低的措施

因调查员引起的误差有些是属于调查员的工作态度与责任心方面的，有的则是因为本人的业务水平与能力。所引起的误差既有随机的，也包括系统的。例如由于粗心大意造成的误差大多是随机的，而由于本人的某种习惯、理解上的错误或进行了诱导所引起的误差则往往是系统的。为了降低和减少由于调查员引起的误差，最主要的是加强对他们的培训、考核、检查与监督。在培训时要特别注意调查员之间的一致性，重视现场调查的复查与对调查表的审核。要合理安排和分配调查员的工作量，避免工作负担过重、时间过紧而影响调查质量。要充分利用经济手段，对所调查问卷质量高的给予必要的奖励，而对不注意质量甚至弄虚作假的应给予惩罚，必要时应将有关的问卷(调查表)弃之不用。

11.5.3 由被调查者引起的误差及其预防与调整

由被调查者引起的误差是计量误差中最重要的一种，有时候回答误差就专指这一种。在任何一项调查中，被调查者由于理解、记忆、心理以及其他原因都会引起给出的数据与其真值不符而带来误差。例如个人收入一项，包括基本工资、津贴、补贴、奖金及其他收入等，不同的理解差别就很大。记忆误差更是常见，例如市场或消费行为调查中常涉及购买某种(类)商品的数量、价格，甚至购买时间，这些一般人都不容易记得清楚，只能凭记忆。有时甚至本人的年龄也可能由于记忆而失真，特别是对边远地区与农村的老人尤其如此。例如，我国维吾尔族老人一般都没有记住自己正确的出生年份与年龄的习惯，又没有像汉族那样记生肖这样的风俗，因此在人口调查中往往为数不少的老人只能说出 65 岁、70 岁、75 岁等大概年龄。这些都属于由于记忆造成的误差。还有一种误差是由于多种社会经济综合因素引起的心理原因造成的。例如在填报本人的文化程度、职务、职称时，有些人由于虚荣心所致往往填报的高于实际的档次，当调查购买书报以及其他较高雅的消费时也可能有这种倾向；而对于个人收入等出于不同的心理有人会瞒报或少报；有些项目被调查单位则更是为本单位的利益所驱动而有意多报或少报，例如商店的营业额、一个村的婴儿死亡情况等调查数字往往偏低。

由于被调查者原因引起的误差也可分有意识的及无意识的两种。无意识的(例如多数记忆误差情况)可看作是随机的，它对调查结果的影响不是很大，而有意识的误差则往往造成结果的严重偏倚。对后者应通过一定的检查程序发现并进行调整。

在对调查资料进行核对时，可以通过逻辑性检查，即从不同项目或变量之间固有的逻辑关系发现那些不符合逻辑的错误。也可以通过一般的统计检查，对同一项目的一组数据计算平均数与标准差，将那些偏离平均数过远的(例如超出三倍以上标准差的)挑出来，以此可发现某些异常数据，对它们进行仔细的检查，若确实有错即可加以纠正。对由于在连续调查中使用过久的样本单元实行轮换也可提高调查的质量。

在对由于被调查者原因造成的误差进行调整时，可以利用二重抽样对样本进行再抽样，通过更为严格、仔细的方法获得这个子样本有关单元更为确实的资料，与大样本资料进行比较，应用比估计或回归估计等将原调查资料进行调整。

习　题

11.1　对某项民意调查，样本量为 $n=1000$，回答率是 0.8，回答者赞成的比例为 0.7。后对无回答部分再抽样作一补充调查，得到这部分人回答赞成的比例为 0.5。试问：

1) 当抽样设计未考虑到无回答，而按回答部分的样本作估计时，由无回答引起的偏倚有多大？

2) 若增大最初的样本量，由无回答引起的偏倚有何变化？

11.2　在一个估计总体比例 P 的调查中，事先对 P 无任何先验信息。假设无回答率预计为 15%，若按全部回答的精度要求样本量 $n=1000$，试问若考虑无回答的影响，要达到同样的精度，样本量应达多少？

11.3　拟设计一项调查，首先采用邮寄问卷调查形式，样本量为 n，设收回问卷数 n_1。在没有回答的单元中，按 ν_0 的抽样比又随即抽取 n_0' 个进行派员调查。已知：(1)邮寄问卷的无回答率 $R_0=25\%$；(2)调查指标的变异系数为 100%；(3)无回答层的方差与总体方差之比为 0.5；(4)邮寄问卷每份费用 $c=0.15$，对每个回答问卷的数据处理费用为 $c_1=1.0$，派员调查及数据处理费用每份为 $c_0'=4.0$，其费用函数为：

$$C_T=cn+c_1n_1+c_0'nR_0\nu_0$$

若要求调查的相对误差与抽取 100 个单元的简单随机抽样相同，且不考虑 fpc，求最优的 n 和 ν_0，并计算出总的调查费用 C_T。

11.4　在采用波利茨—西蒙斯方法的一个调查中，在最初样本中包含有 660 位被调查者，在第一次访问中有 390 位被调查者在家。根据他们的陈述，他们在前 5 个晚上有 t 个晚上($t=0,1,\cdots,5$)在家的人数及他们对所调查的问题回答“是”的人数如下：

t	0	1	2	3	4	5
在家人数	14	35	55	74	94	118
回答“是”的人数	4	13	20	30	42	156

用波利茨—西蒙斯估计方法估计总体中回答“是”的人数所占的比例。

11.5　某大学教学行政部门采用沃纳随机化回答技术调查考试作弊人数的比

例。设计中直接提“你在考试中曾作过弊，对吗？”问题的比例 $P=3/4$，样本量 $n=200$，调查结果回答“是”的人数为 60 人，试估计曾作过弊人数的比例并求其 90% 的置信区间。

11.6 在总体中有 10% 的人有过一种违纪行为（$\pi_A=0.1$），如果对此问题调查中每个被调查者都作出真实的回答，请将 $n=500$ 时下列各种方法计算出的 $V(\hat{\pi}_A)$ 加以比较：

1）直接提这个敏感性问题；

2）沃纳方法，$P=0.8$；

3）西蒙斯方法，$\pi_B=0.2$，$P=0.8$。

11.7 设总体 $\{Y_1,Y_2,\cdots,Y_N\}$ 中的每个单元在被调查时回答与否是随机的，作出回答的概率均为 p。若第 i 个单元回答，则定义 $Z_i=Y_i$，否则 $Z_i=0$。现随机地抽取 n 个单元，根据回答情况记录 Z_i 的值，其平均值记为 $\bar{z}$，试证明 $\bar{z}/p$ 是总体均值 $\bar{Y}$ 的无偏估计。

*第十二章　复杂样本的方差估计

在前面各章中，我们讨论了在各种基本的抽样方法下简单估计或某些非线性估计(如比估计与回归估计等)方差的估计问题。但是在实际问题中，所使用的抽样方案常常并不是某个单一的抽样方法，而是多种基本抽样方法的有机结合，另外实际抽样时与最初的设计又可能有偏离，因而最终所得的样本是非常复杂的。这时若按通常的途径推导方差估计将十分麻烦(即便使用简单的线性估计)，有时甚至是不可能的。本章的目的是介绍几种处理这种复杂样本的方差估计方法，包括随机组方法、平衡半样本方法、刀切法以及泰勒级数法。

12.1　随机组方法

方差估计的随机组方法(random group method)，我们在 10.4 节中已接触过，就是使用相同的抽样方案从总体中抽取两个或两个以上的样本，对每个样本分别构造感兴趣的参数(总体目标量) θ 的估计量，再利用这些估计量之间的离散程度即样本方差或这些估计量与基于全样本的估计量之间的离散程度计算基于全样本估计量的方差。例如在 10.4 节中，我们将样本量为 n 的系统样本分成 m 个子样本独立地进行抽取，然后构造方差的估计量，就是采用了这种方法。在实际中一般是将抽取的样本分成若干组，每组子样本作为原始样本的一个复制，再利用由各组子样本导出的估计量之间的差异即离散程度构造方差的估计量。由于只需构造 θ 的估计量就能得到方差估计，因此这个方法十分简单，它是最早出现的简化复杂样本方差估计的技巧之一。因为所得的每个随机组都是原样本或全样本的一个子样本，且其在整个样本中是交叉散布的，故这种方法也称为交叉子样本(interpenetrating subsamples)方法，最初是由印度统计学家马哈拉诺比斯(P. C. Mahalanobis)提出来的。

随机组方法包括两种形式：一种是随机组之间是相互独立的，另一种是随机组之间具有一定的相关性。对这两种情形，下面分别予以介绍。

12.1.1　独立的随机组情形

如果每次抽取的样本都被放回，则所得的随机组即为独立的，具体实施过程如下：

(1) 按某种抽样方式(没有限制,如分层抽样、多阶抽样、多重抽样、放回或不放回抽样等)从总体中抽取样本 S_1;

(2) 在第一个样本 S_1 被抽中后,放回总体,然后按与(1)相同的抽样方式抽取样本 S_2;

(3) 重复上述抽样过程,直至 k 个样本 $S_1, S_2, \cdots, S_k$ 被抽中。这 k 个样本就称为随机组。

对每个随机组,构造参数(总体目标量) θ 的一个估计量,分别记为 $\hat{\theta}_\alpha$ ($\alpha=1, \cdots, k$)。显然,这 k 个估计量是相互独立的。如果进一步假定 $\hat{\theta}_1, \cdots, \hat{\theta}_k$ 具有相同的均值 μ,并记

$$\hat{\bar{\theta}}=\frac{1}{k}\sum_{\alpha=1}^{k}\hat{\theta}_\alpha \tag{12.1}$$

则有 $E(\hat{\bar{\theta}})=\mu$,且 $\hat{\bar{\theta}}$ 的方差 $V(\hat{\bar{\theta}})$ 的一个无偏估计为:

$$v(\hat{\bar{\theta}})=\frac{1}{k(k-1)}\sum_{\alpha=1}^{k}(\hat{\theta}_\alpha-\hat{\bar{\theta}})^2 \tag{12.2}$$

事实上,$E(\hat{\bar{\theta}})=\mu$ 是显然的,而 $v(\hat{\bar{\theta}})$ 可以表示为:

$$v(\hat{\bar{\theta}})=\frac{1}{k(k-1)}\left(\sum_{\alpha=1}^{k}\hat{\theta}_\alpha^2-k\hat{\bar{\theta}}^2\right)$$

故有

$$\begin{aligned}E[v(\hat{\bar{\theta}})]&=\frac{1}{k(k-1)}\left[\sum_{\alpha=1}^{k}(V(\hat{\theta}_\alpha)+\mu^2)-k(V(\hat{\bar{\theta}})+\mu^2)\right]\\&=\frac{1}{k(k-1)}[k^2V(\hat{\bar{\theta}})-kV(\hat{\bar{\theta}})]\\&=V(\hat{\bar{\theta}})\end{aligned}$$

在抽样调查中,我们一般使用(关于抽样设计)无偏或近似无偏的估计,因此上面的期望值 μ 常常与感兴趣的参数 θ 一致或相接近。这样,随机组估计(12.1)式及其方差估计(12.2)式就提供了一种估计 θ 的完整方法。由此可得 θ 的置信度为 $1-\alpha$ 的置信区间近似为(当 k 较大时):

$$\left[\hat{\bar{\theta}}-u_\alpha\sqrt{v(\hat{\bar{\theta}})},\quad \hat{\bar{\theta}}+u_\alpha\sqrt{v(\hat{\bar{\theta}})}\right]$$

一般而言,估计量 $\hat{\theta}_1, \cdots, \hat{\theta}_k$ 常常是用相同的方式构造出来的。自然地,我们可以基于 k 个随机组的联合样本,用与构造 $\hat{\theta}_\alpha$ 同样的方式构造 θ 的估计量 $\hat{\theta}$,而不只是简单地将 $\hat{\theta}_\alpha$ 进行算术平均,也就是说,对于 θ 的估计问题,除了随机组估计 $\hat{\bar{\theta}}$ 外,我们也常采用基于全样本的估计量 $\hat{\theta}$。易见,如果 $\hat{\theta}_\alpha$ 是线性的,则 $\hat{\theta}$ 与 $\hat{\bar{\theta}}$ 一致。

但当 $\hat{\theta}_\alpha$ 不是线性估计时，$\hat{\theta}$ 与 $\hat{\bar{\theta}}$ 一般并不相同。

对于估计量 $\hat{\theta}$，以下两个方差估计量都可使用：

$$v_1(\hat{\theta})=\frac{1}{k(k-1)}\sum_{\alpha=1}^{k}(\hat{\theta}_\alpha-\hat{\bar{\theta}})^2 \tag{12.3}$$

$$v_2(\hat{\theta})=\frac{1}{k(k-1)}\sum_{\alpha=1}^{k}(\hat{\theta}_\alpha-\hat{\theta})^2 \tag{12.4}$$

显然，$v_1(\hat{\theta})$ 与前面的 $v(\hat{\bar{\theta}})$ 相同，也就是说这个估计量不仅可以用于估计 $\hat{\bar{\theta}}$ 的方差，也可以用于估计 $\hat{\theta}$ 的方差。一般来说 $V(\hat{\bar{\theta}})$ 与 $V(\hat{\theta})$ 相差不大，因此 $v_1(\hat{\theta})$ 是 $V(\hat{\theta})$ 的一个合理的估计。

注意到

$$\sum_{\alpha=1}^{k}(\hat{\theta}_\alpha-\hat{\theta})^2=\sum_{\alpha=1}^{k}(\hat{\theta}_\alpha-\hat{\bar{\theta}})^2+k(\hat{\bar{\theta}}-\hat{\theta})^2$$

故有：

$$v_1(\hat{\theta})\leqslant v_2(\hat{\theta}) \tag{12.5}$$

这说明相对于 $v_1(\hat{\theta})$ 来说，$v_2(\hat{\theta})$ 更保守些。出于稳妥考虑，人们一般更愿意采用 $v_2(\hat{\theta})$ 作为 $V(\hat{\theta})$ 的估计。由于在许多复杂样本的调查中，$E(\hat{\theta}-\hat{\bar{\theta}})^2$ 的值常常不是很大，因而 v_1 与 v_2 之间差别其实并不太大。

尽管 $v_1(\hat{\theta})$ 是作为 $V(\hat{\bar{\theta}})$ 的估计提出来的，但对于估计 $V(\hat{\theta})$ 来说，$v_1(\hat{\theta})$ 与 $v_2(\hat{\theta})$ 到底哪个更好目前并无定论，这是一个有待解决的问题。

例 12.1 为调查某个城市的家庭人均收入，欲抽取一个由住户组成的样本。假设该城市由 M 个区组成，考虑到各个区的经济发展程度不同，将这些区分成两个层：第一层由 $M-2$ 个区构成，第二层只有 2 个区。现准备抽取两个随机组 S_1 和 S_2。S_1 的抽取按以下方式：

(1) 首先使用 πPS 抽样方法从第一层中抽出两个区；对每个被抽中的区，再使用 πPS 抽样方法抽取两个街道；而对每个被抽中的街道，采用等概率系统（等距）抽样抽取 m_1 个住户；

(2) 第二层直接使用不等概率系统抽样抽 3 个街道，对每个被抽中的街道采用放回的 PPS 抽样抽取 3 个居委会，然后对每个被抽中的居委会采用简单随机抽样抽取 m_2 个住户。

样本 S_1 被抽出后放回总体，重复相同的步骤得第二个随机组（样本）S_2。

现设基于 S_1 和 S_2 所构造的估计量分别为 $\hat{\theta}_1$ 和 $\hat{\theta}_2$。那么基于联合样本 S_1 与 S_2 的一个估计为：

$$\hat{\hat{\theta}}=\frac{1}{2}(\hat{\theta}_1+\hat{\theta}_2)$$

这个估计量的方差估计为：

$$v(\hat{\hat{\theta}})=\frac{1}{2(2-1)}\sum_{\alpha=1}^{2}(\hat{\theta}_\alpha-\hat{\hat{\theta}})^2=\frac{1}{4}(\hat{\theta}_1-\hat{\theta}_2)^2$$

可见方差估计形式多么地简单！如果按通常的方式构造方差估计，将要复杂得多。

12.1.2　非独立的随机组情形

在实际应用中，样本常常是使用某种不放回抽样方式一次性抽取出来的，一般不会进行一系列的独立抽样。这时随机组的形成只能是将该样本随机地分成若干个组。当然，随机组之间就不再保持独立了。

为了保证方差的随机组估计具有较好的统计性质，随机组的划分必须遵循如下的基本原则，即需使得每个随机组本质上具有与原始样本相同的抽样结构。例如，对于一个简单随机样本，如果从该样本中简单随机地抽取一个子样本，则该子样本可看成是用与原始样本相同的抽样方法（即简单随机抽样）抽取出来的，这样的子样本就可作为一个随机组。

对一些常见的抽样方法，随机组的具体形成办法如下：

(1) 如果原始样本是用不放回的简单随机抽样或不放回的 πPS 抽样方式抽取的，则随机组可通过随机地划分原始样本而得到。具体地说就是，先从原始样本中简单随机地抽取 $m=[n/k]$ 个单元作为第一个随机组，然后再从剩下的 $n-m$ 个单元中简单随机地抽取 m 个单元作为第二个随机组，依此类推，即可得 k 个随机组。如果 n/k 不是整数，不妨设 $n=mk+q(0<q<k)$，那么剩下的 q 个单元要么弃之不用（自然，这将损失一定的信息），要么将它们逐一加到前面 q 个随机组中。

(2) 如果原始样本是用等概率或不等概率系统抽样方式抽取的，那么随机组可通过对原始样本采用系统抽样得到。这一点在 10.4 节中已提到。

对于多阶抽样，随机组是通过将最基本的群（即：将来自同一初级单元的各级样本单元的集合作为一个整体）分成 k 组而得到的，也就是说划分的是初级样本单元。实际的划分方法根据第一阶抽样方法的特性而定：如果第一阶抽样是不放回的简单随机抽样或 πPS 抽样，则使用规则 (1)；如果第一阶抽样是系统抽样，则使用规则 (2)。

(3) 对于分层抽样，如果希望估计层内方差，那么在该层内根据所采用的抽样方法而使用规则 (1)、(2) 或 (3)；如果希望估计总体方差，那么每个随机组本身必须是一个分层样本，此时应将从每一层中抽取到的样本划分成 k 组，然后在各层中任意取一个随机组，从而形成原始样本的一个随机组。

(4) 如果采用的是二重抽样，则应将第一重样本按 (1) 或 (2) 划分成 k 个随机组，而第二重样本则被相应地分成随机组，即第二重样本单元所在的随机组完全由第一次划分时决定。这种划分的前提当然是第一、二重样本均已被抽取。在实际应用中，有时随机组的划分是在第一重样本已抽出但第二重样本尚未抽出时进行的。这时是将第一重样本按 (1) 或 (2) 分成 k 个随机组，再从每个随机组中独立地抽取 $m=n/k$ (假定为整数)个单元一起组成第二重样本。

对于非独立随机组的情形，估计方法与独立情形时类似。仍以 $\hat{\theta}_\alpha$ 表示由第 α 个随机组构造的估计量，$\bar{\hat{\theta}}=\frac{1}{k}\sum_{\alpha=1}^{k}\hat{\theta}_\alpha$ 是它们的平均值，以 $\hat{\theta}$ 表示根据原始样本构造的估计量，则 $\bar{\hat{\theta}}$ 的方差 $V(\bar{\hat{\theta}})$ 的随机组估计为：

$$v(\bar{\hat{\theta}})=\frac{1}{k(k-1)}\sum_{\alpha=1}^{k}(\hat{\theta}_\alpha-\bar{\hat{\theta}})^2 \tag{12.6}$$

而 $\hat{\theta}$ 的方差 $V(\hat{\theta})$ 的随机组估计则为：

$$v_1(\hat{\theta})=v(\bar{\hat{\theta}}) \tag{12.7}$$

$$v_2(\hat{\theta})=\frac{1}{k(k-1)}\sum_{\alpha=1}^{k}(\hat{\theta}_\alpha-\hat{\theta})^2 \tag{12.8}$$

出于与独立随机组情形同样的理由，为保险起见，我们一般更偏向于取 $v_2(\hat{\theta})$ 作为 $V(\hat{\theta})$ 的估计。

与独立情形相对应，我们有如下结论：

设 $E(\hat{\theta}_\alpha)=\mu_\alpha$ (不必等于 θ)，则有 $E(\bar{\hat{\theta}})=\frac{1}{k}\sum_{\alpha=1}^{k}\mu_\alpha \triangleq \bar{\mu}$，且

$$E[v(\bar{\hat{\theta}})]=V(\bar{\hat{\theta}})+\frac{1}{k(k-1)}\sum_{\alpha=1}^{k}(\mu_\alpha-\bar{\mu})^2-\frac{2}{k(k-1)}\sum_{\alpha=1}^{k}\sum_{\beta>\alpha}^{k}Cov(\hat{\theta}_\alpha,\hat{\theta}_\beta) \tag{12.9}$$

证明不难。事实上，$E(\bar{\hat{\theta}})=\bar{\mu}$ 是显然的。注意到 $v(\bar{\hat{\theta}})$ 可以表示成

$$v(\bar{\hat{\theta}})=\bar{\hat{\theta}}^2-\frac{2}{k(k-1)}\sum_{\alpha=1}^{k}\sum_{\beta>\alpha}^{k}\hat{\theta}_\alpha\hat{\theta}_\beta \tag{12.10}$$

故有

$$\begin{aligned}E[v(\bar{\hat{\theta}})]&=E(\bar{\hat{\theta}}^2)-\frac{2}{k(k-1)}\sum_{\alpha=1}^{k}\sum_{\beta>\alpha}^{k}E(\hat{\theta}_\alpha\hat{\theta}_\beta)\\&=[V(\bar{\hat{\theta}})+\bar{\mu}^2]-\frac{2}{k(k-1)}\sum_{\alpha=1}^{k}\sum_{\beta>\alpha}^{k}[Cov(\hat{\theta}_\alpha,\hat{\theta}_\beta)+\mu_\alpha\mu_\beta]\\&=V(\bar{\hat{\theta}})+\frac{1}{k(k-1)}\sum_{\alpha=1}^{k}(\mu_\alpha-\bar{\mu})^2-\frac{2}{k(k-1)}\sum_{\alpha=1}^{k}\sum_{\beta>\alpha}^{k}Cov(\hat{\theta}_\alpha,\hat{\theta}_\beta)\end{aligned}$$

其中最后一步可利用(12.10)式得到(将 $\hat{\theta}_\alpha$ 换成 μ_α)。

(12.9)式显示,由于非独立性,$v(\hat{\bar{\theta}})$ 不再是 $V(\hat{\bar{\theta}})$ 的无偏估计。但若总体较大,抽样比又较小,则 $\frac{2}{k(k-1)}\sum_{\alpha=1}^{k}\sum_{\beta>\alpha}^{k}Cov(\hat{\theta}_\alpha,\hat{\theta}_\beta)$ 较小;而当 $\mu_\alpha \approx \bar{\mu}$ 时,$\frac{1}{k(k-1)}\sum_{\alpha=1}^{k}(\mu_\alpha-\bar{\mu})^2$ 也较小。这样,在许多大规模的抽样调查中,$v(\hat{\bar{\theta}})$ 的偏倚一般较小。

12.2　平衡半样本方法

在实际的抽样调查中,为了提高效率,常采用每层只抽两个单元的分层抽样。这时如果要采用前面介绍的随机组方差估计,则因为仅有两个没有共同单元的随机组,将使得方差估计不够稳定。也就是说,由于这两个随机组取法的偶然性,将会使得方差的估计值起伏比较大。本节将介绍解决这个问题的平衡半样本方法(balanced half-sample method)。

12.2.1　基本方法

假设 y_{h1},y_{h2} 是来自第 h 层的放回简单随机样本的观测值($h=1,\cdots,L$),则由 4.2 节知,总体均值 $\bar{Y}$ 的无偏估计为:

$$\bar{y}_{st}=\sum_{h=1}^{L}W_h\bar{y}_h \tag{12.11}$$

其中 $W_h=N_h/N$ 为层权,$\bar{y}_h=(y_{h1}+y_{h2})/2$。$\bar{y}_{st}$ 的方差 $V(\bar{y}_{st})$ 的标准的估计量为:

$$v(\bar{y}_{st})=\frac{1}{2}\sum_{h=1}^{L}W_h^2s_h^2=\frac{1}{4}\sum_{h=1}^{L}W_h^2d_h^2 \tag{12.12}$$

其中

$$d_h=y_{h1}-y_{h2} \tag{12.13}$$

因每层只抽两个单元,随机组的形成是每层抽一个单元,这样只有两个独立的随机组可供使用:(y_{11},y_{21},…,y_{L1})和(y_{12},y_{22},…,y_{L2})。它们的大小是原来的一半,故称为半样本。此时 $V(\bar{y}_{st})$ 的随机组估计为:

$$v_{RG}(\bar{y}_{st})=\frac{1}{2(2-1)}\sum_{\alpha=1}^{2}(\bar{y}_{st,\alpha}-\bar{y}_{st})^2=\frac{1}{4}(\bar{y}_{st,1}-\bar{y}_{st,2})^2 \tag{12.14}$$

其中

$$\bar{y}_{st,1}=\sum_{h=1}^{L}W_hy_{h1}\,,\quad \bar{y}_{st,2}=\sum_{h=1}^{L}W_hy_{h2}\,,\quad \bar{y}_{st}=\frac{1}{2}(\bar{y}_{st,1}+\bar{y}_{st,2}) \tag{12.15}$$

这个估计量形式非常简单，但如前所述，其稳定性较差。为了解决这个问题，一个自然的想法是考虑从每层中各抽取一个单元的所有可能的半样本(不只是考虑其中某一组特定的半样本)，将所得的方差估计加以平均。这在本质上不同于随机组方法，因为不同的半样本中包含某些共同的单元，因此半样本之间是彼此相关的。

显然，对一个给定的样本，有 2^L 个这样的半样本。$\bar{Y}$ 的基于第 α 个半样本的估计量为：

$$\bar{y}_{st,\alpha}=\sum_{h=1}^{L}W_h(\delta_{h1\alpha}y_{h1}+\delta_{h2\alpha}y_{h2}) \tag{12.16}$$

其中

$$\delta_{h1\alpha}=\begin{cases}1, & \text{如果层 } h \text{ 中第一个单元被选入第 } \alpha \text{ 个半样本}\\ 0, & \text{否则}\end{cases} \tag{12.17}$$

$$\delta_{h2\alpha}=1-\delta_{h1\alpha} \tag{12.18}$$

有趣的是，所有 2^L 个这样的估计量的平均恰好是 $\bar{y}_{st}$ 。这是因为样本中的每个单元正好在一半即 2^{L-1} 个半样本中出现，故有

$$\sum_{\alpha=1}^{2^L}\delta_{h1\alpha}=2^{L-1}$$

因而

$$\frac{1}{2^L}\sum_{\alpha=1}^{2^L}\bar{y}_{st,\alpha}=\sum_{h=1}^{L}W_h(y_{h1}+y_{h2})(2^{L-1}/2^L)=\bar{y}_{st} \tag{12.19}$$

我们将利用 $\bar{y}_{st,\alpha}$ 之间的差异构造方差估计量。定义：

$$\delta_h^{(\alpha)}=2\delta_{h1\alpha}-1$$

$$=\begin{cases}1, & \text{如果层 } h \text{ 中第一个单元被选入第 } \alpha \text{ 个半样本}\\ -1, & \text{如果层 } h \text{ 中第二个单元被选入第 } \alpha \text{ 个半样本}\end{cases} \tag{12.20}$$

则易见

$$\bar{y}_{st,\alpha}-\bar{y}_{st}=\frac{1}{2}\sum_{h=1}^{L}W_h\delta_h^{(\alpha)}d_h \tag{12.21}$$

于是

$$(\bar{y}_{st,\alpha}-\bar{y}_{st})^2=\frac{1}{4}\sum_{h=1}^{L}W_h^2d_h^2+\frac{1}{2}\sum_{h=1}^{L}\sum_{h'>h}^{L}\delta_h^{(\alpha)}\delta_{h'}^{(\alpha)}W_hW_{h'}d_hd_{h'}$$

$$=v(\bar{y}_{st})+\frac{1}{2}\sum_{h=1}^{L}\sum_{h'>h}^{L}\delta_h^{(\alpha)}\delta_{h'}^{(\alpha)}W_hW_{h'}d_hd_{h'} \tag{12.22}$$

注意到 $\sum_{\alpha=1}^{2^L}\delta_h^{(\alpha)}\delta_{h'}^{(\alpha)}=0\ (h\neq h')$ (因为层 h 和层 h' 中任何一对单元都是正好

出现在 2^{L-2} 个半样本中)，故有

$$\begin{aligned}&\sum_{\alpha=1}^{2^L}(\bar{y}_{st,\alpha}-\bar{y}_{st})^2\\&=2^L v(\bar{y}_{st})+\frac{1}{2}\sum_{h=1}^{L}\sum_{h'>h}^{L}\left[\sum_{\alpha=1}^{2^L}\delta_h^{(\alpha)}\delta_{h'}^{(\alpha)}\right]W_hW_{h'}d_hd_{h'}\\&=2^L v(\bar{y}_{st})\end{aligned}\tag{12.23}$$

因而以 $\frac{1}{2^L}\sum_{\alpha=1}^{2^L}(\bar{y}_{st,\alpha}-\bar{y}_{st})^2$ 作为 $V(\bar{y}_{st})$ 的估计是无偏的，且与通常的方差估计量一致。然而，当层数 L 较大时，这个估计量的计算量极大，使用十分不便。注意到在 2^L 个求和项中，包含了很多重复的单元信息，直观上并没有必要将所有的 2^L 个 $(\bar{y}_{st,\alpha}-\bar{y}_{st})^2$ 拿来作平均。因此为了简化计算，一个很自然的想法是选择其中某些“典型”的项加以平均，希望这些项尽量保留所有的信息，这样既可达到简化计算的目的，又可保证足够的精度。

首先注意，对于任意的 k 项，由(12.22)式有

$$\begin{aligned}v_k(\bar{y}_{st})&\triangleq\frac{1}{k}\sum_{\alpha=1}^{k}(\bar{y}_{st,\alpha}-\bar{y}_{st})^2\\&=v(\bar{y}_{st})+\frac{1}{2k}\sum_{h=1}^{L}\sum_{h'>h}^{L}\left[\sum_{\alpha=1}^{k}\delta_h^{(\alpha)}\delta_{h'}^{(\alpha)}\right]W_hW_{h'}d_hd_{h'}\end{aligned}\tag{12.24}$$

因此如果选择满足以下条件的 k 个半样本：

$$\sum_{\alpha=1}^{k}\delta_h^{(\alpha)}\delta_{h'}^{(\alpha)}=0\tag{12.25}$$

对一切 $h'>h$ 成立，那么 $v_k(\bar{y}_{st})$ 就正好等于 $v(\bar{y}_{st})$ 。在这个意义上，这 k 个半样本完全保留了所有 2^L 个半样本所包含的关于 $V(\bar{y}_{st})$ 的信息。我们称满足条件(12.25)的 k 个半样本为平衡半样本。

现在的问题是如何能选到满足条件(12.25)的 k 个半样本。普拉凯特(R. L. Plackett)和伯曼(J. P. Burman)提供了一种构造 $k\times k$ 阶正交矩阵(k 为 4 的倍数)的方法，其列正好满足(12.25)式，因此可用来帮助挑选我们所需的半样本。例如，表 12.1 和表 12.2 分别给出了 4×4 阶和 8×8 阶这样的矩阵(这种矩阵实际上即是阿达玛矩阵(Hadamard matrix))，其中我们用列表示层，用行表示半样本；在第 α 行第 h 列的位置上，+1 表示层 h 的第一个单元被选入第 α 个半样本，−1 表示层 h 的第二个单元被选入第 α 个半样本。按这种方式定义的半样本就合乎我们的要求，即是平衡的半样本。

表 12.1 关于 2、3、4 层平衡半样本的确定

半样本	层			
	1	2	3	4
$\delta_h^{(1)}$	+1	+1	+1	−1
$\delta_h^{(2)}$	−1	+1	−1	−1
$\delta_h^{(3)}$	−1	−1	+1	−1
$\delta_h^{(4)}$	+1	−1	−1	−1

表 12.2 关于 5、6、7 或 8 层的平衡半样本的确定

半样本	层							
	1	2	3	4	5	6	7	8
$\delta_h^{(1)}$	+1	−1	−1	+1	−1	+1	+1	−1
$\delta_h^{(2)}$	+1	+1	−1	−1	+1	−1	+1	−1
$\delta_h^{(3)}$	+1	+1	+1	−1	−1	+1	−1	−1
$\delta_h^{(4)}$	−1	+1	+1	+1	−1	−1	+1	−1
$\delta_h^{(5)}$	+1	−1	+1	+1	+1	−1	−1	−1
$\delta_h^{(6)}$	−1	+1	−1	+1	+1	+1	−1	−1
$\delta_h^{(7)}$	−1	−1	+1	−1	+1	+1	+1	−1
$\delta_h^{(8)}$	−1	−1	−1	−1	−1	−1	−1	−1

在具体使用时，可根据这种表的行确定半样本。例如若总体共分 7 层，则使用表 12.2，第三个半样本就是由第 3 行确定的：在第 1、2、3、6 的位置上是＋1，说明应在第 1、2、3、6 层中取第一个单元；在第 4、5、7 的位置上是－1，表示在第 4、5、7 层中应取第二个单元。至于哪个单元作为第一个单元，哪个单元作为第二个单元，可任意规定。

不难看出，表 12.1 和表 12.2 还具有如下有趣的性质，即除了最后一列外，每列之和均为 0，也就是说当 $L<k$ 时($k=4$ 或 8)，有

$$\sum_{\alpha=1}^{k}\delta_h^{(\alpha)}=0\,,\quad h=1,\cdots,L \tag{12.26}$$

对一般的 k 的情形也是如此，即用普拉凯特和伯曼方法构造的正交矩阵在 $L<k$ 时都满足(12.26)式。因此在 $L<k$ 的条件下，由(12.21)式有

$$\sum_{\alpha=1}^{k}(\bar{y}_{st,\alpha}-\bar{y}_{st})=\frac{1}{2}\sum_{h=1}^{L}W_h\left[\sum_{\alpha=1}^{k}\delta_h^{(\alpha)}\right]d_h=0$$

这样就得出

$$\frac{1}{k}\sum_{\alpha=1}^{k}\bar{y}_{st,\alpha}=\bar{y}_{st}\ ,\quad L<k \tag{12.27}$$

这与将所有的 2^L 个 $\bar{y}_{st,\alpha}$ 进行平均所得的结果完全一样(参见(12.19)式)。我们称同时满足(12.25)和(12.26)两个条件的半样本为完全正交平衡(full orthogonal balance)半样本。

如前所述,若 k 大于 L 且为 4 的整数倍时,用普拉凯特和伯曼方法得到的半样本既满足(12.25)式,也满足(12.26)式,即必是完全正交平衡的半样本。为了简化计算,应取 k 为大于 L 的 4 的最小整数倍。例如,如果 $L=8$,则应取 $k=12$。但若取 k 正好等于 L,则所抽选的半样本是平衡的但不会是完全正交平衡的。比如表 12.1 和表 12.2 的最后一列全为 -1,不可能满足(12.26)式。

12.2.2　用于多阶抽样

以上我们以最简单的抽样方法——放回的简单随机抽样为例介绍了平衡半样本方法。其实,平衡半样本方法适用于更一般的场合。本小节考虑多阶抽样的情形。

假设在 L 层中的每一层初级单元是按放回的 PPS 抽样抽取的。考虑总体总量 Y 的如下的无偏估计

$$\hat{Y}=\sum_{h=1}^{L}\hat{Y}_h=\sum_{h=1}^{L}\left(\frac{\hat{Y}_{h1}}{2z_{h1}}+\frac{\hat{Y}_{h2}}{2z_{h2}}\right) \tag{12.28}$$

其中 $\hat{Y}_{hi}$ 是第 h 层第 i 个初级单元总量 Y_{hi} 的一个无偏估计, Z_{hi} 是每次抽取的概率。则 $\hat{Y}$ 的通常的方差估计量为:

$$v(\hat{Y})=\frac{1}{4}\sum_{h=1}^{L}\left(\frac{\hat{Y}_{h1}}{z_{h1}}-\frac{\hat{Y}_{h2}}{z_{h2}}\right)^2 \tag{12.29}$$

首先像放回的简单随机抽样情形那样确定 k 个平衡半样本。对第 α 个半样本,Y 的估计量为:

$$\hat{Y}_\alpha=\sum_{h=1}^{L}\left(\delta_{h1\alpha}\frac{\hat{Y}_{h1}}{z_{h1}}+\delta_{h2\alpha}\frac{\hat{Y}_{h2}}{z_{h2}}\right) \tag{12.30}$$

其中

$$\delta_{h1\alpha}=\begin{cases}1, & \text{如果层 } h \text{ 中第一个初级单元在第 } \alpha \text{ 个半样本中}\\ 0, & \text{否则}\end{cases} \tag{12.31}$$

$$\delta_{h2\alpha}=1-\delta_{h1\alpha} \tag{12.32}$$

则 $\hat{Y}$ 的方差估计量为

$$v_k(\hat{Y})=\frac{1}{k}\sum_{\alpha=1}^{k}(\hat{Y}_\alpha-\hat{Y})^2 \tag{12.33}$$

与上一小节完全类似地有如下性质(只需将此处的 $\hat{Y}_{hi}/z_{hi}$ 视为 y_{hi} 即可)：

(1) $\frac{1}{k}\sum_{\alpha=1}^{k}\hat{Y}_\alpha=\hat{Y}$, $k>L$

(2) $v_k(\hat{Y})=v(\hat{Y})$

12.2.3 用于非线性估计

从上面两小节我们看到,平衡半样本方法对于线性估计的效果达到了理想的程度,因此我们期望对于非线性估计的效果也会令人满意。下面具体地介绍平衡半样本方法在处理非线性估计时的应用,抽样方法与 12.2.2 一样。

假设总体目标量的估计为 $\hat{\theta}$,基于第 α 个半样本的估计为 $\hat{\theta}_\alpha$,它一般具有与 $\hat{\theta}$ 相同的形式,则 $V(\hat{\theta})$ 的基于 k 个平衡半样本的估计量为:

$$v_k(\hat{\theta})=\frac{1}{k}\sum_{\alpha=1}^{k}(\hat{\theta}_\alpha-\hat{\theta})^2 \tag{12.34}$$

由于 k 个平衡半样本的余集也是平衡半样本,因而也可以利用它们来构造方差估计量:

$$v_k^c(\hat{\theta})=\frac{1}{k}\sum_{\alpha=1}^{k}(\hat{\theta}_\alpha^c-\hat{\theta})^2 \tag{12.35}$$

其中 $\hat{\theta}_\alpha^c$ 是基于第 α 个半样本的余集构造的估计量,形式一般也与 $\hat{\theta}$ 和 $\hat{\theta}_\alpha$ 相同。

结合(12.34)和(12.35)两式可得到另一个方差估计量:

$$\bar{v}_k(\hat{\theta})=\frac{1}{2}\left[v_k(\hat{\theta})+v_k^c(\hat{\theta})\right] \tag{12.36}$$

注意到每个半样本与其余集一起组成全样本,故我们也可以将每个半样本及其余集组成一对。基于每对半样本给出的随机组方差估计是

$$\frac{1}{2}\left[\left(\hat{\theta}_\alpha-\frac{\hat{\theta}_\alpha+\hat{\theta}_\alpha^c}{2}\right)^2+\left(\hat{\theta}_\alpha^c-\frac{\hat{\theta}_\alpha+\hat{\theta}_\alpha^c}{2}\right)^2\right]=\frac{1}{4}(\hat{\theta}_\alpha-\hat{\theta}_\alpha^c)^2$$

现共有 k 对,由此得 $V(\hat{\theta})$ 的下述估计量

$$v_k^*(\hat{\theta})=\frac{1}{4k}\sum_{\alpha=1}^{k}(\hat{\theta}_\alpha-\hat{\theta}_\alpha^c)^2 \tag{12.37}$$

容易验证,当 $\hat{\theta}$ 为线性估计时,上面的四个方差估计量其实是等同的。但若 $\hat{\theta}$ 为非线性估计,它们一般不会相等。通常 $v_k(\hat{\theta})$, $v_k^c(\hat{\theta})$ 和 $\bar{v}_k(\hat{\theta})$ 要比 $v_k^*(\hat{\theta})$ 大一些。

最后,需要指出的是,尽管本节的讨论只局限于每层只抽两个单元的分层抽样,但经过适当的修正,平衡半样本方法也适用于未分层的抽样、每层只抽一个单

元的分层抽样以及每层抽取三个甚至多个单元的分层抽样。

12.2.4 数值例子

例 12.2 为估计某镇的人口出生率，将其三个街道作为三层进行分层抽样，并假定层权 $W_h = \frac{1}{3}$，$h = 1,2,3$，每层按放回的简单随机抽样抽取两个居委会调查上一年的人口数及新生婴儿数，结果见表 12.3（x_{hi} 表示人口数，y_{hi} 表示新生婴儿数，该数据连同例 12.3 中的数据均取自上海市 1990 年人口变动抽样调查的数据）。试给出该镇人口出生率的估计并估计其方差。

表 12.3 某镇人口数及新生婴儿数抽样结果

层	居委会 1		居委会 2	
	x_{h1}	y_{h1}	x_{h2}	y_{h2}
1	520	1	515	3
2	501	6	488	4
3	579	6	469	3

解：显然，要估计的是 $R = Y/X$，其中 X，Y 分别表示该镇的人口数和新生婴儿数。R 的估计为：

$$\hat{R} = \frac{\sum_{h=1}^{3} W_h \bar{y}_h}{\sum_{h=1}^{3} W_h \bar{x}_h} = \frac{\sum_{h=1}^{3} (y_{h1} + y_{h2})}{\sum_{h=1}^{3} (x_{h1} + x_{h2})} = \frac{23}{3072} \approx 7.49\%$$

$\hat{R}$ 是一个非线性估计，下面给出它的方差估计。注意到层数 $L = 3$，故取 $k = 4 > L$。为了获得 $k = 4$ 个平衡的半样本，我们使用表 12.1。由该表知，第一个半样本应由各层中的第一个单元构成；第二个半样本应由第一、三层中的第二个单元及第二层中的第一个单元组成；对第三个半样本，应在第一、二层中取第二个单元，而在第三层中取第一个单元；对第四个半样本，则应在第一层中取第一个单元，第二、三层中取第二个单元。对于第 α 个半样本，估计公式为：

$$\hat{R}_\alpha = \frac{\sum_{h=1}^{L} W_h (\delta_{h1\alpha} y_{h1} + \delta_{h2\alpha} y_{h2})}{\sum_{h=1}^{L} W_h (\delta_{h1\alpha} x_{h1} + \delta_{h2\alpha} x_{h2})} = \frac{\sum_{h=1}^{L} (\delta_{h1\alpha} y_{h1} + \delta_{h2\alpha} y_{h2})}{\sum_{h=1}^{L} (\delta_{h1\alpha} x_{h1} + \delta_{h2\alpha} x_{h2})}$$

这样，

$$\hat{R}_1=\frac{y_{11}+y_{21}+y_{31}}{x_{11}+x_{21}+x_{31}}=\frac{1+6+6}{520+501+579}=\frac{13}{1600}$$

$$\hat{R}_2=\frac{y_{12}+y_{21}+y_{32}}{x_{12}+x_{21}+x_{32}}=\frac{3+6+3}{515+501+469}=\frac{12}{1485}$$

$$\hat{R}_3=\frac{y_{12}+y_{22}+y_{31}}{x_{12}+x_{22}+x_{31}}=\frac{3+4+6}{515+488+579}=\frac{13}{1582}$$

$$\hat{R}_4=\frac{y_{11}+y_{22}+y_{32}}{x_{11}+x_{22}+x_{32}}=\frac{1+4+3}{520+488+469}=\frac{8}{1477}$$

故有

$$v(\hat{R})=\frac{1}{4}\sum_{\alpha=1}^{4}(\hat{R}_\alpha-\hat{R})^2$$

$$=\frac{1}{4}(4.07+3.52+5.33+42.87)\times 10^{-7}=1.395\times 10^{-6}$$

又

$$\hat{R}_1^c=\frac{y_{12}+y_{22}+y_{32}}{x_{12}+x_{22}+x_{32}}=\frac{3+4+3}{515+488+469}=\frac{10}{1472}$$

$$\hat{R}_2^c=\frac{y_{11}+y_{22}+y_{31}}{x_{11}+x_{22}+x_{31}}=\frac{1+4+6}{520+488+579}=\frac{11}{1587}$$

$$\hat{R}_3^c=\frac{y_{11}+y_{21}+y_{32}}{x_{11}+x_{21}+x_{32}}=\frac{1+6+3}{520+501+469}=\frac{10}{1490}$$

$$\hat{R}_4^c=\frac{y_{12}+y_{21}+y_{31}}{x_{12}+x_{21}+x_{31}}=\frac{3+6+6}{515+501+579}=\frac{15}{1595}$$

因而

$$v^c(\hat{R})=\frac{1}{4}\sum_{\alpha=1}^{4}(\hat{R}_\alpha^c-\hat{R})^2$$

$$=\frac{1}{4}(4.8+3.08+6.01+36.76)\times 10^{-7}=1.266\times 10^{-6}$$

$$\bar{v}(\hat{R})=\frac{1}{2}[v(\hat{R})+v^c(\hat{R})]$$

$$=\frac{1}{2}(1.395\times 10^{-6}+1.266\times 10^{-6})=1.331\times 10^{-6}$$

$$v^*(\hat{R})=\frac{1}{4\times 4}\sum_{\alpha=1}^{4}(\hat{R}_\alpha-\hat{R}_\alpha^c)^2$$

$$=\frac{1}{16}(1.772+1.321+2.268+15.904)\times 10^{-6}=1.329\times 10^{-6}$$

12.3 刀切法

在上两节中,我们给出了方差估计的随机组方法和平衡半样本方法。这两种方法都是通过利用子样本而获得方差估计量的。本节我们介绍另一种使用广泛的方差估计方法——刀切法(Jackknife method)。这种方法的基本思想在5.5节中已介绍过,当时是用于降低比估计偏倚的阶。将它应用于方差估计,其思想与随机组方法和平衡半样本方法相类似,也是通过利用子样本而获得方差估计量,只不过是子样本利用的方式不同而已。与刀切法方差估计密切相关的是自助法方差估计,本节也将提及。

12.3.1 刀切法简介

考虑参数 θ 的估计问题。假设 $y_1,\cdots,y_n$ 是独立同分布的样本,估计量为 $\hat{\theta}=\hat{\theta}(y_1,\cdots,y_n)$,它是基于全样本 $y_1,\cdots,y_n$ 构造的一个估计量。现在把全样本分成 k 组,每组的大小为 m,且假定 $n=mk$。以 $\hat{\theta}_{(\alpha)}$ 表示舍弃第 α 组子样本后用与 $\hat{\theta}$ 相同的方式构造的 θ 的估计量。定义所谓"虚拟值"(pseudovalue)如下:

$$\hat{\theta}_\alpha=k\hat{\theta}-(k-1)\hat{\theta}_{(\alpha)} \tag{12.38}$$

与5.5节相类似,如果 $\hat{\theta}$ 的数学期望具有形式

$$E(\hat{\theta})=\theta+\frac{b_1}{n}+\frac{b_2}{n^2}+\cdots$$

其中 $b_1,b_2,\cdots$ 可依赖于 θ,但与 n 无关,则这样定义的虚拟值可消除 $\frac{1}{n}$ 阶的项,从而降低偏倚的阶。

θ 的刀切法估计定义为所有的 $\hat{\theta}_\alpha$ 的平均值:

$$\hat{\hat{\theta}}=\frac{1}{k}\sum_{\alpha=1}^{k}\hat{\theta}_\alpha \tag{12.39}$$

而 $\hat{\hat{\theta}}$ 的刀切法方差估计则为:

$$v_1(\hat{\hat{\theta}})=\frac{1}{k(k-1)}\sum_{\alpha=1}^{k}(\hat{\theta}_\alpha-\hat{\hat{\theta}})^2 \tag{12.40}$$

同样,$v_1(\hat{\theta})\triangleq v_1(\hat{\hat{\theta}})$ 也可作为 $\hat{\theta}$ 的方差之估计。

另外,我们也可使用估计量

$$v_2(\hat{\theta})=\frac{1}{k(k-1)}\sum_{\alpha=1}^{k}(\hat{\theta}_\alpha-\hat{\theta})^2 \tag{12.41}$$

作为 $V(\hat{\theta})$ 的估计。自然,相对于 $v_1(\hat{\theta})$ 而言,$v_2(\hat{\theta})$ 是一个保守的估计。

12.3.2 有限总体的刀切法估计

本小节我们将刀切法应用于有限总体的抽样估计。一般而言，估计的具体步骤为：先按12.1节的原则将原始样本划分为随机组，然后再将上一小节介绍的刀切法估计公式应用于这些随机组。

1. 放回的 PPS 抽样情形

假设按放回的 PPS 抽样方式抽取一个样本量为 n 的样本，第 j 个单元每次入样的概率为 Z_j，则总体总量 Y 的估计为：

$$\hat{Y}=\frac{1}{n}\sum_{i=1}^{n}\frac{y_i}{z_i}$$

现取 $\hat{\theta}=\hat{Y}$，并将原始样本分成 k 个大小为 m 的随机组，$n=mk$，则第 α 个虚拟值为：

$$\hat{\theta}_\alpha=k\hat{\theta}-(k-1)\hat{\theta}_{(\alpha)} \tag{12.42}$$

其中 $\hat{\theta}_{(\alpha)}=\dfrac{1}{m(k-1)}\displaystyle\sum_{i=1}^{m(k-1)}\frac{y_i}{z_i}\triangleq\hat{Y}_{(\alpha)}$ 是舍弃第 α 组观测值后的估计量。于是 Y 的刀切法估计为：

$$\hat{\bar{\theta}}=\frac{1}{k}\sum_{\alpha=1}^{k}\hat{\theta}_\alpha=k\hat{Y}-\frac{k-1}{k}\sum_{\alpha=1}^{k}\hat{Y}_{(\alpha)} \tag{12.43}$$

而 $\hat{\bar{\theta}}$ 的方差 $V(\hat{\bar{\theta}})$ 的刀切法估计则为：

$$v_1(\hat{\bar{\theta}})=\frac{1}{k(k-1)}\sum_{\alpha=1}^{k}(\hat{\theta}_\alpha-\hat{\bar{\theta}})^2 \tag{12.44}$$

不难验证，$\hat{\bar{\theta}}$ 正好是通常的估计量 $\hat{Y}$，也即是基于全样本的估计量 $\hat{\theta}$（这不是偶然的，事实上，如果在12.3.1中 $\hat{\theta}$ 取作线性估计，则刀切法估计必是它本身），并且 $v_1(\hat{\bar{\theta}})$ 是 $V(\hat{\bar{\theta}})=V(\hat{Y})$ 的无偏估计。

容易看出，$v_1(\hat{\bar{\theta}})$ 一般并不等同于通常的方差估计量。但当 $k=n$，$m=1$（即每次舍弃一个单元，这是一种常见情况）时，有

$$v_1(\hat{\bar{\theta}})=\frac{1}{n(n-1)}\sum_{\alpha=1}^{n}\left(\frac{y_\alpha}{z_\alpha}-\hat{Y}\right)^2$$

这与通常的方差估计量一致。

2. 不放回的简单随机抽样情形

假设一个样本量为 n 的不放回的简单随机样本被抽取，将该样本分成大小为 m 的 k 个随机组，$n=mk$。由于抽样是不放回的，随机组之间就不独立。取 $\hat{\theta}=\bar{y}$，由于其为线性形式，故总体均值 $\bar{Y}$ 的刀切法估计量即为其本身：

$$\hat{\bar{\theta}} = \frac{1}{k}\sum_{\alpha=1}^{k}\hat{\theta}_{\alpha} = \bar{y} \tag{12.45}$$

其中第 α 个虚拟值 $\hat{\theta}_{\alpha}$ 定义为：

$$\hat{\theta}_{\alpha} = k\hat{\theta} - (k-1)\hat{\theta}_{(\alpha)} = k\bar{y} - (k-1)\bar{y}_{(\alpha)} \tag{12.46}$$

而 $\bar{y}_{(\alpha)} = \frac{1}{m(k-1)}\sum_{i=1}^{m(k-1)} y_i$ 表示舍弃第 α 组观测值后的样本均值。

$\hat{\bar{\theta}}$ 的刀切法方差估计为：

$$v_1(\hat{\bar{\theta}}) = \frac{1}{k(k-1)}\sum_{\alpha=1}^{k}(\hat{\theta}_{\alpha} - \hat{\bar{\theta}})^2 = \frac{k-1}{k}\sum_{\alpha=1}^{k}(\bar{y}_{(\alpha)} - \bar{y})^2 \tag{12.47}$$

作为上一段结果的直接推论，$v_1(\hat{\bar{\theta}})$ 对于放回的简单随机抽样情形是 $V(\hat{\bar{\theta}})$ 的无偏估计。但在现在的不放回简单随机抽样情况下，$v_1(\hat{\bar{\theta}})$ 不再是 $V(\hat{\bar{\theta}})$ 的无偏估计。事实上，可以证明：

$$E[v_1(\hat{\bar{\theta}})] = \frac{S^2}{n} \tag{12.48}$$

其中 S^2 是总体方差。因此 $v_1(\hat{\bar{\theta}})$ 的偏倚为

$$E[v_1(\hat{\bar{\theta}})] - V(\hat{\bar{\theta}}) = \frac{fS^2}{n} \tag{12.49}$$

若抽样比 f 很小可忽略，则 $v_1(\hat{\bar{\theta}})$ 是近似无偏的；如果抽样比 f 不能忽略，则一个自然的修正是采用估计量 $(1-f)v_1(\hat{\bar{\theta}})$ 作为方差 $V(\hat{\bar{\theta}})$ 的估计。此时就得到一个无偏的方差估计量。由于实际抽样是不放回的，故对放回抽样时的方差估计量作有限总体修正（即乘上 $1-f$），这种手法我们在 10.5 节中曾用过。

另一个修正的办法是将虚拟值定义为：

$$\hat{\theta}_{\alpha}^{*} = k\hat{\theta} - (k-1)\hat{\theta}_{(\alpha)}^{*} \tag{12.50}$$

其中 $\hat{\theta}_{(\alpha)}^{*} = \bar{y} + (1-f)^{1/2}(\bar{y}_{(\alpha)} - \bar{y})$ 。此时 $\bar{Y}$ 的刀切法估计为：

$$\hat{\bar{\theta}}^{*} = \frac{1}{k}\sum_{\alpha=1}^{k}\hat{\theta}_{\alpha}^{*} \tag{12.51}$$

而 $V(\hat{\bar{\theta}}^{*})$ 的刀切法估计则为：

$$v_1(\hat{\bar{\theta}}^{*}) = \frac{1}{k(k-1)}\sum_{\alpha=1}^{k}(\hat{\theta}_{\alpha}^{*} - \hat{\bar{\theta}}^{*})^2 \tag{12.52}$$

对于修正的刀切法估计，有

$$\hat{\bar{\theta}}^{*} = \bar{y} \tag{12.53}$$

$$E[v_1(\hat{\bar{\theta}}^{*})] = V(\bar{y}) = \frac{1-f}{n}S^2 \tag{12.54}$$

特别，当 $k=n$ ，$m=1$ 时，$v_1(\hat{\bar{\theta}}^*)=v(\bar{y})$ 。

3.用于比估计

前面我们对几种基本的抽样方法将刀切法应用于线性估计，尽管有理论价值，但其实际意义有限，因为与通常的结果相比，刀切法估计量在计算与精度上并不占优。其实，刀切法的用途主要在于对复杂样本或非线性估计作方差估计。这里给出它在比值估计中的应用，我们不限定具体采用什么抽样方式。

假定要估计比值 $R=Y/X$ ，其中 Y 与 X 是总体总量。通常的估计量是 $\hat{R}=\hat{Y}/\hat{X}$ ，其中 $\hat{Y}$ ，$\hat{X}$ 是基于特定抽样方案的总体总量的估计。将样本分成大小为 m 的 k 个随机组，$n=mk$。 则虚拟值定义为：

$$\hat{R}_\alpha=k\hat{R}-(k-1)\hat{R}_{(\alpha)} \tag{12.55}$$

其中 $\hat{R}_{(\alpha)}=\hat{Y}_{(\alpha)}/\hat{X}_{(\alpha)}$ ，而 $\hat{Y}_{(\alpha)}$ ，$\hat{X}_{(\alpha)}$ 分别是舍弃第 α 个随机组后 Y 与 X 的估计。由此得出 R 的刀切法估计为：

$$\hat{\bar{R}}=\frac{1}{k}\sum_{\alpha=1}^{k}\hat{R}_\alpha \tag{12.56}$$

而 $\hat{R}$ 或 $\hat{\bar{R}}$ 的刀切法方差估计为：

$$v_1=\frac{1}{k(k-1)}\sum_{\alpha=1}^{k}(\hat{R}_\alpha-\hat{\bar{R}})^2 \tag{12.57}$$

$$v_2=\frac{1}{k(k-1)}\sum_{\alpha=1}^{k}(\hat{R}_\alpha-\hat{R})^2 \tag{12.58}$$

12.3.3 自助法方差估计

上一小节介绍的刀切法中舍弃一个随机组后作估计相当于从原样本中不放回地抽取 $r(=n-m)$ 个单元作估计，这实质上是一种将原始样本作为“总体”的不放回的再抽样方式。如果将这种不放回的再抽样方式改为放回抽样，则同样可以构造总体目标量估计的方差估计量，这种方法称为自助法(Bootstrap method)。方差估计量的具体构造办法如下：

假设基于全样本 $y_1,\cdots,y_n$ 的估计量为 $\hat{\theta}_n=\hat{\theta}_n(y_1,\cdots,y_n)$ ，且按放回抽样方式从原样本中抽取的 r 个单元为 $y_1^*,\cdots,y_r^*$ 。基于该样本构造与 $\hat{\theta}_n$ 形式相同的估计量：

$$\hat{\theta}_r^*=\hat{\theta}_r(y_1^*,\cdots,y_r^*) \tag{12.59}$$

重复上述过程 B 次，相应地可得到 $\hat{\theta}_{r1}^*,\hat{\theta}_{r2}^*,\cdots,\hat{\theta}_{rB}^*$ 。于是

$$v_B(\hat{\theta}_r)=\frac{1}{B-1}\sum_{i=1}^{B}(\hat{\theta}_{ri}^*-\hat{\theta}_n)^2 \tag{12.60}$$

可作为 $V(\hat{\theta}_r)$ 的估计。

如果取 $r=n$，则得到 $V(\hat{\theta}_n)$ 的如下的估计量

$$v_B(\hat{\theta}_n)=\frac{1}{B-1}\sum_{i=1}^{B}(\hat{\theta}_{ni}^{*}-\hat{\theta}_n)^2 \tag{12.61}$$

这就是 $\hat{\theta}_n$ 的自助法方差估计量。

12.3.4　数值例子

例 12.3　假设某镇有 10 个街道，每个街道有 15 个居委会。为了调查该镇的人口出生率，采用二阶简单随机抽样法抽取 4 个街道，并在每个街道中抽取 6 个居委会。对每个被抽中的居委会调查其上一年的人口数及新生婴儿数，结果见表 12.4（x 表示人口数，y 表示新生婴儿数）。试估计该镇的人口出生率并给出方差估计。

12.4　某镇人口数及新生婴儿数抽样结果

街道＼居委会	1		2		3		4		5		6	
	x	y	x	y	x	y	x	y	x	y	x	y
1	520	1	485	2	496	10	515	3	518	9	492	7
2	405	5	501	6	517	3	520	5	482	2	488	4
3	504	4	532	7	579	6	462	7	469	3	519	4
4	529	5	530	2	425	1	523	10	567	7	527	3

解：与例 12.2 一样，要估计的是 $R=Y/X$，其中 X，Y 分别是该镇的人口数及新生婴儿数。由于每个初级单元的大小相等，且第二阶抽样的样本量也一样，故 R 的估计为：

$$\hat{R}=\frac{\sum_{i=1}^{4}\sum_{j=1}^{6}y_{ij}}{\sum_{i=1}^{4}\sum_{j=1}^{6}x_{ij}}=\frac{116}{12105}\approx 9.58‰$$

为了对 $\hat{R}$ 的方差进行估计，我们采用刀切法。先将样本随机地分成两组，结果是：第一组由第一、三个街道中的居委会组成，而第二组由第二、四个街道中的居委会组成。那么有

$$\hat{R}_{(1)}=\frac{\sum_{j=1}^{6}y_{2j}+\sum_{j=1}^{6}y_{4j}}{\sum_{j=1}^{6}x_{2j}+\sum_{j=1}^{6}x_{4j}}=\frac{53}{6014}$$

$$\hat{R}_{(2)}=\frac{\sum_{j=1}^{6}y_{1j}+\sum_{j=1}^{6}y_{3j}}{\sum_{j=1}^{6}x_{1j}+\sum_{j=1}^{6}x_{3j}}=\frac{63}{6091}$$

因此虚拟值为：

$$\hat{R}_1=2\hat{R}-\hat{R}_{(1)}=0.010352864$$

$$\hat{R}_2=2\hat{R}-\hat{R}_{(2)}=0.008822505$$

故 R 的刀切法估计为：

$$\hat{\hat{R}}=\frac{1}{2}(\hat{R}_1+\hat{R}_2)=0.009587684\approx 9.59‰$$

从而 $\hat{R}$ 的刀切法方差估计为：

$$v_1=\frac{1}{2(2-1)}\sum_{\alpha=1}^{2}(\hat{R}_\alpha-\hat{\hat{R}})^2$$

$$=\frac{1}{2}(5.85+5.85)\times 10^{-7}=5.85\times 10^{-7}$$

$$v_2=\frac{1}{2(2-1)}\sum_{\alpha=1}^{2}(\hat{R}_\alpha-\hat{R})^2$$

$$=\frac{1}{2}(5.92+5.78)\times 10^{-7}=5.85\times 10^{-7}$$

12.4 泰勒级数法

大家知道，在抽样调查中，不论采用简单的还是复杂的抽样方式，常常都需要使用非线性估计，如比估计、回归估计、事后分层估计等。对于这些非线性估计，其方差的精确表达式及简单无偏的方差估计量通常都难以得到。为了获得方差的近似表达式，一个常用的方法是将非线性估计“线性化”，在 5.2 节中求比估计的方差时用的其实就是这种方法。为了实施方差估计，我们也常采用这种手法，即利用泰勒展开的办法用线性估计去逼近非线性估计，由此给出非线性估计量方差的一个近似估计，这就是泰勒级数法(Taylor series method)。需要指出的是，由于对于复杂的抽样方案，线性估计的方差估计并不是显然的，因此一般而言泰勒级数法本身不能独自地用于方差估计的构造，它只是提供了非线性估计量的一种线性近似，具体地构造方差估计还需要结合前面几节中介绍的方法。但由于对于线性估计而言，随机组方法、平衡半样本方法以及刀切法等效果都不错，故泰勒级数法有时可能会比直接对非线性估计实施方差估计更有效。

考虑一个大小为 N 的总体，以 $\boldsymbol{Y}=(Y_1,\cdots,Y_p)'$ 表示总体目标量的一个 p 维向量，以 $\hat{\boldsymbol{Y}}=(\hat{Y}_1,\cdots,\hat{Y}_p)'$ 表示基于样本量为 n 的样本的相应估计量。在大多数应用中，$Y_j(j=1,\cdots,p)$ 表示 p 个不同调查指标的总体总量或总体均值。这时，$\hat{Y}_j$ 即为通常的标准无偏估计量。

假定要估计的总体目标量是 $\theta=g(\boldsymbol{Y})$，其中 $g(\cdot)$ 是一已知函数。它的一个自然的估计是 $\hat{\theta}=g(\hat{\boldsymbol{Y}})$。本节要解决的主要问题是：(1) 求出 $\hat{\theta}$ 的方差的(近似)表达式；(2) 构造 $\hat{\theta}$ 的方差的合适估计量。

如果函数 $g(\boldsymbol{y})$ 在包含 $\boldsymbol{Y}$ 和 $\hat{\boldsymbol{Y}}$ 的一个开球内具有连续的二阶偏导数，则将 $\hat{\theta}$ 在 $\boldsymbol{Y}$ 处泰勒展开得：

$$\hat{\theta}-\theta=\sum_{j=1}^{p}\frac{\partial g(\boldsymbol{Y})}{\partial y_j}(\hat{Y}_j-Y_j)+\frac{1}{2}\sum_{i=1}^{p}\sum_{j=1}^{p}\frac{\partial^2 g(\tilde{\boldsymbol{Y}})}{\partial y_i\partial y_j}(\hat{Y}_i-Y_i)(\hat{Y}_j-Y_j) \tag{12.62}$$

其中 $\tilde{\boldsymbol{Y}}$ 位于 $\hat{\boldsymbol{Y}}$ 与 $\boldsymbol{Y}$ 之间。

在有限总体中，一般认为上述公式中的余项相对于主项来说是可忽略的，于是近似地有

$$\hat{\theta}-\theta\approx\sum_{j=1}^{p}\frac{\partial g(\boldsymbol{Y})}{\partial y_j}(\hat{Y}_j-Y_j) \tag{12.63}$$

这个公式将关于非线性估计的问题转化成了关于线性估计的问题，因而大大降低了问题的复杂程度。由(12.63)式知，$\hat{\theta}$ 的均方误差为：

$$\begin{aligned}MSE(\hat{\theta})&=E(\hat{\theta}-\theta)^2\\&\approx E\left[\sum_{j=1}^{p}\frac{\partial g(\boldsymbol{Y})}{\partial y_j}(\hat{Y}_j-Y_j)\right]^2\\&=\sum_{i=1}^{p}\sum_{j=1}^{p}\frac{\partial g(\boldsymbol{Y})}{\partial y_i}\cdot\frac{\partial g(\boldsymbol{Y})}{\partial y_j}Cov(\hat{Y}_i,\hat{Y}_j)\\&\triangleq \boldsymbol{d}'\Sigma\boldsymbol{d}\end{aligned} \tag{12.64}$$

其中 $\Sigma=V(\hat{\boldsymbol{Y}})$ 是 $\hat{\boldsymbol{Y}}$ 的协方差矩阵，$\boldsymbol{d}$ 为 p 维向量，其第 j 个元素为 $d_j=\dfrac{\partial g(\boldsymbol{Y})}{\partial y_j}$。

至于上述均方误差的估计，只需将相应的样本估计代入即可。这样，$MSE(\hat{\theta})$ 的估计量为：

$$mse(\hat{\theta})=\hat{\boldsymbol{d}}'\hat{\Sigma}\hat{\boldsymbol{d}} \tag{12.65}$$

式中$\hat{\Sigma}$是Σ的估计，$\hat{\boldsymbol{d}}$ 的元素为 $\hat{d}_j = \dfrac{\partial g(\hat{\mathbf{Y}})}{\partial y_j}$ 。

对于一阶近似来说，方差 $V(\hat{\theta})$ 与偏倚 $B(\hat{\theta})$ 一般具有相同的阶，故 $[B(\hat{\theta})]^2$ 相对于 $V(\hat{\theta})$ 来说具有更高的阶因而可忽略，即有

$$MSE(\hat{\theta}) = V(\hat{\theta}) + [B(\hat{\theta})]^2 \approx V(\hat{\theta}) \tag{12.66}$$

这样，(12.65)式也可作为 $\hat{\theta}$ 的方差的估计。

下面我们用上述方法来求比估计的方差及其估计。

例 12.4 取 $p=2$，$\theta = \dfrac{Y_1}{Y_2} \triangleq g(Y_1, Y_2)$，采用的估计量为 $\hat{\theta} = \dfrac{\hat{Y}_1}{\hat{Y}_2} = g(\hat{Y}_1, \hat{Y}_2)$ 。

易见

$$\frac{\partial g(Y_1, Y_2)}{\partial y_1} = \frac{1}{Y_2}, \quad \frac{\partial g(Y_1, Y_2)}{\partial y_2} = -\frac{Y_1}{Y_2^2}$$

故由(12.64)和(12.66)两式知

$$\begin{aligned} V(\hat{\theta}) &\approx \sum_{i=1}^{2}\sum_{j=1}^{2} \frac{\partial g(\mathbf{Y})}{\partial y_i} \cdot \frac{\partial g(\mathbf{Y})}{\partial y_j} Cov(\hat{Y}_i, \hat{Y}_j) \\ &= \left[\frac{\partial g(\mathbf{Y})}{\partial y_1}\right]^2 V(\hat{Y}_1) + 2\frac{\partial g(\mathbf{Y})}{\partial y_1} \cdot \frac{\partial g(\mathbf{Y})}{\partial y_2} Cov(\hat{Y}_1, \hat{Y}_2) + \left[\frac{\partial g(\mathbf{Y})}{\partial y_2}\right]^2 V(\hat{Y}_2) \\ &= \left(\frac{Y_1}{Y_2}\right)^2 \left[\frac{V(\hat{Y}_1)}{Y_1^2} - \frac{2Cov(\hat{Y}_1, \hat{Y}_2)}{Y_1 Y_2} + \frac{V(\hat{Y}_2)}{Y_2^2}\right] \end{aligned} \tag{12.67}$$

而 $V(\hat{\theta})$ 的估计量则为：

$$v(\hat{\theta}) = \left(\frac{\hat{Y}_1}{\hat{Y}_2}\right)^2 \left[\frac{v(\hat{Y}_1)}{\hat{Y}_1^2} - \frac{2cov(\hat{Y}_1, \hat{Y}_2)}{\hat{Y}_1 \hat{Y}_2} + \frac{v(\hat{Y}_2)}{\hat{Y}_2^2}\right] \tag{12.68}$$

其中 $v(\hat{Y}_1)$，$v(\hat{Y}_2)$ 和 $cov(\hat{Y}_1, \hat{Y}_2)$ 分别是 $V(\hat{Y}_1)$，$V(\hat{Y}_2)$ 以及 $Cov(\hat{Y}_1, \hat{Y}_2)$ 的估计。

对于简单随机抽样情形，若 Y_1，Y_2 分别表示总体均值 $\bar{Y}$，$\bar{X}$，则 $\hat{Y}_1$，$\hat{Y}_2$ 分别是样本均值 $\bar{y}$ 和 $\bar{x}$，从而

$$\theta = \frac{\bar{Y}}{\bar{X}} = R, \quad \hat{\theta} = \frac{\bar{y}}{\bar{x}} = \hat{R}$$

$$V(\hat{Y}_1) = V(\bar{y}) = \frac{1-f}{n} S_y^2$$

$$V(\hat{Y}_2) = V(\bar{x}) = \frac{1-f}{n} S_x^2$$

$$Cov(\hat{Y}_1, \hat{Y}_2) = Cov(\bar{y}, \bar{x}) = \frac{1-f}{n} S_{yx}$$

于是由(12.67)式得出

$$V(\hat{\theta}) \approx \frac{1-f}{n}\left(\frac{\bar{Y}}{\bar{X}}\right)^2\left(\frac{S_y^2}{\bar{Y}^2}-\frac{2S_{yx}}{\bar{Y}\bar{X}}+\frac{S_x^2}{\bar{X}^2}\right)$$

$$=\frac{1-f}{n\bar{X}^2}(S_y^2+R^2S_x^2-2RS_{yx}) \qquad (12.69)$$

而对于 $\hat{\theta}=\hat{R}$ 方差的估计，因

$$v(\hat{Y}_1)=v(\bar{y})=\frac{1-f}{n}s_y^2$$

$$v(\hat{Y}_2)=v(\bar{x})=\frac{1-f}{n}s_x^2$$

$$cov(\hat{Y}_1,\hat{Y}_2)=cov(\bar{y},\bar{x})=\frac{1-f}{n}s_{yx}$$

故由(12.68)式得

$$v(\hat{\theta})=\frac{1-f}{n}\left(\frac{\bar{y}}{\bar{x}}\right)^2\left(\frac{s_y^2}{\bar{y}^2}-\frac{2s_{yx}}{\bar{y}\bar{x}}+\frac{s_x^2}{\bar{x}^2}\right)$$

$$=\frac{1-f}{n\bar{x}^2}(s_y^2+\hat{R}^2s_x^2-2\hat{R}s_{yx}) \qquad (12.70)$$

(12.69)式与(12.70)式分别与 5.2 节中的(5.13)式和(5.25)式一致。

例 12.5 欲估计函数 $\theta=e^{\bar{Y}}$［关于 θ 的估计问题有其实际意义，参见沃尔特(K. M. Wolter)的《方差估计引论》(主要参考书目[32])第六章］。一个自然的估计量是 $\hat{\theta}=e^{\hat{\bar{Y}}}$，其中 $\hat{\bar{Y}}$ 是总体均值 $\bar{Y}$ 的某个无偏估计。现求 $\hat{\theta}$ 的方差的(近似)表达式及其估计。

在公式(12.64)中，取 $p=1$，$Y_1=\bar{Y}$，$\hat{Y}_1=\hat{\bar{Y}}$，$g(Y_1)=e^{Y_1}=e^{\bar{Y}}$，则有 $\frac{\partial g(Y_1)}{\partial y_1}=e^{Y_1}=e^{\bar{Y}}$。故

$$V(\hat{\theta}) \approx \left[\frac{\partial g(Y_1)}{\partial y_1}\right]^2 V(\hat{Y}_1)=e^{2\bar{Y}}V(\hat{\bar{Y}})$$

而方差估计则为：

$$v(\hat{\theta})=\left[\frac{\partial g(\hat{Y}_1)}{\partial y_1}\right]^2 v(\hat{Y}_1)=e^{2\hat{\bar{Y}}}v(\hat{\bar{Y}})$$

其中 $v(\hat{\bar{Y}})$ 是 $V(\hat{\bar{Y}})$ 的估计。

最后，有一点需要提醒的是，公式(12.64)～(12.66)并不需要去记忆。其实，在实际使用泰勒级数法时，直接对非线性估计进行泰勒展开(至一阶)即可很容易

地得到所需的方差及其估计的近似计算公式。

12.5 各种方法的比较

本章介绍了对复杂样本进行方差估计的四种方法，即随机组方法、平衡半样本方法、刀切法以及泰勒级数法。这四种方法的适用范围都非常广泛。实际工作者关心的一个问题是，这些方法中哪一种更好？或者说，在具体的问题中，究竟应该选用哪一种？本节将部分地回答这个问题。

从精度上考虑，四种方法在大样本情况下效果差不多。对于中小样本，模拟结果显示，若以偏倚和均方误差作为标准，则泰勒级数法较好，在某些情况下可能是最好的；而随机组方差估计在许多应用中较之其他三种方法有更大的均方误差。但是通过模拟，随机组方法和刀切法特别是平衡半样本方法构造的置信区间的覆盖概率更接近原定置信水平。

从费用、时间上考虑，随机组方法和平衡半样本方法都是值得推荐的。这两种方法的计算都有现成的软件，数据处理费用相对较少。在大规模的调查中，刀切法比较费时费力。泰勒级数法本身不能单独使用，它必须与其他方法结合起来方能对方差进行估计，这样其费用主要依赖于与它配合使用的方差估计方法。例如，若用刀切法估计(12.64)式中的协方差矩阵Σ，那么泰勒级数法的花费可能相当大。

总之，方法的选择是一个较复杂的问题，需要综合考虑精度、费用及可操作性等各个方面的因素，在它们之间取得平衡。

*第十三章　抽样调查的推断框架及小域估计

13.1　有限总体推断的三种基本框架

抽样调查的基本推断目标是通过样本调查数据构造总体总量、总体均值、总体比值等总体参数的估计及相应的精度(抽样方差)估计,更为复杂的参数有子总体总量、子总体均值、分位数、回归系数等。

目前,关于抽样调查的统计推断,有三种基本框架:基于抽样设计的推断、基于模型的推断以及模型辅助推断。在前面各章中所用的方法基本上都是第一种即基于抽样设计的推断。近几十年来,统计学家在改进抽样技术的同时,越来越重视统计模型的作用,各种数理统计技术越来越广泛地被应用于抽样调查领域,使得后两种方法得到了长足发展。本节我们对这几种基本框架分别予以简单介绍。

13.1.1　基于抽样设计的推断

传统的抽样调查以抽样设计为基础进行样本的随机化抽选,并应用样本数据进行有关推断。基于抽样设计的推断(design-based inference,也称为随机化推断)认为总体中各单元的指标值是固定不变的,随机性仅在于样本的选取,对推断的评估建立在反复抽样的基础上。推断的合理性和总体结构无关,即使是在复杂情况下也是如此,至少对大样本调查是这样。尽管在调查的设计阶段也常常对总体进行一些合理的假设,但这只不过是用来帮助选择优良的抽样设计与估计量,并且这些假设通常都是非常宽松的,譬如说,假定抽样获得的估计量服从中心极限定理,即在大样本情形下,其分布是近似正态的。

奈曼在1934年奠定了样本随机化抽取框架的基础,后经詹森(A. Jensen)、科克伦(W. G. Cochran)、哈特利(H. O. Hartley)、汉森(M. H. Hansen)、赫维茨(W. N. Hurwitz)、马哈拉诺比斯(P. C. Mahalanobis)、苏卡特梅(B. V. Sukhatme)和高丹必(P. V. Godambe)等著名学者的发展,基于抽样设计的推断理论在20世纪50年代已相当完善。在基于抽样设计的推断框架下,所有性质包括抽样和推断都不依赖于总体模型,因而关于模型是稳健的。正因为如此,基于抽样设计的方法对抽样调查实践有着巨大的作用。回顾抽样调查的历史,绝大多数由政府及民间统计机构开展的抽样调查都是采用传统的基于抽样设计的调查方法。

抽样调查中通常考虑有限总体,即总体中包含有限个可以识别的个体,记为

$$U=\{U_1,\cdots,U_k,\cdots,U_N\}$$

其中 U_k 表示总体的第 k 个单元($1\leqslant k\leqslant N$), N 表示总体的大小。为简便计,将总体 U 简记为

$$U=\{1,\cdots,k,\cdots,N\}$$

即直接用 k 表示单元 U_k。 用 $\mathcal{Y}$ 表示研究变量,即调查指标,记单元 k 的指标值为 y_k。 注意这里没有用大写字母表示总体的值,因为在本节中,总体中的第 k 个单元与样本中的第 k 个单元是一致的。本节主要讨论总体总量

$$Y=\sum_{k\in U}y_k$$

的估计问题,对于总体均值或总体比例等参数的估计容易通过对总体总量的估计获得。

对给定的概率抽样,每个特定样本 S (它是 U 的一个子集)被抽中的概率在实施抽样前均已确定,即存在某个函数 $p(\cdot)$,使得样本 S 被抽中的概率为 $p(S)$,称这个函数为抽样设计。前面介绍的各种抽样方法都对应于一个特定的 $p(\cdot)$。 例如,对简单随机抽样, $p(S)=1\Big/\binom{N}{n}$。 下面进行一般性讨论。

在基于抽样设计的框架下,估计量的构造及其优劣的评价标准都是完全基于抽样设计的。例如,估计量 $\hat{Y}=\hat{Y}(S)$ (其中加 S 表示估计量是依赖于样本 S 的)的偏倚和均方误差分别定义为

$$B(\hat{Y})=E[\hat{Y}(S)]-Y=\sum_{S\in\Upsilon}\hat{Y}(S)p(S)-Y \tag{13.1}$$

$$MSE(\hat{Y})=E[\hat{Y}(S)-Y]^2=\sum_{S\in\Upsilon}[\hat{Y}(S)-Y]^2p(S) \tag{13.2}$$

其中 Υ 表示所有可能样本的集合。

基于样本 $y_k(k\in S)$,我们一般采用线性估计 $\hat{Y}(S)=\sum_{k\in S}w_ky_k+w_0$(其中 w_k,w_0 均为常数)作为总体总量 Y 的估计。这可以看成是对样本指标值 y_k 的一种加权。假定样本中没有重复单元,则为保证 $\hat{Y}(S)$ 的无偏性,必须(且只须)

$$w_k=1\Big/\sum_{S\ni k}p(S),\quad w_0=0 \tag{13.3}$$

其中 $\sum_{S\ni k}$ 表示对所有包含 k 的样本求和。事实上,由(13.1)式知, $\hat{Y}(S)$ 具有无偏性等价于 $\sum_{S\in\Upsilon}\hat{Y}(S)p(S)=Y$,即

$$\sum_{S\in\Upsilon}\Big(\sum_{k\in S}w_ky_k\Big)p(S)+w_0=\sum_{k\in U}y_k$$

对上式左边交换求和次序可得

$$\sum_{k\in U} w_k\Big[\sum_{S\ni k} p(S)\Big] y_k + w_0 = \sum_{k\in U} y_k$$

它成立当且仅当(13.3)式成立。

注意 $\sum_{S\ni k} p(S)$ 正是总体中的单元 k 被包含到样本中的概率，也就是我们在第六章中定义的入样概率 π_k，它也称为一阶包含概率。这就给出了入样概率 π_k 的一个显式表达：$\pi_k = \sum_{S\ni k} p(S)$。如对简单随机抽样，$p(S)=1\Big/\binom{N}{n}$，故 $\sum_{S\ni k} p(S) = \binom{N-1}{n-1}\Big/\binom{N}{n} = n/N$，与已知结果 $\pi_k = n/N$ 一致。这样，根据(13.3)式，$w_k = 1/\pi_k$，且 $w_0 = 0$。从而 $\hat{Y}(S) = \sum_{k\in S} y_k/\pi_k$。这恰是我们常用的霍维茨—汤普森估计量：

$$\hat{Y}_{HT} = \sum_{k\in S}\frac{y_k}{\pi_k} \triangleq \sum_{k\in S}\breve{y}_k \tag{13.4}$$

其中 $\breve{y}_k = y_k/\pi_k$。因此，基于抽样设计 $p(\cdot)$，可以自然地得到霍维茨—汤普森估计量。

同样，$\sum_{S\ni k\neq l} p(S)$ 表示总体中两个单元 $k,l(k\neq l)$ 同时被包含到样本中的概率，即第六章中定义的二阶包含概率 π_{kl}。由此，可以证明 $\hat{Y}_{HT}$ 的方差为：

$$V(\hat{Y}_{HT}) = \sum_{k,l\in U}(\pi_{kl} - \pi_k\pi_l)\frac{y_k}{\pi_k}\frac{y_l}{\pi_l} \triangleq \sum_{k,l\in U}\Delta_{kl}\breve{y}_k\breve{y}_l \tag{13.5}$$

其中 $\Delta_{kl} = \pi_{kl} - \pi_k\pi_l$。这是因为，由(13.1)式我们有

$$\begin{aligned}
V(\hat{Y}_{HT}) &= E(\hat{Y}_{HT}^2) - Y^2 = \sum_{S\in\Upsilon}\hat{Y}_{HT}^2(S)p(S) - Y^2 \\
&= \sum_{S\in\Upsilon}\Big(\sum_{k\in S}\breve{y}_k\Big)^2 p(S) - Y^2 \\
&= \sum_{S\in\Upsilon}\Big(\sum_{k\in S}\breve{y}_k^2 + \sum_{k\neq l\in S}\breve{y}_k\breve{y}_l\Big)p(S) - Y^2 \\
&= \sum_{k\in U}\sum_{S\ni k}\breve{y}_k^2 p(S) + \sum_{k\neq l\in U}\ \sum_{S\ni k\neq l}\breve{y}_k\breve{y}_l p(S) - Y^2 \\
&= \sum_{k\in U}\pi_k\breve{y}_k^2 + \sum_{k\neq l\in U}\pi_{kl}\breve{y}_k\breve{y}_l - \sum_{k,l\in U} y_k y_l \\
&= \sum_{k,l\in U}\pi_{kl}\breve{y}_k\breve{y}_l - \sum_{k,l\in U}\pi_k\pi_l\breve{y}_k\breve{y}_l \\
&= \sum_{k,l\in U}\Delta_{kl}\breve{y}_k\breve{y}_l
\end{aligned}$$

同理可证，如果所有的二阶包含概率都大于 0，即 $\pi_{kl} > 0, k\neq l\in U$，则

$$v(\hat{Y}_{HT})=\sum_{k,l\in S}\breve{\Delta}_{kl}\breve{y}_k\breve{y}_l \tag{13.6}$$

是 $V(\hat{Y}_{HT})$ 的无偏估计，其中 $\breve{\Delta}_{kl}=\Delta_{kl}/\pi_{kl}$。

(13.5)式和(13.6)式与第六章中的公式是一致的。结合(13.4)～(13.6)三式可以发现，前面介绍的传统的一般估计方法可以统一在基于抽样设计 $p(\cdot)$ 推断的框架下。

对于放回抽样，总体总量 Y 一般采用下面的汉森－赫维茨估计量：

$$\hat{Y}_{HH}=\frac{1}{n}\sum_{k\in S}\frac{y_k}{z_k}$$

其中 n 是样本量，z_k 是第 k 个单元在每次抽样中被抽到的概率，$k=1,\cdots,N$。其方差和方差估计分别由(6.5)式和(6.6)式给出，均依赖于 z_k。显然，z_k 与入样概率 π_k 有如下关系：

$$\pi_k=1-(1-z_k)^n$$

因此 z_k 也是完全由抽样设计 $p(\cdot)$ 决定的。

在实际的抽样调查中，抽样设计一般不是唯一确定的，也就是说根据不同的背景考虑，常常会有不同的抽样设计方案，如何选择一个好的抽样设计？注意，一个抽样设计 p^* 总是伴随着一个相应的估计量 $\hat{Y}^*$，称 $(p^*,\hat{Y}^*)$ 为一个抽样策略(sampling strategy)。不同抽样策略的比较一般采用如下标准：

$$MSE(p^*,\hat{Y}^*)=E_{p^*}[\hat{Y}^*(S)-Y]^2\triangleq\sum_{S\in\Upsilon}[\hat{Y}^*(S)-Y]^2p^*(S) \tag{13.7}$$

这也是一个基于抽样设计的准则。

13.1.2 基于模型的推断

基于模型的推断(model-based inference，也称为模型化推断)方法认为：有限总体的研究指标值 $(y_1,\cdots,y_N)$ 是某个随机模型(即超总体)的一个具体实现，推断目标是有限总体参数，但把推断建立在模型的基础上。有了超总体模型，对有限总体目标量的估计问题本质上就变成对未抽中单元指标值的预测问题，这样传统的统计学模型和方法自然地被用于有限总体的推断问题中。因此可以说超总体模型建立了抽样理论与统计学其他分支联系的桥梁。布鲁尔(K. W. R. Brewer)首先提出了依赖于模型的推断方法，而罗亚尔(R. M. Royall)于1970年发表的文献是基于模型的推断理论初步形成体系的标志。下面以一个简单的模型来说明这种方法，对于更复杂的模型，思想是类似的。

考虑超总体回归模型

$$y_k=\beta x_k+\varepsilon_k,\quad k\in U \tag{13.8}$$

其中 x_k 是固定的辅助变量，随机误差 ε_k 相互独立，且

$$\mathcal{E}(\varepsilon_k)=0,\quad \mathcal{V}(\varepsilon_k)=v(x_k)\sigma^2,\quad k\in U$$

而 $v(x_k)$ 是 x_k 的一个已知函数，σ^2 为未知参数，$\mathcal{E}$ 表示关于模型求期望，$\mathcal{V}$ 表示关于模型求方差。

注意到有限总体总量 Y 可以分解成：

$$Y=\sum_{k\in S}y_k+\sum_{k\in U\backslash S}y_k \tag{13.9}$$

其中 $U\backslash S$ 表示未抽中的单元集合，而在样本 S 被抽取后，$y_k(k\in S)$ 的值能被获得，因此为了估计总量 Y，我们只需估计 $\sum_{k\in U\backslash S}y_k$。在上述模型下，这可以通过先利用样本估计出回归系数 β，然后通过模型预测 $y_k(k\in U\backslash S)$ 的值达到。据此，可以获得有限总体总量 Y 的以下估计：

$$\hat{Y}_m=\sum_{k\in S}y_k+\hat{\beta}\sum_{k\in U\backslash S}x_k \tag{13.10}$$

其中

$$\hat{\beta}=\frac{\sum_{k\in S}y_kx_k/v(x_k)}{\sum_{k\in S}x_k^2/v(x_k)} \tag{13.11}$$

是回归系数 β 的广义最小二乘估计。特别地，当取 $v(x_k)=x_k$ 时，$\hat{Y}_m$ 变成比估计 $(\bar{y}/\bar{x})X$。可以看出，这种估计的构造是完全依赖于模型的，没有涉及到抽样设计，即并不考虑样本 S 关于抽样设计的随机性。

容易证明，估计量 $\hat{Y}_m$ 是关于模型无偏的，即 $\mathcal{E}(\hat{Y}_m)=\mathcal{E}(Y)$（参见 2.1.5）。事实上，因 $\mathcal{E}(\hat{\beta})=\beta$，故

$$\mathcal{E}(\hat{Y}_m)=\sum_{k\in S}\beta x_k+\beta\sum_{k\in U\backslash S}x_k=\beta\sum_{k\in U}x_k=\mathcal{E}(Y)$$

在基于模型的推断框架下，一般采用模型均方误差 $\mathcal{E}(\hat{Y}_m-Y)^2$ 作为评价估计量优劣的标准，有时也会使用模型－设计均方误差 $\mathcal{E}E(\hat{Y}_m-Y)^2$（此处 E 表示关于抽样设计求期望）作为准则。前者是完全基于模型的，后者则结合了抽样设计的考虑。在这两种准则下（对后者，假定样本 S 是否被抽中与感兴趣的指标 $\mathcal{Y}$ 无关，这个条件在实际中一般都是成立的），估计量 $\hat{Y}_m$ 都是模型无偏的线性估计类中的最优估计。下面给出证明。

考虑线性估计类

$$\mathcal{L}\triangleq\left\{\hat{Y}=\sum_{k\in S}w_{kS}y_k+w_{0S}:\quad w_{kS},w_{0S}\text{ 为常数}\right\} \tag{13.12}$$

注意 $\mathcal{L}$ 中的系数 w_{kS} 及常数项 w_{0S} 可以依赖于样本 S。易见 $\mathcal{L}$ 中的估计量 $\hat{Y}$ 是模型无偏的充要条件是

$$\sum_{k\in S} w_{kS}x_k = X,\ \ w_{0S}=0 \tag{13.13}$$

这是因为由模型(13.8)，$\mathcal{E}(\hat{Y})=\mathcal{E}(Y)$ 等价于 $\left(\sum_{k\in S}w_{kS}x_k\right)\beta+w_{0S}=\left(\sum_{k\in U}x_k\right)\beta$，而该式成立当且仅当(13.13)式成立。对于模型无偏的估计量 $\hat{Y}$，其模型均方误差为

$$\begin{aligned}
\mathcal{E}(\hat{Y}-Y)^2 &= \mathcal{E}\left(\sum_{k\in S}w_{kS}y_k-\sum_{k\in U}y_k\right)^2 \\
&= \mathcal{E}\left(\sum_{k\in S}w_{kS}\varepsilon_k-\sum_{k\in U}\varepsilon_k\right)^2 \\
&= \sum_{k\in S}(w_{kS}-1)^2\mathcal{V}(\varepsilon_k)+\sum_{k\in U\setminus S}\mathcal{V}(\varepsilon_k) \\
&= \sum_{k\in S}(w_{kS}-1)^2 v(x_k)\sigma^2+\sum_{k\in U\setminus S}v(x_k)\sigma^2
\end{aligned} \tag{13.14}$$

在约束条件(13.13)下极小化上式可得

$$w_{kS}=1+\frac{x_k}{v(x_k)}\cdot\frac{\sum_{k\in U\setminus S}x_k}{\sum_{k\in S}x_k^2/v(x_k)} \tag{13.15}$$

对应的估计量正是(13.10)式中的 $\hat{Y}_m$。因此，在模型均方误差准则下，$\hat{Y}_m$ 是模型无偏的线性估计类中的最优估计。若采用模型－设计均方误差作为标准，则因在假定条件“样本 S 是否被抽中与感兴趣的指标 $\mathcal{Y}$ 无关”下，基于模型的期望和基于设计的期望可以交换次序，所以此时 $\hat{Y}_m$ 在模型无偏的线性估计类中也是最优的。

对于基于模型的推断，当模型假设和实际情况相符时，它比基于设计的推断更有吸引力，因为它利用了模型信息，而基于设计的推断虽有关于模型是稳健的优势，但具体到一次调查只能利用样本信息。另一方面，当模型假设与实际情况不相符时，基于模型的推断就不甚理想。

13.1.3 模型辅助推断

基于设计的推断和基于模型的推断各有优缺点，一个纯粹基于抽样设计构造估计量，一个纯粹基于超总体模型构造估计量，二者的理想融合自然是科学地建立模型，综合利用抽样设计和模型信息进行统计推断。模型辅助推断(model-assisted inference)正是这样一种推断形式，它借助模型构造有限总体目标量的估计(也可以包括抽样的设计)，但估计量的基本性质如无偏性、方差公式及方差估计的讨论都是基于抽样设计的。由于一般要求所构造的估计量具有设计意义下的优良性质如(近似)无偏性、相合性等，因此这种推断框架对模型的依赖和正确性要求常常较弱。典型的例子是第五章中对比估计和回归估计的讨论，它隐含地利用了线性回归模型构造估计量，但我们只关心估计量在抽样设计意义下的性质。注意

尽管模型辅助推断也会假设超总体模型，但模型只是被用来协助产生估计量，之后的讨论并不依赖于模型，因此本质上模型辅助推断是基于抽样设计推断的一种形式。仍以上节中的模型(13.8)为例。

由于有限总体的指标值 $(y_1,\cdots,y_N)$ 被看成是随机模型(13.8)的一个实现，假定这些值都已知，则回归系数的“估计”为：

$$B_0=\frac{\sum_{k\in U} y_k x_k / v(x_k)}{\sum_{k\in U} x_k^2 / v(x_k)} \tag{13.16}$$

相应的预测值及其残差分别为 $\hat{y}_k=B_0 x_k$ 和 $\hat{\varepsilon}_k=y_k-\hat{y}_k$。因此有限总体总量 Y 可表示为 $\sum_{k\in U}\hat{y}_k+\sum_{k\in U}\hat{\varepsilon}_k=B_0\sum_{k\in U}x_k+\sum_{k\in U}\hat{\varepsilon}_k$。注意对所有的 $k\in U$, x_k 都是已知的，但只有对 $k\in S$, y_k 才是已知的，因此总量 Y 的基于样本 S 的估计为

$$\hat{Y}_{GR}=\hat{B}_0\sum_{k\in U}x_k+\sum_{k\in S}\frac{\hat{\varepsilon}_{k\mid B_0=\hat{B}_0}}{\pi_k}=\sum_{k\in S}\frac{y_k}{\pi_k}+\hat{B}_0\left(\sum_{k\in U}x_k-\sum_{k\in S}\frac{x_k}{\pi_k}\right) \tag{13.17}$$

其中

$$\hat{B}_0=\frac{\sum_{k\in S} y_k x_k / v(x_k)\pi_k}{\sum_{k\in S} x_k^2 / v(x_k)\pi_k} \tag{13.18}$$

这即是通常的广义回归估计。得到这个估计后，进一步的讨论将不再依赖于模型(13.8)。例如，萨伦达尔(C.-E. Särndal,)等《模型辅助的抽样调查》(主要参考书目[28])给出了 $\hat{Y}_{GR}$ 基于抽样设计的理论方差，并指出当 $y_k=x_k$ (对一切 $k\in U$) 时，$\hat{Y}_{GR}=Y$。

可以看出，模型辅助推断方法构造估计量的一般过程是：首先利用整个有限总体估计模型参数(如上面回归系数的“估计” B_0)，由此很易获得感兴趣的有限总体目标量的“估计”，之后再结合抽样设计估计出基于总体的“估计量”即可(如上面用 $\hat{B}_0$ 估计 B_0)。当然，对于简单随机抽样，直接用样本估计模型参数就可以了(例如第五章中对比估计和回归估计的构造，当时隐含了关于线性回归模型的假定，分别针对过原点的情形和一般情形)，因为简单随机样本可直接看成是随机模型的一个实现。这里模型起到了一个过渡的作用，即模型的作用在于将感兴趣的有限总体目标量的估计问题转化为模型参数的估计问题，而模型的结构也协助产生了对其参数的估计形式(基于整个有限总体)。

比较基于模型辅助的估计量 $\hat{Y}_{GR}$ 和基于模型的估计量 $\hat{Y}_m$ (见(13.10)式)可知，前者既利用了模型信息，又考虑了抽样设计，而后者则纯粹基于模型。有趣的是，若在(13.17)式中取 $\pi_k=1(k\in S)$，则 $\hat{Y}_{GR}$ 与 $\hat{Y}_m$ 一致。这也说明，基于模型的

推断其实是认为样本中的单元是以概率 1 被从有限总体中抽取出来的,它没有源自有限总体抽样的随机性,由此也可理解为什么基于抽样设计的推断又称为随机化推断。

最后,需要指出的是,在简单随机抽样情形,基于模型的推断方法可能产生与基于模型辅助的推断方法相同的估计量,但意义是不一样的:对前者,后续的讨论仍要基于模型;但对后者,后续的讨论将不会依赖于模型,而是基于抽样设计。例如,前已提到,基于模型的推断可以产生比估计,因此对比估计的研究可以纳入基于模型推断的框架;而第五章中对比估计的讨论则属于模型辅助的推断形式。

13.2 小域估计的基本理论与方法

13.2.1 什么是域和小域

在一次大型的社会经济调查中,人们最关心的是有关总体目标量的估计问题,抽样设计也会围绕这些目标量的推断而进行。然而在实际工作中,除了总体目标量的统计信息外,人们还关心总体中具有某种特殊性质的部分单元所组成的子总体(比如某个行政区域或者某些由性别、年龄、种族划分出的子总体)的统计信息。象这样的需要单独给出估计的子总体,一般称为域,也称为研究域(domain of study),这在前面的 3.6 节中已有介绍。而规模很小的域,这既包括地理上的小区域,也包括总体中按照某种特性划分出的一个很小的子总体,常称为小域(small domain,small area)。

对域及小域估计问题的研究最早出现于人口统计中。随着政府部门和私人机构对可靠的域及小域估计的需求不断增长,域及小域估计方法已经被广泛应用于农业统计(如农产量调查)、医疗卫生统计(如疾病及其症状调查)、社会统计(如吸毒、酗酒调查)、企业和商业统计(如市场调查、批发零售业和住宿餐饮业调查)等领域,成为管理决策者制定政策、项目策划、财政资金分配以及地方规划的重要依据。

本节主要关注小域的估计问题,因为对于(大)域,通常样本量较大,估计相对容易。对于小域的估计,由于落入其中的样本量通常很小(甚至可能为 0),所以一般都有一定的难度。

与小域估计密切相关的另一个问题是多层次估计问题,即在一次调查中除了主要目标量(如全国)外,同时需要解决多层次(如省、地市、区县、乡镇)目标量的估计问题。多层次估计所遇到的问题与小域的估计问题相类似,即到下一级或几级时样本量可能很小或没有。如何利用现有调查信息在既获得总体目标量的准确推断的同时,又能获得各个层次目标量的准确估计,是统计调查中的一个难题。

对小域的估计，传统上主要基于抽样设计进行，如见 3.6 节。最近一、二十年来，对该问题的研究已经由过去主要基于设计的方法研究转入现在以模型为基础的方法研究，传统数理统计学中的回归模型、时间序列模型以及各种估计方法都被用于其研究中，这种方法的优势也因为它与其他经典统计学分支的密切结合而得到了充分体现。

13.2.2　基于抽样设计的小域估计方法

小域估计的传统方法是基于抽样设计而给出的，其优点是不依赖于具体的模型假定，从而关于模型常常是稳健的。下面介绍这方面的若干基本方法。

1. 直接估计法

直接估计法(direct estimation method)仅利用域内所抽中的样本单元对目标量进行推断。这一方法适用于落入域内的样本量比较大的情形。

假设总共有 D 个域，第 d 个域 U_d 的大小为 N_d，我们考虑域总量 Y_d 或域均值 $\bar{Y}_d$ 的估计。最常用的直接估计量是霍维茨－汤普森估计量：

$$\hat{Y}_{d;HT}=\sum_{k\in S_d} y_k/\pi_k=\sum_{k\in S_d}\breve{y}_k \tag{13.19}$$

其中 π_k 为单元 k 的入样概率，S_d 表示第 d 个域的样本。显然，它是 Y_d 的无偏估计，其方差为：

$$V(\hat{Y}_{d;HT})=\sum_{k,l\in U_d}\Delta_{kl}\breve{y}_k\breve{y}_l$$

而 $V(\hat{Y}_{d;HT})$ 的一个无偏估计为：

$$v(\hat{Y}_{d;HT})=\sum_{k,l\in S_d}\breve{\Delta}_{kl}\breve{y}_k\breve{y}_l \tag{13.20}$$

其中与上节一样，$\Delta_{kl}=\pi_{kl}-\pi_k\pi_l$，$\breve{\Delta}_{kl}=\Delta_{kl}/\pi_{kl}$。

如果域的大小 N_d 已知，则可将 N_d 作为辅助变量而使用如下的比估计量

$$\tilde{Y}_d=\frac{N_d}{\hat{N}_d}\sum_{k\in S_d}\breve{y}_k \triangleq N_d\tilde{y}_d \tag{13.21}$$

来估计域总量 Y_d，其中

$$\hat{N}_d=\sum_{k\in S_d}\frac{1}{\pi_k},\qquad \tilde{y}_d=\frac{1}{\hat{N}_d}\sum_{k\in S_d}\breve{y}_k \tag{13.22}$$

它的近似方差和方差估计分别为：

$$V(\tilde{Y}_d)\approx\sum_{k,l\in U_d}\Delta_{kl}\left(\frac{y_k-\bar{Y}_d}{\pi_k}\right)\left(\frac{y_l-\bar{Y}_d}{\pi_l}\right)$$

和

$$v(\tilde{Y}_d)=\left(\frac{N_d}{\hat{N}_d}\right)^2\sum_{k,l\in S_d}\breve{\Delta}_{kl}\left(\frac{y_k-\tilde{y}_d}{\pi_k}\right)\left(\frac{y_l-\tilde{y}_d}{\pi_l}\right) \tag{13.23}$$

无论域的大小 N_d 已知还是未知，域均值 $\bar{Y}_d$ 都可采用以下的比估计

$$\hat{\bar{Y}}_d=\tilde{y}_d=\frac{\sum_{k\in S_d}\frac{y_k}{\pi_k}}{\sum_{k\in S_d}\frac{1}{\pi_k}} \tag{13.24}$$

它的近似方差和方差估计分别为：

$$V(\hat{\bar{Y}}_d)\approx\frac{1}{N_d^2}\sum_{k,l\in U_d}\Delta_{kl}\left(\frac{y_k-\bar{Y}_d}{\pi_k}\right)\left(\frac{y_l-\bar{Y}_d}{\pi_l}\right)$$

和

$$v(\hat{\bar{Y}}_d)=\frac{1}{\hat{N}_d^2}\sum_{k,l\in S_d}\breve{\Delta}_{kl}\left(\frac{y_k-\tilde{y}_d}{\pi_k}\right)\left(\frac{y_l-\tilde{y}_d}{\pi_l}\right) \tag{13.25}$$

对于简单随机抽样，域总量 Y_d 的霍维茨—汤普森估计量简化为：

$$\hat{Y}_{d;SRS}=\frac{N}{n}\sum_{k\in S_d}y_k \tag{13.26}$$

记 $P_d=\frac{N_d}{N}$，$Q_d=1-P_d$，$p_d=\frac{n_d}{n}$，$q_d=1-p_d$，则 $\hat{Y}_{d;SRS}$ 的方差及方差估计可分别表示为：

$$\begin{aligned}V(\hat{Y}_{d;SRS})&=N^2\frac{1-f}{n}\frac{(N_d-1)S_{yU_d}^2+N_dQ_d\bar{Y}_d^2}{N-1}\\&\approx N^2\frac{1-f}{n}P_d(S_{yU_d}^2+Q_d\bar{Y}_d^2)\end{aligned}$$

和

$$\begin{aligned}v(\hat{Y}_{d;SRS})&=N^2\frac{1-f}{n}\frac{(n_d-1)S_{yS_d}^2+n_dq_d\bar{y}_d^2}{n-1}\\&\approx N^2\frac{1-f}{n}p_d(S_{yS_d}^2+q_d\bar{y}_d^2)\end{aligned} \tag{13.27}$$

其中 $f=\frac{n}{N}$，$\bar{y}_d=\frac{1}{n_d}\sum_{k\in S_d}y_k$，且

$$S_{yU_d}^2=\frac{1}{N_d-1}\sum_{k\in U_d}(y_k-\bar{Y}_d)^2,\quad S_{yS_d}^2=\frac{1}{n_d-1}\sum_{k\in S_d}(y_k-\bar{y}_d)^2$$

这与 3.6 节的结果是一致的。而 Y_d 的比估计量简化为：

$$\widetilde{Y}_{d;SRS}=\frac{N_d}{n_d}\sum_{k\in S_d}y_k\triangleq N_d\bar{y}_d \tag{13.28}$$

其近似方差和方差估计分别为：

$$V(\widetilde{Y}_{d;SRS})\approx N^2\frac{1-f}{n}\frac{(N_d-1)S^2_{yU_d}}{N-1}\approx N^2\frac{1-f}{n}P_dS^2_{yU_d}$$

和

$$v(\widetilde{Y}_{d;SRS})=\left(\frac{N_d}{\hat{N}_d}\right)^2N^2\frac{1-f}{n}\frac{(n_d-1)S^2_{yS_d}}{n-1}$$
$$\approx N_d^2\left(\frac{1}{n_d}-\frac{1}{\hat{N}_d}\right)S^2_{yS_d} \tag{13.29}$$

其中 $\hat{N}_d=N\dfrac{n_d}{n}$， $n_d\geqslant 2$。

2.合成估计法

合成估计方法(synthetic estimation method)是一种间接估计方法，其基本思想是用大总体的估计量协助产生小域的估计量，因大总体的样本信息较多。这隐含了假定大总体与各个小域之间有共同的特征。合成估计法属于模型辅助推断方法。常用的合成估计量是回归合成估计量。

假设对每一个单元 $k\in S$，除了感兴趣的指标 y_k 外，也能观测到辅助信息 $x_k=(x_{k1},\cdots,x_{kp})'$，且每个小域总量形式的辅助信息 X_d 是可行的。记

$$\hat{B}=\left(\sum_{k\in S}x_kx_k'/\pi_kc_k\right)^{-1}\left(\sum_{k\in S}x_ky_k/\pi_kc_k\right) \tag{13.30}$$

其中 c_k 为已知常数。容易看出，这其实是加权最小二乘方程的解。则如下的估计量称为回归合成估计量：

$$\hat{Y}_{d;s}=X_d'\hat{B} \tag{13.31}$$

上述估计量的构造隐含地假定了下面的回归模型：对第 d 个域，

$$y_k=x_k'\beta_d+\varepsilon_k,\quad k\in U_d \tag{13.32}$$

其中随机误差 ε_k 相互独立，而 $\mathcal{E}(\varepsilon_k)=0,\mathcal{V}(\varepsilon_k)=c_k\sigma^2,k\in U_d$；并且每个域的回归系数差别不大，即假定 $\beta_1=\cdots=\beta_D\triangleq\beta$。由于对每个单个的小域，样本量较小，故在每个小域上对回归系数 β_d 的估计效果较差，但在 β_d 近似相等的情况下，就可把所有小域的样本联合起来(这时样本信息足够多)一起对 β_d 进行估计，(13.30)式中的 $\hat{B}$ 就是这样得到的。由此结合模型(13.32)，即可得到小域的回归合成估计量(13.31)。

下面分析估计量 $\hat{Y}_{d;s}$ 的(设计)偏倚。首先，

$$E(\hat{Y}_{d;s}) = X'_d E(\hat{B}) \approx X'_d B \tag{13.33}$$

其中

$$B = \left(\sum_{k \in U} x_k x'_k / c_k\right)^{-1} \left(\sum_{k \in U} x_k y_k / c_k\right)$$

另一方面,在回归模型(13.32)下,β_d 可用

$$B_d = \left(\sum_{k \in U_d} x_k x'_k / c_k\right)^{-1} \left(\sum_{k \in U_d} x_k y_k / c_k\right)$$

进行“估计”,于是小域总量 Y_d 近似为 $X'_d B_d$,因而结合(13.33)式可知,估计量 $\hat{Y}_{d;s}$ 的偏倚近似为

$$B(\hat{Y}_{d;s}) \approx X'_d(B - B_d) \tag{13.34}$$

这样,当隐式模型假定 $B_d = B$ 成立,也就是每个小域与总体有近似相同的特征时,估计量 $\hat{Y}_{d;s}$ 的偏倚近似为 0。此时 $\hat{Y}_{d;s}$ 的精度主要由总体回归系数 B 的估计 $\hat{B}$ 所决定,因此 $\hat{Y}_{d;s}$ 可以达到估计量 $\hat{Y} = X'\hat{B}$ 在样本足够多的大总体上达到的精度,其中 X 是总体总量形式的辅助信息,即 $X = \sum_{d=1}^{D} X_d$。

当辅助变量 $\mathcal{X}$ 为单变量时,若令 $c_k = x_k$,则估计量变为如下的比合成估计量:

$$\hat{Y}_{d;RS} = X_d \frac{\hat{Y}}{\hat{X}} \tag{13.35}$$

其中 $\hat{Y} = \sum_{k \in S} y_k / \pi_k$,$\hat{X} = \sum_{k \in S} x_k / \pi_k$。该估计量的隐式模型假定条件为 $R_d = R$,其中 $R_d = Y_d / X_d$,$R = Y/X$。当该假定成立时,估计量 $\hat{Y}_{d;RS}$ 的精度可以达到比估计量 $\hat{Y}_R = X(\hat{Y}/\hat{X})$ 在样本足够多的大总体上达到的精度。

当然,在实际问题中,隐式模型假定条件不一定成立,但由表达式 $\hat{Y}_{d;s} = X'_d\hat{B}$ 可以看出,回归合成估计量的方差仅依赖于大总体水平上的估计量 $\hat{B}$ 的方差,因而它一般要小于直接估计量的方差。

合成估计量的方差可以用基于设计的方差估计方法直接进行估计。但是合成估计量均方误差的估计相对困难,一个办法是利用第十二章中介绍的方法如刀切法等进行估计。

3. 组合估计量

从上面的介绍可以看出,使用直接估计法并不需要借助于大总体,因此额外的假设条件是不需要的,但对小域的估计,因为落入其中的样本量一般很小,使用直接估计法会导致较大的方差;而合成估计法虽然在假定的条件被满足时效果会较好,但它对所假定的条件较为敏感,当这些条件不满足时,往往会产生较大的偏倚。

因此，一个自然的想法就是将这两种方法进行加权平均，由此得到下面的组合估计量(composite estimator)：

$$\hat{Y}_{d;com}=\varphi_d\hat{Y}_d+(1-\varphi_d)\hat{Y}_{d;s} \tag{13.36}$$

其中 $\hat{Y}_d$ 为某个基于设计的直接估计量，$\hat{Y}_{d;s}$ 为某个合成估计量，φ_d 为权重且满足 $0\leqslant\varphi_d\leqslant 1$。这里权重 φ_d 的作用就是在减小合成估计的偏倚与克服直接估计的不稳定性上取得平衡。

关于 φ_d 的选取，直观上看，当落入小域的样本量非常小时，直接估计量的方差会很大，此时 φ_d 应当取得小些；而当样本数据显示小域内的单元特征与所属大总体内的单元特征差异较大时，合成估计量的偏倚会很大，此时 φ_d 应取得大些。综合来说，最优的 φ_d 的选取可以通过对 $MSE(\hat{Y}_{d;com})$ 关于 φ_d 极小化而得到，这是一种常用的方法，我们曾用过，如见 7.5 节。事实上，因

$$\begin{aligned}MSE(\hat{Y}_{d;com})=&\varphi_d^2MSE(\hat{Y}_d)+(1-\varphi_d)^2MSE(\hat{Y}_{d;s})\\&+2\varphi_d(1-\varphi_d)E(\hat{Y}_d-Y_d)(\hat{Y}_{d;s}-Y_d)\end{aligned} \tag{13.37}$$

故对上式关于 φ_d 极小化，可得到最优权重为：

$$\varphi_d^*=\frac{MSE(\hat{Y}_{d;s})-E(\hat{Y}_d-Y_d)(\hat{Y}_{d;s}-Y_d)}{MSE(\hat{Y}_d)+MSE(\hat{Y}_{d;s})-2E(\hat{Y}_d-Y_d)(\hat{Y}_{d;s}-Y_d)} \tag{13.38}$$

(通常分子、分母均为正)。若上式中的 $E(\hat{Y}_d-Y_d)(\hat{Y}_{d;s}-Y_d)$ 相对于 $MSE(\hat{Y}_{d;s})$ 很小(这常常成立)，则最优权重简化为：

$$\varphi_d^*=\frac{MSE(\hat{Y}_{d;s})}{MSE(\hat{Y}_d)+MSE(\hat{Y}_{d;s})} \tag{13.39}$$

4.詹姆斯—斯坦因型估计量

这是一种特殊的组合估计，其想法是对所有小域估计量的均方误差之和关于一个公共权重 φ 极小化，从而得到詹姆斯—斯坦因(W. James-C. Stein)型组合估计量。这一公共权重下的组合估计量，虽然不能保证对每个小域的估计效果最佳，但能保证对所有小域的整体估计效果较好。

具体方法是：首先对均方误差之和 $\sum_d MSE(\hat{Y}_{d;com})$ 近似有

$$\sum_d MSE(\hat{Y}_{d;com})\approx\varphi^2\sum_d MSE(\hat{Y}_d)+(1-\varphi)^2\sum_d MSE(\hat{Y}_{d;s}) \tag{13.40}$$

然后关于 φ 极小化上式即可得到如下的最优权重：

$$\varphi^*=\frac{\sum_d MSE(\hat{Y}_{d;s})}{\sum_d\left[MSE(\hat{Y}_d)+MSE(\hat{Y}_{d;s})\right]} \tag{13.41}$$

5. 样本追加策略

样本追加策略最初是由冯士雍和秦怀振等根据中国国情，为了满足多层次推断的需要而提出的一种方法，这里只简单介绍其想法。

样本追加策略的主要思想是按某种特定的概率抽样，从总体中抽取基本样本对总体(以及作为子总体的层，如果进行分层抽样的话)进行估计，但由于对特定的小域，基本样本落入其中的单元较少而不能保证对该小域的推断要求(特殊情况除外)，因此不能直接对小域的目标量进行推断。为此，在小域内再按某种方法抽取部分单元作为追加样本，然后和该小域中的基本样本联合，由此对域的目标量进行推断。这里主要涉及如何追加样本以及如何基于追加后的联合样本进行推断的问题。秦怀振的《抽样调查中若干理论与实践问题的研究》(主要参考书目[10])对样本追加策略的理论与基本方法作了阐述。

13.2.3 基于模型的小域估计方法

根据模型中所利用的辅助信息的层次，或者说能够获得并利用的辅助信息的层次，小域估计模型可以分为两大类：小域层次模型和单元层次模型。前者主要适用于只能利用小域层次(或通俗地说，小域层面)的汇总数据作为辅助信息的情形，而后者适用于每个单元的辅助信息均可行的情形。例如，要估计某个县内学龄儿童在学的总人数，如果可利用的辅助信息是该县的总人口数，这即是一种小域层次的辅助信息(也就是上一小节提到的小域总量形式的辅助信息)，那么就可以利用小域层次模型；而如果可利用的辅助信息是每个家庭的人数、经济状况和父母受教育的程度等，这是单元层次的辅助信息，那么就可以利用单元层次模型。以下我们分别对这两类模型及相应的估计方法予以简单介绍。

1. 基本小域层次模型及估计方法

假设我们感兴趣的目标量为 $\theta_i=g(\bar{Y}_i)$ ，它是第 i 个小域均值 $\bar{Y}_i$ 的函数，其中 $g(\cdot)$ 是一个已知函数，且假设 θ_i 与相关的小域层次辅助信息 $x_i=(x_{i1},\cdots,x_{ip})'$ 之间有如下的线性回归关系：

$$\theta_i=x_i'\beta+u_i,\qquad i=1,\cdots,D \tag{13.42}$$

其中 $\beta=(\beta_1,\cdots,\beta_p)'$ 为回归系数向量，u_i 为独立同分布的小域层次随机效应，它满足

$$E(u_i)=0,\qquad V(u_i)=\sigma_u^2$$

一般假设 u_i 服从正态分布。

现假定使用小域内的样本可以得到 θ_i 的一个无偏的直接估计量 $\hat{\theta}_i$ ，则可记

$$\hat{\theta}_i=\theta_i+e_i,\qquad i=1,\cdots,D \tag{13.43}$$

其中 e_i 为相互独立的抽样误差，且满足 $e_i\mid\theta_i\sim N(0,\psi_i)$。通常假定 ψ_i 已知。结

合(13.42)和(13.43)两个模型，就得到如下的基本小域层次模型(basic area level model)：

$$\hat{\theta}_i = x_i'\beta + u_i + e_i, \qquad i = 1, \cdots, D \tag{13.44}$$

可以看出，模型(13.44)既包含抽样设计引起的误差 e_i，又包括基于模型的误差 u_i。

上述模型又称为费一赫利奥特(R. E. Fay-R. A. Herriot)模型，因为他们首次利用该模型解决小域估计问题，是小域估计模型推断方法广泛应用的一个里程碑。

关于模型(13.44)，我们需要解决 β 和 σ_u^2 的估计问题以及小域效应 u_i 的预测问题，这有多种方法。一个自然的方法是先导出 $\hat{\theta}_i$ 的边缘分布，由此利用极大似然法估计其中的参数(即 β 和 σ_u^2)；而对于 u_i 的预测，则自然地采用给定数据信息下它的条件期望 $E(u_i|\hat{\theta}_i)$，这可使均方误差达到最小。事实上，设 $\hat{u}_i$ 是 u_i 的预测，则其均方误差为

$$\begin{aligned} E(\hat{u}_i - u_i)^2 &= E\{[\hat{u}_i - E(u_i|\hat{\theta}_i)] + [E(u_i|\hat{\theta}_i) - u_i]\}^2 \\ &= E[\hat{u}_i - E(u_i|\hat{\theta}_i)]^2 + E[E(u_i|\hat{\theta}_i) - u_i]^2 \\ &\quad + 2E\{[\hat{u}_i - E(u_i|\hat{\theta}_i)][E(u_i|\hat{\theta}_i) - u_i]\} \end{aligned}$$

注意到上式中的第三项等于 0，故该式在 $\hat{u}_i$ 取为 $E(u_i|\hat{\theta}_i)$ 时达到最小，也即“预测” $E(u_i|\hat{\theta}_i)$ 是最优的。

现在由于 $\hat{\theta}_i \sim N(x_i'\beta, \sigma_u^2 + \psi_i)$，故对数似然函数如下

$$\log L = -\frac{D}{2}\log(2\pi) - \frac{1}{2}\sum_{i=1}^{D}\log(\sigma_u^2 + \psi_i) - \frac{1}{2}\sum_{i=1}^{D}\frac{(\hat{\theta}_i - x_i'\beta)^2}{\sigma_u^2 + \psi_i}$$

由此可得 β 和 σ_u^2 的极大似然估计 $\hat{\beta}$ 和 $\hat{\sigma}_u^2$，其中

$$\hat{\beta} = \left(\sum_{i=1}^{D}\frac{x_i x_i'}{\hat{\sigma}_u^2 + \psi_i}\right)^{-1}\sum_{i=1}^{D}\frac{x_i\hat{\theta}_i}{\hat{\sigma}_u^2 + \psi_i} \tag{13.45}$$

而 $\hat{\sigma}_u^2$ 可由牛顿一拉弗森迭代算法得到。

另一方面，不难看出，$\hat{\theta}_i$ 和 u_i 的联合分布为

$$\begin{pmatrix}\hat{\theta}_i \\ u_i\end{pmatrix} \sim N\left(\begin{pmatrix}x_i'\beta \\ 0\end{pmatrix}, \begin{pmatrix}\sigma_u^2 + \psi_i & \sigma_u^2 \\ \sigma_u^2 & \sigma_u^2\end{pmatrix}\right) \tag{13.46}$$

故条件均值 $E(u_i \mid \hat{\theta}_i) = \dfrac{\sigma_u^2}{\sigma_u^2 + \psi_i}(\hat{\theta}_i - x_i'\beta)$。将 β 和 σ_u^2 的估计 $\hat{\beta}$ 和 $\hat{\sigma}_u^2$ 代入即得 u_i 的如下预测：

$$\hat{u}_i = \frac{\hat{\sigma}_u^2}{\hat{\sigma}_u^2 + \psi_i}(\hat{\theta}_i - x_i'\hat{\beta}) \tag{13.47}$$

这样,感兴趣的目标量 θ_i 的估计为:

$$\hat{\theta}_i^F = x_i'\hat{\beta} + \hat{u}_i = x_i'\hat{\beta} + \frac{\hat{\sigma}_u^2}{\hat{\sigma}_u^2 + \psi_i}(\hat{\theta}_i - x_i'\hat{\beta}) \tag{13.48}$$

它可以改写为如下形式:

$$\hat{\theta}_i^F = \hat{\gamma}_i\hat{\theta}_i + (1-\hat{\gamma}_i)x_i'\hat{\beta} \tag{13.49}$$

其中 $\hat{\gamma}_i = \hat{\sigma}_u^2/(\hat{\sigma}_u^2 + \psi_i)$。

可以看出,所得的估计量是直接估计 $\hat{\theta}_i$ 与基于模型的合成估计 $x_i'\hat{\beta}$ 的加权平均,这有点像上节中的组合估计,不过这里 $x_i'\hat{\beta}$ 是完全基于模型的。由表达式(13.49)式可见,当直接估计 $\hat{\theta}_i$ 估计得很好时,抽样误差的方差 ψ_i 较小,此时 $\hat{\gamma}_i$ 较大,即赋予了直接估计 $\hat{\theta}_i$ 更大的权重;反之,$\hat{\theta}_i^F$ 则更依赖于小域的辅助信息和其他域的信息而把更大的权重赋予基于模型的合成估计。

可以证明,$\hat{\theta}_i^F$ 的均方误差近似为

$$MSE(\hat{\theta}_i^F) \approx \gamma_i\psi_i + (1-\gamma_i)^2 x_i'\left(\sum_{i=1}^{D}\frac{x_i x_i'}{\sigma_u^2 + \psi_i}\right)^{-1} x_i + \frac{\psi_i^2 \bar{V}(\hat{\sigma}_u^2)}{(\sigma_u^2 + \psi_i)^3}$$

$$\triangleq g_{1i}(\sigma_u^2) + g_{2i}(\sigma_u^2) + g_{3i}(\sigma_u^2) \tag{13.50}$$

其中 $\gamma_i = \sigma_u^2/(\sigma_u^2 + \psi_i)$,$\bar{V}(\hat{\sigma}_u^2)$ 是 $\hat{\sigma}_u^2$ 的渐近方差。而均方误差的估计则为

$$mse(\hat{\theta}_i{}^F) = g_{1i}(\hat{\sigma}_u^2) + g_{2i}(\hat{\sigma}_u^2) + 2g_{3i}(\hat{\sigma}_u^2) \tag{13.51}$$

2. 基本单元层次模型及估计方法

假定对小域内的每个单元都有辅助信息 $x_{ij} = (x_{ij1}, \cdots, x_{ijp})'$ 可以利用,这里 i 表示第 i 个小域,j 表示小域内的第 j 个单元,且 y_{ij} 与 x_{ij} 之间有如下关系:

$$y_{ij} = x_{ij}'\beta + u_i + e_{ij}, \quad i = 1, \cdots, D, \quad j = 1, \cdots, N_i \tag{13.52}$$

其中 u_i 为相互独立的随机小域效应变量,服从均值为 0、方差为 σ_u^2 的正态分布;e_{ij} 是相互独立的随机误差,服从均值为 0、方差为 σ_e^2 的正态分布;而 e_{ij} 与 u_i 相互独立。

模型(13.52)称为基本单元层次模型(basic unit level model),它的提出和应用较域层次模型要晚,但由于辅助信息具体到每个单元,使得估计的效果更好,因此该模型在最近一、二十年间无论在理论研究还是在实际应用中都受到了较多重视。

在模型(13.52)下,我们需要解决 β,σ_u^2,σ_e^2 的估计问题以及小域效应 u_i 的预测问题。方法类似于基本小域层次模型的情形。记 n_i 为第 i 个小域中的样本量,$y_i = (y_{i1}, \cdots, y_{in_i})'$,$X_i = (x_{i1}, \cdots, x_{in_i})'$。则在模型(13.52)下,有

$$y_i \sim N(X_i\beta, \sigma_u^2 1_{n_i} 1_{n_i}' + \sigma_e^2 I_{n_i}), \quad i = 1, \cdots, D \tag{13.53}$$

其中 1_{n_i} 表示 $n_i \times 1$ 的向量，其元素全为 1，I_{n_i} 表示 $n_i \times n_i$ 的单位矩阵。由此可得 β，σ_u^2，σ_e^2 的极大似然估计 $\hat{\beta}$，$\hat{\sigma}_u^2$，$\hat{\sigma}_e^2$，其中

$$\hat{\beta} = \left(\sum_{i=1}^{D} X_i' \hat{V}_i X_i\right)^{-1} \sum_{i=1}^{D} X_i' \hat{V}_i y_i \tag{13.54}$$

且 $\hat{V}_i = I_{n_i} - \frac{1}{n_i}\hat{\lambda}_i 1_{n_i} 1_{n_i}'$，$\hat{\lambda}_i = \frac{\hat{\sigma}_u^2}{\hat{\sigma}_u^2 + \hat{\sigma}_e^2 / n_i}$，而 $\hat{\sigma}_u^2$，$\hat{\sigma}_e^2$ 可由牛顿—拉弗森迭代算法得到。

注意到 y_i 和 u_i 的联合分布为

$$\begin{pmatrix} y_i \\ u_i \end{pmatrix} \sim N\left(\begin{pmatrix} X_i\beta \\ 0 \end{pmatrix}, \begin{pmatrix} \sigma_u^2 1_{n_i} 1_{n_i}' + \sigma_e^2 I_{n_i} & \sigma_u^2 1_{n_i} \\ \sigma_u^2 1_{n_i}' & \sigma_u^2 \end{pmatrix}\right) \tag{13.55}$$

故条件均值 $E(u_i \mid y_i) = \frac{1}{n_i}\lambda_i 1_{n_i}'(y_i - X_i\beta)$，其中 $\lambda_i = \frac{\sigma_u^2}{\sigma_u^2 + \sigma_e^2 / n_i}$。将 β，σ_u^2，σ_e^2 的估计 $\hat{\beta}$，$\hat{\sigma}_u^2$，$\hat{\sigma}_e^2$ 代入即得 u_i 的如下预测

$$\hat{u}_i = \frac{1}{n_i}\hat{\lambda}_i 1_{n_i}'(y_i - X_i\hat{\beta}) \tag{13.56}$$

这样，小域均值的估计为

$$\hat{\bar{Y}}_i = \bar{X}_{U_i}'\hat{\beta} + \hat{u}_i = \bar{X}_{U_i}'\hat{\beta} + \frac{1}{n_i}\hat{\lambda}_i 1_{n_i}'(y_i - X_i\hat{\beta}) \tag{13.57}$$

其中 $\bar{X}_{U_i} = \frac{1}{N_i}\sum_{j=1}^{N_i} x_{ij}$。它可以改写为

$$\begin{aligned} \hat{\bar{Y}}_i &= \bar{X}_{U_i}'\hat{\beta} + \hat{\lambda}_i(\bar{y}_i - \bar{x}_i'\hat{\beta}) \\ &= \hat{\lambda}_i[\bar{y}_i + (\bar{X}_{U_i} - \bar{x}_i)'\hat{\beta}] + (1 - \hat{\lambda}_i)\bar{X}_{U_i}'\hat{\beta} \end{aligned} \tag{13.58}$$

其中 $\bar{y}_i = \frac{1}{n_i}\sum_{j=1}^{n_i} y_{ij}$，$\bar{x}_i = \frac{1}{n_i}\sum_{j=1}^{n_i} x_{ij}$。

可以看出，估计量 $\hat{\bar{Y}}_i$ 是一般回归估计 $\bar{y}_i + (\bar{X}_{U_i} - \bar{x}_i)'\hat{\beta}$ 与基于模型的合成估计 $\bar{X}_{U_i}'\hat{\beta}$ 的加权平均，而权重由域内样本量 n_i 及两个方差估计量之比 $\hat{\sigma}_u^2/\hat{\sigma}_e^2$ 确定。当 n_i 较大时，回归估计表现会较好，此时 $\hat{\lambda}_i$ 较大，即赋予回归估计更大的权重，反之则给予合成估计的权重更大；当 $\hat{\sigma}_u^2/\hat{\sigma}_e^2$ 较大时，可以认为域之间的差异会比较大，此时使用合成估计不保险，因此赋予回归估计更大的权重，而如果 $\hat{\sigma}_u^2/\hat{\sigma}_e^2$ 较小，则赋予合成估计更大的权重。

记 $\delta = (\sigma_u^2, \sigma_e^2)$，$\hat{\delta}$ 是其极大似然估计，则可以证明估计量 $\hat{\bar{Y}}_i$ 的均方误差近

似为

$$MSE(\hat{\bar{Y}}_i)=g_{1i}(\delta)+g_{2i}(\delta)+g_{3i}(\delta) \tag{13.59}$$

其中

$$g_{1i}(\delta)=\lambda_i\frac{\sigma_e^2}{n_i}$$

$$g_{2i}(\delta)=\sigma_e^2(\bar{X}_{U_i}-\lambda_i\bar{x}_i)'\left(\sum_{i=1}^{D}x_i'V_iX_i\right)^{-1}(\bar{X}_{U_i}-\lambda_i\bar{x}_i)$$

$$g_{3i}(\delta)=\frac{\sigma_e^4\bar{V}_{uu}(\delta)+\sigma_u^4\bar{V}_{ee}(\delta)-2\sigma_u^2\sigma_e^2\bar{V}_{ue}(\delta)}{n_i^2(\sigma_u^2+\sigma_e^2/n_i)^3}$$

且 $\bar{V}_{uu}(\delta)$ 和 $\bar{V}_{ee}(\delta)$ 分别是 $\hat{\sigma}_u^2$ 和 $\hat{\sigma}_e^2$ 的渐近方差，$\bar{V}_{ue}(\delta)$ 是 $\hat{\sigma}_u^2$ 和 $\hat{\sigma}_e^2$ 的渐近协方差。而均方误差的近似估计则为：

$$mse(\hat{\bar{Y}}_i)=g_{1i}(\hat{\delta})+g_{2i}(\hat{\delta})+2g_{3i}(\hat{\delta}) \tag{13.60}$$

3. 基本小域模型的推广模型及估计方法

基本小域模型在应用中取得了很大成功，为了处理更为复杂的数据，目前对基本的小域模型有许多推广形式，但多数是下述线性混合效应模型（linear mixed-effects model）的特例：

$$y_{ij}=x_{ij}'\beta+z_{ij}'u_i+e_{ij},\quad i=1,\cdots,D,\quad j=1,\cdots,N_i \tag{13.61}$$

注意这里 u_i 是一个随机效应向量，而 z_{ij} 为相应的设计向量。类似于基本单元层次模型，记 n_i 为第 i 个小域中的样本量，$y_i=(y_{i1},\cdots,y_{in_i})'$，$X_i=(x_{i1},\cdots,x_{in_i})'$，$Z_i=(z_{i1},\cdots,z_{in_i})'$，$e_i=(e_{i1},\cdots,e_{in_i})'$，则基于观测数据，线性混合效应模型可表示成

$$y_i=X_i\beta+Z_iu_i+e_i,\quad i=1,\cdots,D \tag{13.62}$$

或进一步写成

$$y=X\beta+Zu+e \tag{13.63}$$

其中 $y=(y_1,\cdots,y_D)'$ 为观测向量，β 为非随机的未知参数向量，$X=(x_1',\cdots,x_D')'$ 和 $Z=diag(Z_1,\cdots,Z_D)$ 为已知的列满秩设计阵，$u=(u_1',\cdots,u_D')'$ 为随机效应向量，$e=(e_1',\cdots,e_D')'$ 为随机误差向量。一般假定 u 和 e 相互独立，且 $u\sim N(0,G)$，$e\sim N(0,R)$，而 G 和 R 为正定矩阵，依赖于参数 $\delta=(\delta_1,\cdots,\delta_r)$。

显然，上述模型包含了基本的小域层次模型和基本的单元层次模型作为特例，它在社会经济、环境资源、生物医学等领域具有广泛的应用。

对模型(13.63)，我们需要解决 β 和 δ 的估计问题以及小域效应 u 的预测问题。方法与前面的基本小域模型情形相类似。这里我们给出一般的线性函数 $\mu=l'\beta+s'u$ 的估计公式，其中 l 和 s 为已知的常数向量，由此很易获得小域均值的估计，因

为在线性混合效应模型(13.62)或(13.63)下,小域均值可近似地表示为 $\bar{Y}_i=\bar{X}'_{U_i}\beta+\bar{Z}'_{U_i}u_i$,其中与前面一样,$\bar{X}_{U_i}=\dfrac{1}{N_i}\sum_{j=1}^{N_i}x_{ij}$,$\bar{Z}_{U_i}=\dfrac{1}{N_i}\sum_{j=1}^{N_i}z_{ij}$。

注意到 $y\sim N(X\beta,\Sigma)$,其中 $\Sigma=\Sigma(\delta)=ZGZ'+R$。故采用极大似然法可以得到 β 和 δ 的估计 $\hat{\beta}$ 与 $\hat{\delta}$,其中 $\hat{\beta}=(x'\hat{\Sigma}^{-1}X)^{-1}x'\hat{\Sigma}^{-1}y$,而 $\hat{\Sigma}=\Sigma(\hat{\delta})$。进一步,小域效应 u 的预测为 $\hat{u}=\hat{G}Z'\hat{\Sigma}^{-1}(y-X\hat{\beta})$,其中 $\hat{G}=G|_{\delta=\hat{\delta}}$。这样,我们可得到 μ 的估计如下

$$\hat{\mu}=l'\hat{\beta}+s'\hat{G}Z'\hat{\Sigma}^{-1}(y-X\hat{\beta}) \tag{13.64}$$

4. 贝叶斯方法

在前面的估计问题中,我们假定了模型中的随机效应和误差分布满足正态性条件,尽管对目标量的估计这不是必须的,但在对估计量的均方误差进行估计时,正态性假定一般是需要的。当这一条件得不到满足时,贝叶斯方法有一定优势。另外,贝叶斯方法在处理分类数据时也较方便。这里只简单介绍两种贝叶斯方法:经验贝叶斯方法和多层贝叶斯方法。

经验贝叶斯方法(empirical Bayes method)是将经典的频率方法和贝叶斯方法相结合的一种估计方法,其基本步骤如下:

(1) 求目标变量的后验密度:利用贝叶斯方法由模型假定 $f(y\mid\mu,\lambda)$ 以及 μ 的先验分布密度 $f(\mu\mid\lambda)$ 导出目标变量 μ 的后验密度 $f(\mu\mid y,\lambda)$,其中 y 为观测数据向量,λ 为模型参数;

(2) 估计模型参数:在模型参数 λ 未知的情况下,通过观测数据向量 y 的分布密度 $f(y\mid\lambda)$ 对它进行估计,所得估计记为 $\hat{\lambda}$;

(3) 求经验贝叶斯估计:用 $\hat{\lambda}$ 代替 $f(\mu\mid y,\lambda)$ 中的 λ ,再以 $f(\mu\mid y,\hat{\lambda})$ 作为贝叶斯推断的基础。对于 μ ,用 $f(\mu\mid y,\hat{\lambda})$ 的均值作为其经验贝叶斯估计。

可以看出,经验贝叶斯方法的推断基础是目标变量的经验后验分布。

多层贝叶斯方法也称层次贝叶斯方法(hierarchical Bayes method),是一种较经验贝叶斯方法更"贝叶斯"的方法,其推断也很自然,但要求假定模型参数的先验分布密度。随着计算技术的发展,这一方法已被越来越多地应用于小域估计问题的研究中。

多层贝叶斯估计方法的一般原理是:根据模型中给出的逐层先验信息,利用贝叶斯原理得到待估参数的后验分布,再基于后验分布对待估参数进行推断。下面看一个例子。

设 $f(y\mid\mu,\lambda_1)$,$f(\mu\mid\lambda_2)$ 为假定的二阶段模型(two-stage model),$f(\lambda)$ 为模型参数 $\lambda=(\lambda_1',\lambda_2')'$ 的主观先验,假定 μ 为待估参数,则由贝叶斯原理有

$$f(\mu,\lambda \mid y)=\frac{f(y,\mu \mid \lambda)f(\lambda)}{f_1(y)} \tag{13.65}$$

其中 $f_1(y)$ 为 y 的边缘密度：

$$f_1(y)=\int f(y,\mu \mid \lambda)f(\lambda)d\mu d\lambda$$

要求的后验密度 $f(\mu \mid y)$ 由下式给出：

$$f(\mu \mid y)=\int f(\mu,\lambda \mid y)d\lambda \tag{13.66}$$

为说明方便，将它改写成下述形式

$$f(\mu \mid y)=\int f(\mu \mid y,\lambda)f(\lambda \mid y)d\lambda \tag{13.67}$$

注意 $f(\mu \mid y,\hat{\lambda})$ 正是经验贝叶斯方法的推断基础，其中 $\hat{\lambda}$ 为模型参数 λ 的估计；而由上式可以看出多层贝叶斯方法的推断是在 $f(\mu \mid y,\lambda)$ 的基础上再对 λ 关于其后验分布求平均，而不是代入 λ 的点估计，因此多层贝叶斯方法有时也称为完全贝叶斯方法。

13.2.4 小域估计的应用举例

传统的基于抽样设计的小域估计方法已被广泛应用于实际的社会经济调查。例如，回归合成估计法被应用于美国堪萨斯州各县的农作物产量的估计；组合估计法被应用于加拿大劳动力情况调查；詹姆斯－斯坦因型估计法被应用于对加拿大人口普查中的低估进行调整；样本追加策略被应用于我国限额以下批发零售业、餐饮业的抽样调查以及我国第二期妇女社会地位的抽样调查等。

自费(R. E. Fay)和赫利奥特(R. A. Herriot)在1979年提出基本小域层次模型估计美国人口少于1000的地区的人均收入以来，基于模型的小域估计方法也被广泛地应用于各类实际的调查中。例如，小域层次模型被应用于美国各县贫困学龄少年人数的估计，所得估计结果成为美国教育部向各县分配教育基金的依据；美国各州四口之家收入情况的估计，估计结果被美国健康与卫生部作为制定对低收入家庭的资助计划的依据；其他如美国十年一度的普查低估情况的估计、美国除纽约州之外的其余49个州的月度失业率的估计、加拿大主要城市及城镇中心地带的月度失业率情况的估计等。

单元层次模型首次被巴特斯(G. E. Battese)、哈特(R. M. Harter)和富勒(W. A. Fuller)在1988年应用于美国爱荷华州中北部12个县农作物种植面积的估计，他们利用抽样调查数据和卫星遥感数据建立了基本单元层次模型。之后单元层次模型被应用于诸如加拿大新斯科舍省个人所得税漏税额的估计、美国43个地区的平均每周消费支出的估计以及苏格兰56个乡村唇癌发病率的估计等大量实际问题中。我国国家统计局也利用单元层次模型对河北省蔚县小品种农作物播种面积的估计问题进行了研究。

最后，需要指出的是，在利用小域估计方法，无论是基于设计的还是基于模型的，进行实际的统计推断时，应充分了解现有估计方法和模型的适用条件，特别重视辅助变量的选择，并根据所研究问题的具体背景建立小域模型（如采用基于模型的方法）、确定估计方法，在必要的情况下，应对现有模型和估计方法加以适当的改进，以获得可靠的小域估计。

第十四章　案例分析

抽样调查是一门应用性很强的统计学分支。本书的前面各章主要介绍其理论与方法，为使读者对抽样调查项目的抽样设计有直观且较为完整的了解，本章介绍三个实际项目的应用案例，这些项目是：

案例 1. 石油系统干部现状抽样调查

该项目是由中国石油总公司组织的，于 1989 年进行。案例正文引自：

冯士雍，石油系统干部现状抽样调查的设计与分析，原载全国统计教材编审委员会编:《抽样调查理论与实践》，全国抽样调查理论与实践研讨会论文集，195－215，中国统计出版社，1995。

案例 2. 全国电视观众抽样调查

该项目是由中央电视台组织的，自 1987 年每五年进行一次，本案例基于 2002 年与 2007 年第四、五次调查，案例正文主要引自：

冯士雍，全国电视观众抽样调查的样本设计与加权方法，原载王吉利、何书元、吴喜之主编《统计学教学案例》，34－48，中国统计出版社，2004。

案例 3. 批发零售贸易业、餐饮业抽样调查

该项目是为国家统计局设计的，作为经常性的限额以下批发零售贸易业、餐饮业抽样调查的抽样方案及数据处理方法，案例正文取材自：

[1]冯士雍，限额以下批发零售贸易业、餐饮业抽样调查方法及相关问题，《统计研究》，2002(12)，54－58。

[2]李莉莉，冯士雍，秦怀振，批发零售贸易业、餐饮业抽样调查方案及数据处理方法，《数理统计与管理》，2004，23(1)，19－26。

为便于读者阅读，上述案例在收入本章时作了若干技术处理:对内容进行了必要的增删;增加了项目的背景介绍;改写了若干符号，尽量与前面各章统一;并对每个案例进行了简短的讨论。正如曾经强调过的，与其他各章一样，这些案例着重讨论抽样设计及相应的数据处理方法，没有涉及调查的问卷(调查表)设计及调查执行过程中的具体问题。关于这些问题，读者可以参阅相关的文献，例如加拿大统计局《调查技能》项目组编写的《调查技能教程》(主要参考书目[4])等。

14.1 石油系统干部现状抽样调查的设计与分析

14.1.1 背景介绍

石油系统干部现状抽样调查是在一个全国性的部门系统内，对所属企事业(包括机关)干部队伍的现状进行的一次大规模抽样调查。该项目由中国石油总公司主持，实际调查在1989年进行。

抽样设计也即样本抽取方法的总体设计，是一个抽样调查项目的重要环节。一个好的抽样调查，首先要保证所抽取的样本对总体有良好的代表性。理论上说只要能使总体(约35万干部)中的每一个人都有相等的被抽中的概率，例如进行简单随机抽样，就可以保证这一点。但由于整个石油系统的干部分属总公司各大小单位中，分布在全国各地，对所有干部进行简单随机抽样是不可能的。因此针对石油系统干部分布情况，我们采用分层多阶不等概率抽样方法。首先将总公司所属的单位按性质进行分类，以类为层；在层内采用首先抽取局级(或二级)单位；其次在抽中的局级(或二级)单位中抽取基层单位；最后在抽中的基层单位中抽取干部的三阶抽样。由于单位规模大小不同，所包含的干部数量差异较大，为保证层内每个干部被抽中的机会大致相等，在前二阶抽样中，即在抽取单位时都采用按与单位人数成比例的概率抽样，因此对单位的抽样实际上是不等概率的。按照抽样方案，全公司共抽取450个基层单位、4500人进行调查。用这样的抽样方法抽取的样本代表性强，效率高且方便可行。

一项抽样调查在实施以后就需要对获得的数据进行正确的处理。这样不仅可对样本数据进行描述性统计分析，更重要的是可通过样本数据求得对总体目标量的适当估计，即所谓推总估计。推总不仅需要给出总体目标量的估计，而且需对估计量的精度进行定量分析，估计量的精度估计是通过对估计量的方差估计来表达的。

14.1.2至14.1.4详细地阐述了本项目的抽样设计，包括层的划分、样本量的确定及分配与样本抽取的具体方法和结果；14.1.5与14.1.6介绍了调查数据的处理方法，给出了总体目标量的估计及其方差估计公式；按照这些公式计算的结果，在14.1.7中对本项目达到的实际精度进行分析；最后在14.1.8中对案例进行了简单的讨论。

14.1.2 样本量的确定

确定调查所需的样本量是抽样设计的一个重要方面。样本量大，则抽样误差小，最后得到的估计量精度也高，但样本量又直接与调查费用和总的工作量有关。我们在确定此次调查的样本量时，是在费用与时间允许的前提下，主要考虑对调查结果的精度要求。鉴于此次调查采用问卷形式，调查目标量多以比例或比值形式出现。例如按某种类别或准则分类的干部在全体干部中所占的比例以及对某个问题给出某一特定回答选项的比例。以 P 记这样的比例，设 P 的最大允许绝对误差为 d（在给定的置信度 $1-\alpha$ 下），则通过样本获得总体 P 的估计量 $\hat{P}$ 与未知真值 P 相差不超过 d 的概率为 $1-\alpha$，用公式表示有

$$Pr(|\hat{P}-P|\leqslant d)=1-\alpha$$

对于简单随机抽样，若有限总体修正系数 $1-f$ 可以忽略，则需要的样本量（按人计算）为

$$\frac{u_\alpha^2P(1-P)}{d^2}$$

其中 u_α 为标准正态分布的双侧分位数。我们定 $d=2\%$，$1-\alpha=95\%$，则 $u_\alpha=1.96\approx2$，又 $P(1-P)$ 以它的最大值 0.25（当 $P=0.5$ 时）代替，则

$$m_0\approx\frac{2^2\times0.25}{(0.02)^2}=2500$$

由于采用的是分层多阶不等概率抽样，因而实际需要的样本量还需乘上设计效应 deff。根据与这次抽样调查设计类似的 1987 年对全国专业技术人员现状抽样调查①及北京地区专业技术人员现状抽样调查②的设计与精度分析，对于不同目标量 deff 的平均值为 1.56，绝大多数不超过 2，因此将此值估计为 1.8，因此确定实际应调查的人数为 2500×1.8=4500 人。

根据 1987 年对全国及北京地区专业技术人员调查的经验，在每个基层单位中调查 10 人较为适宜，因而在全公司中应抽取基层单位数为 450 个。

14.1.3 层的划分及样本量的分配

为了调查的组织及实施方便、提高精度，同时也使这次调查既能得到全公司的推总结果，同时也能得到一些较大单位（例如一些大油田）的推总结果，抽样方法采用分层抽样。

首先按行业性质将全公司所属局级（一级）单位分类，每类为一大层，统计层内

---

① 参见：冯士雍，董莉明，全国专业技术人员现状抽样调查的设计与分析，《应用统计实例选》，南开大学出版社，1997，1—15。

② 参见：冯士雍，杨若勇，北京地区专业技术人员现状抽样调查的抽样设计、数据处理方法和精度分析，《应用概率统计》，1991，7(4)：425—432。

的干部人数，共分成如表 14.1.1 中的 8 类，其中干部人数系 1988 年底的统计人数。每层内需调查的基层单位数按各层的干部人数进行比例分配。为便于比较，以后层内对每个被抽中的局级单位再抽基层单位时是成对进行的，因此每层内需抽取的基层单位数都是偶数。而且对于干部人数较少的层，按计算数只进不舍的原则，最后确定的在层内需调查的基层单位数列在表 14.1.1 的最右列。

表 14.1.1 石油系统单位的分层情况

编号	类　别	干部人数	需调查的基层单位数
1	油田和勘探单位	309174	400
2	管道运输单位	15993	20
3	建设工程公司	3003	4
4	机械厂	5369	6
5	供应办事处	526	2
6	大中专院校	9240	12
7	科研院所	3296	4
8	机关及其他	1122	2
	合　计	347723	450

油田和勘探单位是石油系统的主体，包含的干部人数最多，在这一大层中需要调查 400 个基层单位，有必要将它进一步细分层。这一大层共包含 21 个一级单位，其中大庆、辽河、华北、胜利等 9 个大油田及物探局独立成层，而将其余 11 个较小的油田合并为一层。因此所有油田和勘探单位共分为 11 个(小)层。统计每个油田以及各层的干部人数，按此人数将所需调查的 400 个基层单位按比例分配至各(小)层，具体结果见表 14.1.2。

14.1.4 层内各阶抽样方法

无论是非油田类的大层还是油田类中的小层，层内均采用三阶抽样方法：第一阶抽样是在层内抽局级(油田类则是二级)单位；第二阶抽样是在被抽中的局级(二级)单位中抽基层单位；第三阶抽样是在每个被抽中的基层单位中抽取干部。对于小油田则另加一阶抽样，即先对小油田进行抽样，用 PPS 抽样抽 5 个小油田。

表 14.1.2 油田和勘探单位类的细分层情况

层号	单位编号	单位名称	干部人数	需抽取基层单位数
1	1	大庆石油管理局	57 285	74
2	2	辽河石油勘探局	24 013	30
3	3	华北石油管理局	28 731	38
4	4	胜利石油管理局	40 911	52
5	5	大港石油管理局	16 562	22
6	6	中原石油管理局	19 234	24
7	7	江汉石油管理局	13 038	16
8	8	四川石油管理局	23 110	30
9	9	新疆石油管理局	29 111	38
10	10	物探局	7 402	10
11	11	滇黔桂勘探局	2 765	4
	12	冀东勘探开发公司	425	
	13	浙江勘探处	377	2
	14	安徽勘探公司	564	
	15	长庆勘探局	11 564	20
	16	玉门管理局	5 089	10
	17	青海管理局	5 405	
	18	延长油矿	1 035	
	19	吉林管理局	9 576	
	20	江苏勘探局	4 207	
	21	河南勘探局	8 768	30
		（层内合计）	(49 775)	(66)
总　计			309174	400

1. 第一阶抽样方法及示例

层内第一阶抽样对非油田类是抽取其中的局级单位，对油田类是抽取其中的二级单位，均采用与单位干部人数成比例的概率抽样（*PPS* 抽样）。具体方法是：对非油田类，设该层共有 N 个局级单位，根据表 14.1.1 需抽取的基层单位为 n，根据前述在每个局级单位中基层单位都是成对抽取的规定，对这 N 个局级单位进行

$n'=n/2$ 次独立抽样。在每次抽样中，第 i 个局级单位被抽中的概率与该单位的干部人数 M_i 成比例。设该层干部总人数为 M_0，在每次抽样中，第 i 个局级单位被抽中的概率为 $Z_i=M_i/M_0$，独立地进行 n' 次这样的抽样，记第 i 个局级单位被抽中的次数为 n_i'，则在该局级单位中需抽取 $n_i=2n_i'$ 个基层单位。

例 14.1.1　大中专院校层内抽院校的具体方法

该层共有 11 个局级单位(院校)，按表 14.1.1，需抽取 $n=12$ 个基层单位，需要进行 $n'=6$ 次独立抽样，具体步骤如下：

(1) 将全部 $N=11$ 所院校按自然顺序排列，记编号为 i，列出每所院校的干部人数 M_i；

(2) 计算累计干部人数 $K_i=\sum_{j=1}^{i}M_j$ 及总干部人数 $M_0=\sum_{i=1}^{N}M_i=9240$；

(3) 产生 1～9240 之间的一个随机数 r，设 $K_{t-1}<r\leqslant K_t$，则第 t 所院校被抽中；

(4) 重复(3)的过程共 6 次，记每所院校被抽中的次数为 n_i'，则该院校应抽 $n_i=2n_i'$ 个基层单位。

具体抽样结果见表 14.1.3。

表 14.1.3　大中专院校层内第一阶抽样情况($n=12$)

编号 i	单位名称	干部人数 M_i	累计人数 K_i	抽中次数 n_i'	需抽基层单位数 n_i
1	石油大学	2420	2420	2	4
2	大庆石油学院	1314	3734	1	2
3	西南石油学院	1414	5148	1	2
4	石油学院	1404	6552		
5	西安石油学院	842	7394	1	2
6	新疆石油学院	425	7819		
7	管理干部学院	174	7993		
8	承德石油学校	510	8503	1	2
9	重庆石油学校	462	8965		
10	培黎石油学校	175	9140		
11	外语培训中心	100	9240		

上述抽样是放回的，因此作为局级单位的院校可能被重复抽中。实际上，石油大学被抽中 2 次，因此在该校中应抽取 4 个基层单位。

油田类每个被抽中的油田内抽取二级单位的步骤与上述方法基本相同。唯一不同的是，由于油田本身已是局级单位，而每个油田下属的二级单位数量较大，故不要求二级单位内抽取的基层单位数必须是偶数。因此若该油田需抽取的基层单位数为 n ，则需独立进行 n 次 PPS 抽样。第 i 个二级单位被抽中的次数 n ，即是在该二级单位中需抽的基层单位数。

例 14.1.2 华北石油管理局下属有 43 个二级单位，干部总人数为 28413 人，需抽取基层单位 38 个。在 1～28413 范围内随机抽取 38 个随机数，采用与例 14.1.1 中的方法确定每次抽中的二级单位，统计 38 次抽样中各二级单位被抽中的次数 n_i ，对 $n_i=0$ 的单位不再进行下一阶抽样，对 $n_i>0$ 的则按照下面所述的方法抽取 n_i 个基层单位。例如勘探四公司需抽 3 个基层单位。

2.第二阶抽样方法及示例

第二阶抽样是从每个在第一阶抽样中被抽中的局级（在油田类中为二级）单位中抽取基层单位。采用的方法是 πPS 系统抽样，具体步骤如下：

(1) 将该局级（或二级）单位内所有的基层单位按自然顺序排列，列出相应的干部人数，计算累计人数，设总数为 M；

(2) 设在该局级（或二级）单位中需要抽取的基层单位数为 m' ，计算抽样间距 $k=M/m'$（若 M/m' 不是整数，则舍入取整数）；

(3) 在 $1\sim k$ 之间产生一个随机数 r ，则 $r,r+k,\cdots,r+(n-1)k$ 所对应的基层单位为抽中的基层单位。

例 14.1.3 华北石油管理局勘探四公司中的第二阶抽样具体步骤

根据第一阶抽样结果，勘探四公司被抽中且在其中应抽取 $n=3$ 个基层单位，该公司共有 20 个基层单位，按上述步骤列表如表 14.1.4。

表 14.1.4 勘探四公司内第二阶抽样情况

编号	单位名称	干部人数 M_i	累计干部人数 K_i
1	机关*	304	304*
2	生活公司	45	349
3	劳动公司	80	429
4	运输大队	57	486
5	地质大队	113	599
6	钻前大队	44	643
7	固井大队*	47	690*
8	水电大队	62	752
9	供应大队	67	818
10	机修厂	45	864
11	管子站	62	926

续表

编号	单位名称	干部人数 M_i	累计干部人数 K_i
12	新技术推广站	34	960
13	医院	108	1068
14	职业学校	21	1089
15	中学	79	1168
16	小学*	48	1216*
17	二校	76	1292
18	三校	22	1314
19	养殖总厂	29	1343
20	钻井队	121	1464

干部总人数 $M=1464$,抽样间距 $k=M/n=1464/3=488$,$r=195$,$r+k=683$,$r+2k=1171$,从而机关、固井大队与小学被抽中,即表 14.1.4 中打(*)号的单位。

3. 第三阶抽样方法

第三阶抽样方法是在每个被抽中的基层单位中抽取具体人员。采用等概率系统抽样,即等距抽样的方法在每个基层单位中抽取 10 人进行调查。具体步骤是:

(1) 设该基层单位有干部人数 M 人,则抽样间距 $k=M/10$(若 k 不为整数,则舍入使其为整数);

(2) 产生一个 1～10 范围内的随机数 r,则按该单位干部名册的顺序,第 $r,r+k,\cdots,r+9k$ 个干部即为抽中需调查的人员。

14.1.5 总体目标量的分类

根据问卷,此次调查内容共分 4 个部分,103 个问题,263 个选项。例如问题 101(您的性别)有:1—男,2—女,两个选项。需要估计的目标量总数比选项数更多,例如问题 101 中,男性干部总数、女性干部总数、男性干部比例、女性干部比例等均是需要估计的目标量。又例如问题 102(您的年龄)需估计的目标量则可以是平均年龄,也可以是各年龄段的人数或比例。再如对问题 315,它又分 A、B 两部分:

A. 您在工作中是否能发挥专长?

其中有 3 个选项:不能发挥(0)、基本能发挥(1)、充分能发挥(2)。若选择“不能发挥”(0),则继续回答:

B. 影响您发挥专长的主要原因是什么?

其中有 6 项选项,分别对应不能发挥专长的原因。

对 A,需要估计的目标量是全体干部中不能发挥、基本能发挥、充分能发挥专长人的比例;对 B,需要估计的目标量是每种因特定原因而不能发挥专长的干部在全体不能发挥专长的干部中所占的比例。因此问题 315 就至少包含 9 个需要估计的目标量。

为叙述方便,我们将所有目标量按其形式分成以下四类:

(1) 总体或子总体(例如某层或几个层)的总值 Y,即某个定量指标 $\mathcal{Y}$ 的总体(或在所统计范围内)的总量。例如男性干部总数、不能充分发挥专长的干部总数等;

(2) 总体或子总体的平均数 $\bar{Y}$,即总体(或子总体)总值按所统计范围内干部总数的平均数。例如平均年龄、平均月收入等。注意这里"统计范围内干部总数"是已知数,不是按本文的方法推总得到的估计数;

(3) 总体比例 P,即按某种类别或准则分类的干部在全体干部中所占的比例。例如前面提到过的男性干部比例以及对某个问题给出某一特定回答的比例。若令

$$Y_i = \begin{cases} 1, & \text{对某个问题回答是或选该选项} \\ 0, & \text{否则} \end{cases}$$

则对该指标进行处理,总体平均数 $\bar{Y}$ 即是 P;

(4) 两个总量或平均数的比值 $R=Y/X=\bar{Y}/\bar{X}$,这里 X 和 $\bar{X}$ 是另一指标 $\mathcal{X}$ 的总体总量和平均数,与 Y 及 $\bar{Y}$ 一样,它们也需要从样本中得到估计。例如前面提到的由于各种原因影响发挥专长的干部在全体不能充分发挥专长的干部中所占的比例,其中 Y 即是因某种原因不能充分发挥专长的干部人数,而 X 是不能充分发挥专长的干部总人数,两者都需要推总估计。

14.1.6 目标量的估计及其精度公式

1. 记号

为叙述简便起见,将有关记号的意义规定如下:以 Y,X(或加上适当的下标)记指标 $\mathcal{Y}$,$\mathcal{X}$ 在一定范围内的总量;记 $R=Y/X$ 为它们的比值,而 $\hat{Y}$,$\hat{X}$,$\hat{R}$ 为相应的估计量。又记

$v(\hat{\theta})$ 为 $\hat{\theta}$ 的方差估计($\hat{\theta}$ 为 $\hat{Y}$,$\hat{X}$,$\hat{R}$ 等,下同);

$s(\hat{\theta})=\sqrt{v(\hat{\theta})}$ 为估计量的标准差估计;

$cv(\hat{\theta})=s(\hat{\theta})/\hat{\theta}$ 为 $\hat{\theta}$ 的变异系数估计。

在计算过程中,只对 $v(\cdot)$ 进行运算,但精度的最终结果以 $s(\cdot)$ 及 $cv(\cdot)$ 形式输出,因为在乘上适当的因子后它们分别表示估计量绝对误差与相对误差的大小。

以 h 为层的编号,i 为单位编号,j 为被调查干部的编号;M 加上适当的下标

表示所指范围内的干部人数。例如 M_h 表示第 h 层的干部人数，$M_0=\sum_h M_h$ 为干部总人数等。又记 $W_h=M_h/M_0$ 为层权，$Z_{hi}=M_{hi}/M_{h0}$ 为第 h 层内第 i 个局级(或二级)单位在 PPS 抽样中每次抽样的入样概率，m_{hi} 表示 h 层第 i 个(样本)单位中调查的人数(在本案例中皆为 10)。

为简化符号起见，对层内数据进行处理时，层编号 h 常被省略。

2. 层内总量 Y 的估计及其方差估计

对每个被调查的基层单位，计算

$$\bar{y}_i=\frac{1}{m_i}\sum_{j=1}^{m_i}y_{ij},\qquad \bar{x}_i=\frac{1}{m_i}\sum_{j=1}^{m_i}x_{ij} \tag{14.1.1}$$

其中 y_{ij}，x_{ij} 是第 i 个(基层)单位中第 j 个被调查者对指标 $\mathcal{Y}$，$\mathcal{X}$ 的数值。第 i 个基层单位总量的估计为

$$\hat{Y}_i=M_i\bar{y}_i,\quad \hat{X}_i=M_i\bar{x}_i \tag{14.1.2}$$

这里 M_i 是所在基层单位的干部人数。层总量 Y 与 X 的估计采用以下公式：

$$\hat{Y}=\frac{1}{n}\sum_{i-1}^{n}\frac{\hat{Y}_i}{z_i}=\frac{M_0}{n}\sum_{i=1}^{n}\bar{y}_i,\qquad \hat{X}=\frac{1}{n}\sum_{i-1}^{n}\frac{\hat{X}_i}{z_i}=\frac{M_0}{n}\sum_{i=1}^{n}\bar{x}_i \tag{14.1.3}$$

其中 n 是该层调查的基层单位数，M_0 是该层干部总数，而

$$z_i=\frac{M_i}{M_0}$$

根据抽样方案，层内第一阶抽样是放回 PPS 抽样，而第二阶抽样是 πPS 系统抽样，因此样本是近似自加权的，按(14.1.3)式的估计是无偏的。

$\hat{Y}$ 与 $\hat{X}$ 的方差的表达式相当复杂，不过由于第一阶抽样是放回 PPS 抽样，故 $\hat{Y}_i(i=1,\cdots,n)$ 与 $\hat{X}_i\ (i=1,\cdots,n)$ 均近似按独立处理，且都是无偏的，故 $\hat{Y}$ 与 $\hat{X}$ 的方差估计有以下简单的形式：

$$v(\hat{Y})=\frac{1}{n(n-1)}\sum_{i}^{n}\left(\frac{\hat{Y}_i}{z_i}-\hat{Y}\right)^2,\quad v(\hat{X})=\frac{1}{n(n-1)}\sum_{i}^{n}\left(\frac{\hat{X}_i}{z_i}-\hat{X}\right)^2 \tag{14.1.4}$$

对 $\bar{Y}$ 型或 P 型的目标量，它们的估计量及其方差估计直接可以由 Y 型的结果推出：

$$\hat{\bar{Y}}=\hat{Y}/M_0\quad 或\quad \hat{P}=\hat{Y}/M_0 \tag{14.1.5}$$

$$v(\hat{\bar{Y}})=v(\hat{Y})/M_0^2\quad 或\quad v(\hat{P})=v(\hat{Y})/M_0^2 \tag{14.1.6}$$

3. 层内有关比值型目标量 R 的估计及其方差估计

层内 $R=Y/X$ 的估计采用：

$$\hat{R}=\hat{Y}/\hat{X} \tag{14.1.7}$$

其中 $\hat{Y}$ 与 $\hat{X}$ 均由(14.1.3)式给出。

为推导 $\hat{R}$ 的方差，采用第十二章中对 $\hat{R}=\hat{Y}/\hat{X}$ 进行泰勒线性近似的方法。先获得 $V(\hat{R})$ 的近似公式，然后获得它的估计 $v(\hat{R})$，具体程序如下：

对指标 $\mathcal{Y}$，$\mathcal{X}$，将 $\mathcal{U}=\mathcal{Y}+\mathcal{X}$ 作为一新指标，令

$$u_{ij}=y_{ij}+x_{ij} \tag{14.1.8}$$

用(14.1.3)式计算 $\hat{U}$，(14.1.4) 式计算 $v(\hat{U})$，可得到：

$$v(\hat{R})=\hat{R}^2\left[\frac{v(\hat{Y})}{\hat{Y}^2}+\frac{v(\hat{X})}{\hat{X}^2}-\frac{v(\hat{U})-v(\hat{Y})-v(\hat{X})}{\hat{Y}\hat{X}}\right] \tag{14.1.9}$$

4. 层间汇总公式

根据此项调查的抽样设计中的分层及层的大小，将各层按上面给出的估计量进行层间加权汇总。

(1) 非油田类。包括管理运输单位、建设工程公司、机械厂、供应办事处、大中专院校、科研院所以及总公司机关等 7 大层(相当于表 14.1.1 中编号为 2～8 的七类)的汇总。令：

$$W'_h=\frac{W_h}{\sum_{h=2}^{8}W_h},\quad h=2,3,\cdots,8 \tag{14.1.10}$$

则非油田类的总量 Y 的估计与相应的方差估计为：

$$\hat{Y}=\sum_{h=2}^{8}\hat{Y}_h \tag{14.1.11}$$

$$v(\hat{Y})=\sum_{h=2}^{8}v(\hat{Y}_h) \tag{14.1.12}$$

有了总量估计，很易获得比值 R 的估计。对于本项调查的多数问题，比值 R 的估计及相应的方差估计使用加权公式：

$$\hat{R}=\sum_{h=2}^{8}W'_h\hat{R}_h \tag{14.1.13}$$

$$v(\hat{R})=\sum_{h=2}^{8}W'^2_h v(\hat{R}_h) \tag{14.1.14}$$

(2) 对小油田层的处理

在抽样方案中，油田类大层又分为 11 个小层，其中大油田及物探局等 10 个单位单独成层，其他 11 个较小油田或勘探单位用 PPS 抽样抽取 $K=5$ 个小油田进行调查。小油田层总量 Y 及比值型目标量 R 的估计及其方差估计可重复(14.1.3)至(14.1.9)诸式获得(将 K 代替 n)，这里从略。

(3) 整个石油系统(总公司)的汇总

将所有油田类 11 层及非油田类的汇总结果再次按分层抽样有关公式进行汇总即可得到整个石油系统的汇总结果，具体公式完全类似(14.1.11)至(14.1.14)诸式，这里也从略。

14.1.7　实际精度分析

本项调查采用派调查员面访的形式。由于问卷回收率及有效率均达到100%，因此不存在由于无回答引起的非抽样误差。在此小节中我们根据数据处理结果对抽样误差进行分析。

在抽样设计中，我们提出了此次调查的设计精度是在置信水平 95%下，关于比例型估计量的绝对误差不超过 2%。根据 14.1.6 中给出的方差估计公式，对每个目标量进行计算，即可获得对每个目标量估计的实际精度估计。上小节中的精度都是以 $v(\cdot)$ 的形式给出的，若换算成给定置信水平 95%下的最大绝对误差 d，有以下关系：

$$d = u_\alpha \sqrt{v(\cdot)} = 1.96 s(\cdot)$$

估计量的精度也常用最大相对误差 r 或变异系数 $cv(\cdot)$ 表示，r 也是对一定置信水平意义下而言的，例如对 Y 的估计量 $\hat{Y}$，r 满足

$$\Pr\left(\left|\frac{\hat{Y}-Y}{Y}\right| \leqslant r\right) = 1-\alpha$$

一般地，有：

$$r = u_\alpha cv(\cdot)$$

例如给定置信水平 95%下的最大相对误差 $r = 1.96cv(\cdot)$。

下面根据计算结果举例说明此次调查实际达到的精度。

例 14.1.4　被调查人员的性别、年龄结构与统计报表相应数据的比较

表 14.1.5 与表 14.1.6 分别是对问题 101(性别)与问题 102(年龄)化为比例 P 以后对总体目标量的估计 $\hat{P}$，它的标准差估计 $s(\hat{P})$ 以及根据 1988 年及 1989 年统计报表提供的数据的平均数(因调查是在年中进行的)。

表 14.1.5　性别结构的抽样估计、精度及与统计报表数的比较(%)

	$\hat{P}$	$s(\hat{P})$	$cv(\hat{P})$	统计报表中 P
男性	70.06	0.91	1.31	70.86
女性	29.94	0.91	3.03	29.14

表 14.1.6 年龄结构的抽样估计、精度及与统计报表数的比较 单位:%

	$\hat{P}$	$s(\hat{P})$	$cv(\hat{P})$	统计报表中 P
25 岁以下	14.05	0.65	4.60	17.70
26~30 岁	15.67	0.55	3.49	12.92
31~35 岁	12.82	0.51	3.95	13.64
36~40 岁	16.69	0.61	3.66	15.62
41~45 岁	15.12	0.55	3.65	14.61
46~50 岁	11.40	0.45	3.97	11.35
51~55 岁	11.20	0.50	4.49	10.84
56~60 岁	2.96	0.25	8.49	3.25
61 岁以上	0.08	0.04	50.34	0.07

从表 14.1.5 与表 14.1.6 可看出,性别与年龄结构两项抽样推总结果与根据统计报表中的数据吻合得较好。仅年龄中 30 岁以下的比例相差较大,也许是由于年轻干部队伍不够稳定以及受当年干部人事分配等因素引起的。

对全部 950 项目标量的计算表明,除 8 项因样本观测值全为 0,故估计量及其方差估计都为 0 外,其余 942 项目标量化为比例或比值的形式,估计量的标准差估计,即标准误差 $s(\cdot)$ 的分布情况见表 14.1.7。

表 14.1.7 942 项目标量估计的标准误差分布

标准误差范围	频数	频率
$s \leqslant 0.2\%$	172	18.26%
$0.2\% < s \leqslant 0.5\%$	263	27.92%
$0.5\% < s \leqslant 1.0\%$	490	52.02%
$1.0\% < s \leqslant 1.5\%$	15	1.59%
$s > 1.5\%$	2	0.21%
合　计	942	100%

如果换算成实际达到的最大绝对误差 $d \approx 2s(\cdot)$,则可看到 98.20%的最大绝对误差小于或等于设计精度 2%,可见调查达到了事先要求的精度。

表 14.1.8 是全部 942 项目标量估计的变异系数的分布,从中也可看出估计量的相对精度也是比较高的,当然对一些小比例目标量,不可避免的相对误差较大。

表 14.1.8 942 项目标量估计的变异系数的分布

变异系数的范围	频数	频率
$cv \leqslant 2\%$	240	25.48%
$2\% < cv \leqslant 5\%$	329	34.93%
$5\% < cv \leqslant 10\%$	188	19.95%
$10\% < cv \leqslant 20\%$	107	11.36%
$20\% < cv \leqslant 50\%$	56	5.94%
$cv > 50\%$	22	2.34%
合　计	942	100%

14.1.8* 讨论

1. 本案例是对中国石油总公司所属的全国石油系统 1989 年年中时全部 347723 干部现状进行的抽样调查。调查采用典型的问卷调查形式，共 103 个问题，263 个选项，需要估计的总体目标量 950 个。与一般的问卷调查类似，除少量问题需要作出定量回答外，绝大多数问题仅需选填问卷中所列的选项，因此总体目标量是所选的选项的比例。对这样的问题，样本量较易确定。先按简单随机抽样公式，对总体方差取为 0.25 这一最保守的情形，在置信度取 95%时，求得对应于绝对误差限 $d=1\%$ 的样本量约为 10000，在本例中取 $d=2\%$，样本量定为 2500。将此数乘上设计效应 deff 即得实际需要的样本量。对于一个实际项目，抽样设计的 deff 的估计十分重要。我们采用的是与本项目类似的 1987 年对全国及北京地区专业技术人员现状抽样调查中对 deff 的估计结果，取 deff = 1.8。就每个指标而言，估计的数值是不同的，但可以根据它们的大概数值作为今后类似设计的参考。

2. 在实际抽样调查中，最常用的抽样方法是分层多阶抽样，此时确定各阶抽样单元及选用合理且方便的抽样框是前提。中国石油总公司系从原石油部改制而来，有一个完整的体系：总公司下设局级（一级）单位，将它们作为一级抽样单元；局级单位下的单位作为二级抽样单元；直到更小的基层单位。每个干部都属于一个独立的基层单位。所有局级单位按行业性质分层，层样本量与干部人数成比例分配。由于事先确定在每个基层单位中均调查 10 人，因此层样本量也可用层内需调查的基层单位数表示。层内采用按与干部人数成比例的放回 *PPS* 抽样抽取一级单元（局级单位），对于重复抽中 r 次的单位，下一阶样本量规定为原定的 r 倍。

3. 在将层比值估计 $\hat{R}$ 进行汇总时，本项目中使用的如(14.1.13)式及(14.1.14)式等只是根据直观考虑，对本项目中的多数问题是合理的，但在理论上如何严格处理，是需要进一步研究的问题。

4.本案例给出了与抽样方案完全配套的总体目标量的估计及其方差估计公式,并对所有目标量估计的精度作了分析与统计,这对统计分析人员的要求较高。在许多情形,通常将目标量估计简化为对样本数据的加权,如14.2节的案例。

14.2 全国电视观众抽样调查的样本设计与加权方法

14.2.1 背景介绍

我国是世界上人口最多的国家,也拥有世界上数量最大的电视观众群体。全国电视观众抽样调查是中央电视台组织的对全国电视观众的大规模抽样调查。从1987年开始,每5年进行一次。电视观众调查的目的是:准确获取全国电视观众群体规模、构成以及分布情况,获取这些观众的收视习惯、对电视频道和栏目的选择倾向、收视人数、收视率与喜爱程度等情况,为改进电视频道设置和栏目的制作、开展电视观众行为研究提供新的依据。本案例是基于2002年进行的第四次调查的抽样设计与数据处理,2007年进行的第五次调查与第四次调查的差别不是很大。

为保证调查的客观、公正和准确,中央电视台委托中国科学院数学与系统科学研究院系统科学所、国家统计局农村调查总队及央视市场调查股份有限公司等机构共同完成调查项目。为了确保调查数据的准确,中央电视台总编室先后召开了4次专家讨论会和论证会,对调查的问卷内容,抽样设计进行了反复推敲和论证。整个调查活动从筹备到公布调查结果历时一年。调查的新闻发布会于2002年12月19日上午在中央电视台举行,并在当天的新闻联播中进行了报道,引起广泛的社会反响,调查取得良好的社会效果。

本次调查采用分层 *PPS* 抽样方法,把全国所有的区、县作为第一级(阶)抽样单位,共抽取覆盖全国31个省、自治区、直辖市(除港、澳、台外)的11950个13岁以上观众样本,实际回收有效问卷11760份,有效率为98.41%。另外还附带调查了2042个4~12岁少儿样本。

14.2.2 目标总体、抽样设计的原则

1.目标总体

调查的目标总体定为全国31个省、自治区、直辖市(港澳台除外)电视信号覆盖区域内所有城乡家庭户中的13岁以上可视居民以及4~12岁的少儿。包括有户籍的正式住户也包括所有临时的或其他住户,只要已在本居(村)委会内居住满6个月或预计居住6个月以上,但不包括住在军营内的现役军人、集体户及无固定

住所的人口。

2. 抽样设计的原则

抽样设计按照科学、效率、便利的原则。首先，作为一项全国性抽样调查，整体方案应是严格的概率抽样，要求样本对全国及某些指定的城市或地区有代表性。其次，抽样方案必须保证有较高的效率，即在相同样本量的条件下，方案设计应使调查精度尽可能高，也即目标量估计的抽样误差尽可能小。第三，方案必须有较强的可操作性，不仅便于具体抽样的实施，也应便于后期的数据处理。

14.2.3 需要考虑的具体问题及相应的处理方法

1. 城乡区分

城市与农村的电视观众收视习惯与爱好有很大的区别。理所当然地应分别进行研究，以便于对比。较方便的一种处理方法是将他们作为两个研究域进行独立抽样，但这样做的代价是调查样本点数量大，地域分散，相应的费用也就较高。另一种处理方式是在第一阶抽样中不考虑区分城乡，统一抽取抽样单元(例如区、县)，在其后的抽样中再区分城、乡。这样做的优点是样本点相对集中，但数据处理稍为复杂。综合考虑各种因素，本方案采用第二种处理方式。在样本区、县中，以居委会的数据代表城市；以村委会的数据代表农村。

2. 抽样方案的类型与抽样单元的确定

全国性抽样宜采用区域框为抽样框的多阶抽样，而多阶抽样中设计的关键是各阶抽样单元的选择，其中尤以一阶抽样单元(即初级抽样单元 PSU)最为重要。本项调查除个别直辖市及大城市外，不要求对省、自治区进行推断，从而可不考虑样本对省的代表性。在这种情况下，选择区、县作为初级抽样单元最为适宜。因为全国区、县的总数量很大，区、县样本量也会比较大，以控制第一阶抽样误差。另外对区、县的分层也可分得更为精细。

本抽样方案采用分层五阶抽样，各阶抽样单元确定为：

(1) 第一阶抽样：区(地级市以上城市的市辖区)、县(包括县级市等)；

(2) 第二阶抽样：街道、乡、镇；

(3) 第三阶抽样：居委会、村委会；

(4) 第四阶抽样：家庭户；

(5) 第五阶抽样：个人。

为提高抽样效率、减少抽样误差，在第一阶抽样中对区、县按地域及类别进行分层。在每一层内前三阶抽样均采用按与人口成比例的不等概率系统抽样(πPS 系统抽样)；而第四阶抽样采用等概率系统抽样，即等距抽样；第五阶抽样采用简单随机抽样。

3. 自我代表层的设立

根据主持单位的要求，本次调查需要对北京、上海两个直辖市以及广州、成都、长沙与西安四个省会城市进行独立分析，因而在处理上将这些城市（包括下辖的所有区、县）每个都作为单独的一层处理。为方便起见，以下把这样的层称为自我代表层。考虑到全国其他区县在分层中的一些具体问题以及各地的特殊情况，在设计中，将天津市、海南省与西藏自治区，都作为自我代表层处理。这样自我代表层共有 9 个。

14.2.4 区、县分层及抽选方法

1. 全国区、县的调查总体

根据 2001 年的全国行政区划资料，全国（港澳台除外）共有 787 个市辖区，此外有 5 个地级市（湖州、东莞、中山、三亚、嘉峪关）不设市辖区，若将它们每个都视同一个市辖区，则共有 792 个区；全国共有 1674 个县（包括自治县及旗、自治旗、特区与林区等）、400 个县级市，县级行政单位的总数为 2074 个，这中间包括福建省的金门县，不能进行调查，因此除金门县以外的所有 2865 个区、县（792 个区及 2073 个县）构成此次调查的初级抽样单元（PSU）的抽样框。

2. 区、县分层方法

为便于调查后的资料分类汇总及提高精度，应将全国区、县进行分层。分层可以按多种标识进行，分层标识应选取与调查指标相关程度较高的那些变量。在本次调查中也就是应选取与观众收视行为、习惯与爱好等密切相关的变量。关于这方面已有许多相应的研究结果，例如观众的年龄、性别、文化程度、职业、居住地的生活习惯与气候等。不过注意到我们不可能按观众的个体来分类，只能按观众居住的区、县来分类。而对于区、县，许多表示人口特征（除人口总数）及社会、经济发展指标（除所在省的人文发展指数及县的人均 GDP）的资料都无法得到，经过多方研究，我们对区县的分层按以下两种标识进行：

(1) 地域

我国幅员广大，各地经济、社会、文化与气候的地域差异极大，而所有这些因素都与电视观众的收视行为密切相关。首先将所有县按所在省（自治区、直辖市）的地理位置分成 3 大层 14 个子层，其中各省括号内的数字为它们的人文发展指数（Human Development Index，简称 HDI）当时在全国的排位。地域分层如表 14.2.1：

表 14.2.1　全国区、县的地域分层

大　层	所含省、自治区、直辖市
第一大层（东部地区）	子层 10：　上海(1)、北京(2)、天津(3)(每个都作为自我代表层) 子层 11：　辽宁(5)、山东(9) 子层 12：　江苏(7)、浙江(6) 子层 13：　福建(8)、广东(4)、 子层 14：　海南(13)(自我代表层)
第二大层（中部地区）	子层 21：　黑龙江(10)、吉林(12) 子层 22：　河北(11)、河南(18)、山西(16) 子层 23：　安徽(20)、江西(23) 子层 24：　湖北(14)、湖南(17)
第三大层（西部地区）	子层 31：　内蒙古(21)、新疆(15)、宁夏(26) 子层 32：　陕西(25)、甘肃(28)、青海(29) 子层 33：　重庆(22)、四川(24) 子层 34：　广西(19)、云南(27)、贵州(30) 子层 35：　西藏(31)(自我代表层)

需要说明的是，以上划分的层还考虑了其他一些因素，各省按联合国制定标准计算的人文发展指数仅是考虑因素之一。例如，按人文发展指数，广西(第 19 位)实际上可划在第二大层(中部地区)，但考虑到国家西部大开发的范围将广西划入西部地区，我们的划分与它一致，这样便于资料的汇总发布。又如海南省，根据人文发展指数(第 13 位)放在第一大层稍为勉强，但是根据它的地理位置以及它以旅游为主业，有其特殊性，故作为单独一个子层，也划在第一大层。

(2) 区、县类别

同一大层的各市辖区与所隶属城市的规模、在城市中的地理位置(市区或郊区)和人口构成(如非农业人口占总人口的比例等)有较大差异，各县也因经济文化发达程度有较大差异。我们将各大层中的所有区、县除已划为自我代表层的以外(如下称抽样总体)，分成一类区、二类区、县级市、一类县、二类县 5 类，每类组成 1 个小层。

全国抽样总体中所有区县共分成 11×5＝55 个小层。其中区的划分标准为区中非农业人口占总人口的比例，比例高于标准的为一类区，比例低于标准的为二类区；县的划分标准为人均国内生产总值，高的为一类县，低的为二类县。区县划分类别的标准在三大层中各不相同，具体标准如下：

区类别的划分标准：东部地区与中部地区是非农人口在总人口中的比例大于或等于 80%为一类区，否则为二类区；西部地区是该比例大于或等于 70%为一类区，否则为二类区。

县类别的划分标准：东部地区是人均 GDP 在 5000 元以上为一类县，否则为二类县;中部地区是人均 GDP 在 4000 元以上为一类县,否则为二类县;西部地区是人均 GDP 在 3000 元以上为一类县,否则为二类县。

3. 自我代表层区、县的构成

根据行政区划,自我代表层中各城市及海南省、西藏自治区所辖的区、县的构成情况分别如表 14.2.2,其中为区划分所需的非农业人口在总人口中所占比例取自公安部发布的全国区县户籍人口资料。

表 14.2.2 自我代表层的辖区、县构成

	一类区	二类区	直辖市的县及其他县级市	县	总计
北京市	8	5	5	—	18
天津市	7	7	4	—	18
上海市	9	7	3	—	19
广州市	5	5	2	—	12
成都市	5	2	4	8	19
长沙市	2	3	1	3	9
西安市	4	4	0	5	13
海南省	2	2	7	10	21
西藏自治区	—	1	1	71	73

4. 抽样总体区、县小层构成

全国除自我代表层以外的抽样总体各小层的区、县数及人口在(抽样总体)总人口中的比例如表 14.2.3 与表 14.2.4 所示,其中县划分所需要的 GDP 数据取自各省的 2000 年或 2001 年的统计年鉴。

表 14.2.3 抽样总体中各小层的区县数

地域子层	一类区	二类区	县级市	一类县	二类县	合计
东部地区 11	43	62	47	19	68	239
东部地区 12	30	47	53	31	37	198
东部地区 13	22	39	44	59	32	196
中部地区 21	56	26	40	36	32	190
中部地区 22	39	67	56	140	148	450
中部地区 23	26	34	19	31	95	205
中部地区 24	20	44	39	42	69	214
西部地区 31	27	8	34	91	61	221
西部地区 32	11	16	15	51	131	224
西部地区 33	5	42	14	55	85	201
西部地区 34	19	27	30	74	175	325
合　计	298	412	391	629	933	2663

表 14.2.4　抽样总体各小层人口占总人口的比例(%)

地域子层	一类区	二类区	县级市	一类县	二类县	合计
东部地区 11	1.3604	2.2921	3.1944	0.7724	3.6542	11.2735
东部地区 12	0.7040	1.6600	3.9097	1.4201	2.2964	9.9902
东部地区 13	0.4745	1.1318	3.1667	2.3657	1.4894	8.6281
中部地区 21	1.0270	0.5057	1.7829	1.1110	1.0105	5.4372
中部地区 22	0.9326	1.9258	2.8047	4.5600	6.4027	16.6258
中部地区 23	0.5308	1.1881	1.0755	1.1716	4.9722	8.9381
中部地区 24	0.6148	1.6037	2.5588	2.2912	3.2741	10.3426
西部地区 31	0.4373	0.2234	0.7369	1.2348	1.3786	4.0110
西部地区 32	0.2996	0.5438	0.4286	0.7282	3.0775	5.0778
西部地区 33	0.1463	2.1276	0.9646	1.8843	3.9227	9.0455
西部地区 34	0.3654	0.9543	1.3344	2.6679	5.3081	10.6301
合　计	6.8928	14.1562	21.9573	20.2073	36.7864	100.0000

5. 区、县小层样本量的分配

抽样总体中各层(指小层,下同)内对区、县的抽样采用按人口的 πPS 系统抽样,样本量一般为 2;少数人口较多的小层样本量定为 3。样本量的具体分配见表 14.2.5。样本区、县总量为 121 个。

表 14.2.5　各小层的区县样本量的分配

地域子层	一类区	二类区	县级市	一类县	二类县	合计
东部地区 11	2	3	3	2	2	12
东部地区 12	2	2	3	2	2	11
东部地区 13	2	2	3	2	2	11
中部地区 21	2	2	2	2	2	10
中部地区 22	2	2	3	3	3	13
中部地区 23	2	2	2	2	3	11
中部地区 24	2	2	2	2	2	10
西部地区 31	2	2	2	2	2	10
西部地区 32	2	2	2	2	3	11
西部地区 33	2	2	2	2	3	11
西部地区 34	2	2	2	2	3	11
合　计	22	23	26	23	27	121

14.2.5 抽样总体中样本区、县内的抽样方法

1.样本区内的抽样

每个一类样本区内采用街道(镇)、居委会、家庭户及个人的四阶抽样;每个二类样本区内采用街道(乡、镇)、居(村)委会、家庭户及个人的四阶抽样,样本量皆为90。具体步骤如下:

(1) 对街道(乡、镇)的抽样

样本区内对街道(乡、镇)抽样采用按人口的 πPS 系统抽样,每个样本区抽 3 个街道(乡、镇),其中一类区不抽乡。

(2) 对居委会的抽样

样本街道、镇(乡)内对居(村)委会的抽样采用按人口的 πPS 系统抽样,每个样本街道、镇、乡各抽 2 个居(村)委会,其中一类区不抽村委会。为操作方便,这里的人口数也可用户数。

(3) 对家庭户的抽样

样本居(村)委会内对家庭户的抽样采用随机起点的等概率系统抽样,即等距抽样。每个居(村)委会固定抽取 15 户。在抽样时,必须首先清点居(村)委会管辖范围内的实际家庭户数,且按规定的顺序排列。

(4) 样本户内具体调查对象的确定

对每个被抽中的样本户,在 13 岁以上(含 13 岁)的成员中,完全随机地确定一名为具体调查对象。为确保家庭成员中的每一个这样的成员都有相等的概率被抽中,基什(L. Kish)设计了一种特殊的表格。

本案例采用的基什表是一种被广泛采用、形式较简约的表,称为二维随机表。二维随机表包含的行数与列数不尽相同,我们所采用的是表 14.2.6,表中标有数字部份共有 12 行 12 列。对于每一样本家庭户,这样的表已包含在调查问卷中,表中的第一行表示列号(1～12)的数字中已被事先随机圈定其中一个(如 8)。调查员将户中所有符合调查年龄的成员按规定的顺序(如先按性别男前女后,同性别的再按年龄从大到小)进行填写。以户中符合调查年龄的人数为行号(如户中有 5 人,用第 5 行)、表中已圈定的数字为列号,则序号为行、列交叉格子中的数字(第 5 行与第 8 列交叉的数字为 2)所对应的家庭成员即为实际调查对象。

2. 样本县(县级市)内的抽样

每个样本县内采用乡(镇)、村(居)委会、家庭户及个人的 4 阶抽样,样本量为 60,具体方法如下。

表 14.2.6　确定户内调查对象的二维随机表

序号	姓名	性别	年龄	1	2	3	4	5	6	7	8	9	10	11	12
1				1	1	1	1	1	1	1	1	1	1	1	1
2				2	1	2	1	1	2	2	1	1	2	1	2
3				3	2	1	1	3	2	2	1	3	1	2	3
4				4	1	3	2	2	3	1	4	3	2	4	1
5				5	4	1	2	3	4	1	2	3	5	4	2
6				6	3	1	5	2	4	3	5	1	4	6	2
7				7	1	4	3	6	2	5	2	5	7	4	3
8				8	4	5	7	1	2	6	3	7	5	3	1
9				9	5	1	4	3	8	2	7	6	5	2	8
10				10	3	5	9	4	1	7	2	8	6	9	4
11				11	6	1	5	10	4	9	8	3	2	7	6
12				12	7	2	9	4	11	6	1	8	3	10	5

(1) 对乡、镇的抽样

确定县城所在的镇(城关镇)为必调查镇,对其余乡(镇)采用按人口的 πPS 系统抽样,再抽 2 个乡(镇),每个样本县共调查 3 个乡(镇)。

(2) 对村(居)委会的抽样

在每个城关镇中用按人口 PPS 抽样抽取 2 个样本居(村)委会。对其他两个样本乡、镇内,也用同样的方法抽 2 个村委会。为操作方便,这里的人口数也可用户数。

(3) 对家庭户的抽样

样本村(居)内对家庭户的抽样与样本居委会内对家庭户的抽样完全相同,仍采用随机起点的等概率系统抽样,即等距抽样。每个村(居)固定抽取 10 户。

(4) 具体调查对象的确定

在样本户中也用二维随机表来确定具体调查对象。

(5) 少儿样本的确定

在每个样本户中,除抽取一位 13 岁以上的观众作为调查对象外,如果还有 4～12 岁的少儿,则需要抽取 1 位进行少儿观众的调查。如果符合年龄条件的多于 1 位,则仍按二维随机表的方法确定接受调查的儿童。

对于自我代表的 7 个城市中,为保证少儿的样本量,对每个样本户,调查所有满足年龄的少儿。

14.2.6 自我代表层中的抽样方法

1.自我代表城市的抽样方法

每个需要进行推断的城市皆作为自我代表层，在层内也进行分层抽样，层的划分标准与其他子层中的区、县标准基本相同。只不过不再对县分类，且将县级市（仅长沙市有一个）也作为一般县处理。这样每个城市皆分为一类区、二类区及县三层。考虑到上海市浦东新区的特殊性（既包括完全城市化的市区，也包含范围相当广的农村），将该区作为自我代表层处理。

考虑到在一个城市范围内的调查，交通比较方便，故为提高效率，根据每个城市的实际情况，适当增加样本区的数量，减少每个样本区、县内的的样本量。每个样本区县规定都抽 2 个街道（乡、镇），每个样本街道（乡、镇）抽 2 个居（村）委会。样本区内每个居（村）委会样本量仍为 15 户，样本县（县级市）内每个村（居）委会样本量仍为 10 户。如果有可能，对一类区也可不对区进行抽样，直接对街道进行抽样。

根据每个必调查城市所属的区、县数，确定样本区、县数如表 14.2.7（表中的数字为样本区、县数，括号中的数字为每个区、县的样本户数）。

2.海南省的抽样方法

海南省的抽样也采用分层抽样法。海南省包括 2 个地级市即海口市与三亚市。海口市下辖 3 个区，三亚市不设区，也按区对待，共抽取 2 个样本区（市），每个样本区（市）调查 90 户。除此以外的 7 个县级市及 10 个县（自治县）为省直辖，从中抽取 2 个市县，每个样本市县调查 60 户。海南省总样本量为 300 户。

表 14.2.7 自我代表城市的样本量

城　市	一类区	二类区	县	总样本量
北京市	4(60)	2(60)	2(40)	440
天津市	3(60)	2(60)	2(40)	380
上海市	4(60)	3(60)*	2(40)	500
广州市	3(60)	2(60)	2(40)	380
成都市**	3(60)	2(60)	2(40)	380
长沙市	2(60)	3(60)	2(40)	380
西安市**	4(45)	2(60)	2(40)	380
总　计	1320	960	560	2840

* 其中浦东新区在商业区抽一个街道，在农业区抽一个镇。

** 成都、西安两市由于一类区数量较少，故对一类区进行全面调查，其中西安市每个一类区中抽 1 个街道，每个街道抽 3 个居委会，在有条件的区中每个直接抽 3 个居委会。

3. 西藏自治区的抽样方法

西藏自治区的抽样也采用分层抽样法，其中拉萨市城关区抽 4 个居委会，日喀则市除城关镇外，再抽两个乡镇，共 6 个居(村)委会。以上两市均作为自我代表层，每层各抽取 60 户；其余 71 个县则采用按人口的 PPS 抽样抽 2 个县，每个县调查 40 户。西藏自治区总样本量为 200 户。

14.2.7　总样本量与设计抽样误差

1. 总样本量

根据前述抽样设计，本方案 13 岁以上观众总的样本量为：

(1) 自我代表层共 2840＋300＋200＝3340 户，其中区样本为 2580 户，县样本为 760 户。

(2) 抽样总体分 11 个子层，55 个小层，样本区县共 121 个，其中样本区 45 个，样本县(县级市)76 个。每个样本区抽 90 户，故区样本为 4050 户；每个样本县抽 60 户，县样本共 4560 户，共计 8610 户。

(3) 全国总样本量为 11950 户，其中区样本为 6630 户，县样本为 5320 户。

2. 设计抽样误差的估计

根据以往类似抽样调查，本方案的设计效应 deff 估计为 2.0，相当于按简单随机抽样的样本量为 5975，经计算，比例型目标量的绝对误差限 d (95%置信度下)约为 1.27%。与 14.1 节的案例类似，实际精度应从样本数据方差估计的结果获得，参见 14.2.9 中的讨论。

14.2.8　总体目标量的估计方法

总体目标量的估计通过对样本数据的加权进行，如对总体总量的估计，通过将每个样本单元的调查结果(在数据库中对应一条记录)中的相应值乘以一个“权数”，再对所有单元数据相加即得。注意这里的“权数”与以前各章中的“权重”的意义稍有不同，这里的权数是样本单元所代表的调查总体的单元数，以前各章所指的权重相当于这里的权数与权数总和之比。

下面详细说明本案例中的权数计算及加权的的具体步骤。

1. 设计权数

首先计算每个样本单元的设计权数 w_d，设计权数等于该样本单元入样概率的倒数。根据前几节确定的抽样方法，每个(小)层内样本可以看作是自加权的。据此可以分别计算自我代表城市以及抽样总体中所有样本(按每个样本区县)的设计权数，其中抽样总体中各(小)层的人口在抽样总体中所占的比例由表 14.2.4 给出。对特定的(小)层 h，设计权数可简单地表示为：

$$w_d = \frac{N_h}{n_h} \tag{14.2.1}$$

其中 N_h 与 n_h 分别为层中的人口数及层的设计样本量。注意不同层的层权已在设计权数中得到反映。

2. 权数的调整

由于种种原因，需要对设计权数进行调整，根据调整内容以及可利用的统计资料，调整有的按样本区县进行，有的按所在的省（自治区、市）进行。具体调整内容如下：

(1) 根据电视信号覆盖率调整

由于调查总体是电视信号覆盖区域内的人口，根据广电总局公布的各省电视信号覆盖率 c（当时得不到更细的分区县的电视信号覆盖率数据），对各省的权数进行调整：

$$w_c = w_d c \tag{14.2.2}$$

(2) 按实际有效样本量调整

抽取的样本可能出现无回答（指单元无回答），由于每个样本区县在执行时一般皆按设计样本量增加一定比例执行，所以样本区县实际完成的有效样本量既可能少于，也可能多于设计样本量，因此需要按实际有效样本量对此进行调整。调整按每个样本区县进行，设某个样本区县的设计样本量为 n，而有效样本量为 n_r，则该样本区县的调整权数（对所有样本数据都相等）w_{nr} 为：

$$w_{nr} = w_c \frac{n}{n_r} \tag{14.2.3}$$

(3) 按城乡及年龄的事后分层的调整

由于调查总体为 4 岁以上的电视观众，又分 13 岁以上年龄和少儿两种，而我们在抽样设计中所用的人口资料是公安部公布的基于 1999 年底时不分年龄的户籍统计资料；另一方面，城市与农村观众的收视行为又有很大差别，而在设计和实际调查中，又不可能做到按城乡实际人口的比例进行样本量分配，对此我们利用 2000 年第五次人口普查的资料对权数作了事后分层的调整。由于第五次人口普查资料对大部分省在作数据处理时尚未公布分区县的资料，因此所作的调整都是按省进行的。方法是用第五次人口普查的各类人口数 N 除以抽样时的相应人口数 M，得到事后分层的调整因子，再将按实际有效样本量调整后的权数 w_{nr} 乘以事后分层的调整因子得到最终权数：

$$w_r = w_{nr} \frac{N}{M} \tag{14.2.4}$$

例 14.2.1 河北省 4 个样本区县的设计权数的计算与权数的调整

河北省有 4 个样本区县，设计样本量及实际完成样本量等数值如表 14.2.8

所示。

表 14.2.8 河北省 4 个样本区县样本权数的计算与调整

样本区县名称	设计样本量	设计权数	经覆盖率调整的权数	实际有效样本量	经有效样本量调整后的权数
石家庄长安区	90	59833	48842	86	51970
任丘市	60	179944	146890	59	151881
任　县	60	292556	238816	56	260158
献　县	60	292556	238816	59	246930

首先计算设计权数 w_d ,将 w_d 乘以河北省电视信号覆盖率 $c=81.63\%$,即得根据电视信号覆盖率调整的权数 w_c ,再按实际有效样本量调整后得权数 w_{nr} 。

由于样本中城乡比例不一定均衡,故上面所得的权数还需对城乡进行事后分层调整。当时河北省的城镇人口为 17560097,乡村人口为 49124322;折算成电视观众人口分别为 14334307 与 40100184,而实际城镇与农村的有效样本量分别为 141 与 119。因而事后分层调整的城镇权数为:

$$14334307/141=101662$$

事后分层调整的乡村权数为:

$$40100184/119=336976$$

这里在处理时作了简化,将不同样本区县的城乡事后分层调整因子取为同样的。实际处理时,若有更详细的资料可供利用,事后分层调整就可以做得更细。

3. 总体目标量的估计

利用所得的最终权数,即可得到总体各种类型目标量的估计。具体公式如下:

(1) 总体单元总数(如电视观众人数) N 的估计:

$$\hat{N}=\sum_{i\in S_r} w_i \tag{14.2.5}$$

其中 i 是样本中回答单元的编号, w_i 是它的最终权数, S_r 是由所有回答单元组成的集合。

(2) 总体某个指标总量 Y 的估计:

$$\hat{Y}=\sum_{i\in S_r} w_i y_i \tag{14.2.6}$$

其中 y_i 表示回答单元的样本观测值。

(3) 总体中具有某种特定特性单元的比例 P 的估计:

$$\hat{P}=\frac{\sum\limits_{i\in S_r\cap C} w_i}{\sum\limits_{i\in S_r} w_i} \tag{14.2.7}$$

其中 C 是具有特定特征的单元集合。

(4) 总体均值 $\bar{Y}$ 的估计：

$$\hat{\bar{Y}}=\frac{\sum_{i\in S_r}w_i y_i}{\sum_{i\in S_r}w_i} \tag{14.2.8}$$

上述公式也适用于任何指定的子总体（即指定的域）的目标量估计，只要选择适当的 S_r，也即确定汇总求和的范围即可。

14.2.9 讨论

1. 本案例涉及的是一项全国性的媒体受众的抽样调查，其抽样设计的思想及基本方法对其他全国性抽样调查项目有参考意义。

首先，以区、县作为第一阶抽样单元比较适用于全国性（某种程度也可适用于省或地区）调查。因为区、县数量足够大，能够保证第一阶抽样的样本量，以控制抽样误差。本次调查的抽样以精确估计全国目标量为重点，并不要求估计省级目标量，如果采用省为第一阶抽样单元，则因省级样本量有限，即使其后抽样量再多，抽样误差也会很大。

其次，案例对第一阶抽样单元即区、县进行了非常仔细的分层，这对提高估计精度是十分必要的。理论与实践都证明了仔细合理分层是提高抽样设计精度的重要手段。在多阶抽样中的前几阶抽样，只要有条件，应尽可能采用分层技术。另外本案例根据主持单位要求，对自我代表层的设立、城乡区分等具体问题都作了妥善的处理。

2. 本案例对总体目标量的估计是通过对每个样本数据的加权方法进行的，这正是许多项目中所做的，因为这样可直接利用现成的软件（如 EXCEL）来完成总体目标量的估计。加权步骤是先计算每个样本单元的设计权数，然后将设计权数根据完成的有效样本量进行调整，必要时还要进行事后分层调整，例如对城乡、性别的事后分层调整等。本案例所用的数据方法对很多项目是有参照意义的。

3. 本案例使用的加权方法对总体目标量估计十分方便，可以不管单元的分层情况，只要方案设计者根据设计提供每个样本单元的权数表即可，但对方差估计就没有如此简单。因为方差估计量不是线性统计量，故不能简单地通过（线性）加权方法对所有样本数据统一操作。所以如果每个调查指标都需进行方差估计，采用专门的抽样调查软件或按方案给出的公式（如 14.1 节案例）自行编写计算程序也许更为方便。

14.3 批发零售贸易业、餐饮业抽样调查

14.3.1 背景介绍

批发零售贸易业与餐饮业是国内经济的一个重要组成部分。我国目前对这两个行业的统计调查采用全面调查与抽样调查相结合的方法，即对限额以上的经营单位采用报表制度，而对限额以下的单位(包括个体经营单位)采用抽样调查。

为表达简单起见，以下将批发零售业与餐饮业调查简称为商业调查。商业调查有以下几个特点：

1. 总体在不断变化，这给抽样调查带来两个方面的困难：一是抽样框难以确定，不易获得有关基本抽样单元(经营单位)完善而适用的名录框；二是由于总体大小不确定，直接影响调查指标总量的估计，导致对总体总量的高估或低估。

2. 作为商业调查的核心指标即销售额，按经营单位差异很大，是一种典型的偏斜分布。另外，经营单位在地理上的分布也极不均匀，如在城市或农村，以及城市或农村中的不同区域等。

3. 调查涉及的经济指标比较敏感，因此调查的计量误差较大，为此必须完善调查表设计以及调查的技巧，尽量降低包括计量误差在内的非抽样误差。

4. 需要满足多层次的推断。我国各级政府都要管经济，需要掌握包括贸易统计在内的统计数据。既然抽样调查可以用来获得所需要的统计数据，因此很自然的要求抽样调查不只是满足总体这个层次的估计，而且也希望尽量满足多个层次估计的需要，也就是说需对一些特定的域进行估计。

根据商业调查的上述特点，本案例中抽样方案制定的主要思路是采用区域抽样代替一般的名录抽样，采用二相抽样解决总体大小未知的困难，采用仔细的分层解决经营单位分布不均匀问题，采用样本追加策略满足下一层次估计的需要。

14.3.2 抽样调查方案

1. 总体单元的划分与抽样方案类型

根据国家统计局的要求，方案以省(直辖市、自治区)为总体，以从事批发零售业和餐饮业的企业与个体户的经营单位为基本抽样单元。总体中所有经营单位分成批发零售业和餐饮业两个部分，为简明起见，以下主要讨论批发零售业。批发零售业按其经营场所的位置，划分为市场内与市场外两部分，其中市场根据其规模分成两个部分处理：营业额在亿元以上商品交易市场在全省范围内单独进行抽样，采用按名录的不放回 PPS 抽样，即 πPS 抽样；而营业额在亿元以下的市场则与市场

外这部分一起纳入按区域的抽样。后一部分的具体抽样为分层四阶抽样，各阶抽样单元确定为：

(1) 第一阶抽样单元：区、县(包括县级市)；

(2) 第二阶抽样单元：工商所(或街道、乡、镇)；

(3) 第三阶抽样单元：亿元以下商品交易市场、居委会(或社区)与村委会；

(4) 第四阶抽样单元：亿元以下商品交易市场内的摊位和市场外的经营单位。

亿元以上市场以外主体部分的抽样，实际上又分为对区、县的抽样和样本区、县内的抽样两部分。按照方案规定的方法抽取区、县，对样本区、县总量作了估计以后，即可按照公式对总体(省、直辖市、自治区)总量进行估计。至于每个样本区、县内的抽样，即第二至第四阶的抽样是相对独立的。

对区、县内的抽样，规定所有经营单位按其经营场所的所在地，以工商所为二阶单元。根据调研，在大多数情形一个工商所管辖的范围为一个至数个街道、乡、镇。之所以选择工商所作为二阶抽样单元，是因为它拥有每年办理年检的个体户总数，而这是一个比较理想的辅助变量。作为可选用的替代方法，方案也规定可以采用街道、乡、镇作为二阶抽样单元，此时只能用人口数或其他适当的变量作为辅助变量。

每个工商所(或街道、乡、镇)内又分市场内(亿元以下)及市场外两个部分。所有市场外的经营单位则根据所在地所属的居委会(或社区)及村委会分层。

每阶抽样中的抽样单元都需按地域或类别进行仔细分层。每阶抽样中对规模较大的区域或相对较大的经营单位，都设立自我代表层。

2. 亿元以上商品交易市场的抽样方法

鉴于亿元以上商品交易市场所占销售额比例很大，且有名录，因此将这部分在全省范围内单独进行抽样。抽样采用二阶抽样：第一阶抽市场，第二阶在样本市场内抽经营单位，即摊位。

由于各省亿元以上市场数量 N 相差很大，少的仅几个，多的达数百个。为保证精度，同时又不使市场总数较多的省的调查工作量过于繁重，规定当 $N \leqslant 10$ 时，进行全面调查；而当 $N > 10$ 时，样本量取最接近于 $3\sqrt{N}$ 的整数。

对市场的抽样方法，规定采用以市场已出租的摊位数 Z 为辅助变量的 πPS 系统抽样。

3. 对区、县的抽样方法

对亿元以上市场外总体的抽样是本方案的主体部分。对这部分抽样采用四阶抽样，其中前三阶都是以地理区域为抽样单元的区域抽样。第一阶抽样单元为区、县。根据各省的具体情况和为满足部分地市的需要，对区、县的这部分抽样，方案提供了两种方法。第一种称为基本方案，所抽取样本对省有代表性，可提供省目标量的估计;第二种称为追加方案,是在基本方案抽取样本的基础上,通过区、县样本的追加,达到在估计省目标量的同时,也可对这些地市目标量进行估计的目的。由于工作量的限制,没有将地市作为层,因此将需要估计的地市作为域处理。

首先将全省所有区(地级市以上城市的市辖区)与县(包括县级市)分成以下五类:一类区、二类区、县级市、一类县与二类县。其中区的划分标准为区中非农业人口占总人口的比例:比例高于某个水平的为一类区;比例低于这个水平的为二类区。至于县类别的划分,县级市单独作为一层,其他县根据它们的商业发达情况(综合其他经济指标)划分。

基本方案中对区、县的抽样采用分层随机抽样,按简单随机抽样抽取 2～6 个区、县。具体抽取的区、县数量取决于层内的区、县总数,省内区的抽样比一般为 1/2～1/5;县包括县级市的抽样比为 1/3～1/6。小省的抽样比适当大一些,而大省的抽样比可稍微小一些。

追加方案适用于省内有部分地市也需要估计的情况。在全省按基本方案的抽样完成后,对于这些地市,应进行区、县样本追加。追加采用不放回追加,也即追加区、县是在地市中在基本抽样中未被抽到的区、县中抽取。追加方法仍采用分层抽样,对层内区、县总数小于等于 2 的层,每个区(县)不管在基本方案中是否已被抽中,一律作为样本区、县;当层内区、县总数大于 2 时,若该层中在基本方案中被抽中的样本区、县数不足 2 个,则在未被抽中的区、县中仍按简单随机抽样抽取区、县,使该层样本区、县数达到 2。为估计地市目标量,样本由按基本方案抽取的省级样本中落在该地市的区、县及追加样本区、县两部分组成。

4. 样本区、县内的抽样方法

(1) 样本区、县内对工商所(或街道、乡、镇)的抽样

样本区、县内的抽样是本方案的一个重要组成部分,对所有样本区、县,不管是根据基本方案还是追加方案抽取的区、县,区、县内的抽样完全相同。

区、县内的下一阶抽样单元,即二阶抽样单元有两种选择。第一种取为工商所;第二种取为街道、乡、镇。选择的依据是选择适当的量作辅助变量。前者用工商所年检的个体单位数,后者用人口数(或其他变量)。无论将哪种定为二阶抽样单元,抽样都采用分层 πPS 系统抽样。这里的层是根据每个区、县不同工商所(或街道、乡、镇)的具体情况来划分,其中所含区、县商业特别集中的工商所(或街道、乡、镇)作为自我代表层处理。每层中都抽取 2 个工商所(或街道、乡、镇)。

(2) 样本工商所(或街道、乡、镇)内的抽样

每个样本工商所(或街、道、乡镇)内的下一阶抽样单元分为市场(指亿元以下的)、居委会与村委会三类,每类为一大层。对市场及市场外的居(村)委会采用不同的抽样方法。

(3) 对市场的抽样及市场内的抽样

对市场的抽样为按已出租的摊位数为辅助变量的分层 πPS 抽样，样本量为2～3。一个工商所(街道、乡、镇)内市场总数在5个以下的抽2个(2个或2个以下的进行全面调查)；在6个或6个以上的抽3个。每个市场内，对其中的摊位按等距抽样抽取。样本量对每个专业市场为5，每个综合市场则以大的类别为层，每层中抽2～3个摊位，总共抽取5～10个摊位。

(4) 对居(村)委会的抽样及样本居(村)委会内的抽样

对市场外的居委会与村委会的抽样也必须先分层，其中居委会按繁华地区及非繁华地区分为两小层；村委会则以是否为乡镇以上政府所在地分为两小层。在每个居委会或村委会层内均采用简单随机抽样或等距抽样方法抽取样本居委会或村委会，每层抽取2个居(村)委会。

对每个样本居(村)委会，采用二相调查：第一相调查采用整群抽样，调查内容是清点该居(村)委会中经营单位的总数，并对它们按规模及经营类别进行必要的分层；第二相调查是对经营单位的实际调查。如果居(村)委会中经营单位总数 $N \leqslant 5$，则对所有经营单位进行调查；否则，在这些经营单位中按分层随机或分层系统抽样抽取 $n=5 \sim 10$ 个经营单位进行第二相调查。在对经营单位分层的情形，层内样本按经营单位数的比例分配，每层样本量至少为2。

14.3.3 目标量的估计及其方差估计

根据商业调查项目的特点，估计的主要目标量，如销售总额等均为总量的形式。另外由于我们在每阶抽样中都作了仔细分层，包括全面调查层或自我代表层，又这些层的有关指标只是直接相加，而且全面调查层不产生抽样误差，故只需讨论所有抽样调查层的估计即可。

首先是对样本区、县总量的估计。区、县总量由市场外总量与市场内总量两部分构成。市场内总量估计比较简单，按霍维茨－汤普森公式计算。至于市场外总量的估计，需要从样本居(村)委会总量估计计算，这里又分两种情况：一种是样本居(村)委会经营单位总数不超过5个，不需要进行抽样的，总量即是对所有经营单位指标相加；而对经营单位总数超过5个需要整群清点的情况，则根据分层样本平均数结合清点的各类单位总数即可估计所在居(村)委会的总量。由于居(村)委会是按人口为辅助变量的 πPS 抽样抽得的，故样本工商所(街道、乡、镇)总量也需根据霍维茨－汤普森公式计算估计量。

获得每个样本区、县的总量估计以后，即可对全省的总量进行估计。根据基本方案，由于区、县抽样是按分层随机抽样抽取的，其中分层变量是区、县的类别。为使估计更为精确而有效率，我们利用区、县上一年的社会消费零售总额作为辅助变量，采用分层联合比估计。之所以采用联合比估计而不采用分别比估计是因为层内区、县样本量都比较小的缘故。

根据追加方案，可以给出相应地市目标量的估计。我们采用的是分层不放回追加，这种追加方法所需追加样本（区、县）数较少，但相应的估计方法比较复杂。主要是需计算区、县的一阶与二阶包含概率。

目标量的估计及其方差估计的具体步骤如下：

1. 样本区、县总量的估计（亿元以上商品交易市场除外）

记调查指标的总量为 Y，估计量为 $\hat{Y}$，它的方差估计为 $v(\hat{Y})$；用下标 h 表示层的编号，i 表示单元的编号。为避免因不同阶抽样多重编号引起公式的过于繁复，在用文字说明的前提下，对不同阶的抽样及分层可能使用了相同的编号。

（1）市场外的总量估计

首先，估计样本居（村）委会的总量。当样本居（村）委会经营单位总数 N 不超过 5 个时，由于对经营单位进行全面调查，居（村）委会总量 Y（为统一起见，也记为 $\hat{Y}$），即为这些单位指标值之和：

$$\hat{Y}=\sum_{i=1}^{N} y_i \tag{14.3.1}$$

当样本居（村）委会经营单位总数超过 5 个，需要整群清点总体的情况时，设样本居（村）委会所有经营单位（按规模及类别）分成 L 小层，第 h 小层的单位总数为 N_h，调查了 n_h 个经营单位，$\bar{y}_h=\frac{1}{n_h}\sum_{i=1}^{n_h} y_i$ 是样本平均数，则该样本居（村）委会总量估计 $\hat{Y}$ 为：

$$\hat{Y}=\sum_{h=1}^{L} N_h \bar{y}_h \tag{14.3.2}$$

其次，估计样本工商所（或街道.乡、镇）的市场外的总量。每个样本工商所（或街道、乡、镇）可由多达 4 个居（村）委会小层组成。

第 h 小层的总量估计 $\hat{Y}_h$ 及其近似方差估计 $v(\hat{Y}_h)$ 分别为：

$$\hat{Y}_h=\frac{N_h}{2}(\hat{Y}_{h1}+\hat{Y}_{h2}) \tag{14.3.3}$$

$$v(\hat{Y}_h)=\frac{N_h(N_h-2)}{2}\sum_{i=1}^{2}(\hat{Y}_{hi}-\hat{Y}_h/N_h)^2 \tag{14.3.3'}$$

其中 $\hat{Y}_{hi}$ 为第 h 小层内第 i 个样本居（村）委会的总量估计（$i=1,2$），N_h 为第 h 小层中居（村）委会总数。

将 $\hat{Y}_h$ 与 $v(\hat{Y}_h)$ 相加即可得到样本工商所（或街道、乡、镇）的市场外总量估计

$\hat{Y}_{SCW}$ 及其方差估计 $v(\hat{Y}_{SCW})$。

2.亿元以下商品交易市场内总量估计

(1) 样本市场总量估计

若第 i 个样本市场总摊位数为 N_i，抽取 n_i 个摊位，平均值为 $\bar{y}_i=\frac{1}{n_i}\sum_{j=1}^{n_i}y_{ij}$，则该市场总量估计为：

$$\hat{Y}_i=N_i\bar{y}_i=\frac{N_i}{n_i}\sum_{j=1}^{n_i}y_{ij} \tag{14.3.4}$$

(2) 市场内总量估计

记样本工商所(或街道、乡、镇)所管辖范围内(亿元以下)市场已出租的摊位总数为 Z_0，而在管辖范围内共有 N 个市场，其中抽取的市场数为 n，第 i 个样本市场的总量估计与已出租的摊位数分别为 $\hat{Y}_i$ 及 Z_i，则市场总量估计及其方差估计为：

$$\hat{Y}_{SCN}=\frac{Z_0}{n}\sum_{i=1}^{n}\frac{\hat{Y}_i}{Z_i} \tag{14.3.5}$$

$$v(\hat{Y}_{SCN})=\frac{1-\sum_{i=1}^{n}Z_i/Z_0}{n(n-1)}\sum_{i=1}^{n}\left(\frac{Z_0\hat{Y}_i}{Z_i}-\hat{Y}_{SCN}\right)^2 \tag{14.3.5$'$}$$

将市场外及市场内总量估计相加，即可得样本工商所(或街道、乡、镇)总量 Y 的估计。

(3) 样本区、县总量估计

由于在每个工商所(街道、乡、镇)层内对工商所(街道、乡、镇)的抽样是按某个辅助变量 PPS 抽样的。设所用辅助变量为 M (对于工商所情形，为年检个体单位数)，记层内两个样本工商所(或街道、乡、镇)的总量估计为 $\hat{Y}_1$ 和 $\hat{Y}_2$。则层的总量估计 $\hat{Y}_h$ 及相应的方差估计 $v(\hat{Y}_h)$ 分别为

$$\hat{Y}_h=\frac{M_0}{2}\left(\frac{\hat{Y}_1}{M_1}+\frac{\hat{Y}_2}{M_2}\right) \tag{14.3.6}$$

$$v(\hat{Y}_h)=\frac{1}{2}\sum_{i=1}^{2}\left(\frac{M_0\hat{Y}_i}{M_i}-\hat{Y}_h\right)^2 \tag{14.3.6$'$}$$

其中 M_1，M_2 分别为两个样本工商所(或街道、乡、镇)的辅助变量，M_0 为层内所有工商所(街道、乡、镇)辅助变量总数。样本区县总量的估计是是样本区、县内所有工商所(或街道、乡镇)层(包括自我代表层)中工商所(街道、乡镇)总量估计之和，而方差估计也是相应的方差估计之和，公式从略。

3. 省总量的估计

(1) 省除亿元以上商品交易市场以外总量的估计

根据基本方案,第一阶抽样即区、县的抽样是按分层随机抽样抽取的,其中层是区、县类别。为使估计更为精确,利用区、县上一年的社会消费品零售总额 X 为辅助变量,采用分层联合比估计。

记全省区、县分为 L(通常 $L=5$)层,令 h 为层的编号;第 h 层中共有 N_h 个区、县,从中抽取的样本区、县数为 n_h,记 $f_h=\dfrac{n_h}{N_h}$,又第 h 层第 i 个样本区、县的总量估计为 $\hat{Y}_{hi}$,上一年社会消费品零售总额为 X_{hi}。令

$$\hat{Y}_{st}=\sum_{h=1}^{L}\frac{N_h}{n_h}\sum_{i=1}^{n_h}\hat{Y}_{hi},\quad \hat{X}_{st}=\sum_{h=1}^{L}\frac{N_h}{n_h}\sum_{i=1}^{n_h}X_{hi} \tag{14.3.7}$$

则全省亿元以上商品交易市场以外的总量 Y 的估计为:

$$\hat{Y}_{RC}=\frac{\hat{Y}_{st}}{\hat{X}_{st}}X \triangleq \hat{R}_c X \tag{14.3.8}$$

其中 X 为全省上一年社会消费品零售额的总和。

由于抽样是多阶抽样,估计量的方差也由若干分量组成,我们仅估计其中主项,即由前两阶抽样引起的分量:

$$v(\hat{Y}_{RC})=v_1(\hat{Y}_{RC})+v_2(\hat{Y}_{RC}) \tag{14.3.8$'$}$$

其中

$$v_1(\hat{Y}_{RC})=\sum_{h=1}^{L}\frac{N_h^2(1-f_h)}{n_h}(s_{yh}^2+\hat{R}_c^2 s_{xh}^2-2\hat{R}_c s_{yxh}) \tag{14.3.9}$$

$$s_{yh}^2=\frac{1}{n_h-1}\left[\sum_{i=1}^{n_h}\hat{Y}_{hi}^2-\frac{1}{n_h}\Big(\sum_{i=1}^{n_h}\hat{Y}_{hi}\Big)^2\right]$$

$$s_{xh}^2=\frac{1}{n_h-1}\left[\sum_{i=1}^{n_h}X_{hi}^2-\frac{1}{n_h}\Big(\sum_{i=1}^{n_h}X_{hi}\Big)^2\right]$$

$$s_{yxh}^2=\frac{1}{n_h-1}\left[\sum_{i=1}^{n_h}\hat{Y}_{hi}X_{hi}-\frac{1}{n_h}\Big(\sum_{i=1}^{n_h}\hat{Y}_{hi}\Big)\Big(\sum_{i=1}^{n_h}X_{hi}\Big)\right]$$

而

$$v_2(\hat{Y}_{RC})=\sum_{h=1}^{L}\sum_{i=1}^{n_h}\frac{N_h}{n_h}v(\hat{Y}_{hi}) \tag{14.3.10}$$

其中 $v(\hat{Y}_{hi})$ 为第 h 层第 i 个样本区(县)总量估计的方差估计。

(2) 亿元以上商品交易市场总量估计

若省内第 i 个亿元以上样本市场总摊位数为 N_i,抽取 n_i 个摊位,平均值为 $\bar{y}_i=\dfrac{1}{n_i}\sum_{j=1}^{n_i}y_{ij}$,则该市场总量估计及其方差估计分别为:

$$\hat{Y}_i = N_i \bar{y}_i = \frac{N_i}{n_i} \sum_{j=1}^{n_i} y_{ij} \tag{14.3.11}$$

$$v(\hat{Y}_i) = \frac{N_i(N_i - n_i)}{n_i(n_i - 1)} \sum_{j=1}^{n_i} (y_{ij} - \bar{y}_i)^2 \tag{14.3.11'}$$

设全省亿元以上商品交易市场的总数为 N，其中已出租的摊位总数为 Z_0，而样本市场的个数为 n，第 i 个样本市场已出租的摊位数为 Z_i，则全省亿元以上商品交易市场的总量估计及其方差估计分别为：

$$\hat{Y}'_{SCN} = \frac{Z_0}{n} \sum_{i=1}^{n} \frac{\hat{Y}_i}{Z_i} \tag{14.3.12}$$

$$v(\hat{Y}'_{SCN}) = \frac{1 - \sum_{i=1}^{n} Z_i / Z_0}{n(n-1)} \sum_{i=1}^{n} \left(\frac{Z_0 \hat{Y}_i}{Z_i} - \hat{Y}'_{SCN} \right)^2 \tag{14.3.12'}$$

(3) 省总量的估计

省总量的估计由亿元以上商品交易市场层总量与除亿元以上商品交易市场以外的总量求和即可得到，公式从略。

4. 对有样本追加的地市总量的估计步骤

根据追加方案，为估计某个地市 d 总量 Y_d，对区、县做了样本追加。在这里该地市即按域处理，我们采用的是分层不放回追加，采用的估计是分层联合比估计。

(1) 估计量的形式

令 N_h 是省内第 h 层的区、县数，其中属于 d 地市的区、县数为 N_{dh}。根据追加方案在第 h 层内共抽中 n_h^* 个（包括基本方案中抽中的以及追加的）区、县，记这 n_h^* 个样本区、县中属于 d 地市的个数为 n_{dh}^*，根据抽样方案 $n_{dh}^* \geq 2$。在基本方案中抽取的 n_h 个样本区、县中，属于该地市的个数为 n_{dh}，则该地市总量 Y_d 的估计采用以下霍维茨一汤普森估计量：

$$\hat{Y}_d = \sum_{h} \sum_{i=1}^{n_{dh}^*} \frac{\hat{Y}_{dhi}}{\pi_{dhi}} \tag{14.3.13}$$

其中 $\hat{Y}_{dhi}$ 是属于 d 地市的第 h 层中第 i 个样本区、县的总量估计，而 π_{dhi} 是包含概率，即属于 d 地市的第 h 层中第 i 样本区、县被抽中的概率，它由下式确定[①]：

$$\pi_{dhi} = \frac{n_h}{N_h} + \sum_{n_{dh}=0}^{n_{dh}^*-1} \left(\frac{n_{dh}^*}{N_{dh}} - \frac{n_{dh}}{N_{dh}} \right) \frac{\binom{N_{dh}}{n_{dh}} \binom{N_h - N_{dh}}{n_h - n_{dh}}}{\binom{N_h}{n_h}} \tag{14.3.14}$$

---

① 参见：李莉莉，《域估计的理论与方法》，中国科学院数学与系统科学研究院博士学位论文，2003。

由于对每个区、县,都有上一年的社会零售总额可以利用,我们将它作为辅助变量 X,此时 Y_d 的估计可采用如下的分层联合比估计:

$$\hat{Y}_{dRC}=\frac{\sum_{h}\sum_{i=1}^{n_{dh}^{*}}\frac{\hat{Y}_{dhi}}{\pi_{dhi}}}{\sum_{h}\sum_{i=1}^{n_{dh}^{*}}\frac{X_{dhi}}{\pi_{dhi}}}X_d \triangleq \frac{\hat{Y}_d}{\hat{X}_d}X_d \triangleq \hat{R}_d X_d \tag{14.3.15}$$

其中 $X_d=\sum_{h=1}^{L}\sum_{i=1}^{N_{dh}}X_{dhi}$。

上面公式中不包括亿元以上商品交易市场的部分。对于这部分可以仿照省总体对亿元以上商品交易市场抽样方法抽样,并用完全一样方法对总量进行估计,两方面相加即得该地市的总量估计。

(2) 方差估计

$\hat{Y}_{dRC}$ 的方差估计比较复杂,具体公式从略①。

14.3.4 讨论

1. 本案例是关于批发零售贸易业、餐饮业调查,即商业调查的抽样调查方案。特殊领域都有各自的特点和问题,抽样需要针对它们的特点来设计,同时需要解决某些特殊的问题。商业调查的特点表现在:总体在不断变化,缺乏完善的名录框。不断变化着的总体给抽样调查带来几个方面的困难:总体大小未知、单位规模差别显著及分布不均匀等。为此本案例方案设计利用区域抽样及二相抽样,较好地解决了上述问题。同时在对居(村)委会的抽样中,第一相调查只是清点经营单位数而不是实际整群调查,因而提高了效率,减少了调查工作量。

2. 为了提高抽样精度,方案充分利用各种可以得到的辅助变量。在本案例中辅助变量用于:在每阶抽样时对抽样单元进行仔细分层;在层内有可能采用 PPS 抽样以及采用分层联合比估计等,在这过程中可以获得估计量的方差估计。这种方法优于将区、县按辅助变量排队的系统抽样。在实际问题中,合理而充分地利用辅助变量对是提高一个抽样精度是十分重要的。

3. 我国各级政府都要管经济,政府官员都十分关注本地工业、商业等与国内生产总值有关的指标,这是我国的国情。因此很自然地,要求抽样调查不仅满足总体或到某一级子总体估计的需要,也希望尽量满足多个层次估计的需要。从抽样理论上,解决这个问题可以简单地将所有需要估计的更小的子总体都作为层来处

---

① 参见:李莉莉,《域估计的理论与方法》,中国科学院数学与系统科学研究院博士学位论文,2003。

理，但这在实际操作往往是不可行的。第十三章中所讨论的小域估计可用来解决这类问题。本案例采用了我们自行研究的样本追加策略：方案包括了能获得对省估计的基本方案，也提供了需要对部分地市估计的追加方案。这种方法适合我国的国情，在抽样理论上也是一种创新。

4. 一个好的抽样方案的最基本要素是同时兼顾它的科学性与可操作性。本案例在给出具体抽样方法的同时，还给出了有关目标量估计及其方差估计公式，这些公式严格与抽样方法相配套，从而保证了科学性。另一方面，抽样方案也考虑了各地的实际情况的差异，在具体操作方面留有相当的灵活性，比如可以根据具体情况确定抽样单元、分层及选择不同的辅助变量等，因而也具备了较强的可操作性。

部分习题答案与提示

第一章

1.3 情况 1)不属于概率抽样,因为每一只兔子的灵活程度不同,被抓住的机会不同,因此用这种方法抽取兔子带有很强的随意性;

情况 2)属不属于概率抽样取决于如何"任意列出",如果是随机的从 1 到 100 中列出 10 个不重复的数,因为每只兔子被抽中的概率是相同的,而且排除了主观有意识地抽选样本,则属于概率抽样;如果是抽取者很主观的任意给出 10 个不同的数字,带有主观随意性,则不属于概率抽样;

情况 3)也不属于严格的概率抽样,因为钱包中的纸币的末尾编号不一定从 0 到 9 都有,因此有的兔子就没有机会被抽中,而且每只兔子被抽中的机会也是未知的。

1.4 这是一项抽样调查,但不属于概率抽样,原因如下:

刊物对读者进行调查,调查表随刊物送到读者手中,实际上不可能所有的读者都会寄回调查表,只有那些愿意回答的读者才寄回调查表,因此是一种志愿者抽样。

第二章

2.3 1)样本均值 $\bar{y}=519.1$,样本方差 $s^2=\frac{1}{49}\sum_{i=1}^{50}(y_i-\bar{y})^2=62804.62$;

2) $\bar{y}$ 是 μ 的无偏估计,且 $\bar{y}$ 的方差表达式为:$E(\bar{y}-\mu)^2=\sigma^2/n$;

3) $\bar{y}$ 的方差估计 $v(\bar{y})=s^2/n=1256.092$;

4)总体均值 μ 的置信度为 90%、95%和 99%近似置信区间分别为[460.62, 577.58]、[449.64,588.56]和[427.66,610.54]。

第三章

3.1 利用正方体的骰子进行随机抽样,以偶数点数代表入样则入样概率为 1/2,以小于 3 的点数代表入样则入样概率为 1/3,以两次投掷的点数都是偶数点代表入样则入样概率为1/4，以1点代表入样且若掷出6点则重掷，则入样概率为1/5。

3.2 1)、3)、4)、5)、6)和7)属于等概率抽样，其余不属于等概率抽样。

3.4 1)按总体方差的两种定义分别为$\sigma^2=4$和$S^2=5$；

2)抽取$n=2$简单随机样本，得到放回抽样和不放回抽样的方差分别为2和1.5；

3)在放回抽样的情况下共有25种可能样本，具体的可能样本，以及由每组可能样本算得的样本均值和样本方差s^2见下表：

样本	$\bar{y}$	s^2	样本	$\bar{y}$	s^2	样本	$\bar{y}$	s^2
(3,3)	3	0	5,9	7	8	(7,7)	7	0
(3,5)	4	2	6,3	4.5	4.5	(7,9)	8	2
(3,6)	4.5	4.5	6,5	5.5	0.5	(9,3)	6	18
(3,7)	5	8	6,6	6	0	(9,5)	7	8
(3,9)	6	18	6,7	6.5	0.5	(9,6)	7.5	4.5
(5,3)	4	2	6,9	7.5	4.5	(9,7)	8	2
(5,5)	5	0	7,3	5	8	(9,9)	9	0
(5,6)	5.5	0.5	7,5	6	2			
(5,7)	6	2	7,6	6.5	0.5			

对以上样本均值求平均可以算得$E(\bar{y})=5$和$E(s^2)=4=\sigma^2$。

在不放回抽样的情况下共有10种可能样本，具体的可能样本，以及由每组可能样本算得的样本均值和样本方差s^2见下表：

样本	$\bar{y}$	s^2	样本	$\bar{y}$	s^2	样本	$\bar{y}$	s^2
(3,5)	4	2	5,6	5.5	0.5	(6,9)	7.5	4.5
(3,6)	4.5	4.5	5,7	6	2	(7,9)	8	2
(3,7)	5	8	5,9	7	8			
(3,9)	6	18	6,7	6.5	0.5			

同理对以上样本均值求平均可以算得$E(\bar{y})=5$和$E(s^2)=5=S^2$。

3.5 木材储蓄量的95%置信区间为[142470,157530](公顷)。

3.6 总用水量 95%的置信区间为[56008,193992],且应抽取 715 户作样本。

3.7 平均所需时间的 95%置信区间为[4.120,5.906](分钟)。

3.8 家电销售额的 95%置信区间为[487222.48,491897.52](元)。

3.9 标准误为 0.241。

3.11 在该批单据总体数目未知的情况下按无限总体计算,则错误比例的 95%的置信区间为[8.808%,31.19%],而在已知这批单据共有 1000 张的情况下,该置信区间为[10.308%,29.692%],比较这两个置信区间可以发现,对于有限总体,抽样误差较小,相应置信区间也变窄;若要求估计的绝对误差不超过 1%则需要至少抽取 861 张单据作为样本。

3.12 欲得到相同的标准误,疾病 A 和疾病 B 分别需样本量 10000 和 396;欲得到相同的变异系数,疾病 A 和疾病 B 分别需样本量 400 和 39600;比较这两组数据,若要求相同的标准误(对应于规定相同的绝对误差),疾病 A 所需样本量远大于疾病 B;而对于要求相同的变异系数(对应于规定相同的绝对误差),则疾病 A 所需样本量远小于疾病 B。

3.13 证明提示:引入(3.4)式中定义的随机变量 a_i,或对每个单元考虑指标值 $Z_i = Y_i + X_i$。

3.14 证明提示:引入两组随机变量 a_i, b_i:如果 Y_i 被抽中进入 n_1 的那组样本,$a_i = 1$,否则 $a_i = 0$;如果 Y_i 被抽中进入 n_2 的那组样本,$b_i = 1$,否则 $b_i = 0$;并注意

$$E(a_i b_j) = \frac{n_1 n_2}{N(N-1)}, \qquad i \neq j。$$

3.15 证明提示:$\dfrac{\dbinom{N-N_j}{n-n_j}}{\dbinom{N_j}{n_j}\dbinom{N-N_j}{n-n_j}} = \dfrac{1}{\dbinom{N_j}{n_j}}$。

第四章

4.1 由奈曼分配得到的各层样本量分别为 18、10 和 2。

4.2 总的工时损失数估计为 1903.46,其 95%置信区间为[1244.10,2562.82]。

4.3 总样本量为 27,在各层样本量分配为 17、7 和 3。

4.4 1)总植树面积估计为 50696.14 公顷,其 95%的置信区间为[42219.63,59172.65]公顷;

2)总样本量为 58,采用奈曼分配的各层样本量分别为 6、17、16 和 19。

4.6 1)用简单随机抽样零件中不合格品的比例估计为 16%,方差估计

为 0.00136；

2)用事后分层则该比例的估计为 16.25%，方差估计为 0.00176；

比较这两种方法，用事后分层更接近实际，因为该零件生成中天然存在分层现象，即有两条生产线进行生产。

4.7 1)在采用按比例分配的分层抽样情况下，$\bar{x}_{st}=29$，$v(\bar{x}_{st})=0.362$；$\bar{y}_{st}=20.288$，$v(\bar{y}_{st})=0.306$；

2)两种情况的 $v(\bar{x}_{st})$ 分别为 0.300 和 0.166。比较这两个值，可以发现第一层样本为 100 其他三层样本量为 20 的情况比每层样本量都相对的情况好，其原因在于：前一种情形更接近于奈曼分配，而后一种偏离奈曼分配较远；

3) $s(\bar{x}_1-\bar{x}_2)=10.050$，当 $S_2/\sqrt{c_2}=S_3/\sqrt{c_3}$ 时是最优分配。

4.8 预期样本量为 587。

4.9 1) P_1 和 P_2 为 $\frac{1}{2}\pm\frac{\sqrt{5}}{10}$ 时，按比例分配的分层抽样精度可以得到提高；

2)按比例分配的分层抽样的 deff=0.763。

4.10 1)养牛总头数估计为 1353572，相对标准差为 9.10%；

2)分层抽样的 deff=0.2433，可见和不分层抽样比较，分层抽样效率有明显提高；

3)若采用奈曼分配，方差为原来的 86.49%。

4.11 1)若按工人数比例分配样本量，deff=0.8965；

2)若按奈曼分配样本量，deff=0.0183。

4.12 层权准确及最不好情形均值的估计分别为 12.30、12.195 和 12.405，而如果层权准确时的分层抽样方差为 0.0108，简单随机抽样的方差为 0.0177，而层权误差在 5%以内，所以相对于层权误差带来的估计误差而言，精度的得益很小，故不必分层。

4.13 证明提示：利用 Hölder 不等式 $\sum_{k=1}^{d}|a_kb_k|\leqslant(\sum_{k=1}^{d}|a_k|^p)^{\frac{1}{p}}(\sum_{k=1}^{d}|b_k|^q)^{\frac{1}{q}}$

$\left(\frac{1}{p}+\frac{1}{q}=1,\quad p>0,q>0\right)$

第五章

5.1 1)简单随机抽样抽取 $n=2$ 样本，有 15 种可能的样本，具体样本实现及每组样本计算所得 $\hat{R}$ 值见下表：

样本 i	$\hat{R}_i$	样本 i	$\hat{R}_i$
(1,2)	4	(2,6)	4.455
(1,3)	4	(3,4)	3.625
(1,4)	3.8	(3,5)	3.636
(1,5)	3.75	(3,6)	4.385
(1,6)	4.7	(4,5)	3.615
(2,3)	3.5	(4,6)	4.267
(2,4)	3.5	(5,6)	4.167
(2,5)	3.556		

由上表可得 $E(\hat{R}_i)=\dfrac{58.956}{15}\approx 3.930$，而 $R=\dfrac{\sum Y}{\sum X}=\dfrac{108}{27}=4$，因此 R 是有偏的，偏倚为 0.07；

2)用比估计估计总体总量的方差为：

$$V(\hat{Y}_R)\approx\frac{N^2(1-f)}{n}(S_y^2+R^2S_x^2-2R\rho S_xS_y)$$

$$=\frac{6^2(1-1/3)}{2}[293.6+4^2(15.5)-2(4)(0.9843)(3.9370)(17.1348)]$$

$$=124.7436$$

而用简单随机抽样估计总体总量的方差为：

$$V(\hat{Y}_{srs})=\frac{N^2(1-f)}{n}S_y^2=\frac{6^2(1-1/3)}{2}(293.6)=3523.2$$

可以看出由于辅助变量与目标变量之间有较高的相关，比估计可以大大提高抽样效率。

5.2 食品支出占总收入比重的 95%的置信区间为[13.663%,15.673%]。

5.3 1)总材积量估计为 3708.95(立方尺)，相对标准差为 4.197%；

2)比较比估计和简单估计的效率，设计效应 deff=0.1818。

5.4 1)当年的小麦总产量的 95%的置信区间为[138590.11,153297.45]；

2)每个村的平均小麦产量估计为 1186.528(百斤)，相对标准差为 2.52%。

5.5 1)广告后月总销量估计为 231611.860，相对标准差为 0.664%；

2)广告后比广告前销售量增加百分比的置信度为 95% 的置信区间[5.71%,8.49%]；

3)应抽取 14 家企业作样本。

5.6 由差估计算得的平均产量及总量估计为 1186.507 和 145940.337；由回归估

计算得的平均产量及总量估计为 1186.546 和 145945.109；且差估计、回归估计和比估计的设计效应分别为 0.0789、0.0590、0.0561。

5.7 1)兔子的平均重量估计为 4.088(磅)，方差的近似估计为 0.00110；
2)应抽取 13 只兔子作为样本。

5.8 比较比估计和简单估计，设计效应 deff=0.6613。

5.9 用分别比估计和联合比估计当年总产量及标准误分别估计为：

$\hat{Y}_{RS}=48206.446$，$s(\hat{Y}_{RS})=751.442$；$\hat{Y}_{RC}=48209.840$，$s(\hat{Y}_{RC})=746.403$。

5.10 证明提示：设 S 为所有可能样本的集合，P_s 为抽到样本 $s=(x_1,\cdots,x_n)$ 的概率，$P_s=k\sum_{i=1}^{n}x_i$。由 $\sum_{s\in S}P_s=1$ 知，$\sum_{s\in S}k\sum_{i=1}^{n}x_i=k\frac{n}{N}\binom{N}{n}\sum_{i=1}^{N}X_i=1$。故有：

$$E(\hat{R})=\sum_{s\in S}\frac{\sum_{i=1}^{n}y_i}{\sum_{i=1}^{n}x_i}P_s=k\sum_{s\in S}\sum_{i=1}^{n}y_i=\frac{kn}{N}\binom{N}{n}\sum_{i=1}^{N}Y_i=\frac{\sum_{i=1}^{N}Y_i}{\sum_{i=1}^{N}X_i}。$$

5.11 所得的估计量并不优于原估计量。

第六章

6.1 采用放回抽样抽取 $n=2$ 的样本，共有 10 种可能样本，下表是这些样本的构成抽中抽概率及根据每个样本算得的总体总量 Y 的估计 $\hat{Y}_{HH}$：

样本	抽中概率	$\hat{Y}_{HH}$
(1,2)	0.02	15
(1,3)	0.08	35/4
(1,4)	0.08	10
(2,3)	0.08	55/4
(2,4)	0.08	15
(3,4)	0.32	35/4
(1,1)	0.01	10
(2,2)	0.01	20
(3,3)	0.16	15/2
(4,4)	0.16	10

由上表容易验证：$E(\hat{Y}_{HH})=15\times0.02+\cdots+10\times0.16=10=Y$

$$V(\hat{Y}_{HH})=(15-10)^2\times 0.02+\cdots=6.250=\frac{1}{n}\sum_{i=1}^{N}Z_i\left(\frac{Y_i}{Z_i}-\hat{Y}_{HH}\right)^2。$$

6.2 1)样本抽取的具体步骤如下：

a)将电子元件板按顺序排列，并对元件数目进行累计，得到下表：

元件板	元件数目	累计代码区间	抽选概率
1	10	1～10	10/150
2	12	11～22	12/150
3	22	23～44	22/150
4	8	45～52	8/150
5	16	53～68	16/150
6	24	69～92	24/150
7	9	93～101	9/150
8	10	102～11	10/150
9	8	112～119	8/150
10	31	120～150	31/150

b)在 1～150 之间等概率抽取一个随机数，落入某个代码区间，即为抽中的元件板，并按此方法继续抽取，直到抽满所需样本；

2)因为 $\hat{Y}_{HH}=\frac{1}{n}\sum_{i=1}^{n}\frac{y_i}{z_i}=\frac{1}{4}\left(\frac{1}{12/150}+\frac{3}{22/150}+\frac{2}{16/150}+\frac{1}{9/150}\right)=17.1$，所以这批元件板共有 17 个缺陷；

3)方差估计 $v(\hat{Y}_{HH})=\frac{1}{n(n-1)}\sum_{i=1}^{n}\left(\frac{y_i}{z_i}-\hat{Y}_{HH}\right)^2=2.95$。

6.3 2)人均病假天数估计为 2.0148 天，标准误为 0.1085。

6.4 1)水稻种植面积估计为 351652.675 亩，标准误为 3.836%；

2)样本量至少需要 37。

6.6 1)因为 $z_1=M_1/M_0$，$z_2=M_2/M_0$，$z_3=M_3/M_0$，所以根据题意：

$M_1=M_0/2$，$M_2=M_0/3$，$M_3=M_0/6$，

$\pi_1=z_1+\frac{M_1}{M_1+M_3}z_2+\frac{M_1}{M_1+M_2}z_3=\frac{51}{60}$，同理 $\pi_2=\frac{44}{60}$，$\pi_3=\frac{25}{60}$，

$\pi_{12}=z_1\frac{M_2}{M_2+M_3}+z_2\frac{M_1}{M_1+M_3}=\frac{35}{60}$，同理 $\pi_{13}=\frac{16}{60}$，$\pi_{23}=\frac{9}{60}$；

2) $V(\hat{Y}_{HT})=\sum_{i=1}^{N}\frac{1-\pi_i}{\pi_i}y_i^2+2\sum_{i=1}^{N}\sum_{j>i}^{N}\frac{\pi_{ij}-\pi_i\pi_j}{\pi_i\pi_j}y_iy_j=1.747$，

$$V(\hat{Y}_M)=\sum_{i=1}^{N}\sum_{j>i}^{N}\frac{z_iz_j(1-z_i-z_j)}{2-z_i-z_j}\left(\frac{y_i}{z_i}-\frac{y_j}{z_j}\right)^2=0.2738,$$

$\hat{Y}_M$ 的方差远小于 $\hat{Y}_{HT}$ 的方差。

6.7 等概率抽样下使用简单估计的方差为 34243.757,等概率抽样下利用以去年普查数为辅助变量的比估计的均方误差为 5495.2,而实施与去年普查数成比例的概率抽样下汉森一赫维茨估计的方差为 6492.76,从以上三个值的大小可以看出:无论在估计中利用辅助信息还是在抽样设计阶段利用辅助信息都能大大提高估计的效率。

6.8 证明提示:利用式(6.31)、(6.34),有

$$\frac{4Z_iZ_j(1-Z_i-Z_j)}{(1-2Z_i)(1-2Z_j)\left(1+\sum_{i=1}^{N}\frac{Z_i}{1-2Z_i}\right)}$$

$$\leqslant\frac{4Z_iZ_j(1-Z_i-Z_j)}{(1-2Z_i)(1-2Z_j)\left(1+\frac{Z_i}{1-2Z_i}+\frac{Z_j}{1-2Z_j}\right)}=4Z_iZ_j$$

6.9 证明提示:t_i 服从超几何分布 $H(M_i/d,M_0/d,n)$。

第七章

7.1 种植面积估计为 328540,其标准误为 12561.8112。

7.2 该二重抽样最优的 n 和 n' 分别为 270 和 1280,$V(p_{std})=0.000673$,而采用简单随机抽样 $V(p_{srs})=0.000833$,分层后效率提高。

7.3 当满足 $c_2/c_1>9$ 时,二重抽样的费用效率高于简单随机抽样。

7.4 牛的总头数估计为 602.35,其标准误为 30.982。

7.5 采用二重回归估计法,牛的总头数估计为 599.6,标准误为 29.768。

7.6 n' 不小于 $28.78n$。

7.7 标准误为 1.091。

7.8 最优的 n_1 和 n_2 分别为 464 和 167,相对标准差为 6.411%。

7.9 证明提示:n_h' 服从超几何分布 $H(N_h,N,n')$,故

$$E\left(\frac{n_h'}{n'}\right)=\frac{1}{n'}E(n_h')=\frac{1}{n'}n'\frac{N_h}{N}=\frac{N_h}{N}$$

7.11 证明提示:将式(7.10)中的方差分解为层内方差和层间方差两部分,并注意

$$\frac{N_h-1}{N-1}\approx\frac{1}{L},\ \frac{N_h}{N-1}\approx\frac{1}{L},\ \frac{1}{n'}-\frac{1}{N}\approx\frac{1}{n'}$$

第八章

8.2 1)户平均收入估计为 8801.3245,标准误为 808.5691;
2)三代人的户占总户数的比例估计为 0.4834,标准误为 0.0254;
3)应抽取 85 个村民小组作样本。

8.3 1)平均修理费用估计为 19.731,标准误为 0.89;
2)总的修理费用估计为 12311.52,标准误为 1587.534;
3)利用该补充信息后,总的修理费用估计为 14600.94,标准误为 658.974;
4)应抽取 80 家用户作样本。

8.4 不安全轮胎的比例估计为 40%,标准误为 5.782%。

8.5 1)同意这一改革的人数比例估计为 70.938%,标准误为 2.407%;
2)应抽取 18 个单位作样本。

8.8 1)当 $t=0.5$ 时,M 应取 3;
2)当 $t=2$ 时,M 应取 2。

第九章

9.1 采用第一种方法估计为 9.56,标准误为 0.68;采用第二种方法估计为 9.47,标准误 0.73;采用第三种方法估计为 9.38,标准误 0.74。

9.2 不合卫生要求的饮食店所占的比例的 95%的置信区间为 [22.03%,40.821%]。

9.3 住院时间在一个月以上病人占总住院病人的比例的 95%的置信区间为 [9.561%,17.105%]。

9.4 总字数估计为 17447,相对标准差为 0.1834,估计的设计效应为 0.1886。

9.5 最优的样本村数和每村的样本户数分别为 3 和 14。

9.6 1)平均每人每天吃糖数为 4.1;
2)标准误为 0.01。

第十章

10.1 1)每隔 10 人抽取一人,得到的所有可能样本如下表:

1	2	3	4	5	6	7	8	9	10
11	**12**	**13**	**14**	15	16	17	18	19	20
21	**22**	**23**	**24**	**25**	26	27	28	**29**	**30**
31	**32**	33	34	35	36	37	38	39	40
0.75	1	0.75	0.75	0.25	0	0	0	0.25	0.25

表中加黑的为不及格的学生编号，每一列的前 4 数字表示一组样本，最后一个数字表示该样本中不及格人数的比例，由此可计算得：$E(p)=0.4$，$V(p)=0.1275$；

2)每隔 5 人抽取一人，得到的所有可能样本如下表：

1	**2**	**3**	**4**	5
6	7	8	9	10
11	**12**	**13**	**14**	15
16	17	18	19	20
21	**22**	**23**	**24**	**25**
26	27	28	**29**	**30**
31	**32**	33	34	35
36	37	38	39	40
0.375	0.5	0.375	0.5	0.25

表中的意义与前表相同，计算得：$E(p)=0.4$，$V(p)=0.00875$；

3)以样本量为 $n=4$ 和 $n=8$ 计算简单随机抽样的方差分别为 0.108 和 0.0411，比较可以发现，在系统抽样中合适的分组可以有效的降低估计方差，而不合适的分组可能会增加估计方差。

10.2 非白人总户数为 81，非白人所占比例 $p=81/360=0.225$，当每 8 户抽 1 户时，$n=45$。用相同样本量采用简单随机抽样的方差为 0.0034；若采用系统抽样，共有 8 个可能的系统样本，其方差为 0.00141，因此在非白人住户有“聚集”现象时，$v(p_{sy})<v(p_{srs})$。

10.3 1)估计波兰后裔所占的比例，采用等距样本有望取得更好的精度，因为变量呈现地理分层的性质；

2)估计男性和孩子所占比例以简单随机抽样为好，因为按户口顺序排列户口册每隔 5 人抽样，人口情况具有周期性波动，不宜采用等距样本。

10.4 1)男性所占比例估计为 0.48，简单随机样本方差为 0.0256，系统样本方差为 0.02038；

2)孩子所占比例估计为 0.48,简单随机样本方差为 0.02038,系统样本方差为 0.0576;

3)具有某种职业的住户比例估计为 0.38,简单随机样本方差为 0.01923,系统样本方差为 0.0016。

10.5 平均居住年限估计为 3.539,其 95%的置信区间为[3.130,3.950];假设总体随机排列。

10.6 1)年平均离婚率估计为 2.2588(%),按简单随机抽样方差公式(10.27)计算的方差估计为 0.08186,而按公式(10.29)计算的方差估计为 0.0096;

2)系统抽样更好。

10.7 1)20 个可能的样本,样本量为 27 或 28;

2)区别在于样本被抽中的概率不同;

3)共有 555 个可能样本;

4)第一个有偏,第二、第三个无偏。

10.8 1)系统抽样及简单随机抽样方差分别为 22.5 和 10;

2)若取抽样间距 $k=4$,样本均值不是无偏估计。

10.9 塞蒂法抽中的样本单元为:4,9,16,21,28,33;辛法抽中的样本单元为:4,10,16,21,27,33。

10.10 1)用简单随机抽样公式,方差估计为 222.714;

2)用合并层的方法,方差估计为 3.141;

3)用连续差的方法,方差估计为 3.846;

4)后两者更接近实际。

10.11 证明提示:

1)利用 $E_2(\bar{y}_r)=\dfrac{km\bar{Y}-m\bar{y}_{sy}}{(k-1)m}=\dfrac{k\bar{Y}-\bar{y}_{sy}}{k-1}$;

3)利用 $(\bar{y}_r-\bar{y}_{sy})^2=\left[\bar{y}_r-\dfrac{k\bar{Y}-\bar{y}_{sy}}{k-1}+\dfrac{k(\bar{Y}-\bar{y}_{sy})}{k-1}\right]^2$。

第十一章

11.1 1)由无回答引起的偏倚估计为 0.04;

2)增大最初的样本量,由无回答引起的偏倚不变。

11.2 样本量要求至少为 1177。

11.3 最优的 γ_0 和 n 分别为 0.3586 和 122,总调查费用 $C_T=154$。

11.4 回答"是"的人数所占的比例为 0.553。

11.5 作过弊人数比例 90%的置信区间为[0,0.2065]。

11.6 直接提问的方差为 1.8×10^{-4},沃纳方法的方差为 1.07×10^{-3},西蒙斯方法的方差为 3.3×10^{-4};可见沃纳方法和西蒙斯方法相较于直接提问的方差更大,但是这两种方法有助于被调查者作出真实的回答。

11.7 证明提示:$E(\bar{Z})=\frac{1}{N}\sum_{i=1}^{N}E_r(Z_i)=\frac{1}{N}\sum_{i=1}^{N}pY_i=p\bar{Y}$。

主要参考书目

[1] 陈希孺.数理统计学简史.湖南教育出版社,2000.
[2] 冯士雍,施锡铨.抽样调查——理论、方法与实践.上海科学技术出版社,1996.
[3] 高庆丰.欧美统计学史.中国统计出版社,1987.
[4] 加拿大统计局“调查技能”项目组.调查技能教程.中国国家统计局项目组,译.中国统计出版社,2002.
[5] 金勇进,蒋妍,李序颖.抽样技术.中国人民大学出版社,2002.
[6] 李金昌.应用抽样技术.科学出版社,2006.
[7] 梁小筠,祝大平.抽样调查的方法和原理.华东师范大学出版社,1994.
[8] 刘建平等.辅助信息在抽样调查中的应用模型与方法.中国统计出版社,2008.
[9] 倪加勋.抽样调查.广西师范大学出版社,2002.
[10] 秦怀振.抽样调查中若干理论与实践问题的研究.中国统计出版社,2003.
[11] 施锡铨.抽样调查的理论和方法.上海财经大学出版社,1996.
[12] 孙山泽.抽样调查.北京大学出版社,2004.
[13] 许宝騄.抽样论.北京大学出版社,1982.
[14] 邹国华,冯士雍.抽样调查:研究基础与未来发展.//王启华,史宁中,耿直.现代统计研究基础.科学出版社,2010:334—353.
[15] Brewer K W R, Hanif M. Sampling with Unequal Probabilities. Springer-Verlag,1983.
[16] Cassel C M, Särndal C-E, Wretman J H. Foundation of Inference in Survey Sampling. John Wiley & Sons,1977.
[17] Cochran W G. Sampling Techniques,3rd ed. John Wiley & Sons,1977.(有张尧庭、吴辉的中译本:抽样技术.中国统计出版社,1985).
[18] Deming W E. Sample Design in Business Research. John Wiley & Sons,1960.
[19] Foreman E K. Survey Sampling Principles. Marcel Dekker, Inc. ,1991.
[20] Hajek J. Sampling from a Finite Population. Marcel Dekker, Inc. ,1981.
[21] Hansen M H, Hurwitz W W, Madow W G. Sample Survey Methods and Theory, Vol. I and Vol. II. John Wiley & Sons,1953.
[22] Jolliffe F R. Survey Design and Analysis. Ellis Horwood Ltd,1986.
[23] Kalton G. Introduction to Survey Sampling. Byage Publications, Inc. ,1983.

(有郝虹生的中译本:抽样调查导论.中国统计出版社,2003).

[24] Kish L. Survey Sampling. John Wiley & Sons,1965.(有倪加勋等的中译本:抽样调查.中国统计出版社,1997).

[25] Lessler J T,Kalsbeck W D. Non-Sampling Error in Surveys. John Wiley & Sons,1992.(有金勇进的中译本:调查中的非抽样误差.中国统计出版社,1997).

[26] Murthy M N. Sampling Theory and Methods. Statistical Publishing Society,1967.

[27] Rao J N K. Small Area Estimation. John Wiley & Sons,2003.

[28] Särndal C-E,Swensson B,Wretman J H. Model Assisted Survey Sampling. Springer-Verlag,1992.

[29] Scheaffer R L,Mendenhall W,Ott L. Elementary Survey Sampling. Duxbury Press,1986.

[30] Statistical Office of the United Nations. Elements of Sample Survey Theory. 1972.(有谢嘉,郑法如,黄树颜的中译本:抽样调查理论基础.上海人民出版社,1984).

[31] Sukhatme P V. Sampling Theory of Surveys with Applications. Iowa State College Press,1954.

[32] Wolter K M. Introduction to Variance Estimation. Springer-Verlag,1985.(有王吉利,李毅等的中译本:方差估计引论.中国统计出版社,1998).

[33] Yates F. Sampling Methods for Censuses and Surveys, 3rd ed. Charles Griffin and Co. ,1960.